# RONDA ROUSEY

**ISBN** 978-89-314-5489-5

독자님의 의견을 받습니다.

이 책을 구입한 독자님은 영진닷컴의 가장 중요한 비평가이자 조언가입니다. 저희 책의 장점과 문제점이 무엇인지, 어떤 책이 출판되기를 바라는지, 책을 더욱 알차게 꾸밀 수 있는 아이디어가 있으면 팩스나 이메일, 또는 우편으로 연락주시기 바랍니다. 의견을 주실 때에는 책 제목 및 독자님의 성함과 연락처(전화번호나 이메일)를 꼭 남겨 주시기 바랍니다. 독자님의 의견에 대해 바로 답변을 드리고, 또 독자님의 의견을 다음 책에 충분히 반영하도록 늘 노력하겠습니다.

파본이나 잘못된 도서는 구입하신 곳에서 교환해 드립니다.

이메일 : support@youngjin.com

주 소 : (우)08505 서울시 금천구 가산디지털2로 123 월드메르디앙벤처센터2차 10층 1016호 (주) 영진닷컴 기획1팀

**만든 사람들**

**저자** Ronda Rousey | **번역** 이지선 | **기획** 기획1팀 | **총괄** 김태경 | **진행** 서정임 | **편집** 지화경

UFC 영원한 여제

# 론다 로우지

**RONDA ROUSEY** 저 | 이지선 역

YoungJin.com **Y.**
영진닷컴

# CONTENTS

# CONTENTS

CONTENTS

# 서문
## 데이나 화이트, UFC 대표

론다 로우지는 게임 체인저다.

당연히 2011년만 해도 이 사실을 몰랐다. 당시 나는 로스앤젤레스에서 TMZ와 인터뷰하며 UFC가 언제쯤 여성 선수를 받아들일 것이냐는 질문을 받았다. 나는 카메라를 바라보며 답했다. "그럴 일은 없어요."

그 때 나는 진심이었다. 여성이 종합격투기를 한다거나 그것으로 돈을 버는 데 대한 거부감이 있어서는 아니었다. 단지 UFC의 여성 경기 도입에 대해서 생각하기만 하면 노던 캘리포니아의 한 지역 쇼에서 봤던 경기 장면이 떠올랐다. 한 여자가 꼭 남자처럼 싸우고 있었는데 링 위에 있던 그녀의 상대는 마치 타이보 수업을 다섯 번 정도 들었을까 싶어 보이는 그런 여자였다. 내가 봤던 경기 중 최악으로 제일 불공평한 싸움이 벌어졌다. 그런 꼴을 UFC에서 보고 싶지는 않았다.

그런데 론다가 나타났다.

TMZ 인터뷰를 한 지 몇 달인가 뒤에 우리는 라스베이거스에서 쇼를 열었고, 거기서 누군가가 내 이름을 불렀다. 론다 로우지였다. 나는 그녀에 대해 익히 들어 알고 있었다. 훌륭한 여성 파이터라고 사람들은 말했다. 나는 그녀 쪽으로 가서 악수를 했고, 그녀가 말했다. "언젠가 UFC에서 싸울 거예요. UFC의 첫 여성 월드 챔피언이 될 거고요." 여기서 덧붙이자면 사실 누구나―남자와 여자를 막론하고―나를 보면 같은 소리를 한다. 모두가 말한다. "언젠가 UFC에서 싸울 거예요. 그리고 차기 월드 챔피언이 될 거고요."

하지만 그녀는 집요했고, 우리가 매입한 스트라이크포스 프로모션에서 시합하는 모습을 보고는 그녀가 특별한 존재라는 사실을 깨달았다. 론다는 UFC 행사 때 만나 달라고 청했다. 15분 정도 대화하고 났을 때 나는 생각했다. "결정난 것 같군. 그리고 이 모든 건 론다가 스타트를 끊게 되는 거야. 지금 난 이 여자의 입에서 나오는 말을 모조리 믿고 있어." 론다는 그토록 강력한 카리스마와 에너지의 소유자였다. 그녀의 경기 장면을 보면 놀라움을 금할 수 없었다.

그렇게 결정이 내려졌고, 론다가 들어왔다. 나는 그녀의 경기를 2013년 2월 23일 UFC 157 경기의 메인 이벤트로 만들었다. 이 결정에 미디어와 팬들의 비난이 쏟아졌지만 론다는 그날 밤 애너하임의 링 위에 올라 리즈 카무치를 상대로 훌륭한 경기를 펼쳤다. 처음부터 끝까지, 1라운드의 벨이 울리기 전까지 흥미진진한 경기였다.

하지만 그것은 시작에 불과했다.

여성 선수들의 기량이 급상승하기 시작했다. 내가 알아차리지도 못할 정도로 순식 간에 일어난 일이었다. 그리고 그 선두에 론다가 있었다. 그녀는 정말로 초강력 태풍 그 자체였다. 나는 알고 있었고, 느끼고 있었고, 함께 하고 있었다. 재능, 외모, 결단 력, 그녀는 모든 것을 갖추었다. 그리고 바텐더에서 슈퍼스타가 되기까지 그녀는 한 결같이 놀라운 운동 선수였고, 마침내 자신이 원하던 일을 찾아낸 올림픽 메달리스트 였다. 그녀는 사람들 앞으로 나와 자신이 절대적 최고라는 점을 증명해 보이길 원하 는 승부사라는 사실을 깨달았다. 그리고 그 사실을 깨달았을 때, 그녀는 MMA의 세 계를 장악했고, 완전히 지배했으며, UFC의 가장 위대한 스타 중 한 명, 혹은 가장 위 대한 스타가 되었다.

내가 론다를 '게임 체인저'라고 부르는 이유는 정말로 그녀가 그 의미에 딱 들어맞 는 사람이기 때문이다. 여성의 문제뿐 아니라 여성의 스포츠 문제에서도 그렇다. 사 람들은 항상 말한다. "여자 야구는 WNBA지." "여자 골프는 더 짧은 티에 놓고 쳐." "여자 테니스에서는 남자 테니스만큼 볼을 세게 안 쳐." 누구도 론다 로우지에 대해 서 이런 말을 하지 못한다. 그녀는 내가 권투와 MMA에 몸담았던 세월 동안 함께 했 던 선수들 중에서도 가장 강렬하고 놀라운 선수들 중 한 명이다. 링 위의 그녀를 전성 기 때의 마이크 타이슨에 비유하는 사람은 나만이 아니다. 그녀의 강렬함, 상대를 쫓으며 걷고 뛰는 그녀의 움직임을 보라. 그녀는 그냥 느긋하게 즐기려는 것이 아니다. 그리고 론다 로우지가 싸우러 링 위에 오르는 순간, 우리 모두는 그 상대가 험한 일을 겪을 것이라는 사실을 직감한다.

론다는 이처럼 강력한 집중력을 갖고 있고, 단지 경기나 훈련에서만이 아닌 매일의 일상이 그러하다. 파티 따위를 하는 여자가 아니다. 그녀가 하는 일은 매일 아침 일어나서 "어제보다 더 나아지려면 어떻게 할까"를 자문하는 것이다. 이것이 말 그대로 그녀가 살아가는 방식이다.

론다는 놀라운 롤 모델로서 여성들과 소녀들의 지위를 향상시키고 있다. 내가 어렸을 때만 해도 남자 아이들과 여자 아이들은 노는 방식이 완전히 달랐다. 남자 아이들은 온갖 몸을 쓰는 놀이를 했고 여자 아이들은 인형놀이나 소꿉놀이 같은 것을 했다. 하지만 지난 할로윈에 미국 전역의 여자 아이들은 론다 로우지 코스프레를 했다. 그녀가 놀라우며 아름다우며 강력한 여성인 이유다.

론다는 모두에게 영감을 준다. 지난 여름에 리틀 리그 월드 시리즈(LLWS)가 진행 중일 때 시리즈의 스타 중 한 명으로, 시카고 남부 출신의 13세 아프리카계 소년 선수인 피어스 존스가 타자석에 들어섰다. 그의 프로필에는 자신이 가장 좋아하는 선수의 이름이 나와 있었다. 론다 로우지였다. 획기적인 사건이었다. 다른 사람을 얼마든지 고를 수 있었다―르브론 제임스나데렉 지터 같은 남성 선수들도 수두룩했다―그렇지만 그가 고른 최고의 선수는 론다 로우지였다.

론다는 스포츠의 세계를 바꾸었고, 그리고 나서는 이 세상도 바꿀 것이다. 론다가 그것을 해내리라고 믿어 의심치 않으며, 또한 자신의 책도 곧 쓸 것이라고 생각한다. 그녀가 이미 그 일을 시작하고 있으니 말이다. 이 여성은 앞으로도 놀라운 일들을 성취해낼 것이다. 그러니 론다 로우지 이야기의 제2부를 기대하여도 좋다.

# 나는
# 왜 싸우는가

나는 파이터다.

파이터가 되려면 열정적이어야 한다. 내 안에는 열정이 가득 차 있어서 모든 걸 다 억누르기가 어렵다. 그 열정은 눈물로, 땀으로, 피로 배출된다.

내가 차갑고 냉담할 것이라고 많이들 생각하지만, 사실 싸우기 위해서는 마음을 크게 먹을 필요가 있다. 나는 감정을 있는 그대로 드러내고, 상처받길 두려워하지 않는다. 발가락이 부러지고, 발에 난 상처를 꿰매야 하는 한이 있더라도 주저하지 않는다. 눈 하나 깜박이지 않고 강타를 당할 수 있지만, 슬픈 노래가 라디오에서 흘러나오면 금방이라도 눈물을 쏟고 만다. 나는 연약하다. 그래서 나는 싸운다.

태어날 때부터 그랬다. 첫 숨을 쉬기 위해 싸웠다. 첫 단어를 입 밖으로 내기 위해 싸웠다. 나라는 존재가 제대로 존중받기 위한 싸움은 지금도 계속된다. 뭐든 싸워서 이겨야 한다고 나는 오랫동안 믿었다. 그런데 이제 몇 달에 한 번씩 있는 큰 싸움은 내가 날마다 싸워서 지는 몇 가지 것들에 대한 보상이 되어 준다. 어떤 패배는 사소한 것이다. 교통 체증 때문에 길에서 시간을 버리거나 상사에게 기분 나쁜 말을 들을 때처럼 우리를 좌절하게 만들고 모욕적인 기분을 들게 하는 상황들이 그렇다. 반면 어떤 패배는 인생을 바꿔 놓기도 한다. 사랑하는 사람을 잃거나 많은 시간과 노력을 할애하며 이루고자 했던 계획이 틀어지는 상황들이 그렇다.

내가 여덟 살 때 죽은 나의 아빠, 나는 자신만의 싸움에서 승리하지 못한 나의 아빠를 위해 싸운다. 그리고 내 인생의 2막에서 승리하는 법을 가르쳐 준 엄마를 위해 싸운다. 나는 나를 사랑하는 사람들이 자랑스러움을.

느끼게 하기 위해 싸운다. 나를 싫어하는 사람들이 부글거리는 속을 주체하지 못하게 하기 위해 싸운다. 나는 패배한 사람들, 남겨진 사람들, 자신만의 악마와 싸우고 있는 사람들을 위해 싸운다.

위대한 무언가를 달성하는 일은 내가 매일 하는 길고 고된 싸움이다. 내가 내 인생에서 성공하는 방식은 싸움이다. 물론 그 싸움은 750 평방피트 케이지나 64 평방미터 매트에서 하는 싸움에 한정되는 것이 아니다. 첫 숨을 쉬는 순간부터 마지막 숨을 거두는 순간까지 인생의 매 순간이 싸움이다. 우리는 우리에게 'No'라고 외치는 사람들과 싸워야 한다. 보이지 않는 유리 천장을 단 조직과 싸워야 한다. 나태해지는 자신의 몸과 싸워야 한다. 의심하고 부정하는 마음들과 싸워야 한다. 우리를 저지하는 시스템과 싸워야 하고, 우리를 방해하는 장애물과 싸워야 한다. 누가 대신 싸워줄 수 없기 때문에 스스로 싸워야 한다. 그리고 스스로 싸울 수 없는 사람들을 위해서도 싸워야 한다. 진정한 가치를 포함한 무언가를 얻기 위해 싸워야 한다.

나는 싸우는 법과 이기는 법을 배웠다. 어떤 장애가 앞을 가로막든, 적수가 누구이든 간에 이기는 방법은 있다.

이제부터 나의 방법을 이야기하려고 한다.

# UFC 파이트 나이트

나는 늦은 오후가 되어서 일어난다. 종일 잠을 잤고, 배가 고파서 잠깐 깼을 뿐 다시 긴 잠에 빠졌다. 일어나서는 검은 반바지와 검은 스포츠 브라로 갈아입는다.

호텔 방은 따뜻하다. 몸은 내가 바라는 대로 따뜻하고 나른하다.

나는 거울 앞에 선다. 머리카락을 여러 갈래로 나눈다. 먼저 맨 위를 고무줄로 묶는다. 그 다음은 왼쪽. 그 다음은 오른쪽. 세 갈래로 묶은 머리카락이 목덜미로 떨어지면 그 세 갈래를 한데 모으고 둥글게 말아 올려서 또 다른 고무줄로 단단하게 묶는다. 두피가 당겨지고 두 눈이 커진다. 거울 앞에 서 있는 동안, 흐릿했던 의식이 분명해진다. 경기를 준비하는 나 자신을 보면서 달라진 무언가가 느껴진다. 모든 것은 달라져 있다.

떠나기 전에 한 시간이 남아 있다. 나는 리복 운동복을 입고 부츠를 신는다. 검은색 모조 스웨이드 부츠는 많이 닳았지만, 내가 경기에서 이길 때마다 나와 늘 함께 해온 것이다.

나의 팀은 호텔 거실에 놓인 2인용 소파와 두세 개 의자들에 앉아 있다. 숨죽인 목소리로 이야기를 나누고 있지만 이따금 낮게 킥킥거리는 소리가 닫힌 문 너머에서 들려온다. 그들이 오고가는 소리도 들린다. 수석 코치 에드먼드는 가방 안을 점검하며 혹시 빠진 게 없는지를 확인한다. 브라질리언 주짓수 코치 레너는 스폰서들의 로고가 박힌 배너를 펼쳤다가 접기를 반복하며 약간의 손짓으로도 잘 펼쳐질 수 있도록 한다. 레슬링 코치 마틴은 아무런 동요 없이 침착하다. 유도의 훈련 파트너이자 내 소꿉 친구 저스틴은 초조한 듯 두 손을 비빈다. 그들은 자신들의 운동복 차림을 머리부터 발끝까지 점검한다.

내가 방문을 열고 나오자 다들 긴장한 모습이다. 거실 안은 조용해진다.

보안 요원들이 문을 두드린다. 우리를 호위하며 내려갈 준비가 되었기 때문이다.

밖으로 나서는 순간 마치 가슴을 펴고 망토를 휘날리며 공중전화 박스에서 나오는 슈퍼맨이 된 기분이 든다. 누구도 나를 막을 수 없고, 나를 이길 수 없다. 내 가슴에는 'S' 대신 'UFC'가 선명하게 새겨져 있다. 내 얼굴은 험악한 표정이 된다. 문을 나서는 순간부터 나는 파이터가 된다.

문 밖에는 나를 경기장으로 인도할 남자 셋이 귀에 이어폰을 낀 채 서 있다.

"준비됐나요?" 수석 요원이 묻는다. 경기장으로 내려갈 준비가 되었느냐는 의미다.

"됐어요." 나는 대답한다. 경기에서 이길 준비가 되었다는 의미다.

에드먼드는 문 안쪽을 다시 흘끗 보며 마지막으로 한 번 더 주위를 훑는다. 그러고는 나에게 몬스터 헤드폰을 건네고, 나는 그것을 받아 내 목에 두른다.

수석 보안 요원이 앞장선다. 내 팀원들이 나를 둘러싸고, 다른 두 요원이 내 뒤에 붙는다.

우리는 직원용 엘리베이터를 타고 지하로 내려간다. 형광등 불빛이 환하고 여러 관들이 노출되어 있다. 텅 빈 복도에서 통로를 따라 걷는 우리의 발소리가 울려 퍼진다. 우리는 영업장 직원들이 출근 카드를 찍는 공간과 분리수거 공간을 지난다. 직원 식당에서 나는 소음을 듣는다. 화물 운반 지게차의 경적 소리는 우리가 라커룸으로 이어진 복잡한 통로를 지나는 동안 침묵 속으로 사라진다.

라커룸에 더 가까워지면서 주변이 더 바쁘게 돌아가기 시작한다. 제작부 사람들이 복도를 누빈다. 카메라맨들과 더 많아진 보안 요원들, 코치들, 선수들, 체육위원회 사람들, 그리고 얼굴을 모르는 낯선 사람들이 문을 들락거린다. 우리가 경기장으로 들어서는 순간 체육위원회 사람이 우리와 합류한다. 지금 이 순간부터 늦은 밤 이 건물을 나설 때까지 그녀의 시야에서 나는 사라지지 않을 것이다.

라커룸 문에는 하얀색 바탕에 검은색으로 내 이름이 쓰여 있는 종이가 절연 테이

프로 부착되어 있다. "행운을 빌어요." 내가 창문 없는 콘크리트 블록 방으로 들어갈 때, 보안 요원이 말한다. 콘크리트 벽은 밝은 베이지 색이다. 카펫은 얇고 어둡다. 바닥에는 운동 매트가 깔려 있고, 벽에 장착된 평면 모니터 TV에서 언더카드 경기가 생중계된다.

다른 라커룸에서 스테레오로 음악을 듣는 소리가 들린다. 사람들은 우스갯소리를 하며 웃고 떠든다.

반대로 나의 라커룸은 무거운 분위기다. 조용하다. 아무도 웃지 않는다. 나는 나의 라커룸에서 농담하는 사람을 좋아하지 않는다. 농담 따먹기나 할 때가 아니다. 호텔 방을 나서는 순간부터 그런 개소리는 집어치우는 게 좋다. 지금은 농담할 타이밍이 아니다. 나는 더없이 진지하다.

나는 압박감에서 벗어나려고 애쓰지 않는다. 오히려 그 감정을 내 것으로 받아들인다. 압박감은 총알 뒤에서 점점 더 그 부피를 키워갈 것이고, 급기야 폭발하듯 총구 밖으로 터져 나올 것이다.

우리는 라커룸 안으로 걸어간다. 종합격투기 개척자이자 우리 가족의 오랜 친구인, 내 다섯 번째 세컨드 진 르벨이 우리와 합류한다. 그는 앉아서 스톱워치를 딸깍 누르며 켰다 끄기를 반복한다. 나는 가방에 머리를 대고 바닥에 눕는다. 눈을 감는다. 잠을 자두는 게 좋을 것 같다.

잠에서 깼을 때 몸을 풀려고 간단한 동작을 하지만, 이내 에드먼드가 이르다며 제지한다.

"더 쉬어. 아직 멀었어."

그는 강한 미국인 억양으로 말한다. 그의 목소리는 침착하고 안정감 있다. 그는 잠시 내 어깨를 어루만진다. 내 안에서 마구 분출할 것 같은 에너지를 조금이라도 잠재우고 싶은 모양이다.

그러나 나는 방방 뛰며 뭐라도 하고 싶다. 더 준비하고 싶다.

"몸이 아직 안 풀렸어도 괜찮아. 느긋하게 있어. 과하게 푸는 건 안 좋아." 에드먼드가 말한다.

에드먼드가 내 손을 붕대로 감는 동안, 체육위원회 대표가 참관하여 과정을 지켜

본다.

붕대로 감고 나면 하얀색 천 테이프가 찌익하며 롤에서 떨어지는 소리가 난다. 나는 그 테이프가 손가락 사이를 지나 내 손을 두르며 손목까지 유연하게 움직이는 장면을 마치 최면에 걸린 듯이 바라본다. 그리고 나서 에드먼드는 내 손목을 감은 테이프의 끝을 가볍게 문지른다. 이제 나는 내가 그토록 기다려온 그 순간으로, 내가 악착같이 훈련하며 준비해 온 유일한 목표인 그 순간으로 한 걸음 더 가까이 다가간다.

체육위원회 대표는 붕대와 테이프로 덮인 내 손에 검은색 매직펜으로 사인한다. 나는 점프와 스트레칭을 하기 시작한다. 에드먼드는 글러브를 잡고 내 펀치 상대가 되어 주지만, 오래가지 않아 나를 제지한다. 하지만 그걸로는 부족한 느낌이다. 뭔가 더 하고 싶어 좀이 쑤신다.

"긴장 풀어." 에드먼드가 말한다.

중계방송을 통해 관중의 함성이 내 귀로 전해진다. 점점 더 많은 사람들이 흥분의 도가니에 빠져들면서 그들의 함성이 콘크리트 벽을 뚫고 밀려들 것만 같다. 관중의 에너지가 내 몸 안에서 거세게 진동한다.

시계가 째깍거린다. 에드먼드가 나를 접의식 의자에 앉힌다. 그러고는 내 쪽으로 몸을 숙인다.

"상대는 너만큼 준비하지 못했어. 모든 면에서 너보다 못해. 너는 지금 이 순간을 위해 싸웠어. 지금 이 순간을 위해 땀 흘렸어. 지금 이 순간을 위해 달렸어. 이제 그때가 됐어. 넌 세계 최강이야. 가서 본때를 보여줘."

상대를 무너뜨리는 일 말고 지금 이 순간 내가 원하는 것은 아무것도 없다. 내 몸속 모든 세포가 오로지 그것만을 갈구한다.

복도에서 버트 왓슨의 걸걸한 목소리가 들린다. 버트는 UFC 선수들의 공식 베이비시터이다. 그가 하는 일은 실로 다양해서 선수들을 돌보는 사람이라는 말 말고는 이렇다 할 직함은 없다.

"좋아, 출발해 볼까!" 그가 외친다. "우리가 하는 일이 그거고, 우리가 여기 있는 이유가 그거지, 베이비. 오늘은 당신의 밤, 당신의 경기. 당신의 밤을 즐기라고, 베이비." 그가 날 인도하는 동안 그의 목소리가 복도를 따라 울려 퍼지고, 나는 흥분한다.

입장 순서는 도전자가 늘 먼저다. 어떤 모습으로 등장하는지 볼 수는 없지만, 그녀의 등장을 알리는 음악이 경기장 안을 요란하게 울려댄다. 변변찮은 음악에 눈살이 찌푸려진다.

관중의 함성이 들린다. 그들의 박수가 터져 나오는 소리를 나는 어두운 통로에서 가만히 듣는다. 그러나 나는 알고 있다. 내가 등장하는 순간 그들의 함성은 폭발적인 환호로 바뀔 것이라는 사실을. 사람들은 내가 등장하는 순간 격렬하게 반응한다. 그들의 환호를 뼛속 깊이 느낄 수 있다. 그 소리는 도전자를 잠시 당황하게 할 것이다.

에드먼드는 나의 얼굴을 세게 누른다. 내 귀와 코를 문지른다. 얼굴 근육이 충격에 대비해 긴장한다. 그가 내 머리카락을 뒤로 세게 당긴다. 두피가 얼얼하다. 두 눈이 커진다. 근육이 깨어난다. 정신이 깨어난다. 이제 준비가 되었다.

신호가 들어온다. 보안 요원이 내 옆으로 붙는다. 내 세컨드(경기 중에 선수를 돌보거나 작전 지시를 하는 사람 − 옮긴이)가 한 걸음 뒤에서 나를 따라 걷는다.

조안 제트의 격렬한 기타 코드에 내 안에서 뜨거운 피가 솟구치고, '배드 레퓨테이션(Bad Reputation)'이 울려 퍼지자 나는 앞을 노려보며 돌진한다.

내가 등장하자마자 관중이 함성을 지르며 환호하지만, 나를 둘러싼 모든 것은 이내 그 빛과 소리를 잃고 만다. 내 눈에 보이는 것은 단 하나, 케이지로 통하는 길뿐이다.

옥타곤 계단에서 나는 헤드폰을 벗고, 부츠를 벗는다. 후드티와 티셔츠, 운동복을 벗는다. 세컨드가 옆에서 날 돕는다. 붕대를 감고 글로브 낀 손 때문에 여러 벌의 옷을 혼자서 벗기가 쉽지 않기 때문이다.

에드먼드는 타월로 내 등을 쓰다듬는다. 나는 내 세컨드와 한 명씩 포옹한다. 레너. 진 "삼촌". 마틴. 저스틴. 에드먼드가 내 뺨에 입맞춤한다. 우리는 포옹한다. 에드먼드가 마우스 가드를 내 입 안에 넣는다. 나는 물 한 모금으로 입 안을 적신다. 내 커트맨 스티치 듀란이 내 얼굴에 바셀린을 바르고 옆으로 비켜선다.

내가 두 팔을 내밀고, 한 요원이 내가 뭘 숨기지 않았는지 확인하려고 내 몸을 손으로 두드린다. 그의 손이 내 귀를 쓸고, 내 머리에 이어 단단하게 묶은 트레머리 속을 지난다. 내 입술을 벌리게 한다. 내 글로브를 체크한다. 그러고는 계단을 올라가도 좋다는 신호를 보낸다.

나는 케이지 안으로 들어가며 고개를 숙인다. 묵례는 유도 선수 시절에 생긴 습관이다. 나는 왼발을 두 번 쿵쿵거린다. 그러고는 오른발을. 나는 두 발로 점프하고 쿵쿵거린다. 나는 내 세컨드 쪽으로 걸어간다. 두 팔을 흔든다. 나는 내 오른쪽 어깨를 철썩 때리고, 왼쪽 어깨에 이어 넓적다리를 때린다. 내 세컨드가 내 뒤쪽에서 스폰서 배너를 펼친다. 나는 한 걸음 한 걸음 쿵쿵 뛴다. 웅크리고 앉았다가 벌떡 일어선다. 한 번 더 발을 쿵쿵거린다. 그리고 멈춘다.

그 순간이 다가왔다. 몸의 긴장이 풀리긴 했지만, 여전히 날카롭게 날을 세우고 있어서 기민하게 행동하고 반응할 준비가 되어 있다. 감각은 극도로 예민해진 상태다. 나는 오로지 한 가지 욕망, 이기겠다는 욕망에 사로잡혀 있다. 단순히 죽기 살기로 이겨야 하는 문제이다. 지금 이 순간 나는 마치 이 케이지 안에 있어야 하는 운명처럼 느껴진다. 마치 마지막 경기와 지금의 경기를 구분하는 시간의 경계 따위는 존재하지 않은 것처럼 느껴진다. 나의 뇌는 전투 모드로 되돌아가고, 나는 그 어느 것도 싸움 말고 존재하지 않았던 영역 안으로 들어간다.

나는 그 케이지 주변을 응시한다.

UFC 아나운서 브루스 부퍼가 케이지 중앙으로 다가온다. 브루스는 UFC 최고의 아나운서이지만, 그가 내 적수의 세컨드를 바라볼 때 내 귀에 들려온 말은 "와 와 와 와 와 와 와"뿐이다. 그러고 나서 그는 내 세컨드에게 고개를 돌리고 말한다. "와 와 와 와 와 와 와."

나는 상대 선수를 바라본다. 그녀의 움직임을 눈으로 쫓는다. 계속 눈을 마주치려고 하지만, 때때로 그녀는 내 시선을 피한다.

나는 그녀가 나를 보기를 원한다.

그녀가 내 눈을 응시하기를 원한다. 내가 두려워하지 않는다는 사실을 알길 원한다. 내가 단 한 번의 기회도 내주지 않을 거라는 사실을 알길 원한다. 날 보고 겁을 먹기를 원한다. 나에게 질 게 뻔하다는 사실을 알길 원한다.

심판이 내 적수를 보며 묻는다. "준비됐나요?"

그녀는 고개를 끄덕인다.

그는 나를 향해 고개를 돌린다.

"준비됐나요?"

나는 고개를 끄덕이고 생각한다. 나는 늘 준비가 되어 있다고.

그리고 경기가 시작된다.

# 나는 늘
# 준비가 되어 있다

많은 사람들이 싸우기 전에 자신이 아직 준비가 안 되었다고 생각한다. 몸을 덜 풀어서 근육이 뻣뻣하다며 포기한다. 더 열심히 준비 운동을 해야 한다고 믿는다. 그들은 그래야 한다고 착각을 한다.

나는 당장이라도 싸울 준비가 되어 있다. 나는 그렇게 자랐다. 준비 운동을 하지 않더라도 싸울 준비가 되어 있어서 경기 시작과 동시에 심판이 손을 내릴 때까지 나 자신을 제어하느라 안간힘을 써야 한다.

어쩌면 우리는 예상보다 더 빨리 준비된 상태로 임해야 할지도 모른다.


나는 태어났을 때 거의 죽을 뻔했다.

1987년 2월 1일, 나를 임신한 엄마는 아빠와 함께 병원으로 출발하기 전에 집안을 정리하려고 부산스럽게 돌아다녔다.

"론, 준비됐어?" 엄마가 아빠에게 물었다.

"달링. 나야 늘 준비가 되어 있지." 아빠는 대답했다.

그러나 나의 부모는 뒤이어 일어날 사건에 대해 준비가 전혀 없었다.

나는 목 주위에 탯줄이 감긴 채 태어나 숨을 쉬지 못했다. 심장은 뛰지 않았다. 몸이 새파랗게 질리고 무기력했다. 신생아의 신체 상태를 0점에서 10점으로 평가하는 아프가 점수에서 7점은 좋은 점수다. 내 점수는 0점이었다.

엄마의 말에 의하면, 의사들은 내가 죽은 걸로 생각했다. 모든 것이 어지럽고 혼란스럽게 움직였다. 의사들이 사방에서 뛰어왔다. 설비를 운반하는 금속 카트들이 바퀴를 삐걱거리며 돌진했다. 의료진이 용구들을 꺼내느라 캐비닛 선반들이 쿵쾅거렸다. 사람들이 몰려오는 동안 수석 의사가 큰소리로 지시했다. 마침내 그들은 산소 공급에 성공했다. 탯줄을 잘라 내 목에서 풀고, 나에게 심폐소생술과 산소를 공급했다. 그러고는 엄마가 영원 같던 시간이라고 했지만 고작 몇 분에 불과한 그 순간이 지난 후에 나는 호흡하기 시작했고, 내 심장은 박동하기 시작했다.

이 사건은 내 부모를 거의 기절하게 만들었다. 엄마는 그날 처음으로 아빠가 우는 모습을 보았다.

내 부모는 아빠 이름 '론'을 따서 내 이름을 '론다'라고 지었다. 어떤 사람들은 내 이름 론다의 스펠링이 'h' 없는 'Ronda'인 특별한 이유가 있을 것이라고 생각하지만, 특별한 이유는 없다. 그날 공포가 잦아들고 내가 죽지 않았다는 사실이 분명해진 후, 간호사가 아빠에게 다가와 내 이름을 뭐라고 지을 거냐고 물었다. 아빠는 '론다'라고 대답했다. 간호사는 스펠링이 어떻게 되냐고 물었다. 그래서 아빠는 'R-O-N-D-A'라고 답했다. 그리하여 그들은 내 출생증명서에 내 이름을 그렇게 적었다. 사실 'h' 없는 Ronda'라고 적는 편이 나았을지도 모른다. 왜냐하면 나는 평생을 내 이름의 스펠링을 교정해 주는 데 보내야 했기 때문이다. 물론 최근에 내 이름을 바르게 쓰는 사람이 적지 않게 늘었다. 사실 나는 그 스펠링이 나에게 더 잘 어울린다고 생각한다. 'H'는 어쨌든 조금 멍청해 보이는 알파벳이다.

내 부모는 내가 살아나서 무척 행복해 했지만, 내 목숨을 살린 의사는 나의 뇌 손상을 우려하며 설령 손상되더라도 당장 그 증세가 나타나지 않을 수 있다고 경고했다. 걷기와 말하기 등의 능력을 관장하는 뇌 부위에 손상이 있다면 아마 몇 달 혹은 몇 년 후에나 나타날지 모른다는 것이다. 그 발달 단계에 이를 때까지는 지체를 알 수 없기 때문이다.

의사들은 대개 진실을 듣기 좋게 포장하는 편이 아니지만, 그는 엄마에게 자신의 비의학적인 소견도 함께 제시했다.

"이런 경우 다른 아이였다면 소생하기 쉽지 않았을 겁니다. 지금 당장은 이 아이가 호흡하고 있고 심장 박동수와 반사 능력이 정상이라는 사실 말고 이렇다 할 말씀을 드리긴 어렵습니다. 이 아이의 미래가 어떻게 될지 모르지만, 아이는 믿을 수 없을 정도로 회복력이 강하고, 타고난 승부사입니다."

# 이기는 것은
# 세상에서 가장 위대한
# 느낌이다

나는 어렸을 때부터 이기는 것에 길들여졌다. 어린 시절 유도 시합이 있을 때 나는 경기 시작 전 내 상대 선수와 함께 앉아 손장난을 하고는 했다. 그러면 엄마가 나를 그 아이에게서 떼어놓으며 말했다. "느긋하게 있지 말고 앉아서 이길 생각을 해."

이길 때 느끼는 행복은 말할 수 없이 크다. 어떤 것도 그 행복에 방해가 되지 못한다. 내 몸을 붕 뜨게 한다. 내 삶을 어지럽고 힘들게 하는 모든 것들 위로 나를 행복하게 날아오르도록 한다. 이기고 나면 잠시 동안 이 세상의 모든 것이 좋아 보인다. 이기는 것은 사랑에 빠지는 것 같은 기분이 들게 한다. 방 안에 있는 모든 사람과 사랑에 빠지는 기분이다. 그리고 그 수가 18,000명에 이를 때 그 행복감은 엄청나게 증폭된다.

내가 두 살이 되었을 때 나는 여전히 말하지 않았고, 그 점에 대해 부모님은 걱정하기 시작했다. 소아과 의사는 내가 아직 준비가 안 되었거나 말할 필요를 느끼지 않아서 말하지 않는 거라는 등 이런 저런 이야기를 엄마에게 해 주었다. 나의 두 언니들은 내가 원하는 게 뭔지를 이해하는 것 같았고, 이따금 내가 쿠키를 먹고 싶어 한다거나 내가 '마이 리틀 포니' 인형하고 놀고 싶어 한다는 이야기를 엄마에게 대신 전해 주었다. 그렇지만 엄마는 무언가 잘못되었다는 느낌을 지우지 못했다. 엄마는 나 말고도 두

딸을 더 키우고 있었고, 박사 학위를 따기 위해 공부하는 동안 발달 심리학 같은 수업들을 듣고 있었다.

세 번째 생일이 다가왔을 때에도 나는 제대로 된 말을 한 마디도 하지 못했다. 엄마는 나를 데리고 많은 전문가들을 찾았다. 그들은 뚜렷한 이유를 찾지 못했지만, 태어날 때 산소를 제대로 공급받지 못한 상황이 언어 학습 능력 발달에 영향을 미친 것이라고 믿는 듯했다.

뇌 일부가 죽으면 그 일부는 영원히 죽는다. (죽음의 정의는 대개 그렇다.) 하지만 아기들은 매우 놀라운 존재다. 회복력이 몹시 뛰어나다. 때때로 아기의 두뇌는 스스로 회로를 바꿈으로써 여전히 유효한 기능을 하도록 만든다. 발달 중인 나의 뇌는 스스로 회로를 바꾸었다. 나의 대뇌 활동을 보여주는 그 다색의 스캔 자료를 본다면, 뇌 속에서 나의 언어 담당 부위가 보통과 다른 위치에 있다는 사실을 알 수 있을 것이다. 그러나 두뇌 회로가 완전히 바뀔 때까지 나는 머릿속 단어들을 입으로 온전히 전달하는 데 애를 먹었다.

말한다는 것은 '내가 말하고 싶은 것'과 '말하는 것' 사이의 큰 차이에서 비롯된 갈등이었다. 비단 말에 대한 것만이 아니라 실로 모든 것이 그랬다. 내가 느끼는 것. 내가 원하는 것. 내가 의미하는 것. 그것들을 제대로 말에 담기 위한 노력은 늘 투쟁과도 같았다. 누군가가 내 말을 못 알아듣고 계속 반문한다면, 나는 좌절감을 느낀 나머지 그 사람을 발로 차려고 했을 것이다. 나 자신과 싸운다는 것은 다른 사람과 싸우는 것과는 전혀 다른 문제였다. 내가 나 자신과 싸우고 있다면, 결국 누가 이길까? 또 누가 질까?

나의 세 번째 생일날 내가 간절히 받고 싶었던 선물은 WWF 헐크 호간 레슬링 인형이었다. 나는 토요일 아침에 늘 언니들과 텔레비전 앞에 앉아 엑스맨을 본 다음 레슬링 경기인 WWF 슈퍼스타즈를 보았다. 광고가 나올 때면 우리는 누가 먼저랄 것도 없이 갈색 소파에서 풀쩍 뛰어 내려와 간지러운 황갈색 폴리에스터 카펫에다 서로의 몸을 눕히려고 이리저리 발버둥 쳤다. 1980년대에 가장 인기 있었던 인형은 헐크 호간의 60cm짜리 베개 버전이었다. 그것으로 보디 슬램도 하고 레슬링도 하고 바닥에 던질 수도 있었다. 그것은 대단한 물건이었다. 엄마가 생일 선물로 뭘 가지고 싶으냐고 내게 물었을 때, 나는 오직 이 말만을 되풀이했다. "발그린."

아무도 내가 뭘 원하는지를 짐작하지 못했다. 그러나 엄마는 나와 언니들을 데리고 장난감 가게로 가서 나의 발그린을 찾으려고 했다. 장난감 가게 점원은 공과 관련된 장난감들을 모조리 꺼내서 내게 보여 주었다. 하지만 결국 우리는 빈손이었다. 우리는 또 다른 가게로 갔다. 그리고 또 다른 가게로.

아무리 하고 싶은 말을 하려고 애써도 내가 내는 소리는 아무도 이해하지 못하는 조합으로 뒤죽박죽되어 나왔다. 내가 말하고 싶은 단어들이 내 머릿속에서 꼼짝없이 갇혀 자유롭지 못한 신세가 된 것 같았다. 나는 그 단어들을 볼 수 있었고, 느낄 수 있었다. 다만 말할 수가 없었다. 나는 덫에 갇힌 기분이 되었다. 눈물이 왈칵 터졌고, 콧물이 주르륵 흘렀다. 세상은 내 앞에서 굳게 닫혀 있었다. 나는 희망을 잃기 시작했다.

아빠가 퇴근하고 우리와 합류했다. 우리는 마지막으로 하나 남은 장난감 가게로 갔고, 세상에서 가장 위대한 장난감 가게 점원을 만났다. 그는 장난감 가게 점원 명예의 전당에 오를 만한 자격이 충분한 사람이었다.

우리가 문을 열고 들어가자마자, 아빠가 점원에게 다가가 말했다. "우리 딸이 발그린을 갖고 싶어 해요. 그런데 전 발그린이 뭔지 모르겠어요. 하지만 우린 발그린을 찾을 때까지 여길 떠나지 않겠어요."

"음, 그게 뭐니?" 그 남자가 내게 물었다.

나는 말하기가 두려워져서 대신 내 몸을 바닥에 대고 몇 번 부딪쳤다.

점원은 웃지 않았다. 한동안 그것에 대해 생각했다. 나는 희망을 가지고 점원을 올려다보았다.

"갖고 싶은 게 혹시 레슬링 인형이니? 배게 같은 건데, 같이 레슬링을 할 수도 있어."

나는 천천히 고개를 끄덕였다.

"발그린." 내가 말했다.

"그래, 맞아." 점원은 내 말이 무슨 뜻인지 명료하게 들린다는 듯이 대답했다. "헐크 호간."

점원은 뒤쪽 선반에서 하나를 가져왔다. 나는 통로에서 기쁨의 춤을 추었다. 엄마는 속으로 하늘에 감사를 표했다.

점원이 내 두 손에 레슬링 인형 상자를 쥐어 주었고, 그 기쁨은 말로 표현할 수가 없었다. 그것을 내 손에서 놓기 싫었다. 아무리 엄마아빠라 해도 내 인형을 빼앗아갈 수 없었다. 당연히 계산을 할 수도 없었기 때문에 점원이 또 다른 상자를 가져와야 했다.

집에 도착한 순간부터 한시도 헐크 호간과 떨어지지 않았다. 나는 소파에서 뛰어내리면서 그의 가슴을 팔꿈치로 꽂았다. 그를 바닥에 눕히고 꼼짝 못하게 하는 동안 엄마는 내가 시킨 대로 셋을 셌다. 단순한 우연이었는지 아니면 앞날을 예고하는 어떤 암시였는지 나는 그만 헐크의 팔을 뜯고 말았다. 엄마는 왕년에 유도복을 수선하던 솜씨로 치실을 이용해서 뜯어진 팔을 꿰매 주었다. 그리고 나는 매일 밤 헐크 호간과 침대에 누웠다.

그랬다. 나는 헐크 호간과 잠을 잤다.

또래 아이들처럼 말할 수 없던 아이에게 세 번째 생일날 생판 모르는 사람에게서 이해를 받은 사실은 내 인생의 큰 돌파구가 되어 주었다. 내가 간절히 원하고 그것을 얻기 위해 열심히 노력한다면 결국에는 원하는 대로 된다는 믿음이 일찍부터 내 안에서 싹트는 계기가 되었다.

나는 살면서 목적한 바를 어느 정도 이뤘다. (아직 서른 살이 안 되었고 앞으로도 하고 싶은 일이 많기 때문에 "많이"라는 표현은 지양하겠다. '간달프 그레이(Grey)'쯤 되고 호빗이 절대 반지를 파괴하도록 도와주는 역할을 하면서 '간달프 화이트(White)'로 진화하는 단계에 있다고 치자.) 그리고 나는 사람들이 말하기를 비현실적이거나 있음직하지 않거나, 또 내가 좋아하는 표현대로 불가능해 보이는 목적들을 달성했다. 만약 희망이 없었다면 그 어느 것도 제대로 이뤄내지 못했을 것이다.

내가 말하는 희망은 언젠가 좋은 일이 생길 거라는 믿음이다. 지금 무언가를 극복하려고 노력 중이라면, 또 그동안 노력을 해 왔다면, 언젠가는 좌절을 견디며 노력한 보람이 반드시 따르게 될 거라는 믿음이다. 내가 말하는 희망은 나를 둘러싼 세상이 언젠가 바뀔 수 있고, 불가능이 가능해질 수 있다는 강한 믿음이다.

나의 세 번째 생일날은 희망을 포기하지 않는 것, 나 자신을 포기하지 않는 것, 나아가 내 안에서 내가 미처 보지 못한 무언가를 발견해 주는 사람들과 함께 하는 것이 어떤 의미인지를 느끼는 시작점이 되었다. 나는 생애 처음으로 승리감을 맛보았다.

# 모든 것은
# 갑작스럽게 바뀔 수 있다

경기를 관람하다 보면 위세가 등등해서 꼭 우승을 차지할 것만 같던 선수가 갑자기 녹다운되는 상황을 심심찮게 목격한다. 한방의 일격을 당하거나 자칫 집중이 흐려지는 순간 경기의 흐름은 완전히 뒤바뀔 수 있다. 우리의 삶도 그렇다.

내가 그토록 이기고 싶어 하는 이유들 중의 하나는 삶이 너무 불확실하고 변덕스럽기 때문이다. 내가 이기는 순간만큼은 모든 것이 내게서 사라질 것만 같은 그 불안감을 느끼지 않아도 되어서다.

상황이 예상과 다르게 바뀌는 순간들을 나는 내 인생에서 적잖이 목격했다. 나를 둘러싼 세계가 갑자기 무너져 버리는 순간들이 있었다. 좋은 것들이 어느 순간 갑자기 내게서 멀어지거나 빼앗길 수 있다는 깨달음이 오면서 나는 더 열심히 살게 되었다.

캘리포니아주 로스앤젤레스에서 노스다코타주 마이넛으로 이사하는 것은 그리 흔한 경우는 아니다. 하지만 내가 세 살이었을 때 언니 마리아는 스쿨버스를 타고 집에 오는 동안 어떤 사람이 머리에 총을 맞은 장면을 목격했다. 엄마아빠는 그 사건을 당장에 로스앤젤레스를 떠나야 한다는 신호로 여겼다. 그래서 우리는 인적이 드물고 외진 노스다코타로 이사했다.

엄마가 박사 학위를 마친 후 제안 받은 몇 가지 일자리 중의 하나는 마이넛 주립 대학이었다. 마이넛 주립 대학에는 훌륭한 언어 병리학 프로그램이 있었고, 엄마가 일자리 제의를 수락할 때 받는 혜택의 일환으로 대학에서 내게 언어 집중 치료 프로그램을 제공하기로 했다. 우리가 이사할 때, 아빠는 항공우주 시설 관리자로 일하던 직장을 그만두었다. 노스다코타의 생활비는 캘리포니아에 비해 저렴했기 때문에 엄마아빠는 맞벌이를 할 필요가 없다는 결정을 내렸다. 그래서 1990년 여름, 우리는 마이넛으로부터 32km 떨어진 곳의 6,120평 면적 농장에 세워진 집으로 이사했다.

언니들과 나는 무제한의 자유를 얻었다. 캘리포니아에서는 늘 어른과 함께 외출해야 했지만, 여기서는 최악으로 치달은 범죄율이나 그 당시 로스앤젤레스를 괴롭히던 높은 스모그 수치를 걱정할 필요 없이 마음대로 자전거를 타고 자갈길을 따라 달릴 수 있었다. 집 뒤편에 있는 작은 숲도 탐험했다. 고치도 모았는데, 그중 하나가 거미 알주머니로 변했고 급기야 우리 집에 부화해서 작은 거미들을 사방으로 날려 보냈을 때 엄마가 진절머리를 내며 고치 수집을 당장에 중단시켰다. 집이 세워진 언덕 위에서 노란색 플라스틱판에 몸을 싣고 스키를 타듯 활강하면서 몇 시간을 보내기도 했다.

그 당시 나는 돌 모으는 재미에 빠졌고, 꽤 그럴듯한 컬렉션을 만들어가고 있었다. 아빠는 내게 석영과 황철석, 규화목, 석회석, 플린트 등을 구별하는 방법을 알려 주었다. 8월부터 엄마는 수업 준비를 위해 날마다 시내에 갔다. 언니들은 시골 생활에 나만큼 큰 재미를 못 느꼈기 때문에 엄마를 따라 나섰고, 아빠와 나만 집에 남겨질 때가 많았다. 그 무렵 아빠는 갈색과 흰색의 포드 브롱코 앞좌석에 나를 태우고 돌 채집에 좋은 장소를 찾으러 비포장 길을 달렸다. 우리는 들판을 가로지르고 방풍림 사이를 지나고 울퉁불퉁한 바위들을 퉁퉁거리며 달렸나. 잠시 후 전에 한 번도 본 적 없는 빈터에 도착하자 아빠가 말했다. "여기가 딱이야." 나는 몇 시간을 흙을 파며 보냈고, 아빠에게 몇 가지 견본들을 가지고 가면 아빠는 비행사 선글라스를 쓴 채 차에 기대서서 담배를 피우며 그 돌들을 살펴보았다.

아빠가 세상에서 가장 강한 사람이라고 느낀 것은 우리가 그런 모험을 떠나던 때였다. 그 전날에 폭풍우가 지나가서 우리가 차를 운전하며 달리는 동안 진흙탕이 사방에서 튀어 올랐다. 그러다가 우리는 물이 말라서 바닥이 거의 드러난 개울과 마주쳤다. 아빠는 차를 멈추고 내게 고개를 돌리며 물었다. "어떡할까, 로니? 저 강을 건널까?"

나는 고개를 끄덕였다.

"그러시다면." 아빠가 거수경례를 하듯이 손을 들어 모자의 챙 옆으로 가져갔다.

아빠가 빙그레 웃으며 차를 총알같이 몰았다. 그 순간 진흙탕이 양동이에서 쏟아지듯이 차창으로 퍼부어졌다. 브롱코가 동요하며 움직임을 멈췄다. 아빠는 다시 액셀러레이터를 밟았다. 잠깐 타이어 움직이는 소리가 윙하고 들리더니 이내 정지했다. 아빠는 차에 후진 기어를 넣었다. 그러자 브롱코가 뒤로 핵 움직였지만 더는 가지 않았다. 타이어가 제자리를 빙빙 맴도는 동안 진흙탕이 사방으로 튀어 오르는 장면이 조수석 백미러로 보였다.

"이런……" 아빠가 말했다. 그리고 차에서 내렸다. 나도 안전벨트에서 미끄러지듯나와 차에서 내렸다. 아빠는 뒤쪽 타이어 옆에 쭈그리고 앉았다.

"처음부터 여기 오는 게 아니었는데. 무슨 방법을 찾아보자."

아빠는 그렇게 말하며 주변을 두리번거렸다.

"여긴 돌 채집하기에 딱 좋구나." 아빠는 마치 계획한 대로라는 듯이 말했다. "하지만 지금부터 우리가 찾아야 할 돌은 지금과는 조금 다른 돌이어야 해. 아빠는 네가 큰돌을 찾았으면 해. 네 머리만큼 큰 돌을. 알았지?"

나는 고개를 끄덕였고, 우리는 둘 다 커다란 돌을 찾으러 바닥을 샅샅이 살폈다. 나는 자몽만한 돌을 하나 발견했다. 그리고 팔을 아래로 뻗어서 그것을 들려고 했다. 하지만 움직이지 않았다. 나는 세 살짜리 여자아이가 낼 수 있는 힘을 모조리 끌어 모아다시 들어 올리려고 안간힘을 썼다. 헛수고였다.

"여기있어요." 내가 아빠를 불렀다.

아빠는 멜론만한 돌 두 개를 한 팔로 든 채 내 쪽으로 다가왔다. 그 위용에 내 입이딱 벌어졌다. 나는 내가 들려고 했던 그 돌을 손으로 가리켰다. 아빠는 마치 무게가없는 돌을 드는 것처럼 거뜬히 들어 올렸다.

"잘 찾네." 아빠가 미소를 지으며 말했다. 나는 자부심을 느끼며 활짝 웃었다.

아빠는 그 돌들을 차 쪽으로 가져가서 타이어에 최대한 가깝게 대었고, 우리는 30분 더 그 과정을 반복했다. 내가 돌을 손으로 가리면 아빠가 별 거 아니라는 듯이 돌을 번쩍 들어 올렸고, 나는 경외심을 느끼며 지켜보았다.

"그럼 차가 움직이는지 볼까." 아빠가 말했다.

우리는 브롱코에 올라탔다. 아빠는 시동을 켜고 액셀러레이터를 밟았다. 차를 앞뒤로 움직였다. 차는 양방향에서 휘청거렸지만, 여전히 제자리였다.

"젠장" 아빠가 투덜댔다. "괜히 헛수고했군. 걸어서 가야겠다. 존 스팁에게 트럭을 가져와서 끌어달라고 해야지 안 되겠구나."

스팁 부부는 우리 집 건너편 농장에 살고 있었다. 우리는 다시 브롱코에서 내렸다. 날씨는 무더웠고, 나는 지쳤다. 빨갛게 상기되고 땀이 나는 얼굴로 아빠를 올려다보았을 때, 여전히 차량 번호판이 보였다.

"못 가겠어요." 내가 말했다.

아빠는 큰 돌을 들 때만큼 나도 거뜬히 들어 올렸다. 아빠가 나를 안고 쑥쑥 자란 잔디밭을 헤치며 걷는 동안 나는 아빠 어깨에 머리를 기댄 채 스르륵 잠이 들었다. 그러다 집으로 이어진 자갈길을 걷는 아빠의 발걸음 소리에 놀라 잠에서 깼다. 이제 브롱코는 멀어진 들판 너머로 점만큼이나 눈에 보일락 말락 했다.

해가 대초원 위에서 질 무렵, 우리는 베란다에서 저녁을 먹으며 끝 간 데 없이 펼쳐진 듯한 그 들판을 우리의 시야가 닿는 곳까지 계속 내려다보았다.

그날 저녁, 엄마를 따라 우편함을 확인하러 비포장 길을 400m쯤 걷는 동안 나는 엄마를 올려다보며 말했다.

"노스다코타가 캘리포니아보다 훨씬 좋아요." 내가 제대로 된 문장을 말한 첫 번째 순간이었다.

인적 드문 노스다코타의 여름은 확실히 아름다웠다. 그러나 노스다코타의 겨울에 관하자면 이야기는 달랐다. 영하 날씨와 눈 이외에 아무것도 없었다. 눈이 정말 많이 내렸다. 그러나 우리가 노스다코타에서 처음 맞은 겨울은 신기함 그 자체였다. 그래서 1월의 어느 평범한 날에 아빠와 엄마는 우리를 따뜻하게 입히고 사방이 눈으로 뒤덮인 바깥으로 외출을 했다. 우리는 눈밭을 어기적어기적 걸었다. 스팁 부부가 우리와 동행했다.

아빠는 아주 평범한 언덕 위에서 아주 평범한 오렌지색 플라스틱 썰매를 타고 경사면을 따라 내려갔다. 나하고 언니들이 타도 안전한지를 확인하려고 먼저 내려간 것이었다. 나는 아빠가 비탈진 언덕을 썰매를 타고 내려가는 모습을 보며 까르륵 웃었다. 그때 아빠가 눈으로 덮여 있던 평범한 통나무에 쿵하고 부딪혔다. 썰매는 언덕 아래로 미끄러지다가 멈추었다.

아빠가 쓰러졌다. 엄마는 아빠가 장난을 치는 거라고 생각했다.

우리는 기다렸다.

아빠는 일어나지 않았다.

엄마가 언덕 아래로 달려가서 무릎을 꿇고 아빠를 내려다보는 동안 나는 언니들과 언덕 꼭대기에 앉아 숨죽여 지켜보았다.

눈 때문에 시야가 흐릿했지만, 번쩍이는 빛이 보였다. 우리 쪽으로 오던 구급차는 눈 속에 갇히고 말았다. 그래서 또 다른 구급차가 왔다. 한 시간이 지나서야 구급 요원들이 도착했다.

엄마도 아빠와 함께 구급차에 탔다. 이웃 사람들이 우리를 집으로 데리고 가서 뜨거운 코코아를 타 주었다. 우리는 엄마의 전화가 오기만을 기다렸다.

나쁜 소식이었다.

이 세상에서 가장 강하고 슈퍼 히어로 같은 힘을 가졌다고 믿어 의심치 않았던 나의 아빠는 척추가 부러지는 사고를 당했다. 그 사고 이후 처음 본 아빠는 병원 침대에 누워 꼼짝하지 못했다. 다음에 갈 때는 아빠가 벌떡 일어나 주기를, 욕실 거울 앞에 서서 올드 스파이스 애프터 세이브 스킨을 얼굴에 바르고 손으로 찰싹 때리면서 아무 일도 없었다는 듯이 우리를 보며 미소 지어 주기를, 내가 기억하는 한 매일 아침 그랬듯이 우리에게 "쇼 타임이다."라고 말해 주기를 나는 계속 바랐다. 아빠가 침대에서 벌떡 일어나 주기를 바라고 또 바랐다. 하지만 아빠는 그러지 못했다. 수술실을 들락날락하며 계속해서 수술대에 눕는 동안 목숨이 위태로워질 뻔한 적도 있었다.

수술이 끝난 후 엄마가 우리를 데리고 집중치료 병동으로 갔을 때, 아빠의 병실 안 불빛은 희미했다.

"시끄럽게 굴면 안 돼." 엄마가 문 밖에서 우리에게 주의를 주었다. "아빠가 지금 아주 피곤하시거든."

우리는 진지하게 고개를 끄덕였고, 오리 새끼들처럼 엄마를 따라 조용히 줄지어 들어갔다. 심장을 체크하는 모니터에서 나는 삐 소리가 병실 안을 가득 채웠다. 30초에 한 번씩 기계가 윙 소리를 냈다.

"론, 애들 왔어." 엄마가 아픈 아빠에게 부드러운 목소리로 속삭였다.

아빠는 침대에 등을 대고 반듯이 누워 있었다. 아빠가 눈을 떴다. 아빠는 몸을 움직일 수 없었지만, 눈동자를 굴려서 우리를 바라보았다.

"왔구나." 아빠가 속삭이는 목소리로 말했다.

나는 침대로 더 가까이 살금살금 걸었다. 아빠의 몸통에 붕대가 감겨 있었다. 의사들이 부러진 척추를 수술하기 위해 절개한 부위였다. 링거대 옆에 커다란 피 주머니가 매달려 있었는데, 핏방울이 뚝뚝 떨어지며 아빠의 팔뚝 속으로 들어갔다. 침대 옆에는 또 다른 주머니가 매달려 있었다. 그 주머니에 달린 관이 담요 밑에 가려진 어딘가로 이어져 있었고, 그 주머니는 아빠의 몸 밖으로 뚝뚝 떨어지는 피로 채워지고 있었다.

간호사 한 명이 병실로 들어와 아빠에게 다가가자, 나는 그 간호사를 향해 내 몸을 날렸다. 엄마가 공중에서 겨우 나를 잡아끌었을 때, 나는 기를 쓰며 소리쳤다. "왜 우리 아빠 살을 잘랐어요? 왜 그랬어요?" 나는 간호사가 싫었다. 아빠가 겪는 고통 때문에 싫었다. 내가 겪는 고통 때문에 싫었다.

주먹을 휘두르고 발로 차는 나를 엄마가 억지로 끌고 나가서 문을 닫았다. 나는 목이 메었다. 그들이 아빠를 돕고 있는 것이라고 엄마가 애써 설명하는 동안 눈물이 주르륵 흘러 내렸다.

"아빠는 몸을 다쳤어." 엄마가 나에게 설명했다. "간호사 선생님들하고 의사 선생님들은 아빠가 더 좋아지라고 그러는 거야. 아빠를 도우려고 하는 거야."

나는 엄마의 말을 믿어도 될지 몰랐다.

"아빠한테 물어봐." 엄마가 말했다. "하지만 우리도 아빠를 도와야겠지? 병실에 있는 동안에는 조용히 있어야 해. 알았지?"

나는 고개를 끄덕였다.

"됐다. 그럼 들어가자." 엄마는 나를 다시 병실로 데려갔다.

아빠는 병실에서 5개월을 더 지냈다. 엄마는 수업을 마치면 우리 셋을 차에 태우고 마이닛에서 비즈마크로 가기 위해 약 210km를 달렸다. 마이닛에는 아빠만큼 심한 부상을 입은 환자를 위한 시설이 갖추어져 있지 않았기 때문이다.

한겨울에 차창 밖으로 보이는 노스다코타 시골 풍경은 그다지 볼 만한 것이 없었다. 하얀색이 끝없이 펼쳐져 있을 뿐이었다. 내가 그 시기를 기억할 때 가장 먼저 떠오르는 것은 하얀색이다. 하얀 병실 복도. 하얀 타일 바닥. 하얀 형광등. 하얀 침대 시트. 또 피가 떠오른다. 정말로 많은 피가.

아빠는 베르나르 술리에 증후군이라고 하는 과다 출혈 희귀 질환을 앓았다. 피가 굳어서 혈전이 되어야 출혈을 막을 수 있는데, 피가 혈전을 형성하지 못하는 질환이다. 가벼운 부상으로도 출혈 합병증이 생길 수 있고, 합병증은 외상성 손상을 입으면 심해질 수 있다. 그 질환을 앓는 사람들은 수술 중과 후에 장시간 출혈을 겪는다. 아빠는 외상성 손상을 입었고 큰 수술을 받았다. 그래서 너무 많은 피를 흘렸다.

엄마는 그 당시의 상황을 자세히 얘기해 주었다. 아빠가 사고가 나서 병원으로 옮겨졌고, 간호사들이 우리가 흔히 보는, 링거대들에 매달려 환자의 팔뚝 속으로 똑똑 떨어지는 그 피 주머니들을 가지고 병실로 달려왔다. 간호사 한 명이 피 주머니를 아빠의 팔에 연결하고 그것을 테이블에 올려놓고는 있는 힘껏 누르자, 피가 아빠의 정맥 속으로 흘러 들어갔다.

간호사들은 아빠의 시트와 붕대를 갈기 전에 우리를 병실 밖으로 내보냈다. 우리가 보면 충격을 받을까 봐서였다. 하지만 안 본다고 해서 눈에 안 보이는 것은 아니었다. 피는 붕대를 흠뻑 적시고 시트에 얼룩을 만들었다. 나는 붕대와 시트에 번지는 피를 노려보았다. 빨간 점들이 거대한 원을 이루며 피어나고 있었다. 나는 절망감을 느꼈다. 비록 네 살짜리 아이였지만, 아빠의 상태가 좋지 않다는 것쯤은 알 수 있었다.

수술은 거기서 끝이 아니었다. 더 많은 수술에 더 많은 피 주머니가 필요했다. 의사들은 아빠의 등에 금속 봉을 삽입했다. 그러는 동안 우리는 대기실에서 많은 시간을 보냈다. 간호사들은 우리를 위해 만화 영화를 틀어 주었다. 나는 병원 식당에서 많은 수프를 먹었다. 그리고 많은 그림을 그렸다.

겨울이 지나고 봄이 지나도록 우리는 집에서 병원에 이르는 먼 거리를 차로 오갔다. 병원에 가는 동안 나는 뿌연 차창 밖을 바라보며 서리 낀 차창에 손으로 그림을 그렸다. 집에 가는 길에는 엄마가 조용히 운전하는 동안 언니들과 잠이 들었다.

수술 후에 아빠는 완전히 예전의 모습으로 돌아오지 못했다. 실은 우리 가족 모두가 그랬다.

# 적수를
# 과소평가하지 않는다

적수를 더 이상 위협적인 존재로 보지 않는 순간 패배하는 자신을 발견하는 순간이 온다. 굳이 연습할 필요가 뭐 있어 하는 생각이 든다. 요령을 피우게 된다. 설렁설렁하려고 든다. 바로 덫에 걸린 것이다.

내가 어렸을 때, 사람들은 내가 한 문장도 온전히 말하지 못하는 걸 보고 날 우습게 여겼다. 유도 시합에 나갔을 때, 내가 유도를 못하는 미국인이기 때문에 나는 무시를 당했다. MMA 시합에 나갔을 때, 첫째 내가 여자라는 이유로, 둘째 내가 오로지 유도만 잘하는 인간이라는 이유로 사람들은 나를 마구 무시했다. 나를 못 미덥게 바라보는 사람들의 시선이 평생 동안 나를 따라다녔다. 내가 '탑독(승자)'이 되어도 나 자신이 마치 영원한 '언더독'인 것처럼 느껴졌다. 매 순간 나 자신을 증명해야 한다고 느꼈다. 새 체육관에 입성하거나 새 영화 세트장에 가거나 비즈니스 미팅에 참석하거나 시합에 나갈 때마다 나는 늘 나 자신을 증명해야 했다.

나를 깎아내리려는 사람은 늘 있었다. 늘 내 주변을 맴돈다. 그들은 나에게 동기 부여가 되는 사람들이다. 그들이 얼마나 잘못 생각하고 있는지를 보여주겠다는 각오가 나를 움직이게 한다.


아빠는 1991년 봄이 거의 지날 무렵 퇴원했다. 병원비 청구서가 산더미처럼 쌓였기 때문에 아빠는 다시 일을 구해야 했다. 그래서 구한 일자리는 제조 공장이었다. 아빠

의 취직은 아빠가 평일 동안 집에서 두 시간 떨어진 곳에서 살아야 하고 주말에만 집
에 올 수 있다는 걸 의미했다.

그 무렵 나는 비교적 더 분명하게 의사 표현을 할 수 있었다. 아직은 좀 더 나아진
수준에 지나지 않았지만, 가족들 말고 다른 사람들도 내 말을 더 잘 이해하기 시작했
다. 언어 치료는 효과가 있었고, 나의 언어 발달 능력은 2년 정도 뒤쳐진 수준에서(네
살이 아니더라도 상당히 지체된 수준이었다.) 또래 아이들과 비교해 평균의 최하 수
준으로까지 상승했다. 그러나 평균 수준이 되었다고 해서 언어 치료 과정을 중단하지
는 않았다.

언어 치료사는 나에게 언어 치료에 더 적극적이어야 한다고 말했다. 육체적 혹은
신경적 한계에 부딪히는 사람들이 그렇듯이 나도 내가 의지할 수단을 찾고 있었다.
어쨌든 언니들은 내 말을 빠르게 이해했고, 알아서 통역을 해주었기 때문이다.

"론다는 빨간 셔츠를 입고 싶은데 엄마가 파란 셔츠를 입혀서 우는 거예요."

"론다는 저녁에 스파게티를 먹고 싶대요."

"론다가 '발그린'을 찾고 있어요."

언어 치료사는 그런 도움이 오히려 언어 발달에 방해가 된다고 생각했다. 나는 무
언가를 말하려고 할 때마다 언니들 중 한 명이 끼어들어서 날 도와주기를 기다렸다.
하지만 언어 치료사는 내가 도움 없이 혼자서 자꾸 말하려고 해야 더 좋아질 거라고
엄마에게 말했다.

가족이 서로 떨어져 살게 된 상황은 안디까웠지만, 오히려 나의 언어 치료에는 좋
은 기회가 되었다. 그 당시 나는 아직 학교에 다니지 않았기 때문에 아빠와 살게 되었
고, 언니들은 엄마와 살았다.

1991년 가을, 아빠와 나는 노스다코타주 데빌스 레이크에서 작은 마을에 있는 방
한 칸짜리 집으로 이사를 갔다. 집은 작고 낡았으며, 카펫은 얇았고 주방의 리놀륨 바
닥은 때가 타 있었다. 집에 있는 텔레비전은 네 개의 채널만 나왔기 때문에 우리는 주
로 비디오 테이프를 빌려 보았다. 말하는 동물이 등장하는 애니메이션부터 욕하고 때
리고 부수는 장면이 난무해서 엄마가 싫어할 것 같은 R 등급 영화들도 보았다. 그리
고 밤마다 자기 전에 '와일드 디스커버리'를 시청했다. 내가 동물에 관한 지식을 잡다

하게 많이 알게 된 이유는 바로 이것 때문이었다. 거실에 있는 접이식 소파는 내 침대였다. 하지만 엄마와 언니들이 올 때만 썼다. 나는 주로 아빠의 침대로 기어 들어가 조그만 잠옷을 입고 잠이 들었다.

아빠는 집안일에 젬병이었다. 주방에 있는 것이라고는 우유, 오렌지 주스, 어른용 냉동식품 한두 개, 시리얼 한두 상자, '키드 쿠진 TV 디너즈(앞면에 펭귄 캐릭터가 그려져 있었다.)'가 전부였다. 아빠는 비닐 포장지를 벗겨서 냉동식품을 전자레인지에 돌리고 몇 초 후에 꺼내서 축축한 피자, 주름진 옥수수, 마른 브라우니가 구획에 따라 각각 놓인 검은색 접시를 내게 건넸다. 저녁은 패스트푸드로 때울 때도 있었다. 우리는 리틀시저스에서 피자를, 혹은 하디스에서 키드 메뉴를 배달시켜 먹었다.

"네가 말이 조금 느린 것 때문에 엄마가 걱정하는 거 알아." 어느 날 아빠가 하디스 드라이브스루에 차를 대며 말했다.

나는 어깨를 으쓱했다.

"걱정 마. 언젠가는 날개를 달 날이 올 거야. 지금 너는 번데기야. 번데기가 뭔 줄 아니?"

나는 고개를 저었다.

"번데기는 고치 속에서 기다리다가 때가 되면 화려한 날개를 달고 나타나서 모두를 감탄시키지. 그게 너야. 그러니 걱정 마."

아빠가 나에게 몸을 돌렸다.

"넌 똑똑한 아이야. 절대 멍청이가 아니야. 말이 조금 느린 것 때문에 너한테 문제가 있다고 생각하겠지만, 정말 멍청한 게 어떤 건지 너한테 오늘 확실히 보여줄게."

우리는 스피커 상자 옆에 차를 댔다. "하디스에 오신 걸 환영합니다." 창 너머로 마이크로폰에서 윙윙대듯 울리는 목소리가 들려 왔다.

"안녕하세요." 아빠가 하디스 드라이브스루 스피커에 대고 천천히 그리고 커다란 목소리로 말했다.

아빠가 나에게 고개를 돌렸다. "자, 봐. 주문을 어떻게 받나. 이 바보들은 한 번도 주문을 제대로 받은 적이 없어." 그러고는 스피커 상자로 다시 고개를 돌리고 말했다. "치킨 핑거스가 있는 키드 메뉴와 커피 스몰로 주문할게요."

"더 필요한 건 없으신가요?" 목소리가 물었다.

"네, 제가 주문한 걸 불러봐 주실래요?" 아빠가 물었다.

"치킨 핑거스 키드 메뉴와 커피요." 목소리가 대답했다. "창 쪽으로 차를 대주세요."

아빠가 나를 보며 말했다. "주문이 맞으면 내 손에 장을 지지겠어."

우리는 창가에 차를 댔다. 계산대 점원이 창문을 열고 봉지를 내밀었다.

"주문하신 치즈버거 두 개와 프라이드 키친 스몰 한 개 나왔습니다." 그가 말했다.

아빠는 나에게 그 봉지를 건네며 '거봐' 하는 표정으로 나를 보았다.

우리가 드라이브스루를 빠져 나왔을 때, 아빠가 다시 나를 보며 말했다. "로니, 기억해. 너는 멍청이가 아니야. 아직 때를 기다리는 번데기야. 그 사실에 감사해야 해."

나는 치즈버거 포장지를 벗기며 고개를 끄덕였다.

# 상실은
# 삶에서 겪는
# 가장 충격적인 경험이다

나는 이전의 승리에 기대지 않는다. 늘 새로운 승리가 필요하다. 왜냐하면 모든 경기가 내게는 세상을 의미하기 때문이다.

나는 늘 나의 승리를 잊는다. 나는 나의 모든 시합을 잊는다. 하지만 패배의 기억은 늘 나를 떠나지 않는다. 패배감은 내 영혼의 일부가 죽어가는 느낌이다. 패배 후의 나는 예전의 나와 같지 않다.

패배로 인한 상실은 사랑하는 이의 죽음으로 인한 상실에 버금간다. 내가 패배할 때 나는 내 영혼의 죽음을 애도한다. 그보다 더 끔찍한 것은 다른 누군가의 죽음을 애도하는 일이다.


아빠의 척추는 상태가 심각했다. 의사는 엑스레이 사진을 스크린에 올려놓고 나의 부모에게 상태가 악화되고 있으며 앞으로 더 심해질 것이라고 말했다. 곧 걸을 수 없게 되고, 결국에는 사지 마비가 올 것이라고 했다. 그리고 죽을 때까지 몸이 더 쇠약해질 것이고, 기적의 치료법은 없으며, 최첨단 수술법도 없다고 했다. 몇 년 만 더 있으면, 아니 금방이라도 더 고통스러운 통증과 마비가 찾아올 것이라고 했다.

아빠는 비록 우리 앞에서 통증을 숨겼지만, 실은 사고 이후부터 통증에 시달려 왔다. 척추는 상태가 더 심각해지고 있고, 만성 통증은 더 악화되고 있었다. 엄마는 노스다코타 제임스타운에 있는 작은 대학에서 새 일자리를 구했다. 다시 우리 가족 모두가 함께 이사했다. 엄마, 아빠, 마리아, 제니퍼 그리고 나.

아빠는 직장을 그만두었다. 145km에 이르는 거리를 오가기가 너무 힘이 들어서라고 했지만, 진짜 이유는 따로 있었다. 통증이 견딜 수 없이 심해져서 하루 종일 앉아 있다간 더 심각해질 수 있기 때문이었다. 의사는 진통제를 처방해 주었지만, 아빠는 먹기를 거부했다. 어쨌든 운전을 해야 했으니까. 나는 아이였기 때문에 아빠가 왜 집에 있는지를 묻지 않았다. 아빠가 집에 있어서 마냥 행복할 뿐이었다.

3학년에 입학하기 전인 여름날에 아빠는 늘 내 주위에 있었다. 우리가 자전거를 타고 오갈 때 아빠는 현관 입구 계단에 앉아 있었고, 집에서 우리에게 간식을 만들어 주었고, 무더운 날에는 스프링클러를 틀어 주어 우리가 분수처럼 떨어지는 물속에서 뛰어놀게 해주었다. 엄마가 직장에 있는 동안 아빠는 우리를 차에 태우고 우리가 가야 할 곳으로, 혹은 친구 집으로 힘겹게 운전했다. 아빠는 기력이 떨어지면 목공 도구들을 놓고 목공실로 쓰고 있는 지하실로 내려갔다. 나는 만화 영화를 보다가 지루해지면 지하실 계단에 앉아 윙윙거리는 전기톱이 날려 보내는 톱밥들이 공기 중에서 햇빛을 받으며 부유하는 모습을 내려다보았다. 아빠와 나, 단 둘이 있을 때는 조용한 연못이 있는 우리의 '특별한 장소'로 드라이브를 가서 연못에 돌멩이를 던지며 물수제비를 뜨고 놀았다.

1995년 8월 11일, 제니퍼와 나는 아빠와 집에 있었다. 어린이 채널 니켈로데온에서 방영하는 만화 영화들을 보고 있었다. 그날은 무더운 여름날이었다.

아빠는 엄마에게 전화를 걸어 집에 오라고 했다. 그리고 떠났다.

아빠가 평소보다 더 오래 제니퍼와 나를 껴안으며 우리에게 사랑한다고 말했을 것이라 생각하고 싶지만, 솔직히 기억나지 않는다. 몇 년 동안, 나는 그저 나밖에 모르는 이기적인 여덟 살짜리 아이라 무슨 일이 벌어지고 있는지도 몰랐던 나 자신이 미워서 견딜 수 없었다. 그 일이 있기 전에 아빠가 어땠는지를 기억하려고 애썼다. 아빠가 무슨 옷을 입었고, 어떤 표정이었고, 어떤 목소리였는지를. 그리고 나를 껴안아 주었는지를. 현관 밖으로 걸어 나가기 전에 나에게 무슨 말을 했는지를 기억할 수 있기를 바랐다. 하지만 그럴 수가 없었다. 단지 그 후의 일만을 기억할 뿐이었다.

엄마는 현관 안으로 급히 들어왔다.

"아빠 어딨어?"

제니퍼와 나는 어깨를 으쓱했다. 그때까지만 해도 우리의 삶이 그렇게 완전히 달라질 줄은 꿈에도 몰랐다. 엄마는 망연자실해 하며 식탁 의자에 앉았다.

아빠는 진입로로 이어진 네 개의 계단을 따라 내려갔고, 브롱코에 탔다. 그리고 우리가 물수제비를 뜨던 연못 옆에 있는 빈터로 운전했다. 그곳은 조용한 곳이었다. 아빠는 차를 세우고 호스를 꺼내서 배기관에 한쪽 끝을 넣은 다음 다른 쪽 끝을 운전석 창가로 가져갔다. 아빠는 차에 탔고, 차창을 올렸다. 그런 다음 좌석에 등을 대고 앉았다. 눈을 감았다. 아빠는 잠이 들었다.

몇 시간 후, 경찰 한 명이 우리 집에 왔다. 그는 엄마와 현관 근처에서 몇 분간 조용한 목소리로 얘기를 나눴다. 엄마가 거실로 돌아와 우리에게 소파에 앉으라고 말했다. 엄마의 표정을 보고 무언가 심상치 않은 일이 일어났음을 짐작했다. 나는 제니퍼와 조용히 자매들 간의 눈빛 교환을 했다. "무슨 일일까?", "모르겠어, 나도."

"아빠가 하늘나라로 가셨어." 엄마가 입을 열었다. 내가 태어나서 처음으로 엄마는 울기 시작했다. 엄마가 다음에 무슨 말을 했는지는 모른다. 거실이 너무 빠르게 회전하고 있었기 때문이다.

그 말을 들은 후부터 나를 둘러싼 모든 것이 달라졌다.

나는 자리에서 일어나려고 애썼다. 멀리 달아나고 싶었다. 이 자리를 피하고 싶었고 이 순간에서 벗어나고 싶었지만, 다리가 후들거려서 그만 주저앉아 버렸다. 내 두 다리가 내 몸을 견디지 못하는 것 같았다. 의식이 몽롱했다.

마리아는 마을 밖에 있다가 황급히 집으로 뛰어왔다.

그 후 며칠 동안 몇몇 사람들이 옆에서 밤을 지새우며 엄마와 우리를 도왔다. 음식을 가져다주는 사람들도 있었다. 어느새 주방에 캐서롤(찌개나 찜처럼 오븐에 넣어 익혀 만드는 요리 – 옮긴이)이 넘쳐났다. 사람들은 그렇게 하는 게 도리인 것 같다고 생각하는 모양이었다. 어떤 여자가 신부에게 아빠가 자살했어도 가톨릭 교회에서 장례를 치를 수 있는지를 나직하게 묻는 소리가 들렸다. 신부는 주저 없이 대답했다.

"장례는 산 자를 위한 것이에요. 죽은 자는 주님 안에서 안식을 누린답니다."

장례 책임자는 2학년 담임교사인 리스코와 결혼했다. 그가 장례와 매장 절차에 관한 사항들을 엄마와 의논하러 왔을 때, 리스코도 함께 왔다. 내 집에서 그녀를 보는 게 어쩐지 낯설게 느껴졌다.

나는 언니들과 계단에 나란히 앉아서 그가 엄마에게 무슨 종류의 관을 원하는지 묻는 소리를 엿들었다.

"그이는 상관하지 않을 거예요. 어차피 죽었으니까." 엄마가 말했다.

엄마는 우리 앞에서 울지 않으려고 애썼다. 하지만 침실에서 나온 엄마의 눈은 빨갛게 부어 있었다. 마리아와 나도 울음을 멈출 수 없었다. 하도 울어서 이렇게 울다가는 눈물이 마를 것만 같았다. 그러나 제니퍼는 끝까지 울지 않으려고 했다. 나는 그런 언니를 보면서 내 눈물이 그만 멈추기를 바랐다. 그래서 아빠가 장기 출장을 떠난 것뿐이라고 나 자신에게 최면을 걸었다.

장례식이 있기 전날 밤, 우리는 빈소에 마련된 응접실에 앉아 있었다. 사람은 별로 없었다. 조문객은 저녁이 되기 전에 다들 떠나서 조용했다.

그때 낯선 여자가 나와 언니들에게 다가와 아빠의 얼굴이 평화로워 보인다고 말하며 떠났다.

나는 관 속을 내려다보았다. 아빠는 거기에 누워 있었다. 아빠의 낯익은 얼굴이 보였다. 눈은 감겨 있었지만, 자고 있는 것처럼 보이지는 않았다. 입술은 콧수염 아래에서 금방이라도 웃을 것처럼 미소 짓고 있었다. 아빠가 장난을 치고 있고 다들 기대 이상으로 잘 속아 넘어가서 지금 당장 벌떡 일어나 웃음을 터뜨릴 것만 같았다. 나는 기다렸다. 나는 관을 계속 지켜보았다. 엄마의 손에 붙들려 밖으로 나가는 동안에도 나는 아빠가 일어나 주기를 기도했다.

가톨릭 교회에서 아빠의 장례 미사가 치러졌다. 에어컨이 가동되지 않는 교회 안은 한여름의 무더위로 찜통 같았다. 우리는 신도석 앞줄에 앉았다. 제단에서 신부가 말하는 소리가 들렸지만, 그 말에 집중할 수 없었다. 파리가 관 위를 맴돌며 윙윙거렸다. 그러더니 아빠의 코에 앉았다. 나는 벌떡 일어나서 그것을 손으로 휘저어 날려 보내고 싶었지만, 엄마가 내 손을 꽉 잡았다. 나는 그 파리를 증오했다.

장례 미사를 마친 후, 우리는 하얀색 리무진을 타고 묘지로 출발했다. 차창이 까맣게 선팅된 차에서 내렸을 때 햇살이 눈부셔서 손으로 눈을 가렸다. 한 번도 장례에 참석한 적이 없지만, 장례식하면 떠오르는 이미지는 검은 구름이 낀 하늘이었다. 그러나 그날의 날씨는 후텁지근하고 햇볕이 쨍쨍 내리쬐고 있었다. 나는 장례식을 위해 엄마가 사준 검은 원피스 차림으로 땀을 뻘뻘 흘리며 서 있었다. 소용이 없을 줄 알면서도 손부채질을 했다. 날씨는 아빠가 스프링클러를 켜서 우리가 비처럼 내리는 물속에서 뛰어놀게 했던 그날의 날씨와 같았다. 하지만 아빠는 죽었다.

아빠는 군 복무를 했기 때문에 매장은 군대식으로 치러졌다. 한 군인이 트럼펫을 불었고, 전통적인 거수경례와 함께 총이 발사되었다. 나는 그 소리에 내 귀를 막았다. 아빠의 관이 땅 속으로 천천히 들어가는 장면을 지켜보며 속이 텅 빈 느낌을 받았다. 그 느낌은 앞으로도 영영 사라지지 않을 것이다. 아빠의 관에 완벽한 삼각형으로 드리워져 있던 성조기를 군인들이 반듯이 접어서 엄마에게 건넸다.

그 국기는 13년이 지난 지금까지도 집 한 켠에 반듯이 접혀서 보관되어 있다.

# 시련 뒤에
# 성공이 찾아온다

"우리가 모를 때에도 주님께서는 당신이 하시는 일을 알고 계신단다." 할머니는 늘 그렇게 말씀하셨다. 그 말이 맞다. 인생을 돌이켜볼 때, 아무리 힘든 순간이었다고 할지라도 다시 돌아가서 바꾸고 싶은 순간은 없다. 내 인생에 찾아온 모든 성공과 환희는 그런 고통스러운 시간을 지나오고 얻은 결과이기 때문이다. 잃어버린 기회는 결국 전화위복이 된다.

상실은 승리로 이어진다. 해고는 꿈의 직업으로 이어진다. 죽음은 탄생으로 이어진다. 영광은 비극에서 자란다는 이 믿음이 나에게 깊은 위안을 준다.

아빠기 돌아가시고 처음 몇 달 동안, 나는 아침마다 눈을 뜰 때면 어김없이 태양이 뜨고, 사람들이 여전히 웃고 떠들며 학교에 간다는 사실에 놀랐다. 변한 건 아무것도 없는 것 같았다.

나는 안간힘을 다해 버텼다. 가끔은 아빠가 퇴근이 늦어져서 집에 못 오는 것 같은 기분이 들었다. 금방이라도 문을 열고 들어와 수염에 눈송이가 다닥다닥 붙은 채로 "어찌나 추운지 얼어 죽겠어."라고 외칠 것만 같았다.

아빠의 빈자리가 너무 커서 마음을 주체하지 못할 때도 있었다. 소파 쿠션들 사이에서 아빠가 반쯤 먹은 리글리 스피어민트 츄잉껌 한 통을 우연히 발견하거나 종이 더미에 묻힌 영수증에서 아빠의 서명을 발견하는 순간, 나는 불시에 서커펀치를 맞은 것처럼 얼떨떨해졌다.

하지만 시간이 흐르면서 아빠가 내 곁에 없다는 사실이 당연해지기 시작했다. 나는 여전히 아빠가 그리웠다. 날마다 아빠를 생각했지만 – 지금도 날마다 아빠를 생각한다 – 아빠가 문을 열고 들어올 거라는 기대는 더 이상 하지 않게 되었다.

아빠가 떠나고 두 번째 겨울날, 엄마는 다시 데이트를 하기 시작했다.

엄마는 인터넷으로 데니스를 만났다. 데니스는 로켓 과학자였다. (직업에 대한 얘기를 꺼내면 데니스는 자신이 엄밀히 말해서 로켓 과학자가 아니라 로켓 발사에 사용되는 레이더에 관한 일을 한다고 답할 것이다. 둘은 엄연히 다르기 때문이다.)

밸런타인데이에 데니스는 엄마에게 분홍색 프랙털 아트(수학적인 요소에서 출발하여 기하학적 형태에 조형미를 살려 환상적인 컴퓨터 테크놀로지를 보여주는 예술 – 옮긴이)를 보냈다. 엄마는 그 선물을 받고 으쓱해했다. 나는 프랙털이 무엇인지도 몰랐다.

몇 달 후, 데니스는 엄마에게 청혼을 했다. 엄마는 정말 행복해했다. 엄마의 그런 모습을 보니 나도 행복했다. 우리는 캘리포니아로 이사를 갔고, 나의 열한 번째 생일이 지난 1998년 3월 여동생 줄리아가 태어났다. 그 후 산타모니카로 다시 이사를 갔을 때 엄마는 로스앤젤레스에서 유도 선수 시절 알던 동료들 몇몇과 다시 연락이 닿았다. 엄마가 국가대표팀에 있었을 때 함께 훈련하던 사람들이었다. 엄마는 세계 유도 선수권 대회에서 우승한 최초의 미국인이었지만, 내가 태어나기도 전의 일이었다. 그 사람들 중 한 명은 이제 체육관을 운영하고 있었고, 엄마에게 체육관에 와서 몸을 다시 단련해보지 않겠냐고 제안했다. 그러던 어느 날, 나는 나도 유도를 배울 수 있는지 무심코 물었다.

다음 주 수요일 오후, 나는 차를 타고 체육관으로 향했다. 그것이 내 인생을 바꾸는 순간이 되리라고는 그때까지만 해도 전혀 예상치 못했다.

아빠가 떠나고 나서 아빠가 살아 있었더라면 일어나지 않을 일들이 연속으로 일어났다. 아빠가 살아 있었더라면 우리는 캘리포니아로 돌아가지 않았을 것이다. 나에게 여동생이 생기지 않았을 것이다. 내가 유도를 배우지도 않았을 것이다. 내가 무슨 일을 하게 되고 어떤 삶을 살게 될지는 아무도 모른다.

하지만 지금과 같은 삶을 살지는 않았을 것이다.

# 그만큼의 역량이 된다면 최선의 결과를 만들어라

언니 제니퍼의 말에 의하면 우리는 '잘하는 것'이 평범함으로 여겨지던 가정에서 자랐다. 만약 A− 하나에 모두 A인 성적표를 받는다면, 엄마는 왜 모두 A를 받지 못했냐고 물을 것이다. 만약에 내가 시합에서 이긴다 해도 어째서 KO의 유도 버전인 한판승을 거두지 못했냐고 물을 것이다. 엄마는 우리의 역량 밖에 있는 부분에 대해 많은 기대를 하지 않았지만, 우리가 충분히 잘할 수 있는 부분에 대해서는 기대를 버리지 않았다.

나는 유도 매트에 오르는 순간 그 스포츠와 사랑에 빠졌다. 얼마나 복잡하고 섬세한 운동인지를 깨닫고 감탄했다. 매우 창의적인 운동이었다. 모든 동작과 기술에 많은 생각이 필요했다. 유도를 통해 문제를 해결해나가는 방식이 좋았다. 유도에서는 상대를 제압하기 위해 상대를 느끼고 이해하는 부분이 중요했다. 유도는 '빨리 해치우기'와는 매우 다른 성격의 운동이었다.

나는 몇 년 동안 수영팀에 있었다. 그러나 아빠가 죽은 후에 더 이상 수영이 하고 싶지 않았다. 수영은 매우 자기 성찰적인 운동이다. 그래서 나를 둘러싼 무언가를 생각하게 만든다. 나는 내 삶에 대해 생각하고 싶지 않았다. 유도는 수영과 정반대였다. 오로지 지금 이 순간에만 집중해야 했다. 자기 성찰을 할 시간이 없었다.

나는 처음 유도 연습을 마치고 엄마 차에 올랐을 때, 주차장을 떠나기도 전에 엄마에게 다음에 언제 연습하러 오냐고 재차 물었다.

나의 첫 유도 시합은 열한 번째 생일날에 치러졌다. 내가 유도를 시작한 지 한 달 정도 된 시점이었다. 나는 간단한 기본 동작만 아는 정도였지만, 조그만 지역에서 하는 시합이었다.

나는 엄마와 시합이 열리는 건물로 걸어 들어갔다. 그리고 등록을 하기 위해 엄마를 따라 한 테이블로 갔다. 경기장에 펼쳐진 매트들은 내가 훈련할 때 보던 매트보다 훨씬 더 커 보였다. 나는 눈이 휘둥그레졌다. 긴장이 되어서 하얀색 유도복 자락을 여민 흰색 띠를 초조하게 잡아당겼다.

엄마는 내가 긴장하고 있다는 걸 느꼈다. 그래서 등록 절차를 마치고는 나를 옆으로 데려갔다. 나는 엄마가 별거 아니라고, 최선을 다하면 된다고, 겁먹지 말고 즐기라고, 그렇게 말해줄 줄 알았다. 대신 엄마는 내 눈을 똑바로 쳐다보며 나에게 세 마디 말을 했다. "이길 수 있어." 그 말은 내 인생을 바꾸는 말이 되었다.

나는 한판승으로 이겼다. 그 기쁨은 말로 표현할 수 없었다. 그때까지는 이렇게 이겨본 적이 없었기 때문이다. 이길 때 느껴지는 승리감이 좋았다.

그러나 나는 2주 후에 치러진 두 번째 유도 시합에서 졌다. 내 상대는 아나스타시아라고 하는 여자였다. 경기가 끝나자 그녀의 코치가 다가와 나에게 축하의 말을 건넸다.

"대단하던데 그래. 졌다고 낙담하지 말거라. 아나스타시아는 전국 주니어 챔피언이거든."

나는 그 말에 위안을 느꼈지만, 1초도 지나지 않아 엄마의 심각한 표정과 마주했다. 나는 코치에게 고개를 끄덕이며 자리를 떠났다.

엄마에게 다가갔을 때, 엄마가 입을 열어 진지한 목소리로 말했다. "그 말을 믿지 말고 상황을 직시해. 너는 충분히 이길 수 있었어. 이길 수 있는 기회가 얼마든지 있었다고. 전국 주니어 챔피언이라고 해서 그게 뭐? 시합을 여는 이유는 누가 더 잘하는지 보려는 거야. 전에 이겼다는 게 메달을 주는 기준이 되지 않아. 네가 정말 최선을 다했고 더 이상 어떻게 해볼 수 있는 게 아니라면 그것으로도 충분해. 그러면 그 결과에 만족할 수 있어. 하지만 네가 더 잘할 수 있고 더 좋은 결과를 낼 수 있는데 그러지 못했다면 너는 네 자신한테 실망해야 해. 이기지 못해서 화가 나야 해. 집에 가서 어떻게 했어야 했는지를 곰곰이 생각하고 다음에는 달라져야 해. 네가 열심히 안 해도 괜찮다고 하는 사람들 말은 듣지 마. 그 사람들한테 너는 촌구석에 사는 말라깽이 금발머리 여자아이에 지나지 않아. 네가 강요한다면 모를까 아무도 너에게서 어떤 걸 기대하지 않을 거야. 너는 그 사람들에게 틀렸다는 걸 증명해야 해."

경기에서 질 거라는 걸 예상했고 다른 누가 나보다 더 잘할 거라는 걸 사실로 받아들인 나 자신이 부끄러웠다. 부끄러움은 곧 더 강렬한 감정으로 바뀌었다. 그때 내가 느낀 감정은 이기고 싶다는 강한 욕망이었다. 아무도 내가 다시 이길 수 있다는 점을 추호도 의심하지 않게 하고 싶었다.

그 순간부터 줄곧 매트에 설 때마다 나는 이기고 싶었다. 이길 거라고 예상했다. 다시 질 거라는 생각은 하지 않았다.

# 규칙이라고 해서
# 반드시 옳은 것은
# 아니다

스포츠에서는 안전을 위한 필수 규칙들이 있다. 인생에서는 세상을 혼란으로부터 지켜주는 규칙들이 있다. 그러나 특정 집단의 이익을 위해 만들어진 규칙들도 있다. 우리는 그 차이를 인지해야 한다.

우리 집에는 네 가지 중요한 규칙이 있었다.

규칙 1 : 남의 손에 있는 물건을 빼앗지 않는다.

규칙 2 : 누가 먼저 때리기 전에는 남을 때리지 않는다.

규칙 3 : 옷을 다 벗고 식탁에 앉지 않는다.

규칙 4 : 자기 머리보다 더 큰 것은 먹지 않는다.

규칙 4가 생긴 이유는 내가 패밀리 레스토랑 '처키 치즈'에 갈 때마다 슈퍼 사이즈의 막대 사탕만 늘 고집했기 때문이다. 그것은 내 머리 크기의 무려 네 배에 달하는 사탕이었다.

규칙 1과 2는 어린 세 아이를 키울 때 종종 겪는, 아이들 간의 싸움을 방지하기 위한 목적으로 만들어졌다. 규칙 1은 규칙 2를 적용해야 하는 가능성 자체를 아예 봉쇄

하기 위한 의도에서 생겨났다. 게다가 규칙 2는 누가 먼저 때리기 전에는 때릴 수 없도록 정해 놓았기 때문에 이러지도 저러지도 못하는, 싸움의 딜레마를 낳을 수 있었다. 그러나 상황은 늘 순순히 예상대로 흘러가지 않았다.

치고받고 싸우는 형제는 어느 가정에나 존재하지만, 우리 세 자매는 펀치를 날리고 발로 가격하고 팔꿈치를 날리고 목 주위를 제압하는 차원의 싸움을 했다. 신체 부위 말고도 손에 닿는 모든 것이 무기가 되었다. 지렛대의 힘으로 계단이나 가구에서 몸을 날리며 물리학의 법칙을 온몸으로 적용했다.

내가 네 살이었을 때는 제니퍼와 싸우다가 안에 콜라가 가득 든 캔을 제니퍼의 눈에 던져서 깊은 상처를 낸 적도 있었다.

"할 말 없어?" 엄마가 나에게 다그쳤다.

"네." 나는 승리감에 주먹을 치켜세웠다.

인정하기 싫지만, 늘 이긴 것은 아니었다. 셋 중 막내여서 체격 조건이 불리했기 때문이다. (아이러니하게도 지금은 셋 중에서 내가 제일 키가 크다. 언니들은 자신들이 지구상에서 나와 싸워 이겼다고 주장할 수 있는 유일한 여자늘일 거라고 농담 삼아 말한다. 또 자신들이 성숙해질 만큼 나이를 먹었기 때문에 결투 신청 따위는 이제 하지 않을 거라고 선언한다.)

세 자매가 서로 한꺼번에 달려들어 싸울 때도 있었는데, 그럴 때 32권에 이르는 브리태니커 백과사전(A부터 Z까지)들이 서로를 가격하기 위해 사방으로 마구 날아다녔다. 누구 하나가 승리를 거두었다고 해도 그 기쁨은 오래가지 못했다. 난장판이 된 거실을 보고 화가 머리끝까지 난 엄마가 소리소리 지르며 우리에게 엄청난 양의 가사 노동을 할당하는 벌을 내렸기 때문이다.

거의 마지막에 했던 싸움들 중에서 가장 기억에 남는 건 제니퍼와의 싸움이었다. 무슨 이유에서였는지는 기억나지 않지만 제니퍼가 먼저 잘못했던 것 같다. 그 당시 나는 유도를 하고 있어서 그 동안 배운 동작을 써먹어 언니를 더 쉽게 제압할 수 있었다. 하지만 엄마의 분노를 생각하면 겁이 났다. 우리는 좁은 현관 복도에 있었다. 벽면에는 책꽂이가 하나 놓여 있었다. 우리가 싸우고 있는 가운데 나는 제니퍼의 등에 착 달라붙어서 그녀에게 헤드록을 걸고 있었다. 나는 분명히 유리한 위치에 있었고,

이길 확률이 높았다.

"언니를 아프게 하고 싶지 않아." 나는 조심스럽게 말했다. 내가 언니를 응급실로 보내면 엄마는 노발대발할 게 뻔했다.

"뒈져 버려!" 제니퍼가 외쳤다. 내 팔뚝은 여전히 언니의 목을 두른 채였다.

"놔줄게." 내가 귀띔을 주었다.

그러고는 언니의 등에서 몸을 떼며 목에서 팔을 풀었다.

그때 제니퍼가 기습적으로 나를 공격했다. 내가 상상도 못했던 속도와 힘으로 내 머리채를 잡아당긴 것이다. 무슨 일이 일어났는지 미처 깨닫기도 전에 가장 가까운 선반에 머리를 계속 찧었다.

누가 먼저 때리기 전에는 남을 때리지 않는다는 규칙은 집 밖 놀이터에서도 적용되었다. 만약 누가 우리를 괴롭히고 때리면 자리를 피하지 않고 맞설 수 있었다. 하지만 그냥 장난만 치는 아이에게는 때릴 수가 없었다.

나는 키가 작고 말라빠진 아이였다. 엄마는 그런 나에게 "콩깍지"라는 별명을 붙여 주었다. 내가 콩깍지처럼 깡말랐기 때문이다. 나는 유도를 시작한 후에도 그다지 선수처럼 보이지 않았다.

6학년이었을 때, 아드리안이라고 하는 남자아이가 일 년 내내 나를 놀려댔다. 그러던 어느 날인가 내 뒤로 다가와 내 목을 팔로 두르고는 숨을 쉬기 어려울 정도로 세게 눌렀다. 나는 그 아이의 팔을 간단히 풀었고, 그 아이를 들어서 시멘트 바닥으로 내동댕이쳤다. 아이의 뒤통수에서 피가 났다.

아드리안은 너무 당황한 나머지 아무 말 없이 자기 반으로 돌아갔다. 결국 찢어진 피부를 꿰매야 했다.

나는 교무실로 불려갔다. 엄마도 호출을 받고 왔다. 나는 어깨를 들썩이며 펑펑 울었다.

"사정은 정확히 모릅니다만." 엄마가 도착했을 때 교장이 말했다. "둘 사이에 말다툼이 있었던 것 같습니다. 아드리안은 발을 헛디뎠다고만 하는데, 론다가 미는 걸 목격한 아이들이 있어요."

"그저 사고였겠죠." 엄마가 빠르게 말을 받았다.

"사고가 아――" 나는 항변하려고 했지만, 엄마가 손으로 내 입을 막았다.

"론다는 이렇게 돼서 매우 유감으로 생각하고 있어요." 엄마는 단호하게 말을 이었다.

교장은 대화를 어떻게 진행해야 좋을지 모르는 듯 했다. 대신, 자신의 두 손을 빤히 쳐다보다가 우리에게 그만 가보라는 손짓을 했다. 우리는 말없이 나가 차가 주차된 곳으로 걸어갔다.

내 강력한 공격 기술에 대한 소문이 퍼지면서 아무도 다시는 나를 괴롭히지 않았다. 하지만 몇 주 후에 교실 밖에서 엄마를 기다리며 서 있을 때 중학교 2학년 여학생이 나를 밀쳤다. 몸무게가 나보다 두 배 더 나갔고, 나를 계속 놀려대던 아이였다. 바순(오보에보다 두 옥타브 낮은 목관 악기 – 옮긴이)을 들고 복도를 지나가는 나를 마구 비웃어댄 적도 있었다. 나뭇잎이나 구겨진 종이 뭉치를 나에게 던지기도 했다. 언젠가는 나를 팰 거라고 협박도 했다. "어디 해보시지." 나는 그렇게 응수했다.

오늘이 바로 그날인 것 같았다. 내가 엄마의 미니밴이 오기를 기다리며 자동차 행렬을 지켜보는 동안, 내 몸이 밀쳐졌다. 나는 몸을 돌려 나를 괴롭히는 그 여자아이와 마주섰다. 그녀가 다시 나를 떠밀었다.

나는 등에서 배낭을 떨어뜨리고, 몇 초 후에 그 여자아이도 넘어뜨렸다.

학교 직원들이 우리를 말리려고 달려왔지만 그럴 필요가 없었다. 나는 서 있었고, 그 아이는 땅바닥에 나동그라져 있었기 때문이다. 그들은 우리를 교무실로 끌고 가서 정학 처분을 내리겠다고 우리에게 말했나. 총무가 우리 부모들에게 연락하려고 전화기를 든 순간, 엄마가 뛰어 들어왔다.

엄마는 내가 학교에서 다시 싸우면 혼날 줄 알라고 엄포를 내렸기 때문에 나는 이미 통제가 불가능할 정도로 펑펑 울고 있었다. 내가 해명하려고 입을 열었을 때, 엄마는 나에게 조용히 하라는 표정을 지어 보였다. 나는 목을 들썩거리며 흐느꼈다. 엄마는 누가 책임자인지를 알길 원했다. 상담 교사가 엄마에게 둘이 싸움을 벌였다고 설명하기 시작했지만, 그녀는 누구와 이야기하고 있는지 아직 알지 못했다.

"직접 보셨나요?" 엄마가 따져 물었다.

상담 교사가 대답하려고 입을 열었지만, 그럴 필요가 없었다. 그것은 수사적인 질문이었기 때문이다.

"전 보았어요." 엄마가 말을 계속했다. "론다를 데리러 차를 타고 이 부근까지 왔을 때, 두 아이가 보였어요. 이 학생이--" 엄마가 손가락으로 그 여학생을 가리켰다. "다가와서 론다를 밀었어요."

"이 학생도 정학당할 거예요." 상담 교사가 말했다.

"도라니요?" 엄마는 자신의 귀를 의심했다. "그건 불공평해요. 론다는 정학당할 이유가 없어요."

"저희 학교는 '물리적 폭력 금지'라는 원칙을 철저히 지키고 있어요." 상담 교사가 말했다.

"저는 '내 아이들에게 불공평한 처사를 내리지 않는다'는 원칙을 철저히 지키고 있어요." 엄마가 말을 이었다. "론다는 정학당할 이유가 없습니다. 선생님께서 말씀하신대로 '물리적 폭력'을 가한 누군가에게서 자신을 보호했던 것뿐이에요. 론다는 내일 아침 학교에 올 거고, 변함없이 수업을 들을 거예요. 만약 누가 막으려고 한다면, 다시 절 만나 얘길 나눠야 할 거예요. 아직 모르시겠지만, 지금 저는 굉장히 부드럽고 예의 바르게 말씀드리는 겁니다."

상담 교사는 말을 잇지 못했다.

"론다." 엄마가 나에게 몸을 돌려 말했다. "집에 가자."

나는 가방을 챙겨서 교무실 밖을 서둘러 나왔다.

다음 날, 엄마는 나를 학교에 데려다 주었고, 나는 교실에 들어갔다.

# 고통은 단지
# 정보의 일부일 뿐이다

나는 내 몸에서 오는 모든 정보를 무시할 수 있다. 심지어 고통마저 무시할 수 있다. 나는 나 자신을 고통과 분리한다. 왜냐하면 내가 느끼는 고통은 내가 아니기 때문이다. 고통은 내가 아니다. 고통은 '진정한 나'가 아니다. 나는 고통이 나의 의사결정을 지배하도록 허용하지 않을 것이다. 내 안에서 어떤 물리적인 변화가 일어날 때 나의 신경들은 이 정보를 나의 뇌에 전달한다. 나는 그 정보를 인지할 수 있고, 무시할 수 있다.

혹시라도 수업을 빼먹고 싶은 유혹이 든다면 지금부터 하는 이야기를 교훈 삼아 읽어 주길 바란다.

고등학교 2학년 때 나는 수업을 빼먹을 결심을 했다. 전에 한 번도 그런 적이 없었는데, 충동적으로 한 번 그러고 싶어서였다.

학교는 우뚝 솟은 정문 양 옆으로 철망 덮인 담이 캠퍼스를 둘러막고 있었다. 불청객들을 안으로 들이지 않기 위해서일 뿐 아니라 불량 학생들이 몰래 학교를 빠져나가 비행을 저지르지 못하게 하기 위해서였다. 담을 오르는 것은 어렵지 않았지만, 문제는 그 다음이었다. 담에서 뛰어내려야 했기 때문이다.

내가 무거운 백팩을 등에 지고 담을 올랐을 때, 유도에서 다친 오른쪽 발가락에서 통증이 느껴졌다. 그리고 담에서 뛰어내린 순간 담이 얼마나 높은지를 내가 과소평가했다는 사실을 깨달았다. 땅에 착륙했을 때, 무거운 백팩과 더불어 내 몸의 무게가 온전히 발에 실렸다. 발이 땅에 닿자마자 왼발을 삐끗하고 말았다.

나는 패배를 인정하고 싶지 않았다. 아무 이유 없이 수업을 빼먹었는데, 수업보다는 더 가치 있는 무언가를 해야 했다. 그래서 쇼핑 거리인 서드 스트리트 프롬나드까지 400m에 이르는 거리를 절뚝이며 걸었다. 나는 벤치에 앉아 쇼핑하러 온 사람들과 관광객들을 구경했다. 발에서는 통증이 밀려왔다.

'별 것 아냐.' 나는 생각했다. 신발 속에서 발이 붓고 있었다. 나는 화가 나서 집까지 그 먼 거리를 발을 질질 끌며 걸어갔고, 집에 도착한 뒤에 침대로 기어 올라갔다. 그날 밤에는 훈련을 할 수가 없었다. 다행히 엄마는 일 때문에 텍사스에 있었다. 그날 저녁, 나는 의붓아버지 데니스에게 기분이 별로여서 훈련에 빠지겠다고 말했다. 그는 체육관까지 장장 두 시간이 넘는 장거리 운전을 하지 않아도 되니 더 이상 나에게 이것저것 묻지 않았다.

그러나 다음 날 캘리포니아 북부팀과의 유도 시합이 있었다. 우리 팀 선수 가족인 앤서니 부부가 나를 태우러 와주었다. 나는 차까지 아무렇지 않게 걸으려고 애썼지만, 한 걸음 한 걸음 내디딜 때마다 맨발로 유리 조각을 밟는 것 같았다.

시합을 앞두고 이렇게 흥분하지 않은 적도 없을 것이다. 우리는 등록 절차를 밟기 위해 테이블로 걸어갔다. 나딘 앤서니는 그녀의 아이들과 나를 위해 등록서를 작성하기 시작했다. 테이블에 있던 남자가 고개를 들어 나딘과 나를 번갈아 바라보았다. 나딘은 흑인이었다.

"이 아이를 참가시키려면 부모나 보호자가 와서 등록해야 해요." 그가 나를 가리키며 말했다.

나는 그 말을 듣고 기뻤지만, 나딘의 표정은 굳어졌다.

"'부모'요?" 나딘이 쏘아붙였다. "내가 부모예요. 무슨 문제 있어요?"

남자의 눈이 휘둥그레졌다. 그는 마치 비상구를 찾는 듯 고개를 숙이고 테이블 주위를 두리번거렸다.

"아, 그럼, 됐습니다." 그는 등록서를 받으며 대답했다.

나는 심장이 내려앉는 기분이었다.

내가 열두 살이었을 때 팀원들과 훈련하고 있었는데, 그중 한 아이가 발목을 삐었다. 그 아이는 매트 밖으로 절뚝거리며 나왔고, 그녀의 부모가 걱정하며 달려왔다. 아빠는 차로 쏜살같이 달려가 쿠션을 들고 돌아왔고, 엄마는 딸의 어깨를 주물러 주었다. 그 아이는 쿠션에 발을 대고 남는 시간을 앉아서 보냈다. 그리고 20분이 지나지 않아 내가 스파링의 유도 버전인 '자유대련'을 하다가 발을 삐었다. 나는 발을 절뚝이며 엄마에게 다가갔다.

"발가락을 다쳤어요. 부러진 것 같아." 내가 말했다.

"발가락 가지고 뭘 그러니." 엄마가 오만한 목소리로 대답했다.

"하지만 아파." 나는 눈물을 흘리며 말했다. "나도 쿠션이요."

엄마는 황당하다는 듯이 나를 내려다보았다.

"무슨 쿠션?" 엄마가 물었다.

"쟤 봐요." 나는 쿠션에 발을 대고 있는 그 아이를 가리키며 대꾸했다.

"저게 뭐라고. 뭐해? 가서 몇 바퀴 뛰지 않고?" 엄마가 말했다.

그 말을 듣고 내 눈이 휘둥그레졌다.

"농담 아니야. 가서 뛰어."

나는 절름거리며 도장을 한 바퀴 돌았다. 뛰기보다 깡충거리는 폼이었다.

"깡충거리지 말고 달려. 달리라고." 엄마가 다그쳤다.

나는 발을 끌며 매트 주위를 돌았다. 발가락이 욱신거렸다.

집으로 가는 차 안에서 나는 입술을 뿌루퉁하며 창밖을 내다보았다. 잔인한 엄마를 둔 나의 처지를 비관하며.

"내가 왜 그랬는지 알아?" 엄마가 물었다.

"내가 미우니까."

"아니야. 네가 할 수 있다는 걸 보여 주려고 그랬어." 엄마가 말했다. "네가 정말 원하는 대로 이기고 싶다면, 경쟁을 해야 해. 통증 때문에 괴로운 상황에서도. 끝까지 해낼 수 있어야 해. 이제 너도 네가 해낼 수 있다는 걸 알잖니."

그날 이후 몇 년 동안 나는 감기 또는 기관지염에 걸리거나 발가락을 삐끗하거나 발목이 접질린 와중에도 시합을 끝까지 치렀다. 그러나 발을 삐끗했을 때가 가장 힘들었다. 통증을 나 자신으로부터 차단하는 데 모든 에너지를 쓰느라 경기에 집중하기가 무척 어려웠다. 시합을 끝까지 치러내겠다는 결의가 본능처럼 나를 움직였다. 하루는 무척 길었고, 고통은 계속 커져갔다. 이마에 땀방울이 송골송골 맺혔다. 나는 투지를 가지고 패자부활전에서 이겼지만, 결국 마티 말로이에게 지고 말았다. 마티는 그후 2012년 올림픽 대회에서 동메달을 수상했다.

그날 저녁 엄마는 결과가 궁금해서 나에게 전화를 했다. 내가 마티에게 졌다는 말을 듣고 충격을 받은 것 같았다. 내가 시합에서 진 적이 없었고, 특히 지역 대회에서 진 적이 한 번도 없었기 때문이다.

"무슨 일 있었어?" 엄마가 물었다.

나는 거짓말에 젬병이었기 때문에 사실대로 말하지 않을 수 없었다.

"수업을 땡땡이치고 학교 담을 뛰어내렸는데 발을 삐었어요." 내가 설명했다.

"사람들한테 말 안하고 시합에 나갔어?" 엄마의 목소리는 의심하는 것인지 아니면 화가 난 것인지 알 수 없었다.

"시끄러워지는 게 싫었어요." 나는 조용히 대답했다.

"참 엉뚱한 대답이군 그래. 하지만 발을 삔 상태로 시합에 나갔다니 벌은 충분히 받았네."

"그럼 화 안 난 거죠?" 내가 물었다.

"그게 문제가 아닐 텐데?"

나는 한 달 동안 발의 통증과 싸워야 했다. 고통스러운 와중에도 성공을 이뤄낼 수 있다는 사실을 완전히 깨닫기까지는 거의 평생이 걸렸다. 이제 고통은 내 삶의 익숙한 일부가 되었다. 운동선수들은 경기에서 이기기를 원하고, 그런 가운데 타박상이나 부상과 같은 사고의 위험이 그들 뒤를 늘 따른다. 그들은 자신의 몸을 어느 정도의 한계치까지 끌어올릴 수 있는지를 실험하고 있다. 나는 매트에 오른 첫 순간 이후 이기는 사람이 되겠다고 스스로 결심했다.

# 한계를 기회로 바꾸다

내가 지금껏 살면서 겪은 안 좋은 일들은 결과적으로 나에게 긍정적인 영향을 미쳤다. 내 직업은 부상의 위험이 늘 따랐지만, 그렇다고 나를 좌절시킬 수는 없었다. 사람들은 부상을 당하면 운동을 더 이상 할 수 없을 거라고 생각한다. 그러나 나에게 물리적 장애는 한 차원 더 성장할 수 있는 기회를 열어 주는 경험이다. 오른손이 다쳤을 때 나는 이렇게 말했다. "왼손에 더 강한 갈고리를 걸 거야." 시합을 며칠 앞두고 발을 꿰매게 되었을 때, 나는 더 큰 자신감으로 경기를 더 빨리 그리고 확실하게 끝내겠다는 결의를 다졌다.

할 수 없는 일에 에너지를 쏟지 말라. 할 수 있는 일에만 집중하라.

나는 '베니스 유도' 도장에서 훈련을 했다. 그곳은 이름과 달리 캘리포니아 컬버 시티에 위치해 있었다. 어느 날 한 남자아이가 모습을 드러내기 시작했다. 내 또래였지만, 나보다 키가 더 컸다. 우리는 몇 년간 같은 도장에 다녔고, 늘 그 아이와 함께 매트를 닦았다. 그 아이는 2차 성징이 오면서 나보다 키가 12.7cm 더 커졌고, 몸무게도 27kg 더 나갔다. 우리는 여전히 매트를 함께 닦았지만, 훈련할 때는 자존심 싸움으로 엇나갈 때가 자주 있었다.

  나는 내 왼발을 여전히 살살 다뤘다. 상태는 많이 좋아졌지만, 통증은 여전했기 때문이다. 우리는 어느새 매트 가장자리로 몸이 밀렸다. (실전에서는 매트 가장자리로 가도 문제가 되지 않는다. 그러나 훈련에서는 상대의 몸이 매트 바깥쪽으로 떨어져서 다칠 수 있기 때문에 매트 가장자리에서 동작을 멈춘다.) 우리는 훈련 중이었다. 그래서 나는 멈추었다. 하지만 그 아이는 멈추지 않았다.

메치기를 하려고 달려들었지만, 내가 매트 가장자리에서 동작을 멈추었기 때문에 내 다리가 아닌 내 옆을 기습했다. 내 발을 미끄러뜨리려는 듯 하다가 내 무릎을 공격했다. 가속도를 있는 힘껏 내어 내 오른쪽 무릎에 타격을 가했다. 그와 동시에 무릎이 꺾였다. 불길한 느낌이 엄습했다.

일어서려고 했지만, 그럴 수가 없었다. 무릎이 젤리처럼 흐물거렸다. 내가 매트에 앉아서 망연자실하고 있을 때, 엄마와 코치가 달려왔다.

나는 울기 시작했다.

"아파요." 내가 호소했다.

"넌 어떻게 아프면 꼭 우니." 엄마가 매정하게 말했다. "집에 가서 냉찜질하자."

나는 훈련을 멈추고 다리를 절뚝이며 집으로 돌아갔다.

다음 날 아침 엄마가 나를 도장으로 데려다 주었을 때, 무릎은 여전히 상태가 나빴다. 전날보다 더 안 좋았다. 이 상태로는 훈련할 수가 없었다. 나는 또 다른 코치인 헤이워드 니시오카에게 상태가 어떤지를 봐달라고 부탁했다.

"앤 마리아, 병원으로 데려가는 게 좋겠어요." 그가 엄마에게 말했다.

다음 날 오후, 나는 하얀색 종이가 펼쳐진 테이블에 앉아서 MRI 검사 결과를 기다렸다.

그날은 내가 무릎 치료 전문의인 토머스 냅 박사와 맺은 오랜 인연의 시작이었다.

그는 검고 하얀 MRI 영상을 보드에 부착했다.

"전방십자인대가 파열됐어요." 냅이 말했다.

심장이 내려앉는 것 같았다. 두 눈이 화끈거리더니 나는 나도 모르게 흐느꼈다. 옆에 서 있는 엄마가 내 어깨를 토닥여 주었다. 이 결과를 예상하지 못한 것은 아니었지만, 직접 전해 듣고 나니 명치를 심하게 강타당한 기분이었다.

"다행히 치료는 어렵지 않습니다." 그가 말했다. "이런 사례는 흔합니다. 금방 치료될 거예요."

"얼마나 걸려요?" 내가 물었다.

"얼마나 빨리 회복하느냐에 달렸지만, 한 6개월은 시합에 나가선 안 돼요."

나는 머릿속으로 계산을 했다. 지금은 4월이었다. 곧 성인 전국 대회가 열릴 예정이었다. 미국에서 가장 권위 있는 청소년 대회로 이번 여름에 치러지는 주니어 US 오픈은 내가 10월에 있을 US 오픈에서 성공적인 데뷔식을 치르기 위한 워밍업 같은 대회였다.

"빨리 회복할 수 있으면요? 주니어 US 오픈이 8월에 있는데..." 나는 기대를 버리지 않고 물었다.

"8월이요? 그게 뭘 의미하는지 알아요?"

내가 고개를 들어 그를 쳐다보았다. 그때까지 나는 내 무릎에서 시선을 떼지 않았다. 마치 그렇게 들여다보면 치료가 되기라도 하는 것처럼.

"못 걷게 돼요."

사실 나는 올해가 내 인생의 큰 전환점이 될 거라는 기대감을 품고 있었다. 청소년 전국 대회와 성인 전국 대회에 출전할 계획이었다. 벌써 2008년 올림픽 출전도 꿈꾸고 있었다. 견딜 수 없는 불안감이 밀려왔다. 나의 유도 인생은 이대로 끝이 나는 걸까? 이제 영영 가망이 없는 걸까? 아니면 아직 기회는 있을까? 선수 생활을 얼마나 오래 쉬어야 할지 몰라 걱정이 되었다. 복귀했을 때 예전만큼의 기량을 발휘하지 못하면 어떡하지? 내가 침대에 누워 있는 사이에 다른 선수들이 나보다 더 앞서가면 어떡하지? 나는 좌절하지 않으려고 애썼다. 그래도 내가 어찌할 수 없는 현실은 아니었기 때문이다.

4일 후에 나는 바퀴 달린 들것에 누워 링거 주사를 맞은 채 수술실로 실려 갔다. 마취과 의사는 파란색 수술복 차림으로 나타나 약물을 링거액에 주입하기 시작했다.

"숫자를 열부터 거꾸로 세세요." 그가 나에게 말했다.

나는 베개에 머리를 대고 누워 눈을 감았다. 수술이 잘 돼서 다시 눈을 떴을 때 내 삶이 달라지지 않게 해달라고 조용히 기도했다.

"열, 아홉, 여덟, 일곱⋯⋯"

나는 아무 꿈도 꾸지 않고 깊은 잠에 빠졌다.

그리고 메스꺼운 마취 상태에서 깨어났지만 여전히 몽롱했다. 무릎이 아팠다. 입술이 바짝 말랐다. 윙윙 도는 냉각기에서 차가운 얼음물이 솟구치듯 올라와 내 무릎을 감싼 보조기로 떨어졌다. 모니터들의 삐이 소리가 내 귀를 자극했다. 나는 커다란 검은색 보조기를 찬 내 다리를 내려다보며 다시 한 번 눈물을 글썽였고, 눈물이 두 뺨을 타고 흐르기 시작했다.

"이제 좋아질 일만 남았어요." 간호사가 나를 위로했다.

의사는 빨리 회복하려면 물리 치료를 잘 받아야 하고, 당분간 다시 매트로 돌아가는 어리석은 짓을 해서는 안 된다고 강조했다.

그 주 후반부터 나는 물리 치료를 받기 시작했고, 물리 치료사는 다시 시합에 나갈 수 있도록 할 수 있는 한 최선을 다할 것이라며 나를 안심시켰다. 물리 치료는 전범위에 걸친 관절 운동과 가벼운 스트레칭으로 구성되어 있었다. 내가 받던 훈련과는 비교도 안 되었지만, 처음부터 몸이 지치고 아팠다. 나의 코치인 트레이스는 지금 세상이 끝난 것처럼 느껴진다 해도 전혀 그렇지 않다고 나에게 말해 주었다. 나 또한 나 자신에게 다시 예전의 모습으로 돌아갈 것이고, 이것은 일시적인 장애에 불과하다고 되뇌었다. 그러나 나를 구한 것은 엄마였다.

병원에서 집으로 돌아오고 처음 며칠 동안, 나는 소파에 앉아 다리에 얼음찜질을 하는 동안 동물 다큐멘터리를 시청하거나 포켓몬 게임을 했다. 마음은 안이하고 해이해졌다. 수술이 끝나고 일주일이 지났을 즈음 엄마가 거실로 나와 선언하듯이 말했다. "이제 그만."

"수술한 지 얼마나 됐다구요." 내가 방어적으로 말했다.

"일주일 지났으면 됐어. 마음 추스를 시간으로는 충분해."

"의사 선생님 말씀 못 들었어요? 무리하면 안 된데요." 나는 딱딱거리며 말을 받았다.

"다리가 그것밖에 없어?" 엄마는 과장 섞인 목소리로 물었다. "레그 리프트를 해. 복근은? 싯업은 무릎을 쓰지 않아. 컬업도 있어. 이 운동도 팔을 쓰지 무릎을 쓰진 않아."

2주 후, 엄마는 나를 할리우드에 있는 도장인 하야스탄으로 데려갔다. 나는 그곳에서 정기적으로 훈련하기 시작했다. 처음에 내 친구 매니 감부리안이 우리를 위해 문을 열어 주었다. 안으로 들어가자마자 아르메니아인 특유의 땀 냄새와 남성용 향수인 엑스 바디 스프레이의 강한 향이 훅 끼쳐왔다. 청색과 녹색의 해포석 매트에 앉았을 때 익숙한 편안함과 견고함이 느껴졌다. 무릎을 다친 날부터 나를 괴롭히던 모든 불안감이 희미해졌다.

'내가 돌아왔다.' 나는 혼잣말로 중얼거렸다.

날마다 나는 다리를 절뚝이며 엄마의 차에 올라타 도장으로 향했다. 엄마의 지도를 받으며 매니와 함께 누르기와 조르기, 암바를 연습했다. 점차 절뚝거리던 다리에도 힘이 생기기 시작했다.

고통도 희미해지기 시작했지만, 밤에는 무릎이 욱신거려서 자주 잠에서 깼다. 나는 아스피린 두 알을 먹고 아래층으로 내려가 냉장고에서 얼음을 꺼내 다시 위층으로 절뚝거리며 올라가 침대로 기어들어갔다. 통증에 예민해지지 않으려고 애를 쓰다가 잠이 들었지만 몇 시간 후에 다시 깨기를 반복했다. 통증은 다시 밀려왔고, 침대에는 녹은 얼음물이 주머니에서 새어 나와 물웅덩이를 이루었다.

부상을 입기 전에 나는 입식 선수로 입지를 다져왔다. 매트워크를 할 수 없어서는 아니었고, 아무래도 메치기를 잘하면 당장에 이길 수 있기 때문에 오랫동안 붙잡고 싸울 필요가 없었다. 나는 일 년 내내 매트워크를 했고, 암바만 수천 번을 연습했다.

전방십자인대를 회복하고 여섯 달이 지난 후, 나는 US 오픈에서 성인 데뷔식을 치렀고, 전체 2위를 했다. 실은 사라 클라크의 몸을 누르며 몇 초만 더 버티면 승리할 수 있었다. 그런데 클라크가 내 공격에서 벗어나 결국 나를 몇 점 차로 이겼다. 그러나 내 체급에서 나는 미국 선수들 중 1위였다. 내 체급에서 정상을 지키던 그레이스 지비든을 한판승으로 이겼기 때문이다. 그 다음 주말에는 랑데부(캐나다 오픈)에서 1위를 했다. 그 두 번의 성과로 나는 여자 유도 63kg 급에서 그 나라의 정상에 올랐다.

그 해는 나를 완전히 바꿔 놓았다. 물론 암바를 더 완벽하게 구사할 수 있게 되었지만, 그보다 훨씬 더 의미 있는 변화는 내가 내 기술들과 내 육체와 나 자신에 대해 생각하던 방식에서였다. 나는 역경을 극복하면서 전보다 더 강해졌다. 나는 진정한 파이터가 되었다. 나는 나 자신을 더욱 강하게 신뢰하게 되었다.

# 힘이 아닌
# 자신에 대한 신뢰

경기를 치를 때 물리적 힘은 그다지 중요하지 않다. 유도에서 중시하는 기본 원칙들 가운데 하나는 '최대의 효율과 최소의 노력'이다. 이 원칙은 나의 커리어를 규정짓는다. 내가 구사하는 모든 기술은 이 원칙을 기반으로 한다. 내가 쉽게 지치지 않는 이유이다. 내가 나보다 키가 더 크거나 스테로이드제를 복용한 선수들과 싸워서 이길 수 있는 이유이다. 편법을 쓰거나 약물을 복용한 선수는 진정한 챔피언이 마땅히 지녀야 할 한 가지가 빠져 있다. 그것은 바로 자기 자신에 대한 믿음이다. 어떤 약물이나 돈이나 편파 판정도 자신에 대한 믿음을 보장해 주지 않는다.

US 오픈 대회가 끝난 후 나는 US 국가대표팀의 최연소 유도 선수가 되었다. 그 당시 내 나이는 열여섯 살이었다. 국가대표팀은 그 나라 최고의 운동선수로 구성되었고, 그 나라를 대표해 국제 시합에 출전하게 된다. (올림픽팀과 세계대회팀은 각각 올림픽 대회와 세계 선수권 대회에 출전하는 국가대표팀들이다.) 그만큼 거액의 상금이 보상으로 주어졌고, 각종 회의와 훈련 캠프 등 의무적으로 참석해야 하는 행사도 많았다. 첫날 우리는 콜로라도에 있는 콜로라도 스프링스 훈련 캠프에 참석했다.

US 올림픽 위원회 관계자 한 명이 우리에게 체력 향상제로 간주되어 복용이 금지된 성분들에 관해 장장 몇 시간에 걸쳐 자세히 소개했다. 우리에게 나눠준 문서는 모두 10쪽 분량이었고, '-ines', '-ides', '-oids', '-ates', '-anes' 등으로 끝나는, 뜻을 알 수 없는 낯선 단어들이 빼곡하게 적혀 있었다. 어떤 것은 단어가 아닌 화학식처럼 보였다. (그 당시 나는 학교에서 생물학 수업을 들었지만, 아직 화학 수업은 받지 못했다.)

"단순히 스테로이드 성분만 피하면 되겠지 하는 생각으로는 안 돼요. 국제 대회 출전자로서 자신이 먹는 음식에 책임질 줄 알아야 합니다. 비타민, 보충제, 크림, 주사, 처방약 모두 다 해당됩니다. 자신이 먹는 성분에 대해 확신이 없다면, 찾아보고 공부하세요. 도핑 테스트에서 걸렸을 때, 자신은 아무것도 모른다는 식은 변명이 될 수 없어요."

나는 손을 들었다. 모두의 시선이 나에게 쏠렸다. 그 여자 관계자가 나에게 고개를 끄덕였다.

"플린스톤 종합 비타민은요?" 내가 물었다.

그녀가 웃었다. 모두가 웃었다. 유도 국가대표팀에 나와 같이 소속되어 있던 여자 선수 둘이서 나를 보며 눈알을 굴렸다. 그 직원은 내 질문을 무시하고 자신의 말을 계속했다.

나는 손을 다시 들었다. 다시 그녀가 나에게 고개를 끄덕였다.

"전 진지해요." 내가 말했다. "제가 그걸 먹고 있는데, 괜찮은 거예요?"

그녀는 허를 찔린 듯 말없이 입을 벌렸다가 "네"라고 대답했다. "플린스톤 비타민에는 스테로이드가 없어요."

나는 거기서 멈추지 않았다.

"스테로이드 말고 다른 금지 성분이 들어 있나요?"

눈알을 굴리던 여자들 중 한 명이 크게 한숨을 쉬었다. 나는 시합에서 이미 그들보다 더 좋은 실력을 보이고 있었고, 또 이 에피소드가 보여 주듯이 나는 그들보다 한참이나 더 어렸다.

그녀는 내 질문에 뜸을 들이지 않고 곧바로 대답했다.

"아니요. 플린스톤 종합 비타민에는 금지된 성분이 전혀 없다는 걸 자신 있게 말씀드릴 수 있어요."

씹어 먹는 철분 포함 플린스톤 비타민은 지금껏 내가 성분을 모르고 먹은 유일한 식품이라고 할 수 있다.

금지 약물을 복용하는 일은 스포츠 선수가 할 수 있는 가장 이기적인 행위이지만, 격투 선수들 중에서 체력을 향상시키는 약물을 복용한 사례는 적지 않다. 유도에서 도핑은 공정하게 경쟁하는 상대의 영광을 훔치는 행위다. 한편, MMA에서 도핑은 살인 행위나 마찬가지다. MMA는 폐쇄된 케이지에 갇힌 선수들이 서로 먼저 항복을 하거나 의식 불명이 될 때까지 공격하는 종합 격투이다. 체력을 향상시키는 성분을 복용한 선수는 실제로 상대를 죽일 수도 있다.

금지 약물을 복용한 선수들은 자기 자신에 대한 믿음이 없다.

나는 이기기 위해 훈련한다. 상대가 금지 약물을 복용했든 안 했든 간에 나는 충분히 그들을 제압할 수 있을 만큼 뛰어나다는 믿음이 있다. 도핑 테스트에서 양성 반응을 보이지 않은 선수의 이름을 공개적으로 밝힐 수는 없지만, 분명히 금지 약물을 복용한 선수들이 있다. 강한 의심이 드는 선수들이 있고, 실제로 상용하고 있는 선수들도 있다. 스포츠계에서 도핑이 사라지지 않는 한 금지 약물을 복용한 상대와 겨루는 일은 불가피하다. 화가 나는 일이지만, 그래도 나는 지금껏 그들을 이겨 왔다.

그들이 엉덩이에 주사할 수 없는 단 한 가지는 바로 자신에 대한 믿음이다.

# 도약해야 할 때를 알기

다음 단계로 도약하는 것은 늘 쉽지 않은 문제다. 사람들은 자기 자신을 새로 증명해야 한다는 두려움 때문에 더 이상 발전 가능성이 없는 직장을 떠나지 못하고 계속 머문다. 사람들은 혼자가 될까봐 두려워서 불행한 관계를 끊지 못한다. 선수들은 새롭게 테스트를 받고 새로운 누군가의 평가를 받는 게 두려워서 혹은 자신을 신경 쓰고 챙겨주는 누군가를 화나게 할까봐 두려워서 더 이상 자신의 발전에 도움이 되지 않는 코치에게 얽매인다.

더 이상 아무 도움이 되지 않는 곳을 쉽게 떠나지 못한다면, 결국 자신 안에 있는 잠재성을 충분히 발휘할 기회를 상실하게 될 것이다. 최고가 되기 위해서는 자신이 할 수 있는 일에 대해 스스로 도전하고 장애물을 넘고 한계까지 밀고 나아가야 한다. 가만히 서 있지 말고 앞으로 나아가야 한다.

빅 짐이라고 불리는 짐 페드로를 처음 만난 날은 2003년 성인 전국 대회에서였다. 나는 전방십자인대 파열에서 회복된 지 한 달도 채 안 되어 여전히 목발 신세였다. 시합에 출전할 수는 없었지만, 시합이 열리는 곳은 로스앤젤레스에서 차로 네 시간 거리인 라스베이거스였다. 우리는 이미 객실 예약을 했다. 내가 복귀할 때 내 상대가 될 선수들의 기량을 미리 파악할 수 있는 기회였기 때문이다.

그러나 내가 리베라 호텔에 있는 금속 접이식 의자에 앉아 있는 동안, 시합을 구경하러 온 것이 세상에서 가장 잘못된 생각처럼 느껴졌다. 엄마는 나에게 자극이 될 거라고 생각했지만, 내가 아는 사람들이 내가 딸 수도 있었던 메달을 따기 위해 싸우는 모습을 보니까 마음이 심란해져서 견딜 수가 없었다.

분노의 눈물이 두 눈에서 솟구쳤다.

"뭐가 문제니?" 걸걸한 목소리가 물었다.

내가 고개를 들었다. 내 옆에 서 있는 남자는 저지 해안 지대에서 한 번쯤 봤을 법한 남자처럼 생겼는데, 다른 한편으로는 산타클로스도 연상되는 얼굴이었다. 머리는 곱슬곱슬한 백발에 콧수염이 텁수룩했다. 폴로 셔츠를 입고 있었고, 목 부위에 가슴털이 훤히 들여다보였다.

"나도 시합에 나갈 수 있었어요." 내가 코를 훌쩍이며 대답했다. "메달을 내가 딸 수 있었는데……."

그는 커다란 검은색 보조기를 찬 내 다리를 내려다보았다.

"그 상태로 시합에 나가긴 어렵지." 그는 강한 뉴잉글랜드 억양으로 말했다.

나는 고개를 끄덕였다. 그때 나는 그 남자에게 부상만 아니었더라면 올해가 나의 해가 될 수 있었고, 이 시합이 나의 성인 데뷔식을 위한 전초전이 되었을 것이지만, 계획이 모두 어긋나 버렸다고 말했다.

"내가 보기에 지금 너한테는 두 가지 선택 안이 있다." 남자가 말했다. "하나는 여기 앉아서 그렇게 질질 짜는 거야. 내가 너라면 체육관에 가서 열심히 훈련하고 황소보다 더 강해져서 돌아올 거다. 네가 돌아올 때면 저 선수들을 쉽게 이길 수 있어. 다시 좋아지거든 나하고 훈련할 수도 있다."

나는 사세를 고쳐 앉았다. 그의 말이 옳았다.

"이름이 뭐니?" 그가 물었다.

"론다 로우지요." 내가 대답했다.

그는 손을 내밀었다. "만나서 반갑다, 론다. 나는 짐 페드로다. 빅 짐이라고 부르거라."

유도계 사람이라면 그의 아들 지미 페드로(별칭은 '리틀 지미'다)를 모르는 사람이 없을 것이다. 그는 1999년에 세계 선수권 대회에서 우승한 유도 선수였다. 빅 짐은 그의 코치였다.

나는 라스베이거스에서 돌아온 뒤부터 더 열심히 도장에 갔다. 어느 누구보다 더 강해져서 돌아오겠다는 일념으로 훈련했다. 그리고 US 오픈에서 나는 모두를 큰 충격에 빠트렸다. 물론 나와 엄마는 전혀 놀라지 않았다. 나는 내가 내 체급에서 미국 최고의 선수가 될 거라고 늘 확신했다. 단지 시간 문제일 뿐이었다. 이제 그 시간이 온 것이다. 트레이스 니시야마는 내가 열한 살 때부터 함께 훈련한, 뛰어난 코치였다. 그에게는 독점욕이 별로 없었다. 대다수 도장에서는 일주일에 두 번만 훈련하는 것이 상례였다. 나는 더 많이 훈련할 필요가 있었고, 또 그러기를 원했다. 그래서 엄마는 무슨 도장이 좋고, 밤에 훈련할 수 있는 곳은 어디인지를 알아보았다. 나는 엄마 차를 타고 러시아워로 인한 복잡한 교통 체증을 뚫으며 날마다 다른 도장에 가서 훈련을 받았다. 그렇게 우리는 평일 저녁에 로스앤젤레스 지역을 누비며 여러 도장을 다녔고, 주말에는 여러 시합에 나갔다.

우리는 훈련하러 오가며 차 안에서 일주일에 서른 시간 이상을 보냈다. 우리가 나눈 대화는 주로 유도에 관한 것들이었는데, 엄마가 훈련하는 내 모습을 보고 느낀 점이나 나에게 어떤 전략이 필요한지에 대해서도 이야기했다. 그러나 나는 엄마가 선수 생활을 했을 당시의 이야기를 듣길 무엇보다 좋아했다. 내가 아는 코치들의 선수 생활 이야기도 곁들여 들을 수 있었기 때문이다.

몇몇 코치들은 자기 선수들이 다른 도장에서도 훈련할 때 위협감을 느끼지만, 트레이스는 신경 쓰지 않았다. 트레이스는 어깨 메치기에서 최강자였고 나에게 그 기술을 아낌없이 전수해 주었지만, 자신보다 더 좋은 기술들을 구사하는 코치가 많다는 사실을 잘 알았다. 그래서 나에게 다른 코치에게서도 배우라고 격려해 주었다. 그리고 나는 그렇게 했다. 내가 열다섯 살이 되었을 때, 로스앤젤레스에 있는 트레이스나 다른 코치들로는 부족하다는 사실은 분명해졌다. 사실 엄마는 내가 열세 살 때 뛰어난 기량과 가능성을 보이기 시작하면서 이 순간이 오리라는 사실을 이미 짐작하고 있었다.

"지금이 다음 단계로 나아갈 시점이야." 엄마는 나에게 말했다. "사람들은 실수를 하지. 오랫동안 같은 장소에 머물면서 편안함에 길들여지거든. 하지만 한 사람이 너에게 가르칠 수 있는 데에는 한계가 있어. 결국 넌 그 사람이 아는 것의 90 퍼센트를 알게 되지. 그럴 때는 과감히 다른 코치를 찾아야 해. 물론 더 안 좋은 코치일 수도 있어. 하지만 네가 알지 못하는 새로운 것들을 가르칠 수는 있지. 네가 발전하려면 그게 필요해. 정체되지 않고 앞으로 나아가려면 말이야."

열여섯 살에 나는 앞으로 나아갈 준비를 시작했다.

2003년 추수감사절이 끝난 직후, 나는 트레이스의 도장이 있는 지역 문화 센터를 향해 걸어갔다. 그날도 어김없이 맛있는 일본 음식 냄새가 코끝을 자극했다. 도장과 인접한 곳에서 늘 요리 강좌가 열렸기 때문이다. 내가 조금 일찍 도착한 터라 도장 안은 텅 비어 있었다.

트레이스는 매트를 펼치고 있었다. 그리고 고개를 들어 나를 보고 놀라는 표정을 지었다. 내가 한 번도 이렇게 일찍 온 적이 없어서였다.

"안녕, 론다." 그가 말했다.

나는 희미하게 미소 지었다. "안녕하세요, 트레이스."

"무슨 일이야? 별 일 없는 거지?" 그가 물었다.

나는 그를 도와 파란색 완충 패드를 설치했다.

나는 목멘 소리로 말을 시작했다. 침착하고 차분해지려고 했지만 잘 되지 않았다. US 오픈 이후로 내 삶의 궤도에 가속도가 붙은 것 같았다. 나를 둘러싼 상황이 예상보다 더 빨리 돌아가고 있었다. 나는 그에게 많은 시간을 그의 도장과 함께 해서 영광이었고, 그가 없었다면 내가 이 자리에 오르지 못했을 테지만 이제 내가 더 많은 무언가를 필요로 하게 된 시점에 이르렀다고 말했다. 몇 주 후에 보스턴으로 떠나서 페드로의 도장에서 훈련을 하게 될 거라고 말했다. 내가 떠나는 것 때문에 마음이 상하지 않았으면 한다고 말했다. 나는 대화 끝에 결국 눈물을 터뜨렸다.

트레이스는 나를 껴안아 주었다. "그래, 네가 크게 되려면 어쩔 수 없는 일이지."

그 말을 듣는 순간 내 마음을 짓누르던 무게가 가벼워지는 느낌이 들었다. 새장 속에 갇혀 있다가 문이 열리면서 자유롭게 날 수 있게 된 작은 비둘기가 된 기분이었다.

나는 늘 트레이스를 존경하고 감사해할 것이다. 그는 나에게 많은 것을 가르쳐 주었을 뿐 아니라 나를 더 이상 가르칠 수 없는 날이 왔을 때 그 사실을 선뜻 인정해 주었기 때문이다.

뒤이어 나는 감상적인 기분에 빠졌다. 나는 트레이스를 도와 매트를 펼치면서 어느새 도장 안으로 들어온 코치들과 동료들과 그들의 부모들 그리고 형제들을 둘러보았다. 이제 도장 문을 나서면 다시 못 볼 생각에 눈물이 났다. 아무도 내가 왜 우는지를 묻지 않았을 때, 눈물은 더 펑펑 쏟아졌다. 내가 왜 우는지를 물어 주었으면 해서가 아니었다. 내가 우는 이유를 묻지 않을 만큼 나를 잘 아는 사람들이었기 때문이다. 나는 늘 울었다. 매치기에 당할 때, 훈련하다 좌절감을 느낄 때, 유도 가방을 열었는데 띠를 깜박하고 안 가져왔을 때, 식수대 앞에서 줄을 섰는데 내 앞에서 끊길 때 나는 늘 울었다. 이제 나는 새로운 곳으로 떠나게 되고, 사람들은 내가 늘 우는 아이라는 사실을 모르고 왜 우는지를 물을 것이다. 그런 생각을 하니 눈물을 참을 수가 없었다.

나는 문을 나서며 트로피 케이스 옆을 지나가다가 발길을 멈추었다. 내가 받은 메달과 트로피 몇 개가 전시되어 있었다. 이 도장에서 해마다 최고의 선수에게 주는 '올해의 선수 트로피'를 바라보았다. 나는 4년 내내 그것을 탔다. 앞으로 더 이상 받지 못할 생각을 하니 착잡한 기분이 들었다. 이렇게 나를 둘러싼 모든 것이 변하고 있었다. 나는 내가 올바른 결정을 내렸다는 사실을 알았고 코치의 축복을 받으며 다음 단계로 도약하고 있는 중이라는 사실을 알았지만, 여전히 이 변화를 감당하기가 힘들었다.

다음 날 아침, 엄마는 나에게 트레이스가 페드로에게 보낸 이메일을 보여주었다. 나를 잘 부탁하고, 나에게 뛰어난 잠재력이 있으며, 혹시 도움이 필요하면 언제든 알려 달라는 내용의 글이었다.

코치가 나를 얼마나 아끼는지 알 수 있는 대목이었다.

엄마는 세계 정상급 선수가 되려면 무엇이 필요한지를 알았다. 내가 세계 대회에서 메달을 따기 위해서는 나를 더 성장하게 만들어줄 새 코치가 필요하다는 점을 알았다. 그러기 위해서는 내가 집을 떠나야 했지만, 엄마는 전적으로 내 선택에 맡겼다.

"최고의 코치는 없어도 널 위한 최고의 코치는 있어." 엄마는 말했다. "나나 네 친구들, USA 유도(USA 유도협회)의 입맛에 맞는 코치를 골라선 안 돼. 너한테 가장 적합한 코치를 골라."

엄마는 내가 열세 살 때부터 캠프와 치료소가 있는 최고의 도장들로 날 보냈다. 그래서 미리부터 그 도장들과 코치들을 눈여겨보았다.

그런데 내가 다닌 도장들 중 어디도 마음에 내키지 않았다. 뭐라고 설명할 수는 없지만 느낌에 그랬다.

그리하여 2004년 1월, 나는 보스턴행 비행기를 탔다.

성인 전국 대회에서 짧은 만남이 있었지만, 나는 빅 짐에 대해 잘 몰랐다. 다만 코치로서 최고의 전문성을 갖추었다는 사실은 알았다. 세계 챔피언인 리틀 지미의 코치였을 뿐 아니라 여섯 명을 올림픽 대회에 출전시켰고, 100명에 가까운 청소년 및 성인 전국 대회 챔피언을 배출했다. 게다가 엄마도 그를 인정했다. 엄마의 인정을 받기가 노벨상을 받기보다 훨씬 더 어려운 일이었다.

빅 짐은 거친 사람이었다. 테디베어처럼 털이 많았지만 꼭 껴안고 싶게 만드는 유형의 사람은 절대 아니었다. 우렁찬 목소리에 성격도 강했다. 특히 불공정하다고 생각하면 의사 표현을 거침없이 했다. 심지어 심판을 때렸다는 사실을 부인하지도 않았다. 그런 성격 때문에 유도계에서 그에 대한 평가는 극과 극을 달렸다. 하지만 아무도 코치로서의 자질을 의심하지는 않았다.

나는 보스턴 로건 공항에서 내려 곧바로 페드로의 도장으로 향했다. 어떤 곳인지 먼저 직접 보고 싶어서였다. 흥분과 긴장이 뒤섞인 감정이 밀려왔다. 빅 짐은 나에게 강한 인상을 남긴 사람이었기 때문이다.

나는 또한 지미 페드로와 훈련하게 될 것이다. 빅 짐을 성인 전국 대회에서 처음 만나고 한 달쯤 지났을 때 지미가 로스앤젤레스에 특강을 하러 온 적이 있었다. 나는 무릎이 아직 다 낫지 않았지만, 참석하기로 마음먹었다. 지미 페드로는 유도 역사상 가장 많은 메달을 딴 미국인 선수들 중 한 명이었고, 내가 영웅처럼 우러러보는 인물이었나. 지미를 보고 싶어 안달이 났지만, 훈련 중에 부상을 당하는 바람에 체력적으로 한계에 부딪혔다.

나는 그날을 '론다의 행복한 매트워크 코너'라는 이름 아래에 하루 종일 매트와 씨름하며 보냈다. 다리는 전혀 쓸 수가 없었다. 오후 세션이 끝날 즈음 행사 주최자가 도장으로 와서 이렇게 말했다.

"여러분, 잠시 남아 주시겠어요? 지미 페드로가 여러분께 상을 수여한다고 합니다. 지미가 직접 뽑는 상입니다. 그리고 시상식이 끝나면 사인회가 열릴 거예요."

내 기분은 썩 좋지 않았다. 지미 페드로를 못 보게 되어 느꼈던 실망감보다 더 좋지 않은 감정이었다.

"지금 가도 돼요?" 내가 엄마에게 물었다.

"띠에다 사인 안 받아?"

"그냥 갈래요." 내가 대답했다.

"그러렴." 엄마가 어깨를 으쓱했다.

나는 다리를 절뚝거리며 가방을 가지러 갔다. 그때 지미가 도장 안으로 걸어 들어왔다.

"오늘 저를 위해 이렇게 많은 분들이 와 주셔서 진심으로 감사드립니다." 지미가 말했다. 모두가 환호하며 그를 맞았다.

"저는 여러분에게서 깊은 인상을 받았고, 또 여러분의 무한한 잠재성을 보았습니다."

매트 위에서 책상다리를 하던 수십 명의 아이들이 갑자기 자세를 똑바로 고쳐 앉았다. 나는 눈시울이 뜨거워지기 시작했다. 100명이 넘는 아이들이 모였지만, 그 누구보다 내가 유도를 더 잘한다고 나는 자부했다. 하지만 내가 그의 상을 받을 길이 없다는 사실을 잘 알았다.

"첫 번째 상은, 제가 매우 특별하고도 소중하게 여기는 상입니다." 지미가 미소 지으며 말했다. "바로 '미래의 올림픽 챔피언 상'입니다."

그 순간 지미가 마치 우스운 농담을 한 것처럼 모두가 왁자지껄 웃었다. 지미는 1996년 올림픽에서 동메달을 딴 이후 올림픽 금메달을 향한 도전을 계속하고 있었다.

지미는 한 소년의 이름을 불렀고, 그가 벌떡 일어나서 마치 실제로 메달을 딴 것처럼 환호했다.

나는 그 자리를 피하고 싶어서 얼른 가방을 챙겼다.

"다음으로 내가 드리고 싶은 상은, 마찬가지로 저에게 매우 가치 있는 상입니다. 바로 '미래의 세계 챔피언' 상입니다." 지미가 말했다.

세계 챔피언이라는 말에 모두가 박수를 보냈다.

"그리고 수상자는……." 지미는 극적인 효과를 위해 잠시 뜸을 들였다. "론다 로우지."

나는 몸이 얼어붙어 그만 가방을 떨어뜨렸다. 모두의 시선이 나에게 쏠렸을 때, 뺨이 화끈거렸다.

"가봐." 박수갈채가 쏟아지는 동안 엄마가 나를 재촉했다.

나는 절뚝거리며 앞으로 걸어가 지미와 악수했다. '내가 미래의 세계 챔피언이라니. 내가…….' 나는 기분이 날아갈 것 같이 기쁘면서도 어안이 벙벙했다.

그 즉흥적인 시상식이 끝난 후 나는 사인을 받기 위해 줄을 서서 기다렸다.

"론다 로우지." 내 차례가 되어 테이블로 다가갔을 때 그가 미소 지으며 말했다.

내 이름을 알다니 도무지 믿을 수가 없었다.

지미는 행사 주최 측에서 마련한 사진 한 장을 집었다.

거기에 매직펜으로 휘갈기듯 빠르게 메시지를 써서 나에게 건넸다. 나는 그 사진을 건네받았다.

'론다에게. 열심히 훈련하세요. 정상에서 뵙겠습니다. 지미 페드로.'

나는 '정상에서 뵙겠습니다'라는 문구를 집에 가는 내내 읽고 또 읽었다. 그가 최고의 유도 선수가 될 수 있는 잠재력을 내게서 보았다는 사실에 나는 압도되었다.

집에 도착하자마자 그 사진을 벽에 붙였다. 그리고 남은 회복 기간 내내 나는 그것을 보며 마음을 다졌다.

공항에서 내려 제트웨이에 몸을 싣는 동안 차가운 바람이 불어와 나를 현실로 끌어당겼다. 그런데 현실은 오히려 현실에서 더 멀게 느껴졌다. 아무 문제없다면, 빅 짐은 내 코치가 될 것이고, 나는 리틀 지미와 훈련하게 될 것이다. 믿을 수 없는 현실이었다.

2주 후, 나는 엄마에게 전화를 걸었다.

"여기 오길 잘한 것 같아요. 빅 짐이 코치가 됐어요."

"잘됐다." 엄마가 말했다. "어떻게든 잘 될 거야."

# 성공에는
# 희생이 따른다

사람들은 올림픽 대회에서 메달을 따거나 세계 챔피언 타이틀을 획득한 선수를 열렬히 환영한다. 그러나 그들이 깨닫지 못하는 것은 그러한 결과를 내기까지 매 순간이 육체적 · 정신적 고통과 인내로 점철되어 있다는 점이다. 대다수 사람들은 과정이 아닌 결과에만 관심을 보인다. 과정은 희생이다. 땀과 고통, 눈물, 상실 등 겪고 싶지 않은 것들의 연속이다. 희생이 따른다. 목표를 달성하기 위해서는 그 과정을 즐기거나 아니면 적어도 받아들이는 법을 배워야 한다. 궁극적으로 그러한 희생이 자신을 더 성장하게 만들기 때문이다.

열여섯 살인 나는 가족들과 멀리 떨어져 지내고 싶지 않았다. 뉴햄프셔와 경계를 이루는 매사추세츠의 한 작은 마을에서 내가 모르는 사람들과 살고 싶지 않았다. 하지만 올림픽 대회에 출전해서 메달을 따고 싶었다. 세계 챔피언이 되고 싶었다. 세계 최고의 유도 선수가 되고 싶었다. 그러기 위해 필요한 것이라면 뭐든 할 의지가 있었다.

엄마, 빅 짐, 그리고 지미는 내가 리틀 지미의 집에서 지내는 것이 최선이라는 결론을 내렸다.

"이제부터 론다와 같이 지내게 될 거야." 지미의 아내 마리는 내가 그 집에 도착한 첫 날 어린 세 아이들에게 나를 소개했다.

나는 매트리스에서 잠을 잤다. 내가 그들의 집에 잠시 머무르다 갈 손님 그 이상도 이하도 아니었기 때문이다. 처음에 나는 너무 많은 음식을 먹었다. 그래서 엄마가 지미에게 식비를 더 많이 지불했지만, 상황은 점점 더 나빠졌다. 내 물건을 보관하던 벽장 안은 금방 어수선해졌다. 샤워하고 나면 바닥이 물로 흥건했다. 접시를 싱크대에 두는 걸 깜박할 때가 많았다. 잘하려고 애를 썼지만, 애를 쓸수록 더 엉망이 되어가는 것 같았다. 나는 날마다 울면서 엄마에게 전화했다.

그로부터 3주 후 더 큰 위기가 찾아왔다. 페드로 부부의 친구 아들이 도장에 훈련하러 오는 일주일 동안 그들의 집에 머물러도 되는지를 물었을 때였다. 딕 이티비티(실명은 아니다)는 20대 초반의 젊은 남자였고, 내가 매사추세츠로 오기 직전 시카고에 있는 한 도장에서 만난 적이 있었다. 엄마는 20대 남자와 내가 한집에서 지내는 걸 반대했다. 빅 짐도 엄마와 생각이 같았다. 하지만 리틀 지미와 마리는 쉽게 결단을 내리지 못했고, 마리가 엄마에게 어떻게 생각하는지를 묻는 이메일을 보냈다.

엄마는 답장을 보냈다. '어떻게 생각하냐고요? 저는 절대 반대예요! 둘이 한집에 있게 하는 건 좋은 생각이 아니에요.' 그리고 망설임 없이 발송 버튼을 눌렀다.

다음 날 밤 지미와 마리가 나란히 서서 내게 말했다. "어쩔 수 없구나."

나는 당황한 얼굴로 할 말을 잃은 채 두 사람을 쳐다보았다. 나는 단지 유도가 좋았던 열여섯 살짜리 아이였다. 상심이 클 수밖에 없었다. 여기가 내가 있을 곳이라고 생각했고 나에게 딱 맞는 코치를 찾았다고 생각했는데, 내 기대가 물거품이 되어버린 것 같았다. 나는 다시 울먹이며 엄마에게 전화를 했다.

"걱정 마. 잘 될 거야." 엄마가 말했다.

나를 거둔 것은 빅 짐이었다. 엄마가 지미에게 했던 것처럼 생계비를 지불하겠다고 제안했지만, 그는 어떤 돈도 받기를 거부했다. 빅 짐이 사는 곳은 보스턴 외곽의 뉴햄프셔에서 인적 드문 호숫가에 있는 작은 집이었다. 빅 짐의 집에서 보내는 일상은 지루했다. 그러나 그보다는 외로움이 더 컸다.

빅 짐은 미국에서 최고의 유도 코치였지만, 사교적인 사람은 아니었다. 우리는 서로에게 대화가 거의 없었다. 그는 시가 태우기를 좋아했고, 몇 번 이혼한 경험이 있는 뉴잉글랜드 출신의 소방관이었다. 하얀 콧수염에는 담배 얼룩이 져 있었다. 반면에 나는 SF 소설을 읽고 스케치북에 그림 그리길 좋아하는 소녀였다.

빅 짐의 집에서 어느새 우리는 서로에게 둔감해졌다. 2004년에 내가 머문 8개월은 지루함과 통증, 침묵, 허기로 점철된 나날들이었다.

여자 유도 63kg 급에 나가기 위해서는 시합 전 체중이 63kg을 넘어서는 안 되었다.

사실 체급이 자신의 진짜 체중인 경우는 드물다. 실제 체중은 그보다 더 나갔다. UFC에서 나는 61kg으로 싸웠지만, 내 체중이 61kg인 경우는 일 년에 약 네 시간 동안뿐이었다. 실제로는 68kg에 육박했다. MMA의 체중 측정 과정은 유도와 다르기 때문에 나는 내 몸을 61kg으로 만들 수 있다. 몇 달에 한 번씩 시합이 있고, 시합 전날 밤 체중을 재기 때문에 시합까지 체중 감소에 따른 육체적 피로를 풀 수 있는 시간이 충분했다. 그러나 유도를 할 때 나는 계속해서 시합에 나가야 했다. 한 달 내내 주말마다 체중을 측정해야 했고, 그것도 시합이 있기 한 시간 전에 했다.

나는 늘 체중 때문에 애를 먹었기 때문에 빅 짐은 급기야 집에서 먹는 음식을 제한했다. 하지만 상황은 더 심각해졌다. 날씨가 좋을 때 빅 짐의 가족과 도장 사람들은 호숫가에서 바비큐 파티를 열고 호수에서 수영을 했다. 나는 바비큐를 입에 대서는 안 되었기 때문에 통밀 크래커를 몰래 챙겨서 지하로 내려가 허겁지겁 먹었다. 내가 흘린 과자 부스러기는 다음 날 아침 빅 짐의 눈에 여지없이 포착되었다.

"자제심이 없군 그래." 그가 말했다.

나는 음식에 관한 한 나 자신과 협상을 해야 했다. 그래서 내가 먹은 음식의 칼로리가 정확히 얼마나 되는지, 그 칼로리를 소모하려면 얼마나 운동해야 하는지를 체크했다. 그러나 폭식을 했을 때는 운동도 소용이 없었다. 너무 많은 음식을 한꺼번에 먹어서인지 그 많은 칼로리를 소모하기란 여간 어려운 일이 아니었다. 너무 많이 먹어서 운동만으로 역부족일 때는 먹은 것을 게워냈다.

첫날은 실패했다. 빅 짐이 일하러 나간 동안 베이글과 치킨과 오트밀 한 그릇, 사과 하나를 먹었다. 그러나 허기에서 해방된 기쁨도 잠시였고, 이내 죄책감이 밀려왔다. 나는 욕실로 가서 손가락을 입안 깊숙이 밀어 넣었다. 속이 뒤틀렸지만, 아무것도 게우지 못했다. 다시, 그리고 또 다시 시도했지만, 헛수고였다.

'바보 같아.' 나는 자책했다.

가끔씩 나는 또 과식을 했다. 다시 게워내려고 했지만, 역부족이었다. 일주일 후에는 빅 짐의 집에서 바비큐 파티가 있었다. 나는 배가 부를 때까지 먹었다. 햄버거 두 개와 수박, 당근, 튀김 요리, 쿠키 등을 연신 입으로 가져갔다.

그러고는 내가 저지른 만행에 대한 보상을 하러 지하 욕실로 내려갔다. 너무 많은 음식을 먹어서 죄책감과 절망감을 느꼈다.

나는 변기에 몸을 구부리고 서서 손가락을 목구멍으로 밀어 넣었다. 근육이 긴장되면서 이마에서 땀이 흘렀다. 내 배는 호락호락 먹은 것을 내주지 않았다. 나는 시도하고 또 시도했다. 손가락을 더 깊숙이 밀어 넣었다. 눈에서 눈물이 핑 돌았고, 콧물이 흘렀다. 그때였다. 마침내 뱃속 내용물이 거칠게 게워졌다. 그제야 안도했다.

그리고 다음번에는 더 수월하게 속을 게워낼 수 있었다.

여전히 음식을 제한해서 먹으려고 노력했지만, 몸무게는 줄 기미가 안 보였다. 거울을 볼 때마다 맞은편에서 육중한 어깨와 우람한 팔, 거대한 몸이 나를 노려보았다. 토하는 횟수가 더 빈번해졌다. 일주일에 몇 번을, 때로는 하루 걸러서 한 번씩 토했다.

늘 걸릴까봐 조마조마했다. 빅 짐의 제자 몇 명이 지하에서 며칠간 지냈을 때, 욕실 문밖에서 인기척을 느끼고 놀란 적이 한두 번이 아니었다. 그래서 구역질 소리가 밖으로 새어나오지 않게 하려고 세면대 물을 틀기도 했다.

계속되는 허기는 몸이 녹초가 될 정도로 혹독한 훈련 스케줄을 소화하는 동안 체중을 무리해서 줄여야 했기 때문이었다. 나는 보통 아침 여덟 시에서 아홉 시 사이에 기상했다. 내 근육은 그 전날부터 시렸다. 몸은 늘 아팠다. 아침마다 무거운 몸을 침대 밖으로 끌어내리는 문제로 씨름해야 했다. 빅 짐은 늘 나보다 먼저 일어났고, 내가 방에서 나오면 뜨거운 커피포트 옆에 내 머그잔을 내려놓았다.

아침마다 훈련을 했다. 내 소유의 물건은 두 개의 더플백(거친 방모 직물로 짠 가방 – 옮긴이)에 다 들어갈 정도였다. 하지만 내 방 여기저기에 어지럽게 흩어져 있어서 마땅히 입을 깨끗한 훈련복을 찾느라 이리저리 뒤적여야 했다.

빅 짐은 지하에 세상에서 가장 작은 체육관을 지었다. 면적은 가로, 세로 3m에 불과했다. 그 안에 프리 웨이트, 벤치 프레스, 러닝 머신, 일립티컬 머신, 그리고 내가 태어나기도 전에 만들어진 것 같은 몇 가지 운동 기구들이 빼곡하게 들어앉아 있었다. 그는 나를 위해 심장 강화 운동과 웨이트 트레이닝, 유도 훈련을 통합하는 훈련 프로그램을 만들었다.

일립티컬 머신과 러닝 머신은 너무 구식이라 디지털 장치가 없었다. 그래서 나는 내가 얼마나 걷고 뛰었는지를 일일이 세야 했고, 400에서 800을 세고 나서야 다음 단계로 넘어갔다. 천장이 너무 낮았기 때문에 일립티컬 머신에서 운동하다가 머리를 휙 수그려야 했다. 양쪽으로 간격이 8cm밖에 되지 않았다. 그래서 벽과 부딪치거나 심장 강화 운동 기구에 흠집을 낼 때도 있었다. 유일하게 그 작은 공간에 없는 것은 메치기 훈련을 위해 필요한 신축성 있는 줄이었다. 그 줄은 체육관 바로 밖에, 세탁기와 건조기 옆에 설치되어 있었다. 한편, 빅 짐은 내가 훈련하는 내내 위층에서 스톱워치를 손에 든 채 앉아 있었다.

그러나 체육관에는 시계가 없었다. 그것은 빅 짐의 전략이었다. 날마다 어제의 기록을 갱신해야 했다. 만약 제 시간 안에 끝내지 못하면 다음 날 내가 해야 할 운동이 하나 더 늘어났다. 시계 없이 시간을 맞추어야 하다 보니 머릿속에서 페이스를 유지해야 했다. 처음에는 여유 있게 시작했지만, 하루하루 지나면서 속도를 높이지 않을 수 없었다. 모든 훈련을 마치고 위층에 올라가면 빅 짐은 나에게 시간을 따로 말해 주지 않았다. 다만 내가 제 시간 안에 끝냈는지 아닌지만 알려 주었다.

훈련 프로그램을 끝내기까지 걸리는 시간은 보통 30분에서 시작해 한 시간으로 서서히 늘어났다. 빅 짐이 프로그램에 무언가를 더 추가하거나 내가 프로그램을 반복하도록 요구했기 때문이다. 어느새 나는 더 강하고 빨라졌다. 종아리는 더 단단해졌다. 어린 시절 엄마의 팔뚝에 불거진 정맥을 호기심 있게 쳐다본 적이 있었다. 엄마의 팔은 유도 선수 시절의 오랜 훈련으로 인해 여전히 근육질이었다. 이제 내 팔은 엄마의 팔처럼 보였다. 중학생 시절에 아이들이 나를 '미스 맨'이라고 부르며 놀릴 때부터 나는 내 팔을 의식했다. 어깨는 커졌고, 팔에 이두박근이 생겼다. 나는 거울로 변화된 체형을 볼 때마다 내가 미인 대회에 나가는 것이 아니라 올림픽 대회에서 메달을 따기 위해 훈련하고 있는 것임을 나 자신에게 상기시켰다.

빅 짐은 주방에서 달리기 코스에 대한 지시를 내렸다. 나는 아침마다 집 뒤편에 있는 호수 주위를 4.8km 정도 달렸지만, 코스는 매번 달랐다. 조깅만 할 때도 있고, 첫 번째 가로등까지 조깅을, 그 다음 가로등까지 전력 질주를 해야 할 때도 있었다. 또 다른 날에는 첫 번째 가로등까지 조깅을, 두 번째와 세 번째 가로등까지 전력 질주를 하거나 처음 두 개의 가로등까지 조깅을, 다음 네 개의 가로등까지 전력 질주를 해야 했다.

빅 짐은 대개 현관 앞에 앉아 밧줄로 매듭짓는 연습을 하며 내가 호수 주위를 달리는 모습을 지켜보았다. 내가 반쯤 달렸을 때 차를 타고 내 뒤를 쫓아와 내가 꾸물거리지 않도록 재촉하기도 했다. 나는 뒤돌아 그의 SUV를 발견할 때 눈알을 굴렸지만, 내가 제대로 뛰고 있는지를 확인하려는 것뿐이라고 생각하며 개의치 않으려고 했다.

달리기를 마치면 나무의 견적을 내러 다녔다. 빅 짐은 소방관이었지만, 평일에 나무 제거 작업도 겸업했다. 인근 지역을 차로 다니며 나무 제거가 필요한 사람들의 집을 차례로 방문했다. 그렇게 뉴햄프셔와 매사추세츠 주위에 있는 작은 마을을 몇 시간 돌았다. 차 안에서 빅 짐은 시가를 뻐끔뻐끔 피웠고, 나는 조수석에서 간접 흡연을 했다. 대화는 거의 없었다. 대신 빅 짐이 늘 틀어놓는, 흘러간 팝송을 들었다. 어느 한 집에 차를 대고 내린 빅 짐은 나무의 사이즈를 재고 위아래를 훑어보고 그 주위를 둘러본 다음 클립보드에 대고 무언가를 끼적인 메모를 집주인에게 건넸다.

"200달러입니다. 부인." 그가 말했다.

그런 다음 우리는 다음 집으로 향했다.

오후 세 시 무렵, 우리는 매사추세츠 쪽으로 넘어갔다. 웨이크필드에 있는 페드로의 도장으로 향하기 전에 우리는 대디 도넛에서 차를 멈추었다. 거기서 빅 짐은 그의 친구 바비를 우연히 만났다. 한때 그의 도장을 다니던 건장한 대머리 남자였다. 빅 짐은 커피 한 잔과 브랜 머핀을 주문했다. 우리는 늘 창가 쪽 테이블에 앉았다. 머핀이 테이블에 놓이면 빅 짐은 포크를 들어 반으로 나눈 다음 머핀의 바닥을 나에게 내밀었다. 나는 체중 조절을 하느라 늘 허기가 졌기 때문에 그 조그만 머핀을 먹는 것이 내 유일한 낙이었다.

우리는 오후 네 시에 도장 문을 열었다. 고급반은 몇 시간 후에 시작되기 때문에 나는 빅 짐이 청소년들을 코치하는 동안 교과서를 펴고 앉아서 공부하는 척했다.

고급반에서는 나를 포함해 모두 열 명이 훈련을 했다. 나는 내가 '폭탄테러범 양성소'라고 즐겨 부르는, 빅 짐의 집에서 벗어날 수 있어서 좋았지만, 그렇다고 내가 도장 안에서 없던 사교적 재능이 꽃피었던 것도 아니었다. 유도 선수들의 전성기는 대개 20대 중후반이기 때문에 나는 내 동료들보다 적어도 열 살 더 어렸다. 게다가 훈련할 때 잡담할 시간이 없었다. 시계가 오후 일곱 시를 가리키는 순간 빅 짐이 특유의 우렁찬 목소리로 우리에게 명령과 평가를 내렸기 때문이다.

"그게 뭐냐." 빅 짐은 내 자세가 불완전할 때마다 그렇게 소리쳤다.

"전 다만……" 나는 항변하기 시작했다.

"전 다만, 전 다만." 그는 냉소적인 어조로 내 말을 흉내 냈다.

그럴 때면 그가 증오스러웠다.

내 옆으로 다가와 크게 한숨을 쉬고 고개를 절레절레 저을 때도 있었다. 마치 나를 가망이 없는 사람인 것처럼 대했다. 하지만 아예 무시를 당하는 것보다 오히려 그편이 나았다. 내가 정말로 가능성이 없었다면 아마 대놓고 나를 무시했을 것이기 때문이다.

우리는 날마다 두 시간 동안 메치기와 자유대련(스파링) 등을 지쳐 쓰러질 때까지 연습했다. 그런데도 빅 짐은 우리에게 더 많은 것을 하도록 요구했다.

녹초가 되어 집에 돌아오면 빅 짐이 치킨과 쌀밥을 만들어 주었고, 쌀밥에는 바비큐 소스를 얹어 주었다. 그것은 정말이지 이상한 조합이었지만, 나는 아무 말도 하지 않았다. 어쨌든 하루의 긴 일과를 마치고 음식을 먹을 수 있는 그 순간이 행복했다. 우리는 저녁을 먹는 동안 대화하지 않았다. 나는 음식을 입속에 밀어 넣으며 내 처지가 한탄스럽게 느껴졌다.

고된 훈련에 몸이 지치고 욱신거려서 땀으로 흠뻑 젖은 유도복을 바닥에 아무렇게나 팽개치고 샤워를 했다. 그리고 머리카락을 말리지도 않은 채 침대에 누워 곯아떨어졌다. 다음 날도 어제와 같은 하루였다.

주말이면 빅 짐은 소방서에 일하러 갔다. 나는 차가 없었고 외출도 허용이 되지 않았기 때문에 혼자서 주말을 보내는 날이 다반사였다. 금요일 밤과 월요일 아침 사이에 나는 대화를 나눌 상대가 아무도 없었다. 그 작은 집에서 사람의 목소리가 그리울 때는 '첫 키스만 50번째'라는 영화를 계속 틀어놓기도 했다. 주방에서 음식을 뒤지며 몇 시간을 보낸 적도 있었다.

시리얼을 커피 잔에 부어서 우유 없이 먹었다. 그 마른 조각들이 마치 기니피그의 사료처럼 느껴졌다. 나는 그것을 씹으면서 내가 외계인들에게 납치당하는 상상을 했다. 그들의 애완동물로 키워져서 시리얼을 사료로 먹고 있는 것이다.

2004년 올림픽 대회에서 좋은 결과를 얻기 위해 내가 선택한 희생이었다. 지금 내 모습은 한없이 비참했지만, 실력만큼은 나날이 더 좋아지고 있었다.

'올림픽 메달을 따기가 쉽다면 내가 왜 이 고생을 하겠어.' 나는 그 말을 속으로 되뇌었다.

나는 계속 믿었다. 내 생활이 비참해질수록 더 큰 결실을 볼 수 있을 거라고. 그 생활이 너무 가혹했지만, 견뎌낼 만한 가치가 있다고 생각했다. 날마다 행복할 수는 없으니까. 내가 앞으로 나아가기 위한 과정의 일부로서 희생과 고난을 받아들이기까지는 몇 년의 세월이 걸렸다.

모두가 이기기를 원한다. 그러나 스포츠이든, 일이든, 인생이든 진정으로 성공하기 위해서는 힘든 일도 기꺼이 완수하고 도전을 극복하며 희생을 감수해야 한다. 뭐든 쉽게 얻어지는 것은 없다.

# 최악의 날에 최고가 되어야 한다

엄마는 늘 말했다. 최고가 되려면 최악의 날에도 이길 수 있을 만큼 뛰어나야 한다고.
올림픽 대회가 최악의 날에 치러질지도 모르기 때문이다.

다른 선수들보다 더 잘하는 것만으로는 부족하다. 아무도 실력을 부정할 수 없을 만큼
잘해야 한다. 심판이 언제나 유리한 판정을 내려 주지는 않는다. 승리를 부정할 수 없
도록 만들어야 한다. 최악의 날에 최고의 경기를 펼칠 수 있어야 한다.

나는 여섯 살부터 올림픽 대회에서 메달을 따는 것이 꿈이었다. 그 당시 지역 수영팀
에 있었기 때문에 50m 배영에서 이기는 상상을 했다. 연단에 서서 목에 금메달을 거
는 꿈을 꿨다. 아빠는 내가 세계 무대에서 눈부신 활약을 하게 될 거라고 말했다. 관
중의 환호 속에서 미국 국가가 경기장에 울려 퍼지는 꿈을 꾸었다. 유도를 시작했을
때는 올림픽 대회에서 유도로 메달을 따는 꿈을 꾸었다.

   나는 엄마의 허락을 받아 고양이를 키웠고, 베이징이라는 이름을 지어 주었다.
2008년 올림픽 개최 도시의 이름을 따서였다. 2004년 아테네 올림픽에 출전할 생각은
꿈도 꾸지 않았다. 주니어급에서는 정상에 있었지만 시니어급에서는 아직 상위 랭킹
에 오르지 못했고 전방십자인대 수술 후 여전히 회복 단계에 있었기 때문이다.

   그러나 부상에서 회복되고 출전한 전국 대회에서 정상에 올랐을 때, 2004년 올림픽
대회 출전이 전혀 불가능하지마는 않다는 점을 깨달았다. 올림픽 말고 더 바라는 것

은 없었다. 2004년 성인 전국대회의 63kg 체급에서 나는 랭킹 1위였던 그레이스 지비든을 다시 꺾고 다크호스에서 강력한 우승 후보로 부상했다. 갑자기 올림픽 출전 후보 명단에 내가 포함되었고, 나는 그 기회를 절대 포기하지 않았다.

모두가 나의 활약에 환호한 것은 아니었다. 39세의 그레이스는 나보다 나이가 두 배보다 더 많았고, 실은 내가 태어나기 6년 전 엄마와 같은 유도팀에 있던 선수였다. 그레이스는 십대 꼬마에게 자신의 자리를 빼앗겨서 기분이 좋지 않았을 테지만, 늘 나에게 친절했다. 그러나 나의 새 US팀 동료들 중 몇 명은 그렇지 않았다.

몇몇 올림픽 출전 후보자들은 콜로라도 스프링스에 있는 US 올림픽 트레이닝 센터에서 훈련했다. 유도팀에는 20대 중후반의 선수들이 대부분이었는데, 그들은 세계 무대에서 성공하겠다는 열정 없이 막연히 올림픽에 대한 꿈을 쫓고 있었다. 나는 그 당시 나 스스로 내 이름을 막 알리고 있는 열일곱 살 선수였다. 그들이 나를 보았을 때, 결코 자신들이 이루지 못할 무언가를 내게서 보았을 것이다. 내가 정상급 선수인 그레이스를 이겼을 때, 그들의 반응은 노골적으로 차가웠다.

미국 캘리포니아 주에 있는 새너제이에서 올림픽 대표 선수 선발 대회가 열렸다. 나는 첫 경기를 가볍게 이겼다. 준결승전과 결승전 사이에 주어진 휴식 시간에는 선수들이 여기저기 흩어져 있는 홀에서 차가운 리놀륨 바닥에 앉아 게임 보이를 하며 시간을 때웠다. 탈락되어 실망하는 선수들도 있고, 가볍게 몇 바퀴 돌며 몸을 푸는 선수들도 있었다. 코치들과 대회 관계자들은 결승전을 기다리며 서성였다. 엄마와 엄마 친구 래니는 내 옆에 서서 유도 시합에 대한 이야기를 주고받았다.

미국 올림픽 트레이닝 센터팀에서 온 젊은 여자 선수 두 명이 나를 지나치며 수근댔다. 내 이름을 들은 것 같았지만, 딱히 무슨 말인지 알아듣지는 못했다. 몇 분 후에 다시 내 옆을 지나갔고, 이번에는 대놓고 나를 째려보았다.

"쟤들 봐." 래니가 엄마에게 말했다. "론다를 불안하게 하려는 거야. 곧 그레이스와 시합인데 뭔가 응원의 말이라도 해줘야 하지 않아?"

엄마는 웃으며 나에게 손짓을 보냈다. "그럴 필요 없어. 저렇게 노려보며 지나가도 론다는 신경 안 써. 그레이스나 다른 누구도 론다를 불안하게 하지 못해. 이기면 빅짐이 초콜릿 도넛을 먹게 해줄지 그런 생각이나 하겠지."

나는 고개를 들었다. "도넛이요? 어림도 없어요."

나는 다시 게임 보이를 했다. 그리고 그레이스를 상대로 한판승을 거둬 올림픽 출전 명단에 내 이름을 올렸다.

시합이 끝나고 2개월도 안 되어 나는 그리스행 비행기에 올랐다.

대회가 있기 2주 전에 도착해서 시차에 적응하고 훈련하기 위해서였다. 팀 동료들은 아테네에 착륙하자마자 신이 나서 아크로폴리스에 갈 계획을 세우고 개막식을 설레며 기다렸다. 후원 업체들로부터 받은 선물 가방을 챙기며 들떠 보였다.

하지만 내 머릿속에서는 오로지 대회 생각뿐이었다. 나는 한밤중에 잠에서 깨서 창문 밖으로 기어 나와 선수촌 주위를 달렸다. 창문을 열고 밖으로 미끄러지듯 빠져 나올 때 내 얼굴에 미소가 번졌다. 이제부터 나의 이야기가, 나의 모험이 본격적으로 시작되고 있었다.

선수들이 모두 자고 있는 기숙사를 지나 선수촌 주위를 도는 동안 사방은 고요했다. '깨어 있는 사람은 나밖에 없어. 이 시간에 훈련하러 나온 사람은 나밖에 없어. 그건 나만큼 간절한 사람이 없어서야.' 나는 그렇게 생각했다.

시합이 다가오면서 체중을 줄여야 했다. 내 룸메이트이자 팀메이트인 니키 쿠베스는 나와 다른 문제를 가졌다. 헤비급인 그녀는 체중을 늘려야 했다. 나의 경우에는 30g이 당락을 결정하는 만큼 굶는 것이 예사였지만, 어쨌든 니키와 선수촌 식당에 같이 갔다.

그곳은 선수촌 안에서도 가장 놀랍고 즐거운 공간이었다. 그곳에 처음 간 날 나는 그만 눈이 휘둥그레졌다. 실로 다양한 사람들과 다양한 음식들로 가득했기 때문에 내가 체중 조절 문제로 먹을 수 없다는 사실에도 화가 나지 않았다.

식당은 대단히 컸다. 문이 열 개나 있는 대형 창고였다. 가운데는 굉장히 많은 테이블과 의자로 채워져서 적어도 천 명이 넘는 선수들을 수용할 수 있어 보였다. 전 세계에서 온 올림픽 선수들이 테이블에 앉아 내가 이해할 수 없는 언어로 대화를 나누고 있었다. 음식 코너는 끝없이 이어졌고, 모든 종류의 음식이 다 있었다. 중국 음식, 이태리 음식, 멕시코 음식, 이슬람 음식, 일본 음식 등. 과일 코너, 샐러드 코너, 빵 코너, 디저트 코너, 심지어 맥도날드도 있었다. 음식은 무제한으로 먹을 수 있고, 전부

무료였다.

니키와 나는 쟁반에 음식을 채워서 자리에 앉았다. 그리고 나는 니키에게 내 쟁반을 건넸다.

"자, 받아. 맛있게 먹어."

그녀의 얼굴은 죄책감과 경외감이 묘하게 뒤섞인 표정으로 일그러졌다.

"다 먹어." 나는 아무렇지 않게 말하려고 애쓰며 말했다. "피자부터 먹어. 그리고……."

"이게 뭐야?" 니키가 물었다.

"몰라. 아시아 음식 코너에서 가져왔어. 맛있어 보여서……. 김치를 얹어서 먹어봐."

니키는 포크를 들었다. 나는 갈망하는 눈빛으로 음식을 쳐다보았다. 배는 꼬르륵거렸다. 그래서 물을 벌컥벌컥 마셨다.

니키가 접시를 다 비웠을 때, 나는 자리에서 일어나 페이스트리가 놓인 접시에 손을 뻗었다.

"샐러드만 먹을래." 니키가 말했다. 텍사스 특유의 굵고 느릿한 억양은 우는 소리를 할 때 더 도드라졌다.

"뭐? 장난해? 케이크 먹어." 내가 단호하게 말했다. 니키는 내가 농담하는 건지 보려고 내 얼굴을 쳐다보았지만, 나조차 내가 빈정대고 있는 건지 아닌지 알 수 없었다.

올림픽 경기가 시작되기 며칠 전 우리는 올림픽 경기장을 방문했다. 내가 지금껏 본 경기장 중에서 가장 컸다. 바닥은 보통의 경기장보다 더 낮았고, 경기장을 둘러싼 관중석이 하늘 높이 치솟아 있었다. 나는 팀 동료들과 함께 그곳에 서 있었다. 광대한 규모에 놀라 입이 벌어졌다. 나는 승리한 선수들의 국기가 올라갈 게양대를 올려다보았다.

'바로 여기야. 난 여기서 세상을 놀라게 할 거야.' 나는 다짐했다.

나는 미국팀에서 가장 어린 유도 선수였을 뿐 아니라 아테네 올림픽에 출전한 유도 선수들 중에서도 가장 어렸다. 아무도 나에 대해 기대하지 않았다. 나는 그들의 예상이 틀렸음을 증명하고 싶었다.

늘 그렇듯이, 시합이 있기 전날 밤 갈증과 허기를 참으며 침대로 갔다.

몇 시간 후에 나는 벌떡 일어났다. 꿈이 현실처럼 생생했다. 꿈속에서 나는 어느 방에 서 있었다. 기숙사가 아닌 낯선 방이었다. 나는 반듯이 눕고 있었고, 펩시 한 병이 내 입속으로 기울어져 있었다. 병뚜껑은 열려 있었으며, 내가 손으로 잡지도 않았는데 내용물이 내 목구멍 속으로 쏟아졌다.

나는 깨면서 하지 말아야 할 짓을 한 것 같은 느낌이 들었다. 그 순간 아차 꿈이었지, 하고 깨달았다. 이윽고 허기와 갈증을 느끼며 다시 불안한 수면 속으로 표류했다.

아침에 꿈의 그림자는 사라졌다. 나는 준비가 되어 있었다. '쇼타임'이 시작되었고, 반드시 이길 각오가 되어 있었다.

나는 곧장 화장실로 갔다. 갈증 때문에 소변을 시원하게 누지 못했지만, 단 몇 g이라도 몸 밖으로 배출해야 했다. 그런 다음 체중계 위로 올라서 숨을 멈추었다. 정확히 63kg이었다. 그제야 안도의 한숨을 쉬었다.

샤워할 엄두는 나지 않았다. 행여나 젖은 머리카락이 체중에 영향을 줄지 모르기 때문이었다. 나는 운동복을 입고 가방에 물병 두 개와 바나나를 넣은 다음 물병 몇 개를 더 집었다. 신분증을 목에 걸었으면서도 그것을 제대로 챙겼는지 두 번이나 확인했다. 시계를 보니, 7시 43분이었다.

예전에는 건물 안뜰이었을 법한 비포장 길을 걸었다. 올림픽 대회를 앞두고 건물들을 짓느라 땅까지 신경 쓸 겨를이 없던 모양이었다. 공기는 따뜻했고, 햇볕은 쨍쨍 내리쬐고 있었다. 걸음걸이는 가벼웠지만 목이 마르고 땀이 났다. 수속을 마치고 건물 안으로 들어서자 선수들 몇 명이 대기하고 있었다. 우리는 기다리는 동안 서로의 존재를 모른 체했다. 나는 운동복을 벗고 브래지어와 속옷을 모두 벗은 다음 체중계로 걸어가 알몸인 상태로 그 위에 올랐다. 정확히 63kg이었다. 클립보드를 들고 있던 여자 직원이 기록을 한 다음 나에게 고개를 끄덕였다.

나는 체중계에서 가뿐히 내려와 속옷을 다시 입고 얼른 물병을 집어 단숨에 물을 들이켰다. 운동복을 입는 동안에도 또 다른 물병을 집어 죽 들이켰다. 바나나를 두 번 베어 먹고는 다시 물을 마셨고, 그런 다음 선수촌 안뜰로 다시 향했다. '온 세상 음식을 모두 맛 볼 수 있는' 선수촌 식당의 화려한 유혹은 시합이 끝날 때까지 참아야 했지만, 내가 먹어본 오트밀이 그렇게 놀라운 맛은 아니었다.

경기장으로 향하는 셔틀버스 안에서 나는 그린데이의 '웨이팅(Waiting)'을 반복해서 들으며 내 오랜 기다림도 이제 끝이 났다고 생각했다.

우리는 지하 차고에서 내려 형광등이 켜진 콘크리트 터널로 인솔되었다. 준비 운동을 할 수 있는 커다란 방이 문이 열린 채 우리를 기다리고 있었다. 바닥에는 매트가 펼쳐져 있었다.

내가 준비 운동을 하는 동안 코칭 스태프 중에 한 명이 투입되었다. 대개 전날 싸운 팀의 코치가 투입되는데, 그 사람은 엘렌 윌슨이었고 올림픽 트레이닝 센터에서 일을 해야 했기 때문에 나를 도와주러 올 수 없었다. 대신 마리사 페둘라라는 코치와 준비 운동을 했다. 나는 간단히 준비 운동을 마친 후 낮잠을 잤다. 평온한 잠이었지만 깊은 잠은 아니었다.

나는 모든 준비가 되어 있었다.

"론다 로우지." 클립보드를 손에 쥔 남자가 나를 호명했다. 나는 다음 차례였다. 나는 마리사와 함께 바구니를 들고 있는 자원 봉사자에게 걸어갔다. 내가 시합하는 동안 내 운동복과 신발을 맡아줄 사람이었다.

"안녕하세요." 나는 바구니를 든 사람에게 내 옷과 신발을 건네며 말했다. "감사합니다."

우리는 줄을 서서 기다렸다. 상대 선수인 오스트리아 출신의 클라우디아 헤일이 내 바로 옆에 서 있었다. 우리는 서로의 존재를 무시했다.

'이제 시작이야.' 나는 생각했다.

요원이 우리를 경기장으로 안내했다. 이른 시각이어서 관중석은 4분의 1만 채워져 있었지만, 응원 소리가 떠들썩했다.

"화이팅, 론다! 화이팅!" 굳이 고개를 돌리지 않아도 누구의 목소린지 알 수 있었다. 엄마와 언니 마리아였다. 아무리 크고 넓은 데에서도 우리 가족의 목소리는 너무 시끄러워서 유난히 잘 들렸다.

나는 매트 위로 올라가 허리를 굽혀 절했다. 왼발과 오른발을 두 번 쿵쿵거린 다음 가볍게 점프를 했다. 두 팔을 흔들며 몇 걸음 걸었고, 오른쪽 어깨와 왼쪽 어깨에 이어 넓적다리를 손바닥으로 때렸다. 그런 다음 상대 선수와 마주섰다. 이제 시작이었다.

나는 1라운드에서 졌다. 오심이었다. 내가 메치기로 그녀를 내려쳤지만 심판들은 아무 일도 일어나지 않은 것처럼 굴었다.

바로 내 옆에 선 심판이 내 상대 선수 방향으로 손을 드는 모습을 나는 마치 먼 거리에서 보는 것처럼 바라보았다. 나는 혼란에 빠졌다. 뭘 해야 할지 어디로 가야 할지 몰랐고, 지금 일어난 일을 어떻게 받아들여야 할지 몰랐다. '이럴 순 없어.' 세상이 거꾸로 뒤집힌 것 같았다. 나는 큰 충격에 빠졌다. 눈물을 흘리지 않으려고 애쓰며 매트에서 걸어 나왔다.

그녀도 오심이라는 걸 알았지만, 어쨌든 나를 이기고 준결승전에 올랐다. 나는 최악의 날에 최고가 될 수 있는 경기를 펼치지 못했다.

나에게는 마지막 기회가 있었다. 준결승에 진출하지 못한 선수들을 위한 패자 부활전이 기다리고 있었다. 동메달을 딸 수 있는 기회였다. 헤일은 준결승전으로, 나는 패자부활전으로 갔다. 나는 애써 정신을 가다듬었다. '포기하지 말자. 아직 끝나지 않았어.' 나는 이 말을 속으로 되뇌었다. 하지만 좌절감을 느꼈다.

나는 첫 시합에서 이겼다. 상대는 US 오픈에서 나를 이긴 영국의 사라 클라크였다. 이로써 올림픽 메달에 한 걸음 더 가까이 다가갔다. 비록 금메달은 아니었지만, 동메달은 열일곱 살 선수에게 여전히 매력적인 대상이었다. '잘할 수 있어.' 나는 계속 되뇌었다. 그러나 다음 시합에서 북한 선수 홍옥송에게 졌다. 극적으로 진 것은 아니었다. 내가 패널티를 받으면서 1점 차로 졌다. 나는 끝까지 공격을 멈추지 않았지만 시간이 부족했다. 결국에는 지고 말았다.

버저 소리에 머리가 멍해졌다. 좌절감을 주체하지 못하고 금방이라도 울면서 주저앉을 것만 같았다. 이보다 더한 고통은 없을 것 같았다. 나는 졌다. 클라우디아 헤일과의 시합에서 심판의 판정에 졌고 두 번의 시합을 더 치른 후에 영원히 돌아올 수 없게 되었다.

나는 전체 9위를 했다. US 유도팀에서 내 성적이 가장 좋았다. 하지만 그것으로는 충분치 않았다.

나는 소지품을 챙겨서 홍보지원팀 관리자에게 인솔되어 복잡한 미로 같은 통로를 빠져 나왔다. 선수들과 코치들, 카메라맨들, 보안 요원들, 현란한 파란색 폴로 셔츠를 입은 이벤트 자원봉사자들, 그밖에 여러 올림픽 관계자들을 계속 지나치며 콘크리트 계단을 향했다. 텅 비고 희미한 불빛이 비치는 계단을 오르자 발소리가 요란하게 울렸다. 우리가 두 번째 층계참에 이르렀을 때, 보안 요원이 문을 열어 주었다. 경기장 불빛에 눈이 찡그려졌다. 엄마와 마리아가 문 맞은편에 서 있었다.

엄마는 내가 정말 아플 때만 짓는 걱정스러운 표정으로 나를 바라보았다. 나는 동정을 참을 수 없었다. 차라리 실망하고 화를 냈으면 했다. 왜 더 잘하지 못했냐고 질책해 주었으면 했다. 동정은 내가 최선을 다했지만 시합에 졌다는 사실을 받아들인다는 의미였다. 나는 두 눈을 내리깔았다.

"죄송해요." 내가 말했다. 그 말이 입 밖에 나오는 순간 나는 현실로 돌아왔다. 나는 패배했다.

나는 어깨를 들썩이며 흐느꼈다. 엄마의 팔에 안겨서 그 어느 때보다 더 격렬하게 울었다. 엄마는 나를 꼭 끌어안았고, 나는 엄마의 어깨에 얼굴을 파묻었다.

"미안해할 필요 없어." 엄마가 내 머리카락을 쓰다듬으며 말했다.

"하지만 모두를 실망시켰어." 감정이 복받쳐서 목이 메었다.

"넌 날 실망시키지 않았어." 엄마가 말했다. "일진이 나빴어."

운동선수는 커리어를 쌓을 때 올림픽을 생애의 목표로 삼는다. '올림픽 선수'라는 타이틀은 영원하다. 죽는 순간까지 올림픽 선수인 것이다.

올림픽 코치는 나에게 스스로 자랑스러워해야 한다고 말했다. 팀 동료들은 나에게 축하를 보냈다. 빅 짐은 몇 가지 보완해야 할 부분을 발견했다면서 나를 격려했다. 나는 모두의 기대를 넘어섰지만, 나 자신의 기대를 넘지는 못했다. 다들 내가 올림픽에 출전하는 것만으로도 대단하다고 여겼지만, 나는 모두를 꺾고 최고의 선수가 되는 꿈을 꿨었다.

하루라도 빨리 아테네를 떠나고 싶었다. 패배의 현장에서 되도록 멀리.

그래서 올림픽이 끝나기 일주일 전 미국행 비행기에 올랐다. 엄마와 함께 떠나고 싶었지만, 아테네에 잡힌 몇 가지 일정 때문에 결국 혼자 떠나야 했다. 나는 앞좌석을 계속 노려보며 머릿속에서 패배의 순간들을 반복적으로 재생했고 내가 놓친 기회들을 곱씹어 생각했다. 그 순간들을 다시 떠올릴 때마다 패배의 고통이 새롭게 밀려왔다. 전에도 시합에서 진 적이 몇 번 있지만 이렇게 큰 패배감을 느낀 적은 없었다. 세계에서 가장 큰 대회에 출전하는 것만으로는 충분하지 않았다. 내가 그곳에 있는 이유는 단 한 가지, 오로지 이기기 위해서였다.

# 아무도
# 당신을 이길 권리는
# 없다

처음부터 우위에 있는 사람은 없다. 경기 시작과 동시에 나와 상대는 동등한 출발점에서 시작한다. 더 높은 점수를 올릴 수 있느냐는 순전히 나 자신에게 달린 것이다.

상대의 유리한 조건이 변명이 될 수는 없다. 오히려 이기기 위한 동기 부여가 되어야한다. 아무리 최상의 조건 속에서, 이를테면 최고의 환경에서 최고의 코치와 함께 훈련을 했다고 해서 혹은 올림픽 메달리스트였다고 해서 혹은 저번 경기에서 자신을 이겼다고 해서 혹은 스테로이드가 들어간 약물을 복용했다고 해서 그들이 미리부터 더 높은 점수를 받고 경기를 시작하는 것은 아니다.

승리는 순전히 자기 자신에게 달린 것이다.

올림픽 대회에 이어 가을에 열리는 2004 세계 주니어 선수권 대회는 비교적 큰 시합이었다. 나는 그 규모가 얼마나 큰지도 모르고 대회에 출전했다. 이 대회 출전자들은 전 세계 21세 미만의 선수들이었다. 주니어급과 시니어급으로 동시에 활동하는 선수는 드물었다. 순식간에 내 경쟁 상대는 올림픽 선수들에서 올림픽 유망주들로 바뀌었다.

나는 아테네 올림픽이 끝나고 약 2주 동안 아무것도 하지 않았다. 자기 연민에 빠져 방 안에 틀어박혀 있었다. 그러던 어느 날 엄마가 내 방에 들어왔다.

"언제까지 그러고 있을 거야? 이제 일어나." 엄마가 말했다. "그렇게 누워서 '난 올림픽에 떨어졌어. 난 너무 불쌍해' 그런다고 뭐가 달라져? 졌다고 슬퍼하지 마. 진 것이 분하고 화가 나야지."

엄마의 말이 맞았다. 나는 그날 저녁 훈련하러 가서 내 상대들을 있는 힘껏 내리쳤다. 아테네에서의 일은 나를 열 받게 했다. 3주 후 빅 짐에게 돌아갔을 때도 열이 받은 채였다. 두 달 후에 열린 2004 세계 주니어 선수권 대회에도 여전히 열이 받은 채로 나갔다.

빅 짐은 내 앞에서 2004년 올림픽에 대해 말하지 않았지만, 캠프 친구인 릴리 맥널티가 와서 일주일 동안 나와 함께 훈련하도록 배려해 주었다. 패배의 상처가 큰 내 마음을 그는 그런 식으로 어루만져 주려고 했다.

많은 유도 시합에서 대진은 추첨으로 결정된다. 경기 순서와 상대 선수가 추첨으로 배정되는 것이다. 그러나 1라운드에서 미국 선수 대 일본 선수의 비율이 압도적으로 많은데, 그 추첨 방식이 실제로 얼마나 '무작위'한지를 보여주는 증거이다. 어떤 선수는 대진 운이 좋아 결승전에 남들보다 더 쉽게 오르기도 한다.

많은 선수들이 대진 운이 좋기를 바란다. 1라운드에서 랭킹 1위를 만나고 싶어 하지 않는다. 그들은 힘들이지 않고 더 멀리까지 가고 싶어 한다. 겁이 나서 피하고 싶은 선수를 누가 대신 이겨 주기를 바란다. 그러나 최고가 되기 위해서는 최고를 거쳐야 한다.

"대진 운은 꿈도 꾸지 마." 엄마가 말한 적이 있다. "네가 남들한테는 나쁜 운이야. 다들 널 피하고 싶을 거야."

많은 선수들이 좋은 대진 운을 바란다. 결승전까지 더 쉽게 오르고 싶어 한다. 하지만 누구와 어떤 순서로 싸우는지는 중요치 않다. 세상에서 최고가 되려면 어쨌든 모두와 겨뤄서 이겨야 하기 때문이다.

나도 세계 주니어 선수권 대회에서 대진 운이 좋지 않았다. 하지만 그런 것은 중요하지 않았다. 나는 시합 첫날에 세 경기를 모두 한판승으로 이겨 준결승전에 진출했다. 그날 밤 저녁을 먹고 있을 때 동료에게서 USA 유도 관계자들이 부다페스트에서 성조기와 미국 국가를 구하느라 발에 땀이 나도록 돌아다녔다는 말을 들었다. 원래 각 국가 대표단은 시상식을 대비해 자국의 국기와 국가 녹음본을 가져오도록 되어 있었다. 나는 어이가 없어서 웃었다.

"진짜야. 정말 하나도 준비를 안 했대." 그가 말했다.

그들은 우리 모두가 질 거라고 예상했다. 그래서 그것들을 가져올 생각을 하지 않은 것이다.

나는 단 한 번도 금메달 없이 빈손으로 돌아갈 거라는 생각을 하지 않았다. 하지만 USA 유도는 단 한 번도 선수들이 금메달을 딸 거라고 기대하지 않았다.

러시아 선수와의 대결을 앞두고 준비하는 동안 나는 USA 유도에서 보낸 코치에 대해 의문을 품었다. 그는 실제로 내 코치가 아니었다. 국제 시합의 경우, 스포츠 협회는 대회 내내 선수들과 동행할 코칭 스태프를 임명한다. 그러나 상징적으로 존재할 뿐인 경우가 많다. 선수의 승리는 그 선수가 제대로 알지도 모르는 코치의 몇 마디 조언에 달려 있지 않다. 매트로 향하기까지 선수를 둘러싼 모든 것에 달려 있다. 나는 매번 경기가 시작되기 전에 머릿속으로 전략을 짜기 위해 USA 코칭 스태프의 멤버에게 상대 선수가 오른손잡이인지 왼손잡이인지를 물었다. 그러나 돌아오는 대답은 늘 같았다. "글쎄요. 당신한테 집중하느라 그 선수 경기를 못 봤어요."

이번에는 묻지도 않았다. 대신 릴리와 함께 바로 준비 운동에 들어갔다.

"잠시만요." 코치가 나를 보며 물었다. "왼손잡이었어요?"

입이 딱 벌어졌다.

"뭐요? 나한테 집중하느라 상대 선수가 왼손잡이인지, 오른손잡이인지 모른다고 하셨으면서 내가 왼손잡이인지도 몰랐어요?"

나는 짜증이 밀려와서 자리를 피했다. 매트 맞은편에서 상대 선수가 코치의 조언을 듣고 있었다. 그 코치는 그녀에게 자신의 왼손을 두드렸다. 아마도 내가 왼손잡이라는 사실을 알리기 위해서일 것이다. 그녀는 고개를 끄덕였다. 나는 분노를 참을 수가 없었다. 올림픽과 잃어버린 메달, 엉터리 코치 등, 분노의 대상들이 내 머리를 스쳐 지나갔다. 나는 폭발하기 일보 직전이었고, 상대 선수에게 나의 모든 분노를 퍼부을 생각이었다.

나는 매트로 걸어가서 허리 굽혀 절했다. 나의 가짜 코치가 의자에서 뭐라고 소리 쳤지만, 내 머릿속에서 그의 말을 불필요한 정보로 인식하고 처리하지 않았다.

그 러시아 선수는 공격 기회를 갖지 못했다. 나는 그녀가 당황할 정도로 거침없이 공격을 퍼부으며 계속해서 점수를 획득했다. 경기 종료 후 나는 매트를 떠났고, 나와 포옹하려고 달려온 코치를 무시했다.

결승전에서 나는 중국 선수를 4초 만에 이겼다. (오타가 아니다. 실제로 이 문장을 읽는 데 걸리는 시간보다 더 짧은 시간이었다.)

나는 한 세대에 걸쳐 최초로 미국인 주니어 월드 챔피언이 되었다. 시상식 연단에 서서 미국 국기가 올라가는 모습을 바라보았다. 뭐라고 꼭 집어 말할 수 없었지만 어쩐지 '99센트 가게'에서 급하게 구한 것처럼 조잡해 보였고, 다른 국기들보다 눈에 띄게 더 작았다. 왠지 별도 한 개가 부족해 보였다. 국가가 울려 퍼지는데 지지직거리는 잡음이 심하게 났다. 아마도 카세트 플레이어에 마이크를 대고 녹음한 것 같았다.

세계 주니어 선수권 대회가 끝나고 몇 달 후 나는 스페인으로 날아갔다. 바르셀로나 너머 해안 마을인 카스텔데펠스에서 해마다 있는 트레이닝 캠프에서 훈련하기 위해서였다. 지금까지 다녀본 트레이닝 캠프 중에서 카스텔데펠스는 내가 가장 좋아하는 캠프였다. 그곳은 경치가 아름다웠고, 어떤 경기와도 직접적인 연관이 없기 때문에 아무도 시합에 져서 실망하거나 체중 조절 문제 때문에 스트레스를 받지 않았다. 그곳은 또한 나 스스로 세계 최고가 되기 위해 세계 최고와 승부를 겨룰 수 있는 기회가 되기도 했다.

반면 우리 US 유도팀과 다른 나라 팀의 훈련 환경이 얼마나 다른지도 새삼 확인할 수 있었다. USA 유도는 카스텔데펠스에 코치 한 명만 보냈지만, 다른 나라 팀들은 선수 한 명당 코치 한 명이 배정되었다. 경쟁 선수 코치들이 자신의 선수뿐 아니라 상대 선수에 대해서도 면밀히 관찰하고 기록하는 모습을 나는 빈번하게 목격했다.

그뿐만이 아니었다. 할 수만 있다면 신체 보호 테이프와 얼음을 우리 코치와 맞바꿀 용의도 있었다. 프랑스팀에서는 물리치료사가 수십 개의 테이프 롤과 얼음이 가득한 아이스 박스를 가지고 있었다. 독일팀과 스페인팀, 캐나다팀도 마찬가지였다. US 팀만이 없었다. 내 가방 안에는 내가 직접 구입한 하얀색 테이프 롤이 달랑 하나 남아 있었고, 그마저도 거의 다 써서 다른 나라 선수에게 한 개를 부탁해야 할 판이었다.

"저거 봐. 너무 비교된다." 프랑스 선수의 다친 발목을 물리치료사가 붕대로 감는 모습을 보며 팀 동료 한 명이 한탄했다.

"우리도……" 그녀의 목소리는 이내 잦아들었지만 무슨 말을 하고 싶은지 알 것 같았다. 우리도 물리치료사가 있다면 더 잘했을 것이라는 말이 하고 싶었을 것이다.

하지만 나는 코웃음을 쳤다. '아무리 테이프와 얼음이 넘쳐나고 코치가 900명이나 돼도 날 이기진 못해.'

트레이닝은 내 인생에서 가장 많은 에너지가 소요되는 운동이었다. 오전에는 랜도리(유도에서 2명의 선수가 짝을 지어 자유롭게 스파링하는 것 – 옮긴이)를 열 번 혹은 그보다 더 많이 했다. 매번 전력을 다했기 때문에 한 세션이 끝날 때마다 매트에 실신한 사람처럼 쓰러졌다. 더 움직일 힘이 남아 있을 것 같지 않았다. 점심 식사 시간이 되면 나는 누운 상태에서 몸을 옆으로 돌려 천천히 몸을 일으켰다.

"생선이었으면……." 하지만 내 바람과 달리 베이컨과 멜론의 조합인 멜론 & 하몽이 나올 때는 빵과 치즈로 식사를 때웠다.

오후에는 랜도리를 열다섯 차례 했다. 단지 대련을 하는 것뿐이었지만 올림픽 결승전을 방불케 할 정도로 그 수준은 매우 높았다. 하루의 훈련을 마치면 우리 모두 바에 가서 상그리아를 마시며 엉터리 영어와 엉터리 스페인어로 혹은 손짓으로 대화를 나누었다.

그 주가 지나면서 날마다 더 심각하게 나를 괴롭히는 것이 하나 있었다. 그것은 바로 악취였다. 아침부터 밤까지 훈련할 때 입은 유도복을 아무도 세탁하지 않았기 때문이다. 냄새는 점점 더 심해졌다. 나를 제외하고 모두의 몸에서 땀 냄새와 흰곰팡이 냄새가 났다. 내 몸에서는 땀 냄새와 흰곰팡이 냄새 그리고 그 두 냄새를 완전히 압도하지 못한 페브리즈 냄새가 났다. 나는 캠프에서 돌아오면 빳빳한 유도복을 벗어서 페브리즈를 뿌린 다음 창 밖에 걸어두어 땀을 말렸다.

나는 무엇이든 설렁설렁하지 않았다. 다른 선수들에게 나는 꺾고 싶은 상대였다. 언젠가는 나와 시합하게 될 날이 오기 때문이었다. 나는 방심하지 않았다. 나에게 도전하고 싶은 선수들이 많다는 사실은 나에게 큰 동기 부여가 되었다. 나는 그들의 성향이 어떠하고 강점으로 작용하는 동작과 기술이 무엇인지를 틈틈이 기록했다. 대신 해줄 코치가 없었기 때문에 나는 직접 그것을 했다.

나는 영국의 코칭 스태프 한 명이 자신이 관찰한 내용과 훈련 전략 등을 적은 수첩을 꺼내는 모습을 보았다.

"백날 써봐야 소용없어요. 당신 선수는 나와 싸운 후에 날 영영 못 잊게 될 테니까." 나는 그렇게 말하고 싶었다.

트레이닝 캠프에 온 선수들 대부분은 훈련 목표를 달성하는 데에만 신경을 썼다. 하지만 나는 모든 선수에게 나에 대한 강한 인상을 남기고 싶었다. 트레이닝 캠프는 내 적수들에 대해 알 수 있는 기회였지만, 나를 위협적인 존재로 각인시키기 위한 기회이기도 했다. 나는 그들에게 겁을 주는 존재가 되고 싶었다. 그들이 "쟤 뭐야, 뭐 저런 애가 다 있어. 열다섯 번이나 날 내리치다니." 라며 황급히 날 떠나기를 바랐다. 나한테는 도저히 안 된다는 사실을 어쩔 수 없이 받아들이기를 원했다.

그들은 "그냥 훈련인데 뭐." 라고 스스로에게 말할지도 모른다. 하지만 언젠가 시합에서 나를 보게 되면, 내가 그들을 열다섯 번 내리쳤던 일을 다시 떠올리게 될 것이다.

비록 나는 내 적수들이 누린 혜택들을 받지 못했지만, 나 스스로 그들보다 더 유리한 조건을 만들어갔다.

# 도망치면
# 이길 수 없다

유도는 '무사도'라는 뜻의 일본어인 '부시도(Bushido)'에서 온 말이다. 부시도는 일본 무사들이 전쟁에서 승리하기 위한 하나의 수단이었다. 나에게 있어서 유도는 시합에 관한 것이고, 시합의 승자는 최고의 파이터가 된다.

그러나 최고의 파이터가 되기 위해 모든 것을 내걸고 싸우는 선수는 많지 않다. 그들은 그저 점수에만 집착한다. 간소한 점수 차로 앞질렀을 때 안도하며 마지막까지 잘 버티면 그만이라고 생각한다. 유도는 누가 옳고 그르냐를 따지는 싸움이 아니다. 정의를 따지는 싸움이 아니다. 누가 먼저 허점을 찾고 판을 주도하는지가 관건인 싸움이다.

나는 점수에만 매달리는 선수들을 견딜 수가 없다. 그들은 겁쟁이다. 그들에게서는 무사도 정신을 찾을 수가 없다. 높은 점수를 받았다고 경기에 안일하게 임한다면 그것은 제대로 싸우는 것이 아니다. 그들은 높은 점수를 받을 수 있다면 어떤 요령을 부려도 괜찮다고 생각한다. 하지만 진정한 파이터라면 시합에 모든 것을 걸 수 있어야 한다.

물론 이기는 것도 중요하지만, 어떻게 이기느냐가 더 중요하다. 멋지게 승리하는 것보다 영예롭게 승리하는 것이 중요하다. 나는 단지 시합을 하기 위해 거기에 있는 것이 아니라 최고의 파이터가 되기 위해 거기에 있다.


나는 2002년 시카고에 있는 한 캠프에서 딕 이티비티를 만났지만, 그에게서 깊은 인상을 받지는 못했다. (아마 이 책에서 자신이 언급되었다는 사실을 알면 만족스러워할 것이다. 그리고 이렇게 말할 것이다. "널 험담하고 다니는 남자가 있는데 누군지 알아? 바로 나야. 나, 딕 이티비티야.") 일 년 후, 상황은 바뀌었다. 나는 US 오픈에서 성공적인 데뷔식을 치렀지만 아직 무릎 수술에서 완전히 회복되지 않았다. 내가 가장 힘들었던 점은 물리적인 고통이 아니라 정신적인 불안이었다. 다시 무릎이 다칠지도 모른다는 불안감이 내 마음 깊은 곳에서 싹트고 있었다. 무릎 부상은 내가 생각만큼 천하무적이 아니라는 사실을 여실히 증명해 주었다. 부상을 입기 전까지만 해도 내 주특기는 허벅다리 걸기였다. 오른쪽 다리에 무게 중심을 옮기고 왼쪽 다리로 상대의 다리를 휘몰아치며 허벅다리를 깊숙이 후려치자마자 상대를 자신의 엉덩이 위로 들어 올려 내려치는 동작이다. 가장 효과적인 메치기 기술이었고, 동작을 견고하게 구사한다면 상대의 방어에도 끄떡이 없다. 엄마는 내가 오른쪽 다리를 조심스러워하는 걸 눈치챘다. 훈련하는 동안 몇몇 순간에 나는 그 기술을 쓰길 주저했다. 혹은 오른쪽 다리에 무게 중심을 두지 않아도 되는, 그러나 덜 효과적인 메치기 기술을 시도할 때도 있었다. 하지만 그 주저함이 승패를 좌우한다. 시상식 연단에 오르느냐 아니면 결승전에서 탈락하느냐가 결정되는 것이다. 엄마는 유도 선수 시절 동료였고 현재 캠프를 운영하고 있는 닉에게 전화를 걸어 내게서 관찰한 바를 이야기했다.

"론다한테는 아무 말도 안하겠지만, 한 주 동안 허벅다리 걸기만 천 번은 시킬게." 닉이 엄마에게 말했다. "이왕이면 다양한 사람들과 훈련하는 게 좋아. 큰 사람, 작은 사람, 나이 많은 사람, 어린 사람, 남자, 여자 등 우리 도장에 오는 모두하고 연습을 시키겠어. 끝에 가서 론다도 알게 될 거야. 애초에 무릎이 나갈 거라면 천 번 안에 나가도 나가겠지."

첫 번째 날에 나는 천천히 그리고 신중하게 그 기술을 썼고, 내 무릎은 하중을 무사히 견디었다. 세 번째 날부터는 속도를 높였다. 그 메치기 기술을 극복하고 싶었기 때문이다. 그 주가 지날 무렵에는 내가 파란색 완충 패드로 사람들을 연달아 내려칠 때마다 '쿵. 쿵. 쿵. 쿵. 쿵' 하는 소리가 대포 소리처럼 울렸다. 시카고를 떠날 무렵에 나는 새로운 차원의 자신감이 생겼다.

나는 이제 남자 선수들과도 잘 어울렸지만, 다들 날 여동생으로 대했다. 그러나 딕은 날 여동생으로 여기지 않았다. 처음에는 딕을 특별하게 생각하지 않았다. 그저 날 놀리는 것이라고만 생각했다. 그러던 어느 날 그가 나에게 키스하려고 했다. 나는 그만 온 몸이 얼어붙었다. 딕은 어색한 분위기를 웃음으로 넘기려고 했고, 그 일을 계기로 우리는 계속 연락했다.

딕은 한결같았다. 내가 시카고를 떠났을 때는 이메일과 문자를 꾸준히 보냈다. 나는 누구의 관심을 받고 있다는 사실에 기분이 우쭐해졌다.

시카고에서 돌아온 지 2주쯤 지났을 때, 엄마와 훈련하러 가는 동안 엄마가 말했다. "딕 이티비티하고 친하다던데?" 엄마는 무심히 말했지만, 나는 속아 넘어가지 않았다. 이 대화에 무심함은 없었다.

"괜찮은 애예요." 내가 어깨를 으쓱하며 말했다.

"그래? 쓰레기라던데?" 엄마가 대꾸했다.

"그건 사실이 아니에요." 내가 말했다.

엄마는 내게 회의적인 표정을 지어 보였다. "아무 여자하고나 잔다던데. 아주 헤픈 애 아니니?"

"그건 여자들이 자기한테 관심이 없으니까 질투 나서 퍼뜨린 말이에요." 나는 딕이 나에게 해명했던 말을 엄마에게 그대로 옮겼다.

엄마는 '어쩜 그렇게 멍청할 수 있니?' 라고 말하는 표정으로 나를 바라보았다.

나는 조수석에 몸을 파묻고 창밖을 내다보았다. 고속도로를 달리는 자동차 문을 열고 밖으로 몸을 던지는 편이 이 대화를 계속 이어나가는 것보다 어쩌면 더 나을지도 모른다는 생각을 했다. "론다, 이십대 남자가 왜 열여섯 살짜리 여자 아이를 따라다니겠어? 아무리 허황된 말도 곧이곧대로 믿을 만큼 순진해서야. 나는 네가 그렇게 멍청한 애라고 생각하지 않아."

"설교는 그만하면 됐어요. 엄마가 걱정하는 일은 앞으로도 안 일어날 거니까 걱정 말아요. 그러니까 이제 다른 얘기해요." 나는 화가 나서 쏘아붙였다.

"요즘 무슨 좋은 일이 있다고." 엄마가 대꾸했다.

2주 후에 나는 빅 짐과 훈련하기 위해 동부로 떠났다. 엄마의 집에 있는 동안 딕과 자주 연락하지 못했지만, 이제 더 자주 문자를 주고받기 시작했다. 그러던 어느 날,

도장에서 훈련하는데 딕이 찾아왔다.

나는 입이 쩍 벌어졌다. 가슴이 두근거렸다. 신이 나서 춤이라도 추고 싶었지만, 다들 그의 존재를 반기지 않을 게 뻔했다.

엄마는 이미 화가 난 상태였고, 빅 짐 역시 딕을 대하는 태도로 보아 딕이 페드로 가족과 모두 친한 것은 아닌 듯했다. 빅 짐은 엘리트 선수가 되겠다고 큰소리치면서도 훈련을 게을리 하는 선수들에게 관대하지 못했다. 딕은 그런 부류의 선수였다. 빅 짐은 딕을 못마땅하게 여겼고, 그런 만큼 내가 딕과 가까이 지내는 것도 못마땅해 했다. 엄마처럼 빅 짐도 딕이 내 앞에서 사라져 주기를 바랐다. 그리고 딕을 멀리하라고 나에게 충고하기도 했다.

"어리석게 굴지 마." 빅 짐이 말했다.

그러나 늘 우리를 감시할 수는 없었다. 주말에 빅 짐이 소방서로 근무하러 나간 동안에 그의 막내 아들 마이키가 바비큐 파티를 열었다.

마이키가 그릴을 작동하는 동안, 딕은 제트 스키를 작동했다. 나는 그것에 올라탔고, 곧이어 우리는 호수 한 가운데로 향하며 사람들의 시야에서 벗어났다. 딕은 운전을 멈추고 몸을 숙여 나에게 다시 키스했다. 나는 또 다시 얼어붙었다. 어색함을 느꼈지만 흥분도 되었고, 어쩐지 금단의 열매를 따먹는 것 같은 기분도 들었다.

이틀 밤이 지난 후에도 빅 짐은 여전히 근무 중이었고, 딕은 내가 술에 취했을 때 한 번 더 나와 키스했다. 나는 그날의 일이 잘 기억나지 않았지만, 이번에는 긴장하지 않았다. 그 후 딕은 시카고로 다시 떠났고, 나는 올림픽 준비에 매진했다.

그러나 우리는 계속 연락을 주고받았고, 여러 대회에서 재회했다. 우리 사이에 껄끄러운 점은 없었지만, 그래도 친밀한 관계를 드러내놓고 밝히진 않았다.

2005년 2월, 우리는 함부르크에서 열리는 오토 월드컵 대회에 출전했다. 나는 예선전에서 졌다. 상대 선수의 암바에 걸렸는데, 팔꿈치 뼈가 탈구되고 말았다. 살이 부풀어 올랐지만, 어쨌든 시합에서 이겼다. 그러나 다음 시합에서 지고 말았고, 패자부활전에서 고통을 참으며 어렵게 시합에서 이겼지만 그 다음 시합에서 지는 바람에 결국 탈락을 했다. 나는 곧장 호텔로 돌아갔고, 일찌감치 탈락된 딕 이티비티가 같이 와주었다. 좋은 생각이 아닌 건 알았지만, 시합에서 지고 팔도 다쳐서 우울했기 때문에 누군가가 옆에 있어 주길 바랐다. 우리는 두툼한 하얀색 담요가 덮인 침대에 나란히 누웠다. 바로 그때 키 카드로 문여는 소리가 들렸다.

"빌어먹――" 말을 마치기도 전에 문이 홱 열렸고, 빅 짐이 문간에서 모습을 나타냈다.

"지금 뭐하는 짓이야? 내 말을 귓등으로도 안 듣는군." 빅 짐이 소리쳤다.

그러면서 무섭게 눈을 희번덕거렸다.

딕은 당장에 일어나서 해명하려고 했지만 말을 더듬었다.

"입 닥쳐." 빅 짐이 내게서 시선을 떼지 않은 채 딕에게 외쳤다. 딕은 입을 다물었다.

"이제 끝났어. 나랑은 볼일 끝났으니까 네 엄마한테나 가봐."

뱃속이 심하게 뒤틀려 목까지 떨렸다. 빅 짐은 혐오감과 실망감이 뒤섞인 표정으로 나를 한 번 더 쳐다본 후 방을 나갔다.

시합은 끝났지만 엘리트 트레이닝 캠프 일정이 남아 있었다. 나는 그 주 내내 빅 짐과 마주쳐야 했다.

"대체 뭐가 문제야?" 한번은 훈련 도중에 빅 짐이 나에게 으르렁거렸다. 나는 팔 부상 때문에 내 팔을 잡거나 메치기하려는 상대의 공격을 쉽게 물리치지 못했다.

"팔꿈치를 다쳤어요." 내가 말했다.

"다치긴 뭘 다쳐. 약해빠져서 그렇지. 강하지 못하니까 공격을 못 막는 거야."

내가 무슨 말을 해도 도무지 들을 것 같지 않았다. 그래서 나는 그가 평소에 화가 나 있을 때면 늘 하던 대로 혀를 깨물고 더 악착같이 버텼다. 묵묵히 고통을 참아내며 끝까지 싸웠다.

그러나 그 고통은 곧 올 것에 비하면 아무것도 아니었다. 빅 짐은 엄마에게 사실을 말했다. 나는 로스앤젤레스로 가는 비행기 안에서 두려움에 내내 떨었다. 이토록 누군가를 간절히 보고 싶지 않은 적도 없었다. 나는 로스앤젤레스 공항에서 내려 도로 경계석에 섰다. 두리번거리며 엄마의 차를 찾으면서도 엄마가 오지 않기를 바랐다. 그러나 엄마는 처음으로 정시에 맞춰서 나를 태우러 왔다.

"타." 엄마는 열린 조수석 창으로 내게 말했다. 나는 마음을 다져 먹었다.

우리가 도로 경계석을 벗어나기도 전에 엄마가 말을 시작했다. "대체 왜 그랬어?"

나는 입을 열었다.

"대답하지마." 엄마는 내 말을 가로막았다. "듣고 싶지 않아. 그렇게 어이없고 이해
안 되는 짓을 해놓고 변명할 생각마."

엄마는 언성을 높였지만 소리치지 않았다.

이럴 때는 침묵밖에 방법이 없었다. 나는 내 손을 물끄러미 내려다보며 눈물을 참
았다.

엄마는 우회전해서 세풀베다 대로로 향했다. 차가 막히지 않아서 그나마 다행이었
다. 차가 막혔으면 이 순간이 더 끔찍했을 것이다.

"딕 이티비티가 뭔데?" 엄마는 못 믿겠다는 듯이 물었다. "코치하고의 관계를 엉망
으로 만들고 우리 약속은 어기며 만날 정도로 그렇게 대단한 애야? 그만 좀 해. 걔는
누구하고도 잘 애야. 쓰레기 같은 애라고."

목덜미가 후끈 달아올랐다. 숨을 쉴 수가 없었다. 차창을 내렸지만, 신선한 공기가
어떤 차이도 만들지는 못했다. 시차로 피곤했다. 배가 고팠다. 팔꿈치는 욱신거렸다.
코치는 나를 내쳤다. 나는 베이지색 패브릭 머리 받침대에 머리를 기댔다.

"철 좀 들어. 너도 다 컸어. 이제 열여덟 살이잖니. 아직도 철부지처럼 굴지만 이제
너도 어른이야. 정신 차려. 올림픽은 끝났어. 기대도 많이 했고, 너도 많은 경험을 했
을 거야. 하지만 이제 1년 정도 정신 차려서 고등학교를 마치고 직업도 구하고 집세도
내야지. 진짜 어른이 될 시간이야. 진짜 어른의 세상이 얼마나 가혹한지 똑똑히 보게
될 거다."

나는 자동차 앞 유리를 노려보았다. 여기가 아닌 다른 어딘가로 사라져 버렸으면
싶었다. 하지만 갈 데도 없고 뭘 해야 할지도 몰랐다. 다만 집세를 내게 된다면 엄마
집에서 살진 않을 것이라는 점은 분명했다.

공항에서 집까지는 차로 20분도 안 되는 거리였고, 차가 집 앞에서 멈추는 순간이
그렇게 기쁜 적도 없었다. 엄마가 차를 주차하자마자 나는 차문을 벌컥 열고 집안으
로 쏜살같이 들어가 계단을 쿵쾅거리며 올라갔다. 줄리아와 함께 쓰는 침실 안으로
들어가 문을 쾅 닫고는 이층 침대의 아래층으로 몸을 던졌다. 내가 벽면에 그린 해저
속 바다사자가 나를 빤히 쳐다보고 있었다.

  나는 빅 짐의 집에서 쫓겨난 사실 때문에 엄청난 충격을 받았다. 딕과 한 침대에 누워 있는 모습을 빅 짐에게 들킨 것 때문에 굴욕감을 느꼈다. 엄마와 빅 짐을 실망시켜서 마음이 무거웠다. 내 사생활을 간섭하고 내가 혼자서 아무 결정도 못 내리는 사람처럼 대하는 것이 화가 났다.

  나는 이층 침대 바닥을 올려다보며 미친 듯이 울었다.

  나는 태어나서 처음 몇 년 동안 언어 장애 때문에 의사소통을 제대로 할 수 없었다. 십 년하고 반년이 지난 지금에 이르러서는 내가 하고 싶은 말을 제대로 하지 못해서 애를 먹었다. 엄마와 빅 짐에게 어떻게 말해야 좋을지 몰랐다. 내가 무슨 말을 하려고 하면 이내 나를 묵살하는 것처럼 느껴졌다. 나는 논쟁할 때 내 의견을 내세울 만한 자신감이 없었다. 내 의견이 존중받지 못할 거라는 생각이 내 잠재의식 속에 깔려 있었지만, 나 스스로 올바른 결정을 내릴 수 있을 만큼 충분한 경험을 한 것도 아니었다. 실은 단지 딕 이티비티에 관한 문제만이 아니었다. 딕은 내가 지난 몇 년 동안 내 안에서 끓어오르고 있던 어떤 것의 기폭제였다. 그동안 내 삶은 내 통제 밖에 있었다. 그런 생각이 서서히 그러나 강하게 나를 압도하고 있었다. 아무 출구 없이 물이 차오르는 방 안에 서 있는 기분이었다.

  나는 내 인생을 책임질 필요가 있었다. 나도 몇 가지 것쯤은 알고 있고, 엄마와 코치들도 때로는 내 말을 들어야 한다는 점을 입증해 보이고 싶었다. 그러나 엄마와 거실에 마주보고 앉아서 실질적인 대화를 나누기보다 한밤중에 집을 나와 어딘가로 떠나버리는 편이 더 쉬울 것 같았다.

  나는 '대망의' 탈출 계획을 세우기 시작했다. 아빠가 죽은 후로 나는 사회보장 혜택을 받고 있었다. 내가 열여덟 살이 되거나 고등학교를 졸업할 때까지, 어느 쪽이 먼저가 되었든 간에 혜택은 계속될 것이다. 지금 나는 통신 수업을 받고 있기 때문에 여전히 고등학교 신분이었다. 그리고 2주 전에 열여덟 살이 되었기 때문에 수표가 내 이름으로 지급되고 있었다. 나는 은행에 가서 내 계좌를 만들고 수표를 즉시 예금했다.

  충분히 돈이 모이자 나는 북부 뉴욕주행 비행기 티켓을 구입했다. 친구 릴리의 집에서 그녀의 가족과 머물며 짐 허백의 도장에서 훈련할 계획이었다. 허백은 엄마가 선수 시절이었을 때에 미국 최고의 코치들 중 한 사람이었다. 나는 그저 그들에게 불편을 끼치지 않기만을 바랐다. 엄마가 내 계획을 알면 위험해지기 때문에 나는 릴리 말고 다른 사람에게 아무 말도 하지 않았다.

엄마의 분노는 조금씩 가라앉았다.

내가 집에 돌아오고 2주가 지났을 무렵부터 그리고 내가 떠나기 일주일 전도 안 된 시점에서는 더 이상 내게 화를 내지 않았다.

"산책할까?" 엄마가 제안했다.

"네." 나는 엄마가 소리치지 않아서 기뻤다.

우리는 내가 학교 수업을 빼먹고 발을 다친 날에 간 그 쇼핑 구역까지 여섯 블록을 걸었다. 엄마는 아르마니 익스체인지 매장에 가보자고 했다. 그리고 나를 위해 하얀색 가죽 재킷을 골랐다.

"네가 좋아하는 스타일이지?" 엄마가 말했다.

정말로 내 마음에 쏙 드는 재킷이었다.

"한 번 입어봐." 엄마가 재촉했다.

나는 입어 보았다. 나한테 잘 어울리는 옷이었다. 그 순간 기분이 날아갈 것 같았다.

"사줄게." 엄마가 말했다.

나는 가격표를 보았다.

"너무 비싸요."

그때 엄마가 나를 포옹했다.

"넌 이 옷을 입을 만한 가치가 있어. 그리고 네 생일 때 빅 짐의 집에 있어서 선물도 못 줬잖아."

엄마는 직원에게 재킷을 내밀었다. 직원은 재킷을 박엽지에 싸서 쇼핑백에 넣었다. 나는 코끝이 찡해졌고, 마음이 흔들리기 시작했다. 하지만 엄마가 날 이해해주지 못한다는 사실을 머릿속에서 되새겼다. 나는 내 삶을 스스로 통제하고 싶었다. 엄마와 빅 짐에게 내가 내 삶을 통제할 수 있다는 걸 보여 주고 싶었다. 나는 떠나야 했다. 그래서 엄마가 여전히 나에게 화를 냈으면 싶었다. 그래야 떠나기 더 쉬울 테니까.

떠나기 전날 밤에 나는 가족이 모두 잠들 때까지 기다렸다. 가방을 싸는 내내 무슨 소리라도 들릴라치면 화들짝 놀라기 일쑤였다. 그러고는 침대에 앉아 조용히 때를 기다렸다. 새벽 4시 55분이 되었을 때 나는 살금살금 방을 기어 나와 계단을 내려갔다. 그리고 내가 오랜 고민 끝에 내린 결정을 이해해 달라는 내용의 편지를 엄마에게 남기고 조용히 현관 밖으로 걸어 나갔다.

바깥 세상은 조용했다. 해는 아직 뜨지 않았고 공기는 차가웠고 몇 블록 떨어진 곳에 바다가 있어서 습했다. 가방에서 새 재킷을 꺼내고 싶었지만 걸음을 차마 멈출 수가 없었다. 나는 네이비 블루색인 2004 올림픽팀 더플백을 어깨에 메고, 검은색 더플백을 손에 든 채였다. 잠깐 뒤돌아보는 것만으로도 엄마를 깨울 것 같아서 오로지 앞만 보며 걸었다.

가방을 들고 네 블록을 걸어 버스 정류장 앞 의자에 앉았지만, 버스는 새벽에 다니지 않기 때문에 결국 택시를 불렀다. 몇 분 후에 노란색 택시가 내 앞에 섰다. 택시가 공항을 향해 달리는 동안 나는 안도감과 해방감을 동시에 느낄 줄 알았다.

그러나 나는 전혀 의기양양하지 않았다. 오히려 나 자신이 겁쟁이처럼 느껴졌다. 나는 도망을 쳤다. 경기에서 이겼을지 몰라도 그것은 오로지 점수에만 집착해서 얻은 결과였다. 나는 내 모든 것을 내걸고 영예롭게 싸우지 못했다.

# 결정은
# 스스로 내려라

코치가 옆에서 늘 완벽하게 챙겨주는 동료가 있었다. 그녀는 코치의 지시를 잘 따랐다. 문제는 그녀가 코치의 지시대로만 했고, 코치가 주는 정보에만 의존했다는 것이다.

엄마는 시합이 있을 때마다 일부러 나를 코치 없이 보냈다. 그래서 나 혼자 전략을 짜야 했다. 나쁜 점수를 받아도 원인을 분석해줄 사람이 없었다. 판정에 오류가 있어도 강력하게 항의해줄 사람이 없었다. 나는 더 분발하고, 또 분발해야 했다. 만약 내가 안 좋은 상황에 처하면 나 스스로 문제를 해결하기 위해 고민하고 방법을 모색해야 했다.

나는 로스앤젤레스를 떠나는 계획을 신중히 세웠지만, 그 다음은 깊이 생각하지 않았다. 내가 릴리의 집 현관에 나타났을 때 릴리의 부모는 놀라는 기색이 역력했다. 그러나 내가 집에 머물도록 허락해 주었다. 그래서 나는 더플백 두 개를 끌고 릴리의 방으로 올라갔다. 나는 처음 며칠 동안 릴리 앞에서 엄마와 빅 짐의 부당한 처사에 대해 하소연을 늘어놓았다. 나를 불공평하게 대하고 먹는 것부터 훈련하는 것까지 일일이 간섭하고 내가 맺는 관계를 의심하고 내 생각 따위는 안중에도 없고 나를 마냥 아이처럼 보는 것이 얼마나 부당한지를 떠들어댔다. 이야기를 하면 할수록 더 화가 났다. 나는 아이가 아니었다. 나는 엄연히 미국 정부에서 인정해 준 어른이었다. 그리고 이래봬도 나는 올림픽 선수였다! 릴리는 흥분해서 떠드는 내 말을 다 들어 주었다. 우리는 밤늦게까지 안 자고 침대에 누워 수다를 떨거나 로맨틱 코미디를 보다가 은밀한 농담을 주고받으며 낄낄댔다.

릴리는 시에나 대학에 다녔는데, 수업이 있는 날에는 릴리를 따라 캠퍼스에 갔다. 나는 구내 서점에서 시에나 대학 로고가 찍힌 후드티를 사 입은 뒤 체육관에 갔다. 사람들은 날 학생이라고 생각하고 내가 들어가는 걸 막지 않았다. 그래서 나는 릴리가 수업을 듣는 동안 체육관에서 운동을 했다. 그리고 일립티컬 머신을 타면서 그동안 얼마나 스스로 통제하지 못한 삶을 살아 왔는지를, 어째서 내가 집을 떠나 이곳에 오게 되었는지를 생각했다. 집으로 돌아간다면 내가 떠난 이유가 딕과의 문제 때문만이 아니라는 점을 어떻게 증명할 수 있을지, 내가 여기서 어디로 가게 될지도 생각했다. 하지만 어떤 대답도 구하지 못했다.

내가 뉴욕에 온 지 3주가 되던 목요일에 나는 릴리의 차를 타고 함께 훈련하러 가고 있었다. 그때 마리나 사피르가 오늘 못 갈 것 같다는 전화를 주었다. 마리나는 그녀의 체급에서 상위 랭킹에 속해 있었고, 릴리와 함께 내가 진심으로 좋아하는 몇 안 되는 선수였다. 엘리트 선수들 중에는 드물게도 스포츠계의 정치에는 관심이 없었다. 도장까지 반 정도 왔을 때, 또 다른 선수인 니나한테서 못 간다는 전화를 받았다.

"다들 안 간다는데 가도 재미없겠다." 릴리가 말했다.

"그냥 가지 말까."

"그럼 뭐 하고 싶은 거 있어?" 릴리가 물었다.

나는 차창 밖으로 친근한 오렌지색과 분홍색 간판을 내다보았다.

"던킨 도너츠 가자." 내가 제안했다.

자동차 바퀴가 끼익거리는 동시에 릴리가 급하게 우회전을 했고 곧이어 한산한 주차장에 차를 댔다.

"먼치킨 48개요." 내가 주문을 했다.

"무슨 종류로 드릴까요?" 그가 진열창을 가리키며 물었다. 나는 무슨 중요한 결정을 내리기라도 하듯 잠깐 멈칫했다.

"골고루 다요." 내가 대답했다.

"모든 종류로 섞어서 드릴까요?" 그가 물었다.

나는 릴리를 바라보았다. 릴리가 어깨를 으쓱했다.

"초콜릿 우유 두 개도요." 나는 카운터 옆 냉장고에서 초콜릿 우유 두 개를 집으며 말했다.

점원은 금전 등록기에 상품을 입력한 다음 나에게 손잡이 달린 판지 상자 두 개를 건넸다. 릴리와 나는 테이블에 자리를 잡고 앉아 각자 상자 하나를 열었다.

나는 도넛을 하나 입 안에 넣었다. 말랑하고 맛있었다. 갑자기 웃음이 났다. 릴리는 마치 내가 던진 농담을 이해하지 못한 것처럼 나를 빤히 바라보았다.

점원이 바닥을 대걸레로 닦으며 주위를 맴도는 사이에 이렇게 도넛을 먹고 있는 지금 이 순간 나는 그 동안 내가 찾고 있던 자유를 찾은 기분이었다. 태어나서 처음으로 내 삶을 나 스스로 통제하고 있는 것처럼 느껴졌다.

나는 더 분발하고 싶었다. 아마도 도넛에 잔뜩 입혀진 설탕이 혈류를 타고 내 몸속으로 퍼져서일까.

나는 유도가 좋았다. 유도가 좋아서 유도를 하고 싶었다. 나 자신을 위해 유도가 하고 싶었다. 그런 깨달음이 퍼뜩 왔다. 오랫동안 잊고 있던 감정이었다.

다음 날, 나는 훈련하러 갔다. 내가 정말 원해서 간 것이었고, 그 어느 때보다 더 열심히 훈련했다.

나는 더 많이 훈련하고 싶었다. 그래서 허백의 도장 외에도 그 지역 내에서 꽤 좋은 평을 받고 있는 제이슨 모리스의 도장에서도 훈련을 하기 시작했다. 제이슨은 1992년 올림픽 대회에서 은메달을 땄고, US 국가대표팀 코칭 스태프에 속해 있었다. 그리고 도장을 열어 올림픽 유망주들이 거주하면서 훈련할 수 있게 했다. 적어도 그 부모들에게는 그렇게 홍보되고 있었다.

사실 도장은 그의 집 지하에 있었다. 공간이 협소해서 모두가 매트에 서면 서로 부딪치기 일쑤였고, 벽에 부딪치지 않게 조심해야 했다. 그래도 훈련 프로그램은 나쁘지 않은 수준이었다.

짐 허백은 제이슨이 선수 시절 그의 코치였다. 제이슨이 선수로서 기량을 갈고 닦을 수 있게 도왔지만, 그의 성공 후에 둘의 사이는 멀어졌다.

어느 날 훈련을 마치고 짐이 나를 따로 불렀다. "제이슨의 도장을 다닌다던데? 그거야 네 자유지만, 거기서 계속 훈련할 거면 여기선 안 돼."

그것은 일종의 최후통첩이었다. 나는 보통 최후통첩에 잘 반응하지 않았다.

"알겠어요." 다른 말은 하지 않았지만, '내가 어디서 훈련하든 그건 내 마음이야'라는 생각이 앞섰다.

나는 훈련을 마쳤다.

나는 제이슨에게 짐이 한 말을 그대로 전했다.

"난 아무 말도 하지 않겠다." 제이슨이 말했다.

이틀 후 내가 제이슨의 도장에서 훈련하고 있을 때 릴리가 나를 찾아왔다. 얼굴이 어두워 보였다.

"왜?" 내가 물었다.

릴리는 자신의 컨버스화를 내려다보았다.

"도장 문제도 있고, 모든 게 다……. 짐과 오래 있었잖아." 그녀는 유감이 섞인 목소리로 말했다.

"차에 네 가방 있어."

"날 내쫓는 거야?"

"우리는 네가 이렇게 오래 있을지 몰랐어. 그리고 엄마가……" 릴리는 말을 흐렸다.

"알겠어."

나는 릴리의 차에서 내 짐을 꺼내 제이슨의 도장으로 가져왔다. 나는 사방을 두리번거렸다. 내가 갈 데도 없고 무얼 해야 할지도 몰랐다.

# 주변인들이
# 곧 내 삶의 현실이다

작은 세상에 갇혔을 때 그곳이 세상의 전부라는 착각에 빠지기 쉽다. 그러나 일단 그곳에서 벗어나면 이제껏 세상의 중심이라고 믿었던 것들은 아무것도 아닌 게 된다. 더 크고 더 나은 세상이 존재한다는 사실을 깨닫게 된다.

릴리가 차를 몰고 사라진 후 나는 내 가방을 끌고 제이슨의 집으로 갔다.

그곳은 3층짜리 집이었다. 3층에는 제이슨 부부가 살았다. 2층에는 두 개의 침실이 있고 각 방에 선수 두세 명이 지냈다. 거실에서 잠을 자는 사람도 두세 명이 더 있었다. 지하는 유도장이었다.

신참인 나에게는 거실이 할당되었다. 밤에는 거실 바닥에 이불을 깔고 잤다.

제이슨은 자신의 도장을 엘리트 트레이닝 센터라고 홍보했다. 여기서 훈련할 수 있는 자격 요건은 높은 잠재력(선택 사항)과 돈 많은 부모(의무 사항)였다. 룸메이트들은 실력이 나쁘지 않아도 엘리트 선수라고 보기에는 어딘가 부족함이 있었다. 다들 올림픽에 나가고 싶어 했지만, 놀러 다니고 마시고 섹스하는 것만큼 원하지 않는 것 같았다. 내가 보기에 그들은 단순히 도장을 이용하는 사람들이었다. 서로가 서로를 이용하는 것처럼 보였다. 제이슨과 나 역시 서로를 이용하고 있었다. 나는 국제 대회에서 여러 번 우승한 경력이 있기 때문에 내가 그의 도장에서 훈련한다는 사실은 큰 홍보 효과가 되었고, 반대로 나는 훈련하면서 거주할 수 있는 공간을 확보할 수 있었다.

그렇지만 나는 무임 승차자가 아니었다. 그 당시 뉴욕 스포츠클럽에서 작은 액수의 지원금을 받고 있었고, USA 유도에서도 더 작은 액수의 지원금이 나오고 있었다.

우리에게 오는 모든 우편물은 먼저 제이슨을 한 번 거쳤다. 그는 편지 개봉용 은칼을 가지고 있었다. 그 칼로 그의 집에 온 모든 우편물을 개봉했다.

"내가 이러는 건 이 봉투들을 차곡차곡 쌓아서 한꺼번에 버리려는 거야." 제이슨은 설명했다. "아무렇게나 막 뜯으면 납작하게 해서 포갤 수가 없어."

아침마다 우리는 서로 먼저 편지를 받기 위해 앞 다퉈 우편함으로 달려갔다. 그러나 제이슨이 늘 빨랐다. 게다가 내게 온 수표 일부를 내 하숙비와 기타 비용 명목으로 챙겼다. USA 유도와 뉴욕 스포츠 클럽에서 보내온 수표들 중 각각 한 장을 빼서 자기 지갑에 넣은 것이다. 그래서 실제로 얼마의 수표가 오고 있는지, 거기서 얼마의 비용이 빠져 나가는지를 전혀 몰랐다. 그의 말을 믿을 수밖에 없었다.

더 심각하게는 제이슨의 도장에서 실력이 느는 것 같지 않았다. 제이슨은 모든 선수가 자기처럼 싸우기를 원했다. 그것이 그의 코칭 전략이었다. 그는 입식 기술을 매트워크보다 강조했다. 그에게는 힘보다 타이밍이 먼저였다. 반면 나는 매트워크에 재능이 있었고, 매트 위에서 내 힘을 자산으로 이용했다. 나는 두 접근법 사이에서 하나의 균형을 찾으려고 노력했지만, 제이슨의 스타일은 내 신체 유형과 내 성격에도 맞지 않았다.

빅 짐의 도장에서는 내 의견이 묵살되었지만, 제이슨의 도장에서는 묵살되는 것으로 끝나지 않고 비웃음을 샀다. 제이슨은 나를 멍청이처럼 대했다.

"지금 뭐하는 거야?" 훈련 도중에 제이슨이 나에게 외쳤다.

나는 하던 동작을 멈추었다. 허리껴치기는 허리 기술을 이용한 메치기로, 비교적 기본적인 동작이었다. 나는 왼손잡이였기 때문에 오른손잡이 선수와 대결할 때 이 기술은 꽤 효과적이었다.

"허리껴치기요." 내가 대답했다.

"아아 허리이껴치기." 제이슨이 거들먹거리며 말했다. 그는 높고 경쾌한 목소리에 조커 같은 미소를 지으며 두 손을 허공에 내젓기 시작했다. "또 해. 또 하고 또 해. 하루 종일 그것만 해라."

다른 선수들이 비웃었다.

'재수 없는 것들.' 나는 하루 종일 메치기 기술을 반복했다.

제이슨의 도장에서 나는 외톨이었고, 그 어느 때보다 외로움이 컸다. 3개월 전 집을 떠난 이후 엄마와는 한 번도 연락하지 않았다. 딕 이티비티와는 자주 연락했지만, 그는 1,500km가 넘는 거리에 있었다. 릴리하고는 그녀의 부모가 나를 내쫓은 뒤로 껄끄러운 사이가 되었다. 제이슨의 도장에서 이름이 비인 여자 선수가 처음부터 나에게 친절했지만, 그렇다 해도 그녀가 릴리는 아니었다.

하우스 메이트들과는 나쁜 관계가 아니었지만 정이 오가는 사이도 아니었다. 그들과 썩 잘 어울린 것은 아니었다. 나는 그들보다 더 어렸고 실력이 더 좋았으며 훈련에 더 열심이었다. 내가 더 잘할수록 그들이 얼마나 부족한지가 여실히 드러났다. 나를 환영하지 않는 도장의 수가 빠르게 늘어나고 있었다. 페드로의 도장과 허백의 도장에 이어 제이슨의 도장까지도 그런 것 같았다.

5월에 딕은 제이슨의 도장에서 훈련하기 위해 시카고에서 뉴욕으로 이사를 왔다. 우리는 도장 근처에 있는 고등학교 체육관 안에서 한창 매트를 깔고 있었다. 제이슨의 이름을 따서 '모리스 컵'이라고 지은 경기가 해마다 열리는데 그 경기를 준비하기 위해서였다. 그때 딕이 안으로 걸어 들어왔다. 딕을 보자마자 크게 안심이 되었다. 나도 모르게 얼굴에 웃음이 퍼졌다. 두 뺨은 발그레해졌다.

그날부터 딕은 나와 함께 거실 바닥에서 잠을 잤다. 특유의 친화력으로 낯선 환경에 금방 적응했고, 어느새 그 집에 머무는 다른 선수들과 나 사이의 다리 역할을 했다.

딕과 같이 지낸 지 한 달쯤 지났을 때 나는 산아 제한을 위해 미국 가족계획 연맹을 방문했다. 며칠 후 전화가 왔다.

"결과가 안 좋아요." 간호사가 말했다.

나는 얼굴이 뜨거워졌다.

"성병에 걸렸다는 말씀이세요?" 내가 물었다. 놀라서 말이 제대로 나오지 않았다.

"다른 증상일 수도 있어요."

"성병이나 다른 증상이요?"

"재검사 받으러 오세요."

"네." 약속 날짜와 시간을 받아 적는 내 손이 떨렸다.

나는 전화를 끊고 다른 방으로 쏜살같이 뛰어갔다. 딕은 소파에 앉아 있었다.

"어떤 년하고 잤어?" 내가 소리쳤다. 딕은 두 눈으로 내가 온몸으로 느끼는 끔찍한 두려움을 확인하며 얼어붙은 얼굴이 되었다. 분노가 밀려왔다. 모든 근육이 경직되었다.

"어, 어, 어." 그가 말을 더듬었다.

"너. 어떤 년하고. 잤어?"

"딱 한번이야. 미안해. 별 거 아니었어. 몇 달 전 일이야. 여기 오고는 한 번도 안 그랬어. 정말 미안해." 그가 숨을 헐떡이기 시작했다.

"너 어떤 년하고 잤어?" 내 목소리는 차가웠다.

"정말 미안해. 미안해. 아, 내가 왜 그랬지. 날 죽이고 싶어. 난 정말 널 사랑해."

말을 다시 반복할 기운이 없었다.

"어떤 년이야?" 내 목소리는 거의 속삭임에 가까웠다.

"비." 딕이 대답했다.

목이 바짝 말랐다. 얼굴이 화끈거렸다. 분노는 당황스러움과 뒤섞였다.

"다들 알아?" 내가 물었다.

딕이 고개를 끄덕였다.

나는 방을 나가 정원에 섰다. 이 집에 다시는 들어가고 싶지 않았다. 하지만 아무데도 갈 데가 없었다. 나는 모든 다리를 불태우고 섬에 갇힌 신세가 되었다.

딕은 며칠 내내 나에게 용서를 빌었다. 별다른 선택이 없어 보였다. 딕 말고 내가 가까이할 수 있는 상대는 없었다. 곧 우리는 아무 일도 없었던 것처럼 다시 거실 바닥에서 같이 잤다. 그러나 예전 같지는 않았다. 이제 그가 좋은 사람이 아니라는 사실을 알고, 그런데도 나는 나 자신을 속이고 있었다.

일주일 후 재검사를 한 뒤 검사 결과를 간호사에게 물었다.

"이번에는 정상으로 나왔어요. 가끔씩 재검사를 하면 정상으로 나오더라고요."

나는 안도의 한숨을 내쉬었다. 최악의 상황은 면했지만 그렇다고 내 삶이 더 좋아진 것은 전혀 아니었다.

제이슨의 집에서 벗어날 수 있는 유일한 기회는 시합이나 트레이닝 캠프에 참가할 때였다. 나는 전미 선수권 대회, 팬암 선수권 대회, 랑데부 그리고 US 오픈에서 우승했지만, 이겼다고 해서 행복하지는 않았다. 더구나 이집트 카이로에서 열린 2005 세계 선수권 대회에서 나하고 실력이 비교도 되지 않는 이스라엘 선수에게 졌을 때는 최악의 기분을 느꼈다.

그런 상황에서 나는 체중을 조절하느라 애를 먹고 있었다. 나는 내 체급에서 세계 정상의 위치에 오르고 있었지만, 열여섯 살에 시니어 급으로 데뷔한 이후 키가 5cm 더 자랐기 때문에 63kg을 유지하는 일이 더 힘들어졌다.

그러던 어느 날 딕 옆에서 누워 있는데 세 번째 룸메이트가 근처 소파 위에서 몸을 뻗고 누워 있었다. 그의 다리가 옆에서 달랑거리며 나를 쳤다. 나는 다른 여자와 바람을 피운 남자와 같이 자고 있었다. 그 사실을 나빼고 모두가 알고 있었다. 나랑은 전혀 맞지 않는 코치 밑에서 훈련을 했고, 늘 굶주렸고, 실력은 여전히 나아지지 않았다.

'내가 여기서 뭐하는 거지.' 나는 나 자신에게 소리쳤다.

다음 날 나는 엄마에게 전화를 걸었다.

"여보세요?" 엄마의 친근한 목소리가 들리자 울고 싶어졌다. 지난 8개월 동안 엄마에게 연락하고 싶었던 순간들이 너무도 많았다.

"엄마." 나는 짐짓 무심하게 말했다. "오랜만이에요."

"그래, 바쁜 모양이더라." 엄마가 말했다.

엄마는 정보통을 통해 나의 행보를 줄곧 쫓고 있었다. 딕이 바람을 피운 사실도 알고 있었다. 앞으로 그 사실을 빌미로 잔소리를 꽤나 퍼부을 것이다.

"곧 명절이잖아요." 내가 말했다. "온타리오 오픈이 추수감사절 다음날에 열려요. 아마도 그 후에 집에 갈 수 있을 거예요."

"언제든 우린 환영이야." 엄마가 말했다. 진심으로 하는 말인지는 모르겠지만, 안도감이 느껴졌다. 얼마나 집을 그리워했는지 그 동안 나는 미처 깨닫지 못했다.

몇 주 후, 나는 온타리오 오픈에서 우승했고, 이어서 로스앤젤레스행 비행기에 올랐다. 엄마가 나를 마중 나왔다. 엄마는 나를 보고 기뻐할 줄 알았는데, 내가 못마땅하다는 듯 이맛살을 찌푸렸다.

"데리러 와줘서 고마워요." 내가 말했다.

"마리아는 일 때문에 야간 비행 편으로 돌아갔어. 제니퍼는 수업이 있어서 오늘밤 샌프란시스코로 돌아가. 그래서 난 또 이따 공항에 와야 해."

"다행히 차는 많이 없네요." 나는 어색한 분위기를 피하려고 말했다.

"네가 그 새벽에 집을 나와 공항으로 도망쳤을 때보다야 많지. 뭐 그래도 이 정도면야."

"저도 마음이 좋진 않았어요. 하지만 그땐 그럴 수밖에 없었어요."

"그래서 모든 게 만사형통이지." 엄마가 빈정거리듯 대꾸했다. "깨보니까 넌 사라지고 없고, 내가 얼마나 놀랐는지 알아? 어떻게 그렇게 떠나? 나와 언니들, 동생, 고양이를 모두 버리고."

"베이징은 어쨌든 날 안 좋아했는데요, 뭐." 나는 농담 삼아 말했다.

"자길 버릴 줄 미리 알았나 보지." 엄마가 주저 없이 받아쳤다.

집에 도착하자 나는 더플백 두 개를 끌고 현관 앞으로 걸어갔다. "나 왔어." 나는 현관을 열며 유쾌한 목소리로 말했다.

침묵.

막내 줄리아가 집에 있었으면 하고 바랐다. 모두가 나에게 화를 내도 일곱 살인 줄리아만은 나를 보면 기뻐할 것 같았다.

거실에서 제니퍼가 짐을 싸고 있었다. 제니퍼는 동작을 멈추고 나를 노려보았다.

"내 셔츠 입었네. 벗어." 언니가 차갑게 말했다.

"언니 잘 지냈어?" 나는 억지로 웃으며 말했다.

"얼른 벗어."

"꼭 그렇게 정 떨어지게 굴어야 해?"

"야, 그래도 난 성병은 안 걸렸어!" 제니퍼가 쏘아붙였다. 검사 결과가 우리 집 주소로 온 모양이었고, 제니퍼는 자기 나름대로 그렇게 결론을 내린 것이었다. 언니의 우쭐해하는 표정을 보고 한순간에 폭발해 버렸다.

"나 성병 안 걸렸어!" 내가 소리를 질렀다.

제니퍼는 주방에 있는 막다른 곳으로 달려갔다. 도망칠 만한 데가 거기밖에 없어서였다. 내가 뒤를 쫓아갔다. 제니퍼가 비명을 질렀다. 그때 엄마가 문을 열고 들어왔고, 나를 뒤에서 잡아 제니퍼가 주방에서 빠져 나갈 공간을 만들어 주었다. 나는 엄마를 메치기 기술로 내리친 다음 언니를 다시 쫓아갔다. 오랫동안 우리 집 가정부로 지낸 멕시코 여자 루시아가 세탁물을 들고 안으로 들어오다가 우리를 발견하고는 바구니를 떨어뜨리고 내가 제니퍼를 쫓지 못하도록 앞을 막았다. 뒤이어 엄마가 달려와서 나를 제압하려고 했다. 그 사이 제니퍼는 이층 욕실 안으로 뛰어 들어가 문을 잠갔다. 엄마가 내 어깨를 잡고 흔들었다.

"대체 왜 그래?"

"내가 아니라 젠이 먼저 그랬어요. 나한테 뭐라고 그런 줄 알아요?"

"그래서? 때리려고? 듣기 싫은 말을 했다고 때리면 돼?" 엄마는 화가 단단히 나 있었다. "그래도 된다면 모든 사람이 서로의 얼굴을 후려쳤겠지."

루시아가 어쩔 줄 몰라 하며 세탁물 바구니를 들었다.

"미안해요, 루시아." 나는 내 옆을 지나가는 그녀에게 사과했다.

루시아는 싸움이 진짜 끝났는지를 확인하려는 것처럼 나를 한 번 보고 엄마를 한 번 보고 다시 나를 보았다.

저녁에 데니스가 돌아왔을 때 엄마는 오후에 있었던 일을 전부 이야기했다. 그가 그렇게 화를 내는 모습은 처음이었다. "줄리아가 집에 없었으니 망정이지. 다시 또 그러면 여기서 못 살 줄 알아라."

'그래. 내가 여기서 살 수 있는 길은 없어.' 나는 체념했다.

그날 밤 나는 시카고에 있는 딕에게 문자를 보냈다.

'나한테 와.' 딕의 답장은 이랬다.

'어쩌면.' 이미 마음의 결정을 내렸지만, 나는 그렇게 대답했다.

크리스마스를 맞아 우리 가족은 친척을 만나러 세인트루이스에 갈 예정이었다. 나는 2주 전쯤에 엄마에게 세인트루이스에서 곧장 시카고로 날아갈 것이라고 말했다.

내가 시카고로 떠날 때까지 엄마의 이맛살은 계속 찌푸려져 있었다. 그러나 이번에 떠날 때는 느낌이 달랐다. 비록 엄마는 듣고 싶어 하지 않았지만 엄마에게 떠난다고 말할 용기가 생겼기 때문이다.

나는 딕의 부모가 사는 집으로 들어갔다. (이 시점에서 나는 요란하게 울려대는 경고 사이렌을 한 번 더 무시했다. '부모의 집에 십대 여자와 얹혀사는 이십대 남자는 데이트 상대로 빵점이다.')

딕의 부모는 나를 두 팔 벌려 환영해 주었다. 특히 미용사인 엄마는 자신이 운영하는 미용실로 나를 데려가서 내 머리와 메이크업을 해주었다. 장난을 즐겼고 화장실 유머를 명랑하게 구사했는데, 함께 있으면 나까지 정신이 산만했다.

딕의 아빠는 말기 암 환자였지만 다정하고 따뜻한 분이었다.

"내가 운전하는 법을 가르쳐 주겠다." (하지만 나는 이렇게 받아들였다. "나는 어쨌든 죽어가고 있으니까 죽음이 두렵지 않다.") 내가 그를 태우고 운전하면 그는 비치보이스의 음악을 틀었다. 내가 다가오는 차에 거의 칠 뻔하거나 일방통행로로 잘못 들어서더라도 그는 늘 침착했다. 그리고 사람들을 만날 때마다 나를 미래의 며느리로 소개했다.

딕과 만난 지 2년쯤 되었을 때 나는 딕에게서 전에 보지 못한 무언가를 보기 시작했다. 처음으로 딕이 얼마나 멍청한 남자인지를 깨달았다. 그때 나는 이런 생각을 했었다. '자긴 이십대이면서 어째 십대인 내가 더 똑똑하냐.' 'woman(여자)'과 'women(여자들)'의 차이를 아무리 설명해도 알아듣지 못하고 두 단어를 번갈아 썼다. 그런 멍청함이 나를 미치게 했다. 그가 구사하는 유머도 독창적이지 않았다. 매번 영화 대사들을 인용했는데, 레퍼토리에 변화가 없었다. 읽은 책도 뻔했다. 상대방이 그 책 이야기를 모르면 어김없이 그 책 이야기를 늘어놓았다. 나는 그가 하는 모든 말이 거슬렸고, 그가 내 주위에 있는 것조차 견딜 수 없었다.

게다가 잔인한 구석도 알게 되었다. "와우, 저 여자 진짜 죽인다." 영화를 보다가, 심지어 데이트를 하다가도 그 말을 불쑥 꺼냈다. "저 여자 몸매 좀 봐." 아름다운 여자가 지나가면 감탄을 숨기지 않았다. 처음에는 나와 직접 비교하지 않았지만, 어느 날부터 몸매가 나보다 더 좋다는 둥, 나보다 더 날씬하다는 둥, 내가 너무 뚱뚱하다는 둥, 대놓고 평가를 해댔다.

또 내 옆구리 살을 손가락으로 집으며 조롱했다. "넌 더 찌는 것 같다." 그러고는 마치 악의 없는 농담을 한 듯 히죽 웃었다.

나는 이미 체중 감량에 애를 먹고 있었다. 그런데 그가 내 불안을 자극했다. 기분이 썩 좋지 않았다. 내 귀는 백선이라고 하는 피부병 때문에 뭉개져 있었다. 역겨운 곰팡이 감염이었는데 레슬링 선수들과 유도 선수들 사이에서는 흔한 피부병이었다(어떤 이유로 내 피부는 이 곰팡이에 특히 더 민감했다). 게다가 내 몸은 전부 근육이긴 했지만 크고 우람했다. 중학교 시절에는 "너무 큰" 이두박근이 아이들의 놀림 대상이었는데 이제 남자친구가 내 근육질 몸을 놀려댔다. 나도 공항 가판대를 도배한 잡지 표지 속 여자들처럼 가냘픈 몸매를 갖고 싶었다.

그러나 무엇보다 나를 화나게 하는 것은 그의 위선적인 태도였다. 사람들과 어울릴 때 기분 좋게 굴다가도 그들이 떠나면 그들에 대한 험담을 늘어놓기 바빴다. 결국 나는 그를 볼 때마다 '쓰레기 같은 놈'이라는 생각이 들지 않을 수가 없었다.

처음에는 우리 둘 사이에서 특별함을 느꼈다. 그러나 이제는 내가 어리석게만 느껴졌다. 나는 쓰레기 같은 인간하고 거의 2년을 함께 보냈고, 지금도 그와 함께 지내고 있었다.

그나마 위안을 얻을 수 있는 것은 시합뿐이었다. 나는 훈련에 매진했다. 그 어느 때보다도 더 거칠고 더 강해지며 더 큰 집중력을 발휘하겠다고 마음먹었다. 그때 나는 그 어느 때보다 더 확고한 마음으로 매트 위에 섰다.

2006년 4월, 나는 잉글랜드 버밍엄에서 열린 월드컵 대회에서 우승했다. 9년 만에 미국인 여자 선수로는 최초로 딴 우승컵이었다. 그리고 미국으로 돌아간 지 3주 후에 휴스턴에서 열린 성인 전국 대회에서도 우승했다. 5월에는 아르헨티나에서 열린 팬암 선수권 대회에서 은메달을 땄다.

7월에 딕과 나는 플로리다로 날아가 포트로더데일에서 열린 주니어 US 오픈과 마이애미 유스 인터내셔널을 포함한 여러 시합에 참가했다. 그러는 동안에도 딕과 결별하고 싶었지만 방법을 몰랐다. 그런데 플로리다에서 그 기회가 찾아왔다. 딕과 나는 대회 주최측이 제공하는 호텔에 머물고 있었는데, 거기서 친구 마리나도 묵고 있었다. 마리나는 짐 허백의 도장에서 처음 알게 되었고, 초봄에 벨기에에서 열린 한 시합에서 같은 팀으로 배정된 후 친해졌다.

첫 번째 시합이 끝난 후 나는 내가 아는 한 남자 선수와 해변에서 산책을 했다. 함께 걷는 동안 다음과 같은 생각이 내 머리를 스쳤다. '이런 애가 남자친구면 좋겠어. 오늘 당장 헤어질래. 그 쓰레기를 차버릴 거야.' 나는 마침내 결단을 내렸다.

나는 마리나에게 문자 메시지를 보낸 뒤 딕과 함께 쓰는 방으로 갔다. 여기저기 흩어진 내 물건들을 주워 더플백에 쑤셔 넣고는 마리나의 방으로 옮겼다.

딕이 호텔에 없었기 때문에 문자 메시지를 보냈다. '오면 나랑 얘기 좀 해.'

'나랑 헤어지게?' 딕의 답장이 왔다.

'일단 와.' 내가 대답했다.

'나랑 헤어지려는 거지?'

나는 한 마디만 보탰다. '그래.'

그러고 나서 나는 마리나의 침대에 누워 전 남자친구한테서 온 십여 통의 메시지를 전부 무시했다. 사과조의 메시지가 줄기차게 와서 감당할 수가 없었다.

"어쨌든 끝장을 내야 해." 나는 화를 주체하지 못하며 마리나에게 말했다.

호텔은 외형이 둥글고 가운데가 비어 있었다. 원 중앙에 서서 위를 올려다보면 발코니가 딸린 방들이 한눈에 보였다.

"이러지 마." 딕이 애원했다. "나랑 헤어질 수 없어. 난 너 없으면 안 돼. 네가 없으면 난 더 살고 싶지도 않아."

나는 눈알을 굴렸다. 그는 더 심하게 울었다.

"진심이야. 발코니에서 떨어져 죽을 수도 있어."

나는 이성을 잃었다.

"돌았구나!" 나는 소리쳤다. "농담이라도 그런 말 하지 마. 멀쩡한 놈이 왜 죽어? 사지 마비라도 왔어? 넌 그냥 징징대는 애야, 애!"

그는 더 심하게 울었다. 나는 같은 방에 있는 것조차 견딜 수가 없었다. 나는 떠났다.

그는 바에 갔고, 대회 일정이 끝날 때까지 거기서 죽 지냈다.

이제 내가 나쁜 결정을 내리면 엄마는 그때의 일을 상기시킨다. "네가 그동안 나쁜 결정을 수없이 내렸고 또 내릴 수도 있었지만, 적어도 넌 딕 이티비티와 결혼하진 않았어." 그 말은 내가 상황을 멀리 내다볼 수 있게 해주었다.

# 실패는
# 새로운 무언가를 창조하는
# 기회다

열여섯 살 때 매트워크에 대한 통찰이 생겼다. 그 전까지는 다양한 동작을 익히고 기억하는 수준에 머물렀다. 예를 들면 이런 식이었다. '상대가 여기 있다고 치자. 나는 이걸 시도할 거야. 상대가 이런 식으로 움직이면 저걸 시도해야지.' 나는 동작들을 별개의 것으로만 생각했다.

그러던 어느 날 암바를 걸려는데 상대가 자세를 바꿔서 그 기술을 무효로 만들었다. 나에게 불리한 상황이었다. 그런데 그 순간 퍼뜩 깨달았다. 상대가 내 공격을 방어하기 위해 바꾼 자세가 내가 다른 종류의 암바를 걸 완벽한 조건이 되었다는 사실을. 실패한 동작이 또 다른 동작으로 이어지는 기회가 된 셈이었다. 그것은 내가 새로운 기술에 눈을 뜨게 해주었다. 나는 그 기술을 '주지 스쿼시롤(Juji Squish Roll)'이라고 불렀다.

그날 나는 처음으로 서로 다른 두 개의 기술을 연결하는 시도를 했다. 그 후 모든 기술을 연결할 수 있다는 사실을 깨달았다. 그때부터 나는 서로 관련이 없어 보이는 동작들을 연결하기 위한 방법을 계속 찾았다. 대다수 사람들이 실패라고 단정 지으며 좌절하는 동안 나는 그 실패를 새로운 무언가를 창조하는 기회로 보았다.

쓰레기를 찬 것은 내 인생에서 가장 잘한 일이었지만, 나는 여전히 갈 데가 없었다.

마이애미에서 나는 코리 파케트와 만난 적이 있었다. 그는 캐나다 대표 선수였고, 여러 대회와 트레이닝 캠프에서 몇 번 마주치며 알게 되었다. 내가 머물 만한 데를 찾고 있다고 하니까 그도 몬트리올의 기숙사에서 방값을 분담하며 같이 지낼 룸메이트를 찾고 있다고 했다.

나는 다음 시합을 위해 마이애미에 계속 머물렀고, 코리는 몬트리올로 돌아갔다. 며칠 후 나는 그의 페이스북을 통해 메시지를 보냈다. "그 제안 아직 유효해?" 그리하여 코리가 날 위한 간이침대를 준비하는 사이 나는 비행기를 타고 몬트리올에 착륙했다.

내가 낼 방세는 한 달에 200캐나다 달러였다. 그 정도면 감당할 수 있는 금액이었다. 나는 사회보장 혜택을 받을 나이가 지난 뒤로 비용을 최대한 아껴야 했다. 내가 의지할 수 있는 것은 오로지 USA 유도에서 보내주는 후원금뿐이었다. 그 단체는 A 레벨 대회에서 우승한 선수에게 한 달에 3,000달러를 지원해 주었다. 지난 몇 년 동안 그 후원금을 받은 선수는 아무도 없었다. 그때 내가 등장했고, USA 유도는 나에게 다달이 그 금액을 지급해야 했다. 그러나 지급일은 매번 늦었고, 내가 전화해서 독촉할 때도 부지기수였다. 2006년 봄에 내가 전화했을 때는 직원에게서 이런 말을 들었다. "기금이 바닥났어요."

"바닥이 나요?" 나는 어처구니가 없었다.

"실은 우승 선수가 나올 줄 저희는 전혀 예상하지 못했어요." 그녀가 말했다.

'빌어먹을 USA 유도, 재수 없는 미국인 코치들, 쓰레기 같은 딕. 두고 봐. 이 악물고 더 열심히 해서 본때를 보여줄 거야.'

돈을 모으긴 했지만 그걸로 오래 버티기는 어려웠다.

몬트리올에서 보내는 첫날 아침부터 나는 체육관을 찾으러 돌아다녔다. 근처에 사우나가 있는 체육관은 딱 하나뿐이었다. 사우나는 체중 감량을 위해 반드시 필요한 시설이었다. 그렇더라도 거기까지 가려면 버스와 열차를 번갈아 타야 했다. 코리는 아침 일찍 수업을 들으러 갔고, 나는 체육관에 갔다. 체육관에서 일립티컬 머신을 타고 역기를 들고 이어서 사우나를 했다. 운동 후에는 샤워를 하고 근처 서브웨이로 갔다. 나는 15cm짜리 베지 디라이트 샌드위치와 다이어트 콜라, 초콜릿 칩 쿠키를 주문했다. 쿠키는 하루 중에 유일하게 나 자신에게 허락되는 달콤함이었다. 서브웨이 점심을 제외하면 내 식단은 옥수수 겨 시리얼과 우유, 네스퀵, 빵과 누텔라 잼 혹은 땅콩버터, 납작한 피타 빵과 후무스(병아리콩 으깬 것과 오일, 마늘을 섞은 중동 지방 음식 – 옮긴이) 등으로 이루어졌다.

저녁이면 코리와 나는 '시도칸' 도장에 가서 훈련했다. 시도칸은 올림픽 트레이닝 센터의 캐나다 버전이었다. 그러나 US 올림픽 트레이닝 센터와 달리 그곳에서는 실제로 캐나다 최고의 유도 선수들이 모여서 훈련하고 있었다. 나도 캠프에 참석할 때 거기서 몇 번 훈련한 적이 있었다. 그들은 내가 거기서 훈련하도록 허락해 주었고, 캐나다인 특유의 친절함을 잃지 않았다. 그러나 나는 미국 대표 선수였기 때문에 코치 없이 훈련해야 했다. '미국인'이었고 대회에서 우승한 경력이 많은 나와 훈련하며 내 동작을 직접 관찰할 수 있는 기회는 그들에게도 득이 되었다. 나도 좋은 선수들과 실전처럼 훈련하면서 더 열심히 해야겠다는 자극을 받았다.

시도칸에서 했던 훈련은 그 어떤 훈련보다 더 혹독했다. 최대 두 시간을 연속으로 훈련할 때도 있었는데, 방식은 이랬다. 점수를 획득하면 연장전을 하고, 점수를 빼앗기면 탈락되는 것이다. 아무도 나를 상대로 점수를 따지 못했기 때문에 나는 한 시간 내내 새로운 상대와 연장전을 해야 했다.

내게는 코치가 없었지만 나는 그 불리함을 장점으로 이용했다. 나는 스스로 생각하는 법을 길렀다. 나에게 지시를 내리는 사람에게 의존하지 않고 스스로 전략을 짜보는 연습을 했다. 나는 나 자신에게 물었다. '여기서 더 발전하려면 뭘 해야 할까?' 전에는 훈련하는 동안 그런 물음을 나 자신에게 던진 적이 없었다.

훈련이 끝나면 다들 샤워를 하고 옷을 갈아입었지만, 마이크 포피엘과 나는 매트를 떠나지 않았다. 우리는 아무도 시합에서 적용한 적 없고 어떤 코치도 용납한 적 없는 동작들을 시도했다. 대부분 엉터리 같은 동작들이었지만, 가끔씩 꽤 괜찮은 동작을 만들어내기도 했다. 실제로 시합에 적용할 수 있을 만한 것들이었다. 모두 집에 돌아간 시간에도 우리는 서로에게 "이렇게 해보면 어때?" "이건 어때?" 하며 매트 위를 이리저리 굴렀다.

밤이 되면 나는 코리와 함께 열차를 타고 기숙사로 돌아갔다. 기숙사에 도착하면 코리는 여자친구와 몇 시간 동안 전화로 대화를 나누었다. 그러는 동안 나는 조그만 침대에 누워 다음 날 훈련을 마치면 시도해 보고 싶은 멋진 동작들을 머릿속으로 구상했다.

체육관에서 운동하다가 여러 동작을 구상하는 일도 스스로 사고하는 능력을 개발하기에 좋았다. 나는 이제 코치가 시키는 대로만 하지 않고 독립적으로 사고할 수 있게 되었다. 이는 시합을 하는 동안 순발력 있게 전략을 짤 수 있게 되었다는 의미다. 반면에 놀라운 재능이 있어도 코치가 시키는 대로만 하는 선수는 스스로 생각하는 능력을 기를 수가 없다.

# 가치 있는 것은
# 쉽게 얻어지지 않는다

내가 유도를 시작할 무렵 전국에서 여러 시합이 열렸다. 참가만 하면 쉽게 이길 수 있을 것 같은데 엄마는 날 위해 신청하지 않았다. 내가 열심히 연습하지 않아서 우승할 자격이 없다는 것이었다. 나는 그때 화가 났지만, 지금 생각해 보면 시합에 가지 않은 편이 더 나았다.

가치 있는 것은 누가 공짜로 주지 않는다. 그것을 얻기 위해 열심히 일하고 땀 흘리고 싸워야 한다. 목표를 달성하는 일은 포상을 받는 일보다 훨씬 더 가치 있는 일이다. 달성한 뒤에는 자신이 그 자격을 누릴 권리가 있는지를 증명하려고 애쓰지 않아도 된다.

캐나다에서 지내는 동안 나는 US 폴 클래식과 캐나다 랑네부에서 우승했다. 연달아 우승하면서 2006년 세계 주니어 선수권 대회의 강력한 우승 후보가 되었다. 10월 산토 도밍고에서 열린 개막전에서 수월하게 이긴 후 준결승전에서 쿠바 선수와 대결했다. 경기는 무득점으로 이어졌고, 종료 시간이 임박하고 있었다. 나는 최후의 승부수를 두기 위해 새크리파이스 스로우를 시도했다. 하지만 심판은 그 기술을 정확히 보지 않고 상대가 나를 메친 것으로 잘못 판단했다. 그래서 내가 아닌 상대에게 한판승을 선언했다.

상대는 나를 메치지 않았으면서도 자신이 무언가를 한 것처럼 일어나자마자 펄쩍펄쩍 뛰었다. 분노가 치밀어 두 손이 떨렸다. 나는 소리를 지르지 않으려고 안간힘을 썼다. 판정은 부당했다. 분이 풀리지 않아서 매트 밖으로 뛰어나가 유도복 상의를 바닥에 있는 힘껏 내리쳤다.

누군가의 실수 때문에 메달을 빼앗겼을 뿐 아니라 주니어 월드에서 미국인 최초로 두 번 연속 챔피언이 되는 기회도 박탈당했다.

그러나 내 불운은 이것으로 끝나지 않았다. USA 유도는 하나의 선례로 남기기 위해 나의 에티켓을 문제 삼았다. 그들은 실력 있는 자국 선수를 지원하려 하기보다 어떻게든 나를 벌할 기회만을 노렸다.

내가 망연자실하는 사이에 USA 유도 관계자들은 나의 대회 출전 자격을 6개월 동안 박탈하기로 의견을 모았다. 그리고 권위자의 지지를 받아 모양새를 좋게 하려고 대표 몇 명이 베네수엘라 출신의 권위 있는 심판인 카를로스 차베즈에게 갔고, 그에게 나를 어떤 식으로 처벌해야 할지를 물었다.

카를로스는 의아하게 생각했다. 어째서 자기 나라 선수를, 그것도 가장 유망한 선수를 벌하려고 그렇게 열심인지 이해할 수 없었다. 대개 USA 유도 같은 단체가 그를 찾아 올 때는 자기 나라 선수의 선처를 부탁하기 위해서였다. 카를로스는 잠시 생각을 가다듬었다.

"론다는 부당한 대우를 받았다고 생각했어요." 카를로스가 말했다. "그것이 옳든 그르든 그렇게 믿었지요. 론다는 유도에 대한 열의가 매우 강하고 승부욕도 남다른 선수예요. 판정이 부당하다고 생각해 화가 난 겁니다. 우리는 그런 열정적인 선수가 필요하다고 봅니다. 처벌에 대해서는 제가 드릴 말씀이 없습니다."

나는 쿠바 선수에게 진 것이 분해서 눈물을 흘리며 패자부활전으로 갔다. 동메달을 두고 전년도 세계 선수권 대회에서 졌던 그 이스라엘 선수와 다시 맞닥뜨렸고, 내가 동메달을 차지했다. 그래서 나는 미국인 최초로 주니어 월드 메달을 두 번 딴 선수가 되었다. 그 이후에도 USA 유도에서 처벌 관련 사항을 전해 듣지 못했고, 관계자들의 축하를 받은 후에야 나의 대회 출전 자격을 박탈하려는 시도가 있었다는 사실을 알았다.

일주일 후에는 마이애미에서 열린 2006 US 오픈에서 우승했다. 그런 다음 대서양을 가로질러 스웨덴 오픈에 참가했다. 스웨덴 오픈에서 우승했을 때는 그 당시 나에게 절실히 필요했던 상금 1,000유로를 받았다. 나는 거듭되는 승리로 자신감이 생겼다. 승리감에 도취되어 즉흥적으로 핀란드 오픈에도 참가하기로 결정하고 연락선 티켓을 예약했다.

스웨덴 부로스에 있는 호텔방에 돌아갔을 때 어쩐지 집에 가고 싶다는 마음이 들기 시작했다. 방 안에 앉아 있는 동안 그 마음은 더 커졌다.

'때가 됐어.' 이제 갈 때가 되었다고 생각했다. 당당히 집에 돌아갈 수 있을 것 같았다. 나는 지금껏 내가 달성한 것들에 자부심을 느끼고 있었다. 그래서 집으로 전화를 걸었다.

"여보세요?" 엄마가 받았다. 나는 시차를 계산하며 잠시 머뭇거렸다.

"스웨덴 오픈에서 이겼어요." 내가 말했다.

"잘했다." 엄마가 말했다. 정말 기뻐하는 목소리였다.

"집에 돌아가고 싶어요. 하고 싶은 얘기도 많아요. 핀란드에서 시합이 끝나는 대로 가고 싶은데, 그래도 돼요?"

"언제라도 환영이야." 엄마가 그렇게 따뜻하게 반겨줄 줄은 몰랐다. 조금 뜻밖이었지만, 그만큼 지금이 돌아갈 때라는 확신이 더 들었다. 상황이 바뀌고 있었다.

비록 핀란드 오픈에서 동메달을 땄지만 졌는데도 그렇게 분하지 않았다. 나는 나 자신에게 낙관적인 기대를 걸고 있었기 때문이다. 그 후 더플백 두 개를 끌고 로스앤젤레스행 비행기에 올랐다. 공항에 도착하자 엄마가 마중 나와 있었다.

"안녕, 우리 딸. 비행은 어땠어?" 내가 조수석에 올라타자 엄마가 물었다.

"좋았어요. 긴 비행이었지만 좋았어요." 내가 대답했다.

우리가 터미널을 빠져나갈 때 예전과는 다른 느낌이 들었다.

나는 싸움과 분노와 상처에 지쳤고, 엄마가 몹시 그리웠다.

타국인 캐나다에 있는 동안 혼자서 모든 걸 감당해야 했고 모두에게 나의 존재를 입증해야 했다. 이제 나는 승리감을 느꼈다. 어리석음과 부당함에 맞서며 여기까지 왔다. 많은 위기가 있었지만 잘 극복했다는 느낌이 들었다. 이제 무엇이든 할 수 있을 것 같았다.

# 상황이 어떠하든 결정은 내 마음에 달렸다

나도 제대로 된 남자친구를 몇 명 사귀어 봤다. 그중 한 명이 내게 들려준 이야기가 내 삶을 바꾸어 놓았다. 이야기는 이렇다.

당신은 칸막이로 차단된 조그만 방에서 일하고 있고 자신의 일을 싫어한다. 모든 게 끔찍하다. 사무실 동료들은 멍청이들이다. 상사는 벌레다. 당신이 하는 일은 당신의 영혼을 병들게 하는 것 같다. 그러나 5분 후 당신은 5년 만에 처음으로 휴가를 떠나게 된다. 2주 동안 아름다운 보라보라 섬의 방갈로에서 지낼 예정이다. 당신의 인생에서 가장 사치스러운 시간을 보내게 될 것이다.

당신은 어떤 기분이 드는가? 설레고 흥분될 것이다.

이제 당신은 보라보라 섬에 있다. 아름다운 해변과 멋진 사람들로 둘러싸여 즐거운 시간을 만끽하고 있다. 그러나 5분 후면 작은 우산이 꽂힌 피냐 콜라다(파인애플 과즙과 코코넛, 럼 등을 혼합한 알코올 음료 — 옮긴이)를 내려놓아야 한다. 사람들과 작별할 때가 온 것이다. 다시 끔찍한 일터로 돌아가서 앞으로 5년 동안 휴가 없이 일만 해야 한다.

당신은 어떤 기분이 드는가? 끔찍한 기분이 들 것이다.

칸막이가 설치된 조그만 방에서 싫어하는 일을 하는 동안 당신의 기분은 기막히게 좋았다. 그리고 피냐 콜라다를 손에 들고 해변에 앉아 있는 동안 당신은 끔찍한 기분을 느꼈다. 어떤 기분을 느끼느냐는 전적으로 당신의 마음에 달린 것이다. 주변 상황과는 관련이 없다. 주변 사람들과도 관련이 없다. 전적으로 당신 자신의 결정인 것이다.

삶에서 변화를 만드는 일은 결정을 내리고 그 결정대로 행동하는 일만큼 쉽다. 그것이 다다.


로스앤젤레스로 돌아온 직후 나는 거의 막판에 USJA 윈터 챔피언십에 출전하기로 결심했다. 그래서 체중 감량은 하지 못했다. 시합 날 아침에 체중계에 올랐다. 73kg이었다. 63kg을 초과할 거라고는 예상했지만 그 위 체급인 70kg도 초과한 것이다. 결국, 나는 78kg 체급으로 출전했다. 내가 지원했던 체급보다 15kg 더 나가는 체급이었다. 어쨌든 나는 이겼다.

리틀 지미도 그 대회에 있었다. 독일에서 열린 시합 이후 빅 짐이 나를 내쫓았기 때문에 그를 보는 건 이번이 처음이었다.

"론다." 그가 나를 안으며 반가워했다. "좋아 보이는구나."

"고마워요." 나는 뜻밖의 만남에 당황하며 말했다.

"오랜만이야."

'그건 아마도 당신들 부자가 날 내쫓았기 때문이겠죠.' 나는 생각했다. 화를 내고 싶었지만 이제 화를 내는 일에도 지쳤다.

"그동안 정말 잘했어. 계속 널 지켜보고 있었다." 지미가 말했다.

"고마워요." 내가 대답했다.

"도장은 많이 달라졌어. 좋은 선수도 많이 들어왔고, 또 선수들이 살 집도 마련했다. 정말 좋아졌어. 너도 다시 와서 우리와 훈련하면 좋겠구나."

내 얼굴에 미소가 스쳤다. 비록 '우리가 큰 실수를 했다'면서 눈물로 호소하는 식의 사과는 아니었지만 다시 돌아와 달라고 부탁하는 것만으로도 내 마음은 충분히 흡족했다. 내가 혼자서 당당히 성공의 결실을 맺어 왔음을 그들 앞에서 입증해 보였기 때문이다.

"생각해 볼게요." 내가 말했다.

그러나 나는 매사추세츠로 돌아가도 좋을지 망설였다.

나의 모든 하루는 먹는 것, 더 정확히 말하면 먹지 않는 것에 초점이 맞춰져 있었다. 나는 끊임없이 고민했다. 마음껏 먹어도 살이 안찌는 음식은 뭐가 있을까? 그러나 돌아오는 대답은 '없다'였다. 식욕을 억제하려고 별별 수단을 다 써 보았다. 물 마시기, 블랙 커피 마시기, 얼음 빨아 먹기 등등. 내 하루 중의 하이라이트는 먹는 것이었다. 음식 조절에 실패하거나 자기 통제를 못할 정도로 나 자신이 나약한 것과는 별개의 문제로, 먹는 낙이 내 인생의 큰 즐거움이었던 나는 내 삶에 불만족을 느꼈다. 나는 계속 도약하고 있었지만, 그 만큼 내 삶이 더 좋아진 것은 아니었다.

나는 2년 전 빅 짐의 집에서 살았을 때부터 식욕 이상 항진증(폭식을 하고 토해 내기를 반복하는 증세 — 옮긴이)과 싸워 왔다. 그 당시에는 그 사실을 인정하지 않았을 것이고 그 이름을 부르지도 않았겠지만, 어쨌든 나는 식이 장애로 힘들어 했다.

열여섯 살에 성인 부문에서 시합하기 시작했을 때, 내 체급은 63kg이었다. 4년 후 키가 더 자란 후에도 나는 여전히 같은 체급으로 싸웠다. 체중계에 오를 때마다 바늘은 더 아래로 기울어졌다.

어느새 내 체중은 72.5kg에 이르렀고, 시합에 앞서 10kg을 줄여야 했다. 대회만 아니라면 줄일 필요가 없는 무게를 감량하기 위해 나는 정신적으로뿐만 아니라 육체적으로도 심한 피로를 느꼈다.

아무리 열심히 훈련하더라도 체중 감량만큼은 점점 더 힘들어지고 있었다. 먹고 나서 토하기를 반복하는 것은 특히 경량급 선수들과 레슬러들 사이에서 체중을 조절하고 유지하기 위해 흔하게 의존하는 방법이었다.

나의 체중 감량 방법은 '적게 먹기'와 '토하기'였다. 대회가 다가오면 최대 일주일 전부터 음식을 입에 대지 않았다. 그래서 늘 피곤했다. 육체적으로 힘들었고 졸리기까지 했다. 하루 종일 먹는 생각 때문에 피가 말랐다. 음식을 먹었을 때는 먹는 족족 게워냈다. 이런 극단적인 방법을 쓰더라도 63kg을 유지하는 일은 쉽지 않았다.

나는 빅 짐의 집을 떠난 후 그 사실을 줄곧 비밀로 했다. 먹고 토하는 것만큼은 하지 않으려고 했지만, 궁극적으로 그것이 살을 빼기 위한 가장 쉬운 길 같았다. 늘 배가 고팠기 때문에 다시 그 유혹을 뿌리치기가 어려웠다.

나는 집에 돌아온 후 밥이라고 하는 남자를 만나기 시작했다. (그의 실제 이름이 밥은 아니다. 엄마는 딸의 남자친구를 모두 밥이라고 부른다. 딸이 그와 결혼하지 않는 이상 실제 이름을 부를 이유가 없다는 것이 엄마의 생각이다. "계속 볼지 안 볼지도 모르는데 왜 이름을 알려고 시간 낭비를 해?")

하루는 내가 소파에 밥과 나란히 누워 있을 때였다. 나는 굶주리고 지쳐서 거의 쓰러져 있다시피 했다. 먹는 문제에 대해 둘이서 진지하게 애길 나눈 적은 없지만, 밥은 내 상태를 모르지 않았다. 그는 왜 다이어트를 멈추지 않는지를 물었다.

"그게 그렇게 쉽지 않아." 나는 방어적으로 말했다.

"한 번 결심을 내면 쉬워." 그가 말했다.

그러고는 나에게 보라보라 섬 우화를 들려주었고, 그 순간 내 머릿속에서 스위치가 탁 켜진 느낌을 받았다. 나는 먹은 것을 토하는 일을 그만둬야겠다고 결심했다. 내 건강을 위해 필요한 결단이었다. 그러나 체중을 줄이는 문제는 점점 더 심하게 나를 압박했다. 먹은 것을 토하지 않으면서 체중을 줄이는 일은 훨씬 더 힘들었다. 어떻게든 이 시련을 이겨내야 했다.

2007년 1월에 나는 페드로 부자의 도장으로 돌아갔다. 그리고 그들이 마련해 놓은 집으로 짐을 옮겼다. 선수들의 집에서 나는 잘 적응할 수 있을 것 같았다. 이제 나는 나이를 더 먹었고, 매사추세츠에서 훈련하는 선수들도 제이슨의 선수들보다 유도에 더 헌신적이었다. 모두가 나를 환영했으며, 한때 대회에서 마주칠 때마다 서로 인사만 하고 지나쳤던 빅 짐도 나의 합류를 반가워했다. 나의 하우스 메이트는 모두 일곱 명이었다. 여섯 명은 유도 선수였다. (남자 네 명과 여자 두 명이었다.) 나머지 한 명은 마이키 페드로의 친구들 중 한 명이었다. 나만의 방에는 번듯한 침대도 있었다. 이 정도면 크게 출세한 셈이었다.

하우스 메이트들 중 한 명인 릭 혼은 '홈 디포짓'이라는 회사에서 일했다. 올림픽 유망주들을 고용하는 프로그램을 신청했기 때문이다. 나도 따라서 신청했고, 곧 '홈 디포짓'과 계약을 맺었다.

밥과는 장거리 연애를 했다. 가족들과는 기분 좋게 헤어졌다. 처음으로 모든 상황이 순조로웠다. 나는 행복했다.

1월 말에 나는 유럽 각지에서 열리는 여러 대회에 참가하기 위해 유럽으로 떠났다. 첫 번째 대회는 브리티시 오픈이었다.

대회에 앞선 체중 측정은 혼란 그 자체였다. 올림픽 대회나 세계 선수권 대회에서는 하루에 한두 체급만 시합을 했는데, 유럽 대회에서는 모든 체급이 같은 날 시합을 했다. 그래서 굶주린 선수 수십 명이 한날에 체중을 재야 했다. 체면 따위를 차릴 여지는 없었다. 나도 넓은 강당에 서 있었다. 다들 여권 이외에 실오라기 하나 걸치지 않은 알몸으로 대기하고 있었다. 어떤 선수들은 체중 측정 후에 먹고 마실 음료와 음식을 준비해 왔고, 어떤 선수들은 어서 빨리 시작되기만을 기다리는 눈치였다.

한 여성 관계자가 공식적인 시작을 알렸다.

발가벗은 모두가 체중계로 달려갔다. 사방이 젖꼭지와 여권으로 넘쳐났다.

관계자들은 선수들이 허공에서 흔들고 있는 여권들 중 하나를 받아서 그 여권 주인의 이름을 부르기 시작했다. 선수들은 서로의 몸을 밀었다. 나도 그 대열 속에서 나 자신을 앞으로 치열하게 밀어붙였다.

한때는 사람들 앞에서 발가벗은 채 서 있는 것이 몹시 부끄러웠지만 그런 상황에 놓이면 자의식은 매우 빨리 실종된다. 일주일 동안 굶어서 탈수 증세에 시달리며 나와 물병 사이를 발가벗은 무리가 가로막고 있을 때 내 머릿속은 어서 빨리 체중계에 오르고야 말겠다는 생각뿐이고 그러기 위해 전 세계 각지에서 온 여자들의 젖꼭지란 젖꼭지들을 모두 손으로 밀쳐내야 했다.

나는 체중 측정을 마치고 물 한 병과 게토레이를 단숨에 들이켰다. 갑자기 차가운 액체가 몸속에 들어가자 몸에서 한기가 느껴졌다. 그 후 경기장 안에서도 나는 팀 동료인 저스틴 플로레스와 함께 담요를 뒤집어쓰고 오들오들 떨었다.

저스틴은 몸을 따뜻하게 하려고 매트 위에서 펄쩍펄쩍 뛰었다. 그러다 갑자기 몸을 휙 돌려 옆문을 통해 밖으로 나갔다.

"뭐 했어?" 그가 돌아왔을 때 내가 물었다.

"토했어." 그가 대답했다. "그래도 좀 나아진 것 같아. 넌 어때?"

체중 측정 후에 토하는 일은 선수들 사이에서 다반사였다. 며칠간 단식하다가 갑자기 너무 많은 것을, 그것도 너무 빨리 먹거나 마실 때 그랬다. 나의 경우 토하지는 않았다.

"난 괜찮아. 괜찮아." 그렇지만 내 몸은 여전히 떨렸다.

"너 지금 좆같아 보여." 그가 히죽 웃으며 말했다.

나는 기분이 좆같았다. 그러나 대회 관계자가 나를 호명하고 있었기 때문에 그런 기분을 뒤로 밀어냈다. 나는 처음 세 번의 시합에서 이겼다. 다행히 준결승전이 시작되기 전에 휴식 시간이 있었다. '하나님, 감사합니다. 난 좀 쉬어야겠어.' 그런데 스케줄 표를 보니 휴식 전에 준결승 시합이 하나 남아 있었고, 그것은 바로 내 시합이었다. "이런 제장!"

내 상대는 유럽 챔피언으로 잘 나가는 영국 선수 사라 클라크였다. 내가 체중 감량 때문에 컨디션이 안 좋다는 사실은 모두가 다 아는 사실이었다. 브리티시 오픈 대회 주최 측은 자국 선수의 승리를 자신하고 있었을 것이다.

시간이 반쯤 지났을 무렵 우리는 한 덩어리가 되어 매트로 떨어졌다. 나는 엎드렸고 클라크가 내 위를 덮쳤다. 내 배 위로 점프한 것 같은 충격이 느껴졌다. 미처 이를 악물기도 전에 토사물이 입 밖으로 튀어나왔다. 나는 이것이 문제가 될까봐 두려웠다. 매트 위에 토하면 자격이 박탈되기 때문이다. 다행히 나는 얼굴을 숙인 채 누워 있었고 두 팔을 교차하고 있어서 누가 보기 전에 얼른 닦아냈다.

시합은 연장전으로 돌입했고(단판 결승), 결과는 내 승리였다. 내가 매트 밖으로 걸어 나왔을 때 저스틴이 다가와 포옹을 하러 팔을 내밀었다.

"네가 이렇게 대단한지 몰랐는걸." 그가 나를 끌어안으며 말했다.

그러고는 코를 찌푸렸다. "윽, 토사물 냄새."

"토했어." 내가 소심하게 말했다.

나는 대회에서 우승했지만, 승리의 기쁨을 누릴 새도 없이 다음 주에 열리는 벨기에 오픈을 위해 다시 끔찍한 체중 감량을 해야 했다.

며칠 동안 비닐 소재 운동복을 입고 마라톤에 버금가는 달리기를 하며 땀을 뺐다. 배는 고팠고 탈수 증세에 시달렸다. 뜨거운 김이 나는 사우나에 들어갔다가 하마터면 현기증을 느끼며 쓰러질 뻔하기도 했다.

가까스로 체중을 맞췄지만 컨디션 악화로 시합에 나갈 수 없었다. 내 몸이 약해지고 있었다. 그러나 나는 항복하고 싶지 않았다.

파리에서 열리는 슈퍼 월드컵은 유럽에서 가장 큰 대회로, 다음 주에 예정되어 있었다. 시합이 있기 며칠 전 파리에 도착했을 때 나는 이미 일주일 동안 음식을 입에 대지 않은 상태였다. 며칠 동안 물도 한 방울 마시지 않았다. 나는 체중을 확인하기 위해 체중계에 올라갔다. 66.6kg이었다. 그 숫자가 나를 충격에 빠트렸다.

나는 뜨거운 물에 몸을 담가서 땀을 내려고 이층으로 올라갔다. 그러나 호텔 안 선수들이 너도나도 체중을 줄이려고 뜨거운 물을 쓴 통에 온수는 이미 바닥이 났다.

결국 사우나가 딸린 체육관을 찾아 돌아다닌 끝에 한 곳을 발견하고는 뜨거운 욕조에 몸을 담그고 머리를 목판 벽에 기댔다. 머리카락에서 타는 냄새가 났지만 땀은 나지 않았다.

나는 포기했다. 그래서 지미 페드로에게 전화했다.

"안되겠어요." 나는 몇 번이고 말했다. "도저히 못 줄이겠어요."

"안 돼, 포기하지 마. 줄일 수 있어." 그가 말했다. "꼭 줄여야 해. 끝까지 시도해봐."

못하겠다는 말을 한 것은 내 생애에서 그때가 처음이었다. 나는 그 혹독한 과정을 되풀이할 수 없었다. 나는 나 자신에게 솔직해져야 했다.

'제기랄. 3.6kg을 줄일 방법은 더 이상 없어.'

나는 과일, 고프(견과류와 말린 과일 등을 섞은 것 – 옮긴이), 그래놀라 바(볶은 곡물과 견과류 등이 들어간 시리얼로 만든 바 – 옮긴이) 등 체중 측정이 끝날 때까지 아껴 두었던 간식을 모두 먹어 치웠다. 그리고 나를 응원하러 유럽으로 날아온 밥을 만났다. 밥은 프랑스인 친구의 아파트에서 머물고 있었고, 나를 위해 식료품들을 사가지고 왔다. 체중 측정과 경기가 있는 날 나는 치즈 샌드위치를 만들어 먹었다. 그러나 마냥 즐겁지는 않았다. 나 자신이 실패자처럼 느껴져서 수치스럽고 당황스러웠지만 오스트리아에서 열리는 다음 경기에서 이기면 모든 것이 용서될 거라고 믿었다.

나는 오후에 린츠에 도착했다. 린츠는 수십 년 동안 오스트리아 월드컵 개최 도시였다. 엄마도 여기서 시합을 한 적이 있었다. 4.5kg을 빼고 시합을 준비하기까지 남은 시간은 24시간도 안 되었다.

미국 유도 선수들은 대개 그 나라를 대표해서 세계를 돌 때 코치 없이 혼자 준비하고 혼자 여행한다. 비행기와 호텔 예약 등도 자비로 한다. 가끔씩 USA 유도에서 몇 달 후 그 비용을 지불해 주기도 하지만 그렇지 않을 때도 있다. 나는 지난 몇 년 간 그 대회 선수들이 투숙했던 호텔 방을 예약했다.

린츠의 호텔에 도착했을 때 조금 이른 시각이었다. 나는 유리문을 열고 들어가 로비 안을 두리번거렸다. 선수들과 더플백, 국기 등은 눈에 띄지 않았다. 로비는 한산했다.

'안 기다려도 되고 좋네.' 나는 생각했다.

직원이 나를 카운터로 손짓했다. "어서 오세요. 린츠에 오신 걸 환영합니다." 그녀는 굵은 오스트리아 억양으로 인사했다.

"고마워요. 로우지로 방을 예약했어요."

그녀는 컴퓨터에 내 이름을 입력했다.

"네, 6일간 머물 예정이시군요."

"네, 시합 때문에요." 내가 말했다.

"아아, 네." 그러나 내 말 뜻을 이해하지 못하는 눈치였다.

'모두가 스포츠팬은 아니니까.' 나는 나 자신에게 말했다.

직원은 나에게 객실 키를 건넸다.

"셔틀버스가 다니나요?" 내가 물었다.

"셔틀버스요?" 이제 그녀의 얼굴은 당황스러워 보였다.

"경기장까지 가는 셔틀버스요."

"죄송합니다만 무슨 말씀이신지 잘 모르겠네요."

"아, 그럼 다른 직원에게 물어봐 주시겠어요?" 우리 둘 사이에 언어 장벽이 있는 것 같았다. 나는 거의 48시간 동안 아무것도 먹지 못했기 때문에 인내심이 바닥을 드러내고 있었다.

"네. 잠시만 기다려 주세요." 그녀가 미소 지으며 말했다. 그러고는 다른 접수처 직원에게 고개를 돌렸다. 독일어로 간단한 대화가 오간 뒤에 그녀의 동료는 "잘 모르겠는데" 하는 뉘앙스로 어깨를 으쓱했다.

"죄송합니다." 그 접수처 직원이 나에게 고개를 돌리고 말했다. "무슨 경기를 말씀 하시는지 저희는 잘 모르겠어요."

나는 심장이 철렁 내려앉았다.

그녀는 나에게 객실 열쇠를 다시 건넸다.

"그럼 즐거운 시간 보내시길 바랍니다." 목소리는 유쾌했지만 내가 정서 불안이 아 닌가 하는 의심의 눈초리로 나를 보고 있었다.

나는 방에 들어가자마자 더플백을 바닥에 떨어뜨리고 노트북을 켜서 구글링을 했 다. '오스트리아 월드컵.' 축구 사이트밖에 나오지 않았다.

이번에는 '오스트리아 월드컵 유도'라고 검색했다. 한 사이트를 클릭하자 경기가 빈 에서 열리고 있다는 대목이 눈에 띄었다.

"젠장할!" 나는 목청껏 소리를 질렀다.

어찌할 바를 몰라 엄마에게 전화를 걸었다.

엄마는 금방 잠에서 깬 목소리였다. 그러나 사태 파악을 빠르게 했다. 그리고 관련 기사를 읽고는 나보다 바로 위 체급에서 미국 선수 중 아무도 지원하지 않았다는 사 실을 확인했다.

"이렇게 해. 일단 발레리 고테이에게 전화를 하는 거야. [발레리는 대회에 참가했 고 여자 경량급 부문에서 싸우고 있었다.] 오늘밤 코치 회의에 참석해서 70kg 체급에 네 이름을 올릴 수 있게 부탁해. 린츠는 빈하고 멀지 않아. 아침에 바로 공항 가서 빈 으로 와. 그럼 주말에 있는 시합에 나갈 수 있어. 다 잘 될 테니 걱정 마."

"하지만 나보다 더 클 텐데." 나는 여전히 울먹였다.

"생각해 봐. 지금 네 몸무게와 뭐가 다른지." 엄마가 말했다.

나는 무슨 말을 해야 할지 몰랐다.

"지금이 최악이라고 생각하겠지만, 이보다 더한 일도 얼마든지 있어. 넌 몇 년간 63kg 급에서 상위 랭킹에 있었어. 모든 선수가 널 이기겠다는 각오로 훈련해. 하지만 70kg 급에서 널 예상한 선수는 아무도 없어. 나가서 싸워봐. 예상할 수 있는 건 아무 것도 없어."

엄마는 차분하게 말을 이었다.

"그동안 체중 때문에 제대로 먹지도 못했을 텐데 좀 먹어둬."

나는 통화를 마친 후에 미니 바를 전부 먹었다. 정말이지 꿀맛이었다.

갑자기 모든 압박감에서 해방되었다. 내가 모두를 실망시킨 것처럼, 스스로 실패자가 된 것처럼 죄책감에 빠졌던 내 마음이 극적으로 바뀌었다. 나는 그제야 깨달았다. 상황이 어떻든 나 스스로 변화를 만들어갈 수 있다는 사실을. 결정은 전적으로 내 마음에 달린 것이었다.

다음 날 아침, 나는 식사를 마치고 빈으로 날아가서 곧장 경기장으로 향했다. 그리고 체중 측정 후에 이어진 시합에서 이겼다. 내 기량을 최대한 발휘해서 만족스러운 경기를 펼쳤다.

나는 상대 선수와 대결한 지 몇 초 만에 상대가 나보다 강하지 않다는 사실을 깨달았다. 비록 내가 싸웠던 선수들보다 7kg 더 체중이 나갔지만 더 강하지는 않았다. 내가 그동안 그깟 체중을 줄이려고 몸을 무리하게 혹사했구나 하는 생각이 들었다.

게다가 나는 내가 기억하는 한 처음으로 시합을 즐기고 있었다. 지금껏 체중 감량이 경기에서 가장 큰 비중을 차지했다고 해도 과언이 아니었다. 그런데 그것이 더 이상 문제가 되지 않자 시합 자체에 집중할 수 있게 되었다. 대회에서 우승했을 때 내가 느낀 기쁨은 이루 말할 수 없이 컸다. 나는 아무런 예상을 할 수 없었다. 나뿐만 아니라 상대가 어떤 경기를 펼칠지에 대해 어떤 짐작도 할 수 없었다. 게다가 나 자신이 어떤 기대에 부응해야 한다고 생각하지도 않았다. 할 수 있는 한 최선을 다하는 것만이 중요했기 때문이다.

예전에 나는 입버릇처럼 말했다. "뭘 바꾼다는 게 그렇게 쉬운가."

하지만 결정을 내리는 일만큼 쉽다. 마음만 먹으면 언제든 결정을 내릴 수 있다. 그 결정이 효과적이지 않다면 또 다른 결정을 내리면 된다.

# 나는 큰 꿈을 꿀 자격이 있다

우리는 어릴 때 꿈을 크게 가져야 하고 꿈꾸는 대로 뭐든 이룰 수 있다는 말을 들으며 자랐다. 올림픽 금메달리스트가 되고 대통령도 될 수 있다고 말이다. 그리고 우리는 어른이 된다.

사람들은 내가 얼마나 거만한지에 대해 말한다. 지금의 내가 되기까지 얼마나 피땀 흘려 노력했는지를 그들은 모른다. 나는 나 자신을 높게 평가하기 위해 그만큼 열심히 노력했다. 사람들이 나에게 "너는 자만심이 지나쳐. 너는 너무 거만해." 라고 말할 때, 내 귀에는 내가 내 자신을 너무 높게 평가하는 것 아니냐고 나에게 따져 묻는 것처럼 들린다. 나는 그들에게 묻고 싶다. "내가 내 자신을 낮게 평가할 필요가 있다고 말하는 당신은 대체 누군데?"

사람들은 타인에게 자신의 불안을 투사하고 싶어 하지만 나는 그런 사람들을 용납할 수 없다. 자신이 세상에서 최고가 될 수 없을 것 같다고 해서 내가 세상에서 최고가 될 수 있다고 믿는 자신감을 짓밟아서는 안 된다.

빈에서 돌아왔을 때 나는 행복했다. 더 이상 굶지 않아도 되었다. 여러 대회에서 우승을 했다. 멋진 남자친구도 있었다. 한 집에 사는 사람들은 모두 나와 잘 맞았다. 훈련은 여전히 혹독했지만 때로는 재미있었다.

일주일 중에 목요일은 제일 기다려지는 날이었다. 목요일에 하는 훈련 때문이었다.

리틀 지미는 은퇴한 후부터 도장에 있는 날이 많지 않았고 빅 짐은 목요일에 소방서에서 근무했기 때문에 목요일이면 릭 혼이 성인반을 대신 운영했다. 어느 목요일 날 릭이 우리에게 도복을 입지 않고 대련해 보지 않겠냐고 제안했다. 그것은 예상 외로 재미가 있었다. 그때부터 우리는 목요일마다 도복을 입지 않고 대련했다. 우리가 도장에 도착하면 릭이 음악을 틀었고 우리 십여 명은 서로 대련을 했다. 빅 짐은 우리가 목요일마다 도복 없이 대련한다는 사실을 알았지만, 시합에 도움이 된다면 크게 개의치 않았다.

그 후 우리는 '칠리스'에 갔다. 나는 스물한 살이 된 후부터 줄곧 딸기 마르가리타(과일 주스와 테킬라를 섞은 칵테일 − 옮긴이)를 주문했고, 달콤하고 시원한 음료를 천천히 홀짝이며 동료들과 나누는 대화를 즐겼다.

우리가 유럽 경기를 마치고 돌아왔을 때, 페드로 가족 중 한 명이 우리를 집에 초대해 우리가 없는 사이에 방영했던 MMA 경기 녹화 테이프를 틀어 주었다. 우리는 가끔씩 한 집에 모여서 긴장을 풀 겸 MMA 경기를 시청했다. 맥주와 피자도 준비했고, 나도 한 조각을 마음껏 먹었다. 우리가 거실에 모여 앉았을 때 녹화 테이프가 재생되었다. 2월 10일에 열린 경기였다. 내가 파리에서 체중 감량에 실패했던 바로 그날이었다. 나는 MMA를 그다지 좋아하지 않지만 내 동료들은 열광했다. 나와 나의 하우스 메이트 아스마 사리프를 제외한 모두가 그랬다. 그래도 우리가 경기를 시청하는 동안에는 웃으며 긴장을 풀 수 있었다.

주경기에 앞선 언더카드 경기가 시작되었다. 보기에 재미있었지만 특별히 인상적인 경기는 아니었다. 그 뒤 지나 카라노와 줄리 켓지가 케이지 안으로 들어왔다. 나는 좀 놀랐다. MMA에 여자 선수들도 있는 줄 몰랐기 때문이다.

주경기가 시작되자 거실 안은 조용해졌다. 나도 TV 화면으로 몸을 숙였다. 그들은 전력을 다해 싸우고 있었다. 집은 열광의 도가니였다. 나는 그들의 동작과 기술을 하나하나 관찰했다. 선수들의 실수와 그들이 놓쳤던 기회를 분석했다. 그러면서 나는 비록 MMA 선수는 아니었지만 내가 저 둘을 이길 수 있다고 확신했다.

그런데 더 신기했던 것은 여자들의 경기보다 남자 동료들의 반응이었다. 그들은 그 여자 선수들에게 경외심을 품고 있었다. 그 선수들은 아름다웠지만, 케이지 위에서 비키니 차림으로 라운드 피켓을 들고 있는 라운드 걸들에게 보였던 반응과는 달랐다. 라운드 걸들을 스트리퍼처럼 여겼지만, 그 여성 선수들의 매력에 대해 말할 때는 감탄사를 연발했다. 그들의 표정에서 존경심마저 읽을 수 있었다. 날마다 나와 같이 훈련하고 땀 흘렸지만 내가 그들에게서 이런 반응을 얻은 적은 단 한 번도 없었다.

지나 카라노는 3라운드에서 만장일치 판정으로 승리했다. 경기가 끝나자 거실 안 남자들이 그 선수들의 거친 공격에 대해 흥분하며 떠들어댔다. 그들은 경탄했지만, 나는 내가 그 둘을 다 이길 수 있다고 자신했다.

물론 큰소리로 말하지는 않았다. 모두가 나를 비웃을 게 뻔했기 때문이다. 그래서 나는 혼자서만 그렇게 생각했다.

그 후 나는 다가오는 베이징 올림픽을 위해 훈련에 전념했다. 아테네 올림픽에서 진 것이 아직도 분했고, 이번에는 반드시 금메달을 목에 걸고 싶었다. 아침에 눈을 뜬 순간부터 훈련했다. MMA 생각이 불쑥불쑥 날 때는 억지로 밀어냈다.

2007년 봄 어느 날 아침 나는 매사추세츠 웨이크필드에 있는 '홈 디포짓'에 출근하기 위해 길을 걷고 있었다. 보통 릭의 차를 타고 갔지만 교대 근무 시간이 서로 다를 때면 나는 약 2.5km 되는 거리를 팝 음악을 들으며 걸어갔다. 나무에서 잎이 자라나고 있었지만, 뉴잉글랜드의 겨울은 그 기세를 쉽게 누그러뜨리지 않았다. 해가 떠 있어도 공기는 상쾌했다. 후드를 머리에 썼고, 손에는 밝은 오렌지색 로고가 찍힌 앞치마를 들고 있었다. 가급적이면 영업장에 도착할 때까지 몸에 두르고 싶지 않아서였다. 고가도로 1-95 아래를 걷는 동안 '피넛 버터 젤리 타임'에 맞추어 고개를 까딱였다. 나는 유튜브에서 본 그 춤추는 바나나를 상상하다가 나도 모르게 MMA에서 이기고 승리의 춤을 추는 나 자신을 상상하고 있었다. 내 세레모니는 바나나가 어깨와 허리를 엉성하게 흔드는 그 춤 동작과 별반 다를 게 없었다. "어딨어? 어딨어?"

차들이 내 위에서 쌩쌩 지나갔고, 나는 박자에 맞춰 더 빨리 걸었다. 그런 상상을 하니 기분이 좋았다. 유도에서는 승리의 춤을 출 수 없었다. 고개를 숙여 인사하는 것이 다였다. 주먹 세레모니는 인정하는 분위기가 아니었다. 만약 내가 승리의 춤을 춘다면 경기장 안이 뒤집어질 것이다. 그와 달리 MMA는 승리의 춤을 인정해 주는 스포츠 같았다.

경기에서 승리한 후 내 코너맨들에게 둘러싸여 축하를 받는 나 자신을 상상했다.

하지만 이내 그 상상을 밀어냈다. 내가 생각해도 어이가 없었다. 나는 더 실질적인 생각을 하기로 했다. 올림픽에서 승리한 후 연단에 올라 금메달을 목에 거는 나 자신을 상상했다. 미국 국기가 올라가고 미국 국가가 경기장에 울려 퍼졌다. '용자들의 고향에서'라는 대목에서 심벌즈가 쾅쾅 울리는 상상을 하는데 그 와중에도 헤드폰에서 쿵쿵대는 "어딨어? 어딨어?"라는 대목에 맞춰 나는 몸을 흔들고 있었다.

억지로 생각하지 않으려고 해도 소용이 없었다. 결국 나는 마음 가는 대로 내버려두기로 했다. 어느새 나는 8각형 케이지 중앙에 서서 손을 번쩍 들며 나를 둘러싼 관중의 환호에 답하고 있었다. 내 동료들이 TV 화면을 통해 나를 응원하는 상상도 했다.

나는 꿈을 꿀 자격이 있었다. 자칫 허황돼 보여도 큰 꿈을 꿀 수 없다면 꿈이란 게 대체 존재하는 이유가 뭘까?

# 뛰어난 실력은
# 찬사를 불러일으킨다

나는 30개국에서 경기를 하는 동안 여러 번 야유를 받았다. UFC 승리 후에는 늘 야유 가 따랐다. 나는 관중의 환호보다 야유를 받는 일에 더 익숙하다. 나는 팬들이 좋아하는 부류의 선수가 아니다. 내가 지기를 바라는 사람들도 적지 않다.

UFC에서 나는 악당의 역할을 기꺼이 맡아 왔다. 나는 논란의 중심에 서는 걸 마다하지 않는다. 나는 내 생각을 스스럼없이 얘기한다. 그래서 대중의 미움을 사기도 한다. 약자를 더 응원하는 세상에서 나는 늘 우승 후보였고, 늘 이겨 왔다.

그러나 당신이 누구이든, 어느 나라를 대표하든 간에 사람들이 뛰어난 무언가를 당신에게서 본다면, 다른 모든 것은 잊혀지기 마련이다. 감탄을 자아낼 정도로 훌륭한 경기를 펼쳤다면 다른 것은 중요치 않게 된다.

엄마는 세상에서 최고가 되려면 최악의 날에 두 번 이길 수 있어야 한다고 말한다. 물론 그 말이 맞다. 그리고 어떤 날에는 잠에서 깰 때 아무도 날 상대할 수 없다는 확신이 들게 된다. 2007 세계 선수권 대회가 있는 날 아침에 리우데자네이루에서 깼을 때 나는 그런 확신이 들었다. 누구라도 제압할 수 있는 마음가짐이 되어 있었다.

우리는 며칠 전 리우데자이네이루에 도착했다. 그리고 슈퍼 8 모텔의 브라질 버전인 엘 모텔에서 체크인을 했다. 팀 동료들 중 일부는 시설이 별로라고 불평했지만, 내게는 너무 화려할 필요가 없었다. 그래도 USA 유도에서 이번만큼은 적어도 내 방값을 지불해 주었다.

 시합날 나는 일찍 일어났다. 체중 측정을 하러 첫 번째 셔틀버스를 타기 위해서였다. 나는 체중계에 올라가 체중을 확인했다. 정확히 70kg이었다. 그렇다면 별 문제는 없었다. 로비로 내려가는 길에 발레리 고테이와 마주쳤다. 발레리는 나보다 더 낮은 체급에서 경쟁했고, 이미 시합을 마친 상태였다.

 "그 얘기 들었어?" 발레리가 물었다.

 나는 그녀가 무슨 말을 하는지 몰랐다.

 "66kg짜리 남자 선수가 체중을 만들려고 어젯밤 달리다가 칼에 찔렸대."

 "세상에……. 난 지금 체중 재러 가."

 "참 체중계 얘기 들었어?" 그녀가 또 말을 꺼냈다.

 나는 눈을 가늘게 떴다.

 "아니. 뭔데?" 어쩐지 좋은 소식은 아닌 것 같았다.

 "우리 체중계랑 오차가 있어." 발레리가 말했다. US팀의 체중계에서 잰 몸무게가 실제보다 덜 나간다는 말이었다. 공식적인 체중계로 재면 0.4kg 정도 더 나가는 것이었다. 그렇다면 나는 70.4kg이 된다. 체중계에 올랐을 때 정확히 70kg이 안 되면 자격은 곧장 박탈된다. 두 번의 기회는 없었다.

 "이런 젠장!" 나는 가방을 바닥에 내동댕이치며 소리쳤다. 로비에 있던 몇몇 사람들이 내 쪽으로 얼굴을 돌렸다.

 나는 내 방으로 올라가기 시작했다.

 "어디 가?" 발레리가 물었다.

 "내 방에!" 나는 어깨 너머로 외쳤다. "뛰어야겠어. USA 유도는 어째 하는 짓마다 한심하냐."

 나는 방으로 뛰어 들어가 얇은 비닐 소재 운동복으로 갈아입었다. 그 옷은 땀이 배출되는 걸 막고 몸에 열이 나게 해 주어 더 많은 땀을 내게 해주었다. 나는 그 위에 운동복을 껴입고 후드티를 걸친 다음 로비 밖으로 나가 셔틀버스를 지나쳤다. 그리고 측정 장소인 호텔까지 뛰기 시작했다.

 9월이었지만 리우데자이네이루의 하늘에는 해가 쨍쨍 내리쬐고 있었다. 얼굴에서 땀줄기가 흘렀다. 비닐 속 피부에서 땀방울이 맺히고 있었다. 나는 속도를 더 높였다. 그때 그 66kg짜리 남자 선수가 어젯밤 칼에 찔린 장소가 여기라는 생각이 머릿속을 스쳤다.

'날 찌르려는 놈이 있으면 오늘이 바로 제삿날이다.' 나는 이를 악물었다. 지금은 누구의 칼에 찔릴 기분이 아니었다.

코너를 돌자 호텔 간판이 보였고 그 너머에 호화로운 리조트가 펼쳐져 있었다.

"두고 보자." 나는 큰소리쳤다.

USA 유도 간부들은 바로 이 호텔에서 묵고 있었다. 로비로 이어진 정돈된 길을 달려가 문 앞에 이르자 호텔 직원이 문을 열어 주었다. 그와 동시에 시원한 공기가 내 얼굴을 찰싹 때렸다. 체중 측정은 아직 시작되지 않았지만 로비를 가로지르면 보이는 방 안에 체중계가 하나 놓여 있어서 선수들이 미리 체중을 확인할 수 있었다. 나는 체중계 앞으로 걸어가서 운동복과 젖은 비닐복을 벗었다. 체중계에 올랐을 때 내 몸무게는 70.2kg이었다.

나는 으르렁거렸다. 땀으로 절은 비닐복을 다시 입는 것만큼 끔찍한 것도 없었다. 젖은 쓰레기봉투를 뒤집어쓰는 기분이었지만, 그보다 더 심하게도 뚝뚝 떨어지는 것은 물이 아니라 땀이었다. 그것은 입자마자 내 피부에 착 달라붙었다. 나는 비닐복에 운동복을 껴입고 쨍쨍 내리쬐는 태양 아래에서 다시 생크 로드를 달렸다.

로비로 돌아왔을 때 엘리베이터에서 나오는, 내 체급의 일본 여자 선수와 마주쳤다. 그 선수는 이 디럭스 리비에라 리츠 호텔에 묵고 있었다. 그녀는 코치 두 명과 나란히 걷고 있었다. 그들은 분명 상대 선수들의 경기 장면을 면밀히 분석했을 것이고 그녀에게 조언을 주었을 것이다. 그녀는 후원사의 운동복을 입고 또 다른 후원사의 디자이너 가방을 어깨에 멘 차림이었다. 게다가 작은 찻주전자를 손에 들고 있었는데 그것과 어울리는 워머에 후원사의 로고가 찍혀 있었다. 내 두 눈은 휘둥그레졌다.

갑자기 열이 받았다.

USA 유도는 우리에게 그 흔한 운동복을 제공한 적도 없었다. 찻주전자 워머를 바라는 건 꿈도 못 꿨다. 물론 그런 빌어먹을 워머가 있더라도 그것은 엘 모텔에 있기 때문에 그것을 가지러 오려면 생크 로드를 발에 땀이 나도록 달려야 할 것이다. 몸의 근육이 긴장되자 목덜미에 있던 털들이 곤두섰다. 이가 갈렸다. 주먹을 하도 세게 쥔 통에 손톱들이 손바닥을 깊숙이 파고들었다.

'어디 두고 보자. 가루로 만들어 줄 테니.'

비공식적 체중계 앞에서 나는 다시 한 번 비닐복을 벗었다. 정확히 70kg이었다. 이제 로비를 가로질러 체중 측정실로 가야 했다. 바닥에서 널브러진 운동복 더미를 내려다보았을 때 도저히 다시 입을 엄두가 나지 않았다. 그래서 대신 타월을 몸에 두르고 로비로 행진했다. 로비에는 선수들과 대회 관계자들, 코치들, 심판들 그리고 몇몇 관광객들로 가득했다. 내가 지나가자 모두가 일제히 내 쪽으로 고개를 돌렸다. 나는 타월을 한손으로 쥐고 앞을 보며 곧장 걸었다. 만약 내가 가운데 손가락을 허공에 치켜세워도 규정 위반이거나 하는 위험이 따르지만 않는다면 서슴없이 그렇게 했을 것이다.

나는 공식적인 체중 측정실로 향했다. 세계 선수권 대회 주최자들이 모든 선수들에게 줄을 세웠다. 나는 줄 끝으로 다가갔다. 줄 끝에 서서 체중 측정을 마치고 문 밖으로 걸어 나가는 선수들을 노려보았다. 시합이 시작되기만 하면 한 명 한 명씩 철저히 무너뜨려 주겠다고 각오를 불태웠다. 마침내 내 차례가 왔다. 나는 측정을 마친 후에 물을 마시고 호텔로 돌아가는 셔틀버스를 탔다. 시합에 앞서 물건도 챙기고 승리를 위한 준비를 단단히 하기 위해서였다.

유도 선수들 사이에서는 미국인들의 대진 운이 가장 나쁘다는 우스갯소리가 있다. 쉬운 상대와 싸우며 천천히 몸을 풀어야 하는데 미국 선수들의 실력이 하도 바닥이라서 더 쉬운 상대는 없다는 의미에서다. 미국 선수가 1라운드에서 일본 선수와 대결하면 모두가 조소를 보낸다. 일본은 유도 종주국이고, 일본인들은 유도를 매우 진지하게 여긴다. 미국에서 최고의 유도 선수가 되기는 어렵지 않다. 일본에서 최고의 유도 선수가 되려면 그 만큼 견고함을 갖춰야 한다. 일본은 확실히 유도 강국이다. 추첨은 시합이 시작되기 전날 밤 코치 회의에서 이루어진다. 어떤 선수들은 누가 자신의 상대가 될지 추측해 보기도 하지만 나는 상대가 누가 될지 신경 쓰지 않는다.

'어쨌든 다 이겨야 해.' 그러니 상관이 없었다.

그 일본 선수와 나의 시합은 비교적 이른 시각에 열렸기 때문에 관중석은 4분의 1

정도만 채워졌다. 그런데도 일본인 응원단의 환호성은 최고조에 달했다. 응원단장이 뭐라고 외치자 늘 그렇듯이 일본인 팬들은 열띤 함성을 보냈다. 그들의 함성이 나에게 영향을 미친 적은 없지만, 심판들에게는 어느 정도 영향을 미쳤다. 그래서 은연중에 분위기를 살피며 판정에 변수가 될 만한 요소를 찾는 것이 습관이 되었지만 그런 다음에는 그런 함성을 무시했다.

나는 내 맞은편에 서 있는 그녀를 노려보았다.

'망할 주전자 워머.'

나는 난폭한 경기를 펼쳤다. 아마 그 일본 선수에게는 최악의 시합으로 기억될지도 모른다. 일본 선수들은 전통적인 동작에 충실하고 최적의 기술을 구사하는 것에 집중했다. 나는 거칠게 활보하며 그녀를 사방으로 내리쳤다.

나는 그녀를 두 번 메치며 그녀의 온몸으로 매트 바닥을 닦았다. 그리고 '절반'과 '유효'의 득점(유도의 득점은 한판, 절반, 유효, 효과 순으로 판정된다 - 옮긴이)으로 이겼다. 그녀는 무득점이었다.

다음 상대는 일레니아 스카핀이었다. 올림픽 메달을 두 번 딴 경력이 있는 이탈리아 선수였다. 예전에 시합에서 만난 적이 한 번도 없기 때문에 아무것도 예상할 수 없었다. 상대의 팔을 잡는 순간 힘이 어느 정도인지 단번에 느껴졌다. 내가 만난 선수들 중에 가장 강한 듯했다. 강한 선수들과 대결하는 일은 또 다른 차원의 도전이었다. 그들의 손아귀에서 벗어나기란 훨씬 더 어려웠다. 그들이 방어하는 쪽이 그나마 훨씬 나았다.

거만하게 들리겠지만 나는 스카핀이 실제로 겁나지 않았다. 그러나 그녀의 팔을 잡거나 메치기 기술을 시도하기가 쉽지 않았다. 강한 상대에게 압도당한 적은 단 한 번도 없었지만 그들을 통제하기 더 어려운 것은 사실이었다.

나는 초반에 그녀를 메쳐서 '절반'의 득점을 얻었다. 스카핀은 나를 상대로 득점을 얻지 못했다.

뒤이은 준준결승전에서 나는 브라질의 우승 후보 마이라 아귀아와 대결했다. 관중석은 어느새 4분의 3이 채워졌다. 응원단장이 있는 일본 응원단과 달리 브라질 응원단은 무질서했다. 혼란 그 자체였다. 브라질 사람들은 지나치게 열정적이고 열광적

이어서 경적을 요란하게 울려대고 국기를 마구 펄럭였다. 게다가 많은 인력을 동원해 거대한 브라질 국기를 관중석 한가운데에 펼쳐놓았다.

그들은 내가 등장하자 야유했다. 포르투갈어로 "죽어라."를 연호했다. 나는 그들의 반응이 심판들에게 영향을 미칠지 모른다고 우려해서 더 확실하게 승부를 결판내야 한다고 생각했다. 관중들의 야유에 맞서며 경기가 종료되기 30초를 남겨둔 시점에서 그녀를 내리꽂아 한판승을 거뒀다. 내가 매트를 떠나는 동안에도 브라질 팬들은 나에게 거친 야유를 퍼부었다.

준결승전에서 내 상대는 세계 챔피언 에디트 보시였다. 그 네덜란드 선수는 182cm가 넘는 장신에 에잇팩 근육의 소유자였다. 나는 그녀 옆에서 호빗처럼 보였다.

보시와 나는 한 달 전 독일 오픈에서 처음 만났다. 보시가 규칙에 위반되는 암바를 내게 걸어 자격 박탈을 당하면서 자동으로 내가 승자가 되었다. 그 과정에서 그녀는 내 팔꿈치를 탈구시켰다.

내가 70kg 급에서 넘어야 할 가장 큰 산이 있다면 그것은 바로 에디트 보시였다. 영화 속에서 주인공이 다섯 명을 가볍게 물리친 다음 "고작 이 정도냐?"라고 비웃으며 돌아선 순간 맞은편에서 거인이 등장한다. 에디트 보시는 바로 그 거인이었다.

보시는 상대가 나라는 사실에 기뻐했을 것이다. 대진 운이 좋았다고 생각했을 것이다. 하지만 이런 생각을 하는 것도 오늘이 마지막이 될 것이다.

심판이 시작을 선언했다. 그리고 보시가 뭘 했는지 아는가? 독일에서 한 짓을 똑같이 했다. 내 팔꿈치가 다시 탈구되었다. 이번에는 심판의 눈을 피했다.

나는 축 처진 팔꿈치를 보고 고개를 들어 "죽을래?" 하는 표정으로 보시를 노려보았다. 이런 개수작을 다시 부릴 줄은 꿈에도 생각지 못했다. 그러고도 아무 제재를 받지 않은 것이 믿을 수 없었다. 나는 심판을 다시 쳐다보았다. 아무 일도 일어나지 않았다.

소리를 지르고 싶었다. 그러나 논쟁을 해봤자 소용이 없었다. 날카로운 통증이 퍼질수록 정신을 더 가다듬었다. 억울하게 지는 것은 있을 수 없는 일이었다. 세계 선수권 대회 준결승전에서 결코 물러나지 않을 것이다.

나는 이를 악물었다. 왼팔을 긴장시키며 숨을 깊게 쉬었다. 그런 다음 탈구된 팔꿈치 아래를 오른손으로 잡고 있는 힘껏 세게 밀었다. 탁. 관절은 제자리로 돌아왔다. 엄청난 충격이 밀려왔지만 격렬한 고통은 참을 수 있는 수준의 통증으로 서서히 바뀌었다.

나는 보시를 노려보았다. 죄책감이 없는 얼굴이었다. 그 표정을 보니 화가 더 치밀었다. 나는 그녀를 똑바로 쳐다보고 팔을 흔들며 생각했다. "빌어먹을 년. 끝장을 내주겠어."

5분의 시합이 반쯤 지날 무렵에 보시가 나를 상대로 득점을 올렸다. 그리고 다음 2분 동안 나와의 접촉을 피하려고 했다. 경기가 종료될 때까지 시간을 끌려는 수작이었다.

이제 남은 시간은 30초였다. 나는 간절히 빌었다. 고개를 들어 하나님에게 간절히 빌었다.

"하나님, 도와주세요." 나는 애원했다. "제가 잘 이겨낼 수 있게 도와주세요."

시간이 흐르고 있었다.

29초. '제발, 부탁드려요.' 나는 보시의 팔을 잡으려고 시도했다.

28초. '하나님, 제발.' 보시가 내 손을 피했다.

27초. '오, 하나님.' 나는 다시 보시를 움켜잡으려고 시도했다.

26초. '제발이요.' 보시가 메치기를 시도했다.

25초. '제발.' 내가 그 시도를 막았다.

24초. '제발.' 나는 다시 공격을 시도했고 타이밍이 완벽히 맞아떨어졌다.

23초. '제발.' 나는 팔꿈치가 탈구되었던 그 팔로 보시를 잡았다.

22초. '제발.' 나는 몸을 돌려 보시를 바닥에서 끌어올려 내 머리 위로 넘겼다. 그녀의 몸이 붕 뜨며 하나님과 모든 이들의 앞으로 내동댕이쳐졌다.

21초. '제발.' 보시는 바닥에 반듯이 꽂혀졌고, 나는 한판승으로 승리했다.

20초. '오, 하나님, 감사합니다!'

보시는 한동안 얼굴을 숙인 채 꼼짝하지 않았다. 진 것을 도저히 믿지 못하는 눈치였다.

경기장 안은 폭발했다. 모두가 우리의 대결을 숨죽여 지켜보았고, 다윗이 골리앗에게 극적으로 이긴 순간을 목격하고는 입을 다물지 못했다. 모든 관중이 나에게 열띤 환호를 보냈다.

그들의 박수갈채는 내가 누구인지, 어디 출신인지와 관련이 없었다. 그 순간 그것들은 중요치 않았다. 그들은 다만 자신들이 목격한 장면에 감탄했다.

내가 유도 선수 시절에 모두의 환호를 받은 유일한 순간이었다. 영원히 기억에 남을 짜릿한 순간이었지만 계속 기뻐할 수는 없었다. 팔꿈치가 욱신거렸고, 결승전에 정신을 집중해야 했기 때문이다.

결승전에서 나는 프랑스 선수 제브리 에망과 대결했고, 초반에 패널티를 받아 불리해졌다. 에망은 몇 초 후 나를 메쳐서 득점을 올렸는데, 그것이 합법적인 테이크 다운(상대 선수를 재빨리 쓰러뜨리기 – 옮긴이)이었는지 아무리 생각해도 의심스러웠다. 시합이 반쯤 지났을 때 나는 메치기로 득점을 올려서 점수 차를 좁혔지만 심판들이 그 판정을 번복하고 내 상대에게 점수를 주었다. 점수에서 나보다 확실히 우위에 있던 그녀는 남은 시합 내내 내게서 도망치는 데 전력을 다했다. 경기가 종료되기 1분 전에 고의적인 경기 지연으로 패널티를 받았지만 마지막 몇 초까지도 나를 계속 이리저리 피했다.

세계 선수권 대회 우승의 기회는 내 손가락들 사이로 빠져 나갔다. 두 눈을 감을 때에도 심지어 깜박일 때에도 에망이 승리감으로 두 팔을 허공에 휘젓는 모습이 보였다. 나는 나 말고 아무도 비난할 수 없었다. 내가 만든 결과였다. 나는 실패했다. 숨을 쉬기가 힘들었다.

시합이 끝난 후 나는 몇 시간 전 나에게 환호를 보내던 그 관중석으로 올라갔다. 집에 있는 엄마에게 전화해야 했지만 말할 힘이 없었다. 배가 심하게 뒤틀렸다. 나는 관중석 맨 꼭대기까지 올라갔다. 경기장은 거의 텅 비었다. 나는 좌석 맨 끝에 앉아 모퉁이에 등을 대고 무릎을 가슴까지 세운 뒤 소리 내어 울었다. 아빠가 죽은 이후 그렇게 서럽게 운 적은 처음이었다.

# 치열하게 싸워서
# 후회를 남기지 않는다

나는 마지막까지 내 모든 것을 내걸고 싸운다. 설렁설렁하다가 시합에 져 버리면 그것만큼 끔찍한 기분이 들게 하는 것도 없다. 안전하게 가려고 요령을 부리는 것은 내 성미에 맞지 않다. 차라리 운명을 건 승부수를 던지는 모험을 택할 것이다. 나중에 땅을 치고 후회하느니 후회 없는 경기를 치르고 싶다. 나는 심판들이 내 편이 되어 줄 거라는 기대를 버린 지 오래다. 내가 던질 수 있는 승부수가 조금이라도 남아 있다면 나는 내 모든 것을 기꺼이 내걸고 싸울 것이다.

지고 나서 괜찮을 리가 전혀 없지만 최선을 다하지 않아서 혹은 요령을 피우다가 졌다면 그것은 자부심에 금이 가는 일이다. 나는 지금까지 그런 식으로 지지 않았다.

리우데자이네이루에서 돌아온 후 나의 모든 에너지는 베이징 올림픽에 집중되었다. 앞으로 올림픽까지 1년의 기간이 채 남지 않았다. 올림픽을 위해 훈련하지 않을 때는 올림픽에 대해 생각했다. 내 체급에서 내가 이길 수 없는 상대는 단 한 명도 없었지만 상대하기 어려운 선수는 몇 명 있었다. 보시도 그들 중 한 명이었다. 쿠바 선수들도 늘 어려운 도전이었다. 그들은 베일에 가려져 있어서 올림픽팀이 발표될 때까지 내가 어떤 선수들과 싸우게 될지 전혀 예상할 수 없었지만, 70kg급 선수들의 기량은 매우 놀라웠다. 테이크 다운을 시도하기 위해 상대의 다리를 반복적으로 공략하는 것이 그들의 주특기였다. 그들은 상대의 취약함을 빠르게 포착해서 공격을 퍼붓는다. 나는 어떤 공격에도 굴하지 않도록 힘을 기르는 데 전념했다.

나는 아테네에서 매트에 내려온 순간 내가 정한 단 하나의 목표대로 지금껏 살아왔다. 그것은 바로 올림픽에서 이기는 것이었다. 그 목표가 나를 움직였다.

올림픽에 데뷔한 이후 나의 상황은 많이 바뀌었다. 2004 아테네 올림픽에 출전하기 위해 내가 정신적·육체적 훈련을 한 시간은 약 4개월이었다. 그때 나는 국제적으로 알려져 있지 않은 무명의 선수였다. 4월에 성인 전국 대회에서 이기고 무릎 수술에서 완전히 회복되기 전까지만 해도 그저 올림픽팀의 일원으로만 여겨졌다. 그 후 나는 베이징 올림픽을 위해 4년의 준비 기간을 보내고 있었다. 나는 내 체급에서 세계 5위 안에 드는 우승 후보로 부상했다. 더 이상 무명의 선수가 아니었다. 국제 대회 수상 경력이 화려했고, 미국 유도 역사상 나와 비견할 만한 경력을 쌓았던 여자 선수는 오로지 한 사람, 엄마뿐이었다.

2004년에 사람들은 궁금해 했다. "론다가 올림픽 예선전에서 이길 수 있을까?" 2008년에 그 궁금증은 이렇게 바뀌었다. "론다가 올림픽에서 이길 수 있을까?" 1992년에 유도가 공식 스포츠 종목이 된 이후 올림픽에서 메달을 딴 미국 여자 선수는 아무도 없었다. 나는 미국 유도의 가장 큰 기대주였다.

중국 공항에 내리자마자 제일 먼저 눈에 띈 것은 시내를 뒤덮은 스모그였다. 공기가 탁해서 숨쉬기가 힘들었다. 나중에는 피부에 한 겹의 검댕이가 달라붙은 느낌이었다. 더위 때문에 상황은 더 심각했다.

그래도 경기장과 건물은 모두 최신식이었다. 아테네에서는 일정에 쫓기느라 대충 지은 흔적이 곳곳에서 보였다. 돌을 깔지 못하고 그대로 남겨둔 흙길이나 인공 강으로 만들려다가 중단되어 절반쯤 파다만 도랑 등이 그랬다. 베이징의 선수촌은 모든 게 다 새것이었다. 꽃잎 하나까지도 제자리를 벗어나지 않았다. 기숙사 건물은 고급 아파트를 연상케 할 정도로 훌륭한 외관에 고층이었다.

때로는 너무 완벽해서 인공적으로 보였다. 그 도시를 걷다 보면 의외의 곳에 커다란 옥외 광고판이 설치되어 있는데 그 너머에 버려지고 악취 나고 쓰레기가 넘쳐나는 빈민가가 숨겨져 있었다.

개막식 날 날씨는 무덥고 습했다. US 올림픽 위원회가 우리를 위해 준비한 의상은 콤비 상의와 긴 소매에 단추를 목까지 채우는 셔츠, 긴 바지, 뉴스보이 캡(1950년대에 신문을 돌리는 어린 소년들이 쓰던 모자라고 해서 붙은 이름 - 옮긴이), 스카프 모양의 애스콧 타이였다. 나와 팀 동료들이 스카프를 벗으려고 하자 US 올림픽 위원회 관계자가 우리를 제지했다.

"다시 두르세요. 랄프 로렌이 지켜보고 있어요." 마치 문제아들을 대하듯 우리에게 나직이 경고했다.

"이걸 중국에서 이 더위에 두르라고 디자인했대요?" 내가 따져 물었다.

그녀는 나를 째려보았다. 나는 개의치 않았다. 패션업체의 포상이나 받으려고 여기 온 것은 아니니까. 내가 여기에 온 이유는 올림픽 금메달을 따기 위해서였다.

나는 개막 경기에서 투르크메니스탄 선수와 시합할 예정이었다. 내가 전혀 모르는 선수였다. 우리 선수는 코치들, 바구니 든 자원봉사자들과 나란히 서 있었다. USA 유도 코칭 스태프 중에서 내가 유일하게 존경하는 이스라엘 헤르난데즈에게 고개를 돌렸다.

"Todo es fe, 론다." 스페인어를 잘 알지 못하지만 그가 자주 하던 말이었다. "자신을 믿어, 론다."

"알아요." 내가 말했다.

시합 초반에 나는 그녀를 메치기로 내리쳤고, 1분이 조금 지난 후에 그녀를 강하게 제압해서 한판승을 거뒀다. 이것은 워밍업에 지나지 않았다.

다음 라운드에서 폴란드 선수 카타르지나 크위스와 대결했다. 그녀도 내 앞길을 막을 수 없었다.

2분 정도 지났을 때 그녀가 메치기를 시도했지만 이내 내 공격을 막기 위해 빠르게 무릎을 꿇었다. 나는 좋은 기회를 포착하고 그녀 위로 뛰어들었다. 그녀가 매트에 고꾸라지는 순간 그녀의 등을 덮쳤다. 그녀의 왼팔을 잡으려고 손을 뻗었다. 그녀는 내 손에 잡히지 않으려고 팔을 안으로 당겼다.

나는 그녀를 반듯이 눕게 하려고 몸을 굴렸다. 그녀는 일어나서 빠져나가려고 안간힘을 썼지만 어림도 없었다. 그녀는 몸통을 돌려서 얼굴을 매트 바닥에 붙였다. 다시 일어나려고 애썼다. 나는 내 다리로 그녀의 가슴을 파고들었다. 그녀가 몸을 비틀었지만 나는 틈을 주지 않았다. 그녀는 내게서 벗어나려고 또 다른 시도를 했지만 내가 그녀의 다리를 엇갈리게 밀어서 다시 몸을 굴려 그녀를 반듯이 눕게 했다. 그녀는 끝이 다가오고 있다는 걸 느끼며 두 손을 맞잡았다. 나는 한쪽 다리를 그녀의 목에 걸치고 다른 쪽 다리를 그녀의 가슴에 걸친 다음 그녀의 왼팔을 잡아당겼다. 두 손이 떨어지기 시작했다. 나는 더 세게 당겼다. 마침내 두 손이 서로 떨어졌다. 나는 내 몸을 뒤로 돌려 그녀의 팔을 내 다리 사이에 끼우고 내 등을 구부리기 시작했다. 그녀는 빠르게 바닥을 두드렸다.

그리하여 나는 준준결승전에 올랐다.

나는 매트를 떠나 다음 상대가 누구인지를 확인했다. 블록체로 쓰여 있는 이름은 에디트 보시였다.

리우데자이네이루에서 열린 세계 선수권 대회 이후 11개월 만이었다.

'다시 만났군.' 제임스 본드의 악당처럼 나는 혼잣말로 중얼거렸다.

심판이 "하지메(시작)"을 선언하자마자 보시가 내 멱살을 잡으려고 팔을 뻗으며 얼굴에 주먹을 날렸다. 나는 통증을 느꼈지만 타격을 입는 법을 알았다. 그녀는 멱살을 잡을 것처럼 팔을 뻗었지만 내 얼굴에 잽을 넣었다. 그러고는 또 다시 내 얼굴을 가격했다. 심판들은 신경 쓰지 않았다. 아무런 제지가 없었다. 나는 다시 내 얼굴로 향하는 그녀의 손을 잡아 공격을 막았다. 5분 동안 나는 내 모든 것을 내걸고 싸웠다. 가차 없이 보시를 몰아붙였다.

5분이 지나도록 승부를 가리지 못해 결국 5분의 연장전에 돌입했다. 먼저 점수를 얻는 사람에게 승리가 돌아가는 골든 스코어 제도였다. 연장전에서 아무도 점수를 얻지 못하면 심판들의 판정으로 승부를 가리게 된다.

남은 시간은 1분이이었다. 나는 심판들이 나에게 유리한 판정을 줄 것이라고 믿지 않았다. 내 마음 한구석에서 엄마가 말하는 소리가 들렸다. "심판들에게 결정권이 가면 이미 남의 손에 넘어간 거니까 져도 어쩔 수 없어."

아직 한두 번의 기회가 더 있었다. 나는 다시 공격을 시도했다. 보시가 피했다. 나는 다시 시도했다. 이번에는 메치기 기술로 공격했다.

보시가 그 공격에 맞섰다.

우리는 매트에 떨어졌다.

관중이 함성을 질렀다. 나는 내가 이겼다고 생각했다. 그런데 심판이 보시에게 손을 들어 주었다. 우리는 고개 숙여 인사하고 몸을 돌려 매트 밖으로 걸어 나갔다. 그녀는 승리의 주먹을 쥐었다. 나는 두 다리로 몸을 지탱하기가 버거웠다. 매트 가장자리에 이르러 다리가 후들거렸다. 이스라엘이 나에게 두 팔을 벌렸고, 나는 그에게 쓰러지듯 안겼다.

나는 워밍업실로 돌아가 흐느꼈다. 뜨거운 눈물이 두 뺨을 타고 흘러내렸다. 심장이 떨어져 나갈 것 같았다. 그 순간 머리를 세게 맞은 것처럼 정신이 번쩍 들었다. 망연자실하던 내 마음에 엄청난 분노가 일기 시작했다. 내 몸의 모든 세포가 재정렬하는 것 같았다. 한순간에 모든 것이 바뀌었다.

나는 빈손으로 이 염병할 경기장을 떠나지 않겠다고 굳게 결심했다.

나는 패자부활전으로 갔다. 첫 번째 상대는 알제리 선수였다. 그녀는 접전 끝에 몇 점 차로 보시에게 졌다. 나는 이 시합을 질질 끌 생각이 없었다. 초반에 메치기를 해서 '유효' 득점을 얻었다. 그 정도로는 부족했다. 이겨야 했다. 30초 후 나는 그녀를 넘어뜨려 누르기를 시도했다. 빠져나가려고 안간힘을 썼지만 내가 그녀의 등을 힘껏 눌렀다. 그녀는 몇 번 더 발버둥을 쳤지만 이윽고 잠잠해졌다. 나는 5초 동안 더 그녀를 눌렀고 그녀는 체념한 듯 가만히 제압을 당했다. 이어서 심판이 한판승을 선언했다. 승리는 지난 시합의 패배를 설욕해 주지 못했지만, 내가 다음 시합에 집중하게 해 주었다.

다음 시합은 동메달을 향한 준결승전이었다. 내가 헝가리 선수를 너무 심하게 내리치는 바람에 손가락에 멍이 생겼다. 그녀가 매트에 떨어질 때 쿵 하는 소리가 하도 커서 관중석에서도 크게 울렸다고 나중에 엄마에게서 전해 들었다. 그래도 한판승만으로 부족했다. 금메달을 잃은 상실감을 이렇게라도 풀고 싶었다.

나와 동메달 사이에 선수가 한 명 더 있었다. 독일 선수 아네트 뵘이었다. 뵘은 아테네 올림픽에서 동메달을 땄고, 이번에도 분명 메달을 노렸다. 이 시합의 결말은 두 가지 중 하나였다. 내가 연단에 오르거나 매트에서 죽는 것. 매트로 향하는 내 모습은 파괴하는 것이 프로그래밍된 사악한 로봇 같았다. 내 두 눈은 연신 뵘을 좇고 있었다.

심판이 "하지메"를 선언했다. 우리는 이미 여러 국제 시합과 트레이닝 캠프에서 만난 적이 있기 때문에 서로를 탐색할 필요가 없었다. 우리는 곧바로 경기를 시작했다.

34초 후 나는 뷤을 내 엉덩이 위로 던져 '유효' 득점을 올렸다. 사실 '절반'이었어야 했지만 어쨌든 내가 앞지르고 있었다. 시합은 아직 끝나려면 멀었다. 만약 점수에 연연하는 선수라면 이때가 요령을 부릴 절호의 기회였다. 나와 메달 사이에 4분하고도 26초의 시간이 남았다. 이럴 때 필요한 것은 상대를 피해 다니며 건성으로 메치기 기술을 걸거나 하는 것일지도 모른다. 그러나 근소한 차이에 만족하며 지연 작전을 펼쳐서 어떻게든 점수를 지키려는 시도는 내 신념에 반하는 행동이었다. 나는 이 메달을 따기 위한 과정에서 영혼의 일부를 잃었지만 그렇다고 메달을 손에 넣기 위해 내 영혼을 팔고 싶지 않았다. 4분 20초 동안 나는 초반처럼 가차 없이 그리고 집요하게 그녀를 몰아붙였다. 나는 내 방식대로 선두를 지켰다. 마지막으로 7초를 남겨두고 심판이 잠깐의 휴식을 선언했다. 나는 시계를 흘끔 보았다. 그리고 머릿속으로 계산을 했다. 내가 뷤을 이리저리 피해 다니면 승리는 보장되었다. 다시 맞붙으면 뷤이 필사적으로 기회를 노릴 것이 분명했다. 심판이 경기 재개를 선언했다.

나는 피하기로 했다.

상대를 앞질렀다고 해서 시합 내내 피하는 전략을 취하는 것은 올바르지 않다고 믿지만, 스스로 멍청이가 되는 것도 용납할 수 없었다. 경기가 종료되기 3초 전에 나는 경기 지연 패널티를 받았다. 그리고 시간은 끝이 났다.

타이머가 울렸다. 기쁨과 안도의 물결이 밀려왔다. 나는 무릎을 꿇었다. 관중의 함성이 폭발하듯 울렸다 "USA! USA!" 열한 명 정도가 외치는 연호 소리가 귀청이 터질 것처럼 크게 들려 왔다. 마치 누가 조명을 켠 것처럼 경기장 안이 환하게 밝아졌다.

심판이 나를 향해 오른손을 들었다. 뷤과 나는 악수를 했다. 그녀가 매트 밖으로 걸어 나가는 동안 나는 승리감에 젖어 두 손을 번쩍 들었다. 그러고는 몸을 굽혀 매트 바닥에 대고 입맞춤을 했다. 이어서 매트 밖으로 달려 나가 이스라엘의 팔에 안겼다.

나는 관중석을 두리번거리며 엄마를 찾았다. 엄마는 미국 국기를 흔들며 서 있었다. 그 국기는 엄마가 간신히 들고 있어야 할 정도로 컸다.

아빠의 장례식 날 아빠의 관에 놓여 있던 그 국기가 13년 후에 펼쳐져 엄마의 손에서 펄럭이고 있었다.

아빠는 내가 세계의 가장 큰 무대에서 활약하게 될 거라고 믿어 의심치 않았다. 엄마가 그 국기를 들고 있는 모습을 보니 우리 모두가 함께인 것 같은 느낌이 들었다.

비록 금메달을 따지 못했지만, 3위에 오른 것만으로도 내가 미처 예상치 못한 성취감이 느껴졌다. 3위를 하고도 이토록 기쁜 적은 이번이 처음이었다.

그러나 여전히 공허감을 느꼈다. 내가 오랫동안 꿈꾸었던 금메달을 따지 못했기 때문이다.

나는 지금도 금메달을 따고 싶은 미련을 버리지 못했다. 그 미련이 아마 평생 나를 따라다닐 것이다. 하지만 시합 그 자체에 대한 미련은 없었다. 내가 다른 기술을 썼더라면 어땠을까 하는 생각은 들지 않았다. 나는 전혀 후회하지 않았다. 결전의 순간 마지막 승부수를 던져야 했다. 나는 올바른 결정을 했다. 그러나 올바른 결정도 가끔 효과가 없을 때가 있다.

# 이 상황이 내 현실이지만 내 삶은 아니다

마음의 갈피를 못 잡고 혼란스러울 때가 있다. 애써 노력한 보람도 없이 내 삶이 엉망진창인 것처럼 느껴진다. 단지 육체적으로 힘든 게 아니라 자존심에 금이 가고 자신이 초라하게 느껴질 때가 있다. 만약 주위의 누가 이런 시기를 겪고 있다면 자신에게 이런 시기가 오지 않은 것만으로 다행이라고 생각하게 될 것이다. 나도 그런 상황에 처했다. 하지만 그 상황이 영원히 계속될 거라는 생각은 하지 않았다. 돌이켜 보면 이때의 경험이 내 인생에서 어떤 한 부분을 차지할지 몰라도 내 인생을 결정짓지는 않았다.

나는 연단에 서서 미국 국기가 세 번째 위치에서 서서히 올라가는 장면을 바라보았다. 올림픽은 끝이 났지만 내 마음은 홀가분하지 않았다.

시상식 다음 날 나는 선수촌 내 방에 있었다. 늦은 아침이었고 침대에 가만히 앉아 있는데 갑자기 심장이 빠르게 뛰기 시작했다. 숨을 쉴 수가 없었다. 원인 모를 죄책감과 불안감이 밀려왔다. 무슨 잘못을 저지른 것 같았지만 그게 무엇인지 기억할 수 없었다. 공포감이 엄습하면서 무언가 단단히 잘못되었고 내가 멍청이 같다는 느낌을 지울 수가 없었다.

나는 동메달을 목에 걸고 베이징에서 돌아왔지만 내게는 집도, 직업도, 희망도 없었다. 게다가 남자친구도 없었다.

밥과 나는 올림픽 전에 잠시 헤어지기로 했다. 사실 그것은 밥의 생각이었고, 장거리 연애에 피로감을 느낀 모양이었다. 로스앤젤레스에 돌아오면 밥과 다시 진지하게 얘기를 나누고 싶었다. 그러나 집에 돌아가 그에게 전화를 했을 때 나는 충격적인 이야기를 들었다. 밥은 여자친구와 함께 나를 응원했다고 말했다. 가슴에서 무언가가 빠져나간 기분이었다.

무언가 불공평하다는 느낌이 강하게 들었다.

나는 동메달 상금으로 US 올림픽 위원회로부터 10,000달러를 받았다. 세금을 제하면 6,000달러 정도가 되었다. 그 돈으로 4도어 세단 혼다 어코드 중고차를 샀다. 그리고 직업을 구하러 다니는 동안 엄마 집에서 얹혀 지냈다.

그 후 해적을 테마로 한, '레드우드'라는 이름의 술집에서 바텐더 일을 하게 되었다. 첫 2주 동안은 일이 익숙지 않아서 살얼음을 밟는 기분이었다. 어느 날에는 지각을 하는 바람에 근무 시간을 다 채우지 못한 적도 있었다. 매니저는 내게 주말에도 출근하라고 했다. 그의 메시지는 분명했다. '안 오면 넌 해고야.'

나는 볼드윈 파크에서 유도장을 운영하는 코치와 주말에 그 지역에서 열리는 퍼레이드 행사에 참가하기로 약속을 했었다. 그 유도장은 내가 처음 유도를 시작했던 곳이고 그는 엄마의 친구였다. 그가 나에게 행사에 참가해 달라고 계속 설득했었다.

나는 해고되고 싶지 않았다. 특히 내가 원치 않는 퍼레이드 때문이라면 더더욱 싫었다. 그래서 지배인에게 알겠다고 하고 퍼레이드 사람들에게는 아무 말도 하지 않았다. 휴대전화 화면에 그들의 번호가 뜰 때마다 곧장 음성메시지로 연결했다. 그들이 날 잊어 주기를 바랐다. 그때 나의 첫 번째 유도 코치였던 블링키 엘리잘드가 전화를 주었다. 나는 그에게 상황을 설명했다. 그는 내 상황을 이해해 주었지만, 다른 사람들은 그렇지 않았다.

토요일 교대 근무를 마쳤을 때 휴대전화를 확인해 보니 엄마에게서 부재중 전화가 여섯 통 와 있었다. 내가 전화기를 옷 주머니에 넣을 때 엄마에게서 일곱 번째 전화가 왔다. 나는 주저하다가 받았다. 엄마가 공격적으로 쏘아붙였다. 어떻게 펑크 낼 생각을 할 수 있냐고 다짜고짜 따졌다.

나는 뱃속이 뒤틀렸다. 아무 말도 할 수 없었다. 엄마는 나에게 단단히 화가 나 있었다. 나도 화가 나서 집에 가고 싶은 마음이 없었다. 할리우드로 운전해서 어느 바에 들어가 혼자 술을 마셨다. 이제 엄마 집에 돌아갈 수 없다는 걸 깨달았다. 그러나 갈 데가 없었다.

'난 집 없는 올림픽 메달리스트야.' 나는 혼잣말로 중얼거렸다.

몇 시간 후에 나는 피자를 샀다. 그리고 내 차 뒷좌석에서 먹었다. 먹고 나서는 몸을 웅크리고 누웠다. 다음 날 아침 차 안은 피자 냄새로 진동했고 목에서 심한 경련이 왔다.

한낮이었다. 나는 여전히 뒷좌석에 누워 땀을 흘리며 천장을 빤히 올려다보았다.

급료를 받을 때까지 이틀 밤을 차 안에서 잤다. 나는 돈을 은행에 예금한 후 집을 보러 다녔다. 하루가 거의 지날 무렵 내가 살 원룸 아파트를 하나 정했고 임대차 계약도 맺었다.

드디어 내가 살 공간이 생겼다. 자동차에서 아파트로 한 단계 올라선 것이다. 원룸의 면적은 3.6×3.6m였고, 욕실에 세면대가 있지만 싱크대는 없었다. 게다가 벽에서 떨어져 나갈 것처럼 달랑거렸다.

입에 풀칠을 하려면 직업을 두 개 더 구해야 했다. 그래도 생활은 빠듯했다. 나는 일리노이주 크렌쇼에 있는 '더 코르크'라는 이름의 칵테일 바에서 웨이트리스로 일했고, 일요일마다 새벽 근무도 했다. 그런 다음 몇 시간 쪽잠을 자고 일어나 말리부에 있는 고급 음식점 '글래드스톤스'에서 바텐더 일을 했다.

때로는 변기가 막혀서 직접 뚫어야 할 때도 있었다. 녹초가 되어 집에 돌아오면 기분이 바닥을 쳤다.

상황이 이보다 더 나빠질 리는 없을 것 같았다. 언젠가는 집에 돌아와 주위를 둘러보며 나 자신에게 다짐했다. 이 상황이 영원히 계속되지 않을 거라고. 언젠가는 반드시 더 좋아질 거라고. 나는 더 나은 존재가 될 거라고. 내가 어떤 모습이 될지는 나 스스로 만들어 나가야 했다.

# 행복의 조건

2004 올림픽에서 클라우디아 헤일에게 진 뒤로 몇 년 동안 나는 그녀에게 적대감을 품었다. 내가 메달을 따기만 했어도 모든 것이 더 나아졌을 거라는 생각이 들어서였다.

몇 년 후 클라우디아 헤일은 건물에서 뛰어내려 자살했다. 나는 큰 충격에 빠졌다. 내가 그녀에게 화가 났던 이유는 그녀가 올림픽 메달뿐만 아니라 내 행복까지도 앗아간 것 같아서였다. 나와 달리 메달의 주인공은 승리감과 행복감을 만끽하며 살 줄 알았다. 그러나 클라우디아는 그 메달을 획득한 뒤에도 여전히 그 무엇 때문에 불행함을 느꼈다. 그녀가 죽을 무렵 나도 올림픽 메달을 땄다. 그리고 빠르게 깨달았다. 메달이 주는 행복이 크지 않다는 사실을.

베이징에서 돌아왔을 때 나는 휴식을 취하기로 결심했다. 올림픽을 위해 지난 1년 동안 많은 것을 희생하며 보냈다. 내가 뭘 원하는지 정확히 몰랐지만 변화가 필요하다는 사실은 알았다. 몸을 단련하고 올림픽의 꿈을 좇는 일이 더 이상 행복하지 않았다. 나도 평범한 삶을 살고 싶었다. 나만의 집에서 개를 키우고 가끔씩 친구들을 초대해 파티도 열고 싶었다.

2008년 말에서 2009년 초에 나는 아무것도 열망하지 않았다. 내 계획은 이랬다. 술을 진탕 마시고 운동하지 않고 그 동안 못해본 것들을 해보는 것이다. 나는 1년 동안 유도를 하지 않을 생각이었다. 틀에 짜인 생활과 막중한 책임감에서 벗어나 내가 원하는 무언가를 하며 변화를 추구하고 싶었다.

내가 원하는 것들 중 하나는 애완견이었다. 그중 '아르헨티나 마스티프'로 불리는 도고 아르헨티노나에 마음이 갔다. 하얀 털에 아름답고 몸집이 큰 품종이며, 한밤중에 화장실에 가다가 모르고 밟아도 다칠까 봐 걱정하지 않아도 되었다. 나는 많은 걸 바라지 않았다. 암컷 한 마리를 키우고 싶었다.

마침 샌디에이고에 사는 한 부부가 도고 아르헨티노 새끼 강아지들을 분양하고 있었다. 그들은 내게 새끼 암컷 두 마리의 사진들을 이메일로 보내주었고, 덩치가 커서 도그쇼(애완견의 외모와 체력, 품성 따위를 겨루는 대회 – 옮긴이)에 나갈 개로 키우기 어려울 것 같아 저렴한 가격으로 분양하고 있다고 했다.

나는 첫 번째 첨부 파일을 클릭했다.

"내가 찾던 강아지야."

다른 사진을 열 필요도 없었다. 내 마음에 쏙 드는 강아지였다. 그날 당장 강아지가 쓸 침대와 사료며 장난감 등을 구입했다.

3일 후에 나는 내 강아지를 데리러 샌디에이고로 갔다. 그 사육자 부부는 도심지를 벗어난 한 주택가에 살고 있었다. 그들은 열린 차고에서 강아지의 모견과 함께 나를 기다리고 있었다. 그 개는 한눈에 봐도 정말 근사했다.

그때 아내가 내 강아지를 데려왔고, 나는 나도 모르게 탄성을 질렀다. '이 아이야. 이 아이가 내 강아지야.'

"안아 봐요." 그들이 말했다.

나는 강아지를 조심스럽게 안았다. 강아지는 졸린 듯이 눈을 반쯤 뜨고 내 가슴에 코를 비비더니 다시 잠에 빠졌다. 크고 통통하고 하얀 강아지였다.

"하나도 안 커. 정말 완벽해." 나는 강아지에게 속삭였다.

그리고 모찌라는 이름을 지어 주었다. 모찌는 일본에서 인기 있는 공 모양의 찰떡 아이스크림이었다. 모찌는 그 이름에 걸맞게 무척이나 달콤하고 사랑스럽고 다정하고 충성스러운 개가 되었다. 그때부터 내 인생에서 나에게 가장 큰 위안을 주는 존재가 바로 모찌였다. 나는 단숨에 모찌와 사랑에 빠졌다. 그러나 또 다른 생명체를 키우기 위해서는 신경 써야 할 것들이 제법 있었다.

모찌를 집으로 데려간 첫날 밤은 모찌가 엄마와 떨어져 지내는 첫날이었다. 모찌는 밤새 울었다. 그 모습이 보기에 안쓰러워서 나는 모찌를 내 침대에서 자게 했다.

"이번 한 번뿐이야, 모찌." 내가 말했다.

모찌는 몇 주 동안 내 침대에서 나와 같이 잤다. 그러던 어느 날 아침 나는 몸을 뒤척이며 잠에 겨운 눈을 떴다. 모찌는 내 옆에서 이미 깨어 있었고 머리를 자기 발에 갖다 댄 채 눈을 말똥거렸다.

"잘 잤니?" 나는 마치 아기에게 대하듯 모찌에게 속삭였다.

모찌는 내가 깨자 머리를 들었고 입을 벌려 세탁 바구니에서 씹어 먹은 내 속옷을 토했다.

애완견을 키우면서 깨달은 건 생명체를 돌보는 일에 얼마나 많은 정성과 책임이 따르는가 하는 것이었다. 나는 내가 버는 돈의 35달러를 탁견소에 꼬박꼬박 지불했다. 그것은 그해에 내가 책임감 있게 내린 유일한 결정이었다.

나는 일하러 가는 길에 담배를 한 대 피우며 아침을 시작했다. 내 선택은 늘 카멜 멘솔이었다. 모찌를 탁견소에 맡긴 후 말리부로 향하는 태평양 연안 고속도로에서 멘솔을 피웠다. 글래드스톤스에 도착하면 바 뒤에 가서 '버락 스타처럼 파티를'이라고 내 마음대로 이름 붙인 칵테일을 한 잔 만들었다. 그 당시 버락 오바마가 대통령으로 당선되었고 칵테일 재료들은 모두 어둠과 빛을 연상케 했다. 맛은 맛있는 아이스 모카와 보드카가 섞인 맛이었다. 나는 아침 내내 앉아서 그 음료를 조금씩 홀짝였다.

---

## 버락 스타처럼 파티를

에스프레소 2잔

스톨리 바닐라 1잔(혹은 2잔)

칼루아 1잔

베일리스 1/2잔

코코아 파우더 1테이블 스푼

우유 아이스크림 2컵 (우유 아이스크림과 일반 시럽을 반반씩 섞어도 된다.)

재료들을 얼음과 함께 혼합한다. 흔들어서 섞는다. 즐긴다. (나는 그러지 못했지만 부디 즐겨 주세요.)

**바텐더의 팁 :** 1잔이 어느 정도인지 모르겠다면 부으면서 넷까지 세요.

---

일요일마다 힙합 프로듀서 두 명이 투르 드 프랑스(프랑스에서 매년 열리는 국제 사이클 도로 경기 – 옮긴이) 경주용 자전거를 타고 와서 서프 앤 터프(쇠고기 스튜에 찐 바닷가재를 얹은 요리 – 옮긴이)와 캐딜락 마르가리타를 주문했다. 그들은 나에게 현금 30달러와 일주일 동안 피울 수 있는 양의 마리화나를 팁으로 주었다. 평일에는 단골 손님들 중 한 명이 종업원들에게 마약성 진통제인 바이코딘을 팔았고, 현금과 알약이 오가는 것을 묵인해 준 대가로 내 주머니에 알약 한두 개를 슬며시 찔러 주었다.

바이코딘이 암거래되는 동안 나는 정오에 바다를 내다보며 위스키를 마시고 파도 속에서 헤엄치는 돌고래들을 구경했다. 바 위에 설치된 TV에서는 스포츠 영상들을 계속 틀어 주었는데 특히 MMA 하이라이트 장면들이 내 관심을 끌었다.

"나도 저 정도는 할 수 있어요." 나는 큰소리쳤다.

그러면 다들 내 비위를 맞추느라 고개를 끄덕였다. 아무도 나를 믿지 않는 것이 분명했다. 그들이 보기에 나는 내 커리어와 전혀 무관한 일을 하며 인생을 낭비하고 있었다.

나는 올림픽을 위해 그 동안 너무 많은 것을 견뎠다. 고생 끝에 얻은 메달은 나에게 더할 나위 없는 영광이 될 것이라고 믿었다. 그런 만큼 충분히 가치 있는 일이라고 생각했다. 물론 승리의 영광은 더없이 컸지만 많은 것을 희생할 만한 가치가 있는지는 의문이 들었다. 그런 의문이 나를 혼란스럽게 했다. 나는 어렸을 때부터 올림픽 대회에 나가는 꿈을 꾸었다. 그리고 소원대로 올림픽 메달을 땄지만 그 결과는 내가 기대한 바와 달랐다.

실망감이 나를 끊임없이 괴롭혔다. 나는 어떻게 해야 할지 몰랐다. 이만하면 됐다고 자족할 수 있었지만 여전히 행복하지 않았고 그 이유를 나 스스로도 몰랐다. 내가 무언가를 잃은 채 인생을 살아 온 것 같았다. 그것이 무엇인지 모르겠지만, 내가 놓친 무언가가 있었다.

# 중요하지 않은 정보는 무시한다

시합을 하는 동안 내 머릿속에서 인지하는 것은 수십 가지가 넘는다. 관중의 함성. 조명의 밝기. 경기장의 온도. 케이지 안의 움직임. 내 몸이 느끼는 통증. 아마추어 선수라면 이미 이 모든 것에 압도됐을 것이다.

나의 뇌는 이 모든 정보를 흡수하지만 그중에서 오직 중요한 것들만 처리한다. 내 등과 케이지 사이의 거리. 내 상대가 만드는 동작. 상대가 호흡하는 방식. 주먹으로 상대의 얼굴을 강타할 때 가해지는 충격. 그러나 시합의 승패와 무관하게 내 주위에서 일어나는 것들은 무시한다.

이 세상 모든 것이 정보다. 정보를 받아들이느냐 무시하느냐는 우리 자신의 선택에 달렸다. 우리의 통제 밖에 있는 것들에 대해 더 이상 관심을 갖지 않을 수 있다. 통증을 느끼는 근육으로 하여금 우리의 행동을 지배하게 할 수 있다. 침묵이 우리의 기분을 불편하게 할 수 있다. 한편 중요한 정보에 집중한다면 목표에 방해가 되는 것들을 무시하며 목표를 향해 더 멀리 나아갈 수 있다.

나는 내 인생을 어떻게 살아야 할지에 대해 끊임없이 고민했다. 바텐더 일에 만족하고 싶었지만 앞으로 몇십 년 동안 칵테일을 만들 생각을 하니 그다지 만족스럽지 않았다.

유도를 하는 동안 나는 행복하지 않았다. 그러나 유도를 하지 않는 동안에도 행복하지 않았다. 내가 결국 아무 것에서도 행복을 느끼지 못할까 봐, 앞으로 행복을 느낄 기회가 영영 사라져 버릴까 봐 두려웠다. 뭘 해야 행복해질 수 있을지를 날마다 생각했다. 유도를 하지 않다 보니 인간관계도 빠르게 정리되었다. 진짜 친구가 누군지도 알 것 같았다. 그중 한 명이 매니 감부리안이었다. 내가 열한 살 때부터 우리는 함께 유도를 했다. 내가 무릎 수술을 받은 후에 매니가 몇 시간이나 내 훈련 상대가 되어 주기도 했다. 매니는 유도를 잘했지만 나중에 MMA에 진출했다. 올림픽이 끝난 후에 매니는 가끔씩 나에게 안부 전화를 했다.

"언제 와서 우리랑 한판 붙어야지." 매니가 말했다.

"그래 갈게." 내가 말했다. 어쨌든 운동이 필요한 시점이었다. 어쩐지 누군가가 자전거 공기 펌프를 가져와서 나를 더 큰 버전의 나로 부풀리는 것 같았다.

"하야스탄에 와." 매니가 말했다. 그곳은 내가 전방십자인대 수술을 받은 후 매니와 매트워크 훈련을 하던 바로 그 체육관이었지만, 그 지역에 있는 다른 곳으로 이전했다. 그래도 안으로 들어갔을 때 모든 것이 익숙하게 느껴졌다. 땀 냄새와 뒤섞인 남자 향수 냄새도 여전했다. 조금 개조되었지만 외관은 그때 그 건물과 거의 비슷했다. 낯익은 얼굴도 몇 명 보였다. 청소년 시절에 유도를 했던 사람들은 이제 MMA에서 뛰고 있었다. 주위에서 그들은 아르메니아어로 농담을 주고받고 있었다. 나는 매트 옆에 가방을 내려놓고 주변을 살폈다. 남자들 십여 명이 대련하고 있었는데 거기에 여자는 없었다.

"론, 왔구나!" 매니가 나에게 다가와 포옹했다. "준비됐어?"

"난 언제나 준비돼 있어." 내가 대답했다. 우리는 한 시간 넘게 맞붙어 싸웠다. 매니는 전력을 다해 공격했다. 나도 그 기세에 뒤지지 않았다. 훈련이 끝났을 때 내 몸은 땀으로 범벅이 되어 있었고 몇 군데에 시퍼렇게 멍이 들었다.

"나쁘지 않네." 매니가 거들먹거렸다. "오늘 운수 좋은 줄 알아. 괜히 살살했군."

"좋을 대로." 나는 웃으며 대꾸했다. 매트 위에 다시 서니까 기분이 설레고 좋았다.

나는 정기적으로 와서 매니와 훈련을 하기로 했다. 무릎 수술 후에 같이 훈련했을 때처럼 그 시간이 즐거웠다.

매니와 훈련하는 날은 매주 화요일이었다. 나는 일을 마치고 하야스탄으로 향하기 전에 탁견소에 들러 모찌를 데리고 도그 파크에 갔다.

　모찌는 이제 막 4개월이 되었고, 나는 모찌를 애완견을 위한 공원에 데려가기 시작했다. 거기서 얻은 큰 수확이라면 바로 '도그 파크 큐트 가이(Dog Park Cute Guy)'를, 줄여서 DPCG를 발견한 것이었다. 나는 그를 공원에서 자주 마주쳤지만 일부러 말을 걸지는 않았다. 검게 그을린 피부와 잘생긴 얼굴, 큰 키에 팔뚝에 타투를 했고 서핑을 즐기는 남자였다. 그 남자를 본 순간 내 머릿속에서 프랑스어로 "울랄라" 소리가 작게 터져 나왔다. 그 남자를 넋 나간 듯 쳐다보다가 정신을 차리고 황급히 모찌에게 시선을 돌려 아무 일도 없는 것처럼 행동했다.

　그러던 어느 날 그의 개가 모찌를 쫓아왔다. 모찌는 겁이 나서 내 다리 뒤로 달려가 숨었고, 결국 DPCG가 우리 쪽으로 다가왔다. 나는 속으로 만세를 불렀다. '세상에, 도그 파크 큐트 가이가 오고 있어.'

　우리 둘은 서로의 개에 대해 이야기했고, 나중에는 이런저런 이야기도 나누었다. 그가 대화 끝에 서핑하러 같이 가자는 제안을 했다. 물론 그가 마음에 들었지만 서핑하는 법도 배워보고 싶은 게 사실이었다. 서핑하기는 내 버킷 리스트에 있었다. 그동안 너무 오래 술과 담배에 의지하며 살았기 때문에 몸을 단련하고 싶었고, 바다는 내가 도전하기에 딱 좋았다.

　"좋아요. 그럼, 새벽 다섯 시에 출발하죠."

　나는 아무 말도 할 수 없었다. 거친 말이 무심코 내 입에서 튀어나올 것 같아서였다. '새벽 다섯 시? 지금 장난해?'

　"네, 좋아요." 나는 마음속에서 환희의 춤을 추었다.

　다음 날 나는 해가 뜨기 전에 그의 집에 도착했다. 초조하기도 하고 흥분도 되었다. 우리는 그의 오래된 패스파인더를 타고 태평양 연안 고속도로를 따라 북쪽으로 달렸다. 차창은 금이 가 있었다. 공기는 습하고 차가웠다. 차 안에서 우리는 완전한 침묵 속에 있었다.

　그는 내가 서핑하는 법을 모른다는 걸 알았지만 우리가 바다에 도착했을 때 나에게 서핑보드와 서핑복을 안긴 후 "그럼……."이라고 했다. 그것이 다였다. 그는 유유히 바다로 떠났다. 나는 그가 바다로 사라지는 모습을 지켜보다가 보드를 끌고 모래사장을 지나 차가운 바다에 보드를 띄웠다.

철썩. 파도가 나를 덮쳤다. 나는 보드에서 떨어졌다. 다시 보드에 타려고 몸을 일으켰다. 보드에 간신히 오르자마자 다시 한 번 철썩 파도가 나를 때렸다. 차가운 소금물이 콧속으로 밀려왔다. 나는 연신 기침을 하며 거칠게 숨을 쉬었다. 철썩. 또 다시 파도가 덮쳤다.

마치 서핑보드와 함께 세탁기 속에 들어가 있는 기분이었다.

나는 한 시간 넘게 파도에 속수무책으로 당했다. 그때 DPCG가 마지막 파도를 타고 방향을 틀어 내 쪽으로 다가왔다. 나는 1분에서 2분 정도 뜸을 들였다가 물 밖으로 나왔다. 허겁지겁 도망치는 것 같은 인상을 주고 싶지 않아서였다. 그렇지만 보드를 끌고 해변에 간신히 다다랐을 때 내 모습은 보기가 힘들 정도로 꼴사나웠다.

우리는 차에 보드를 싣고 편안한 침묵 속에서 집으로 돌아갔다. 그가 나에게 관심이 있는지는 알 수가 없었다. 하지만 나는 그에게 관심이 있었고 서핑하는 법을 정말 배우고 싶었다. 그래서 이틀 후에 만나서 다시 서핑을 하기로 약속했다.

나는 여전히 어떻게 살아야 할지 갈피를 못 잡았지만 음주와 흡연은 나를 늙게 만들 뿐이라는 결론에 이르렀다. '8월에는 운동을 다시 시작하자.' 나는 결심했다. 그러나 내가 내 인생을 바치며 해왔던 그 스포츠를 다시 시작할 생각을 하니 가슴이 답답했다. 그래서 일단 아무 생각 없이 몸 단련에 집중하기로 했다.

여섯 번 정도 그와 조용한 서핑 데이트를 한 후에 나는 그에게 함께 언덕을 달리지 않겠냐고 제안했다. 그는 좋다고 내답했지만 만나기로 한 날 밤 약속 장소에 나타나지 않았다. 휴대 전화를 계속 확인하며 거의 한 시간을 기다렸다. 차가 막혀서 늦는 거라고 나 자신을 위로했지만 자기 연민에 빠지기 일보 직전이었다. 나는 얼마 전 나에게 휴대 전화 번호를 주었던 한 남자에게 연락해서 다음 주말에 데이트를 하기로 했다. 그리고 나 혼자 달리기 시작했다 새로운 언덕을 달릴 때마다 새로운 감정에 휩싸였다.

언덕 1 : 부정. '지금 오고 있을 거야. 늦는 것뿐이야. 어쩌면 차가 고장 났을지도 몰라.'

언덕 2 : 슬픔. '정말 좋아했는데……. 어떻게 안 올 수 있어……'

언덕 3 : 혼란. '혹시 내가 오해한 걸까? 날 그냥 친구로 생각하는 걸까? 아니면 내가
　　　　먼저 그런 식으로 말했나.'

언덕 4 : 반발. '날 좋아하지 않는 거야. 어째서 날 좋아할 거라고 생각했지. 난 멍청
　　　　해.'

언덕 5 : 분노. '뭐 그런 놈이 다 있어. 머저리 같은 놈.'

언덕 6 : 체념. '아무렴 어때. 다 끝났어.'


　마지막 언덕을 달리고 있을 때 DPCG의 차가 달려와 언덕 꼭대기에서 멈췄다. 차 안은 하얀색 쓰레기 봉투들로 넘쳐났고 그 안에 뭔가가 가득 들어 있었다. 록시는 봉투들 사이에 껴서 창밖을 보지도 못했다. 그가 차에서 내려 나를 기다리고 있을 때 나는 그 언덕을 반쯤 올라가고 있었다. 나는 언덕 꼭대기에 이르러 엉덩이에 손을 얹은 채 가쁜 숨을 가라앉혔다.

　"집에서 쫓겨났어." 그가 말했다. 그것은 사과가 아니라 해명이었다.

　그 말을 남기고 DPCG는 차를 몰고 사라졌다. 2주 후에 도그 파크에서 그를 다시 보았다. 그가 나를 보았을 때 나는 그를 없는 사람처럼 대했다. 그가 내게 다가와 말을 걸었다. "그때 일은 사과하고 싶어. 실은 지금이 나한테 힘든 시기야."

　"어, 그래." 나는 차갑게 대꾸했다.

　"다시 날 만나줄 수 있어?"

　당연했다. 어떻게 그를 거부할 수 있겠는가. 나는 그에게 끌리고 있었다. 그 후 우리는 데이트를 하기 시작했고 함께 보내는 시간이 점점 더 늘어났다. 주말에 만나기로 했던 그 남자에게는 다시 연락하지 않았고 아무 설명도 하지 않았다.

　DPCG와 서핑 데이트도 다시 시작했다. 이번에는 우리 사이에 침묵은 없었다. 그가 친구와 묵고 있는 집으로 차를 몰고 갈 때면 내 얼굴에서 미소가 떠나지 않았다. 그를 다시 볼 생각에 너무 행복했기 때문이다. 우리는 해안을 따라 드라이브를 하며 음악을 듣고 이런저런 이야기를 나누었다. 그는 친구들의 집에 나를 데리고 가기도

했는데, 거기서 같이 MMA 경기를 시청하기도 했다. 그는 늘 내 의견을 궁금해 했다. 그리고 그의 질문에 내가 내놓는 분석을 존중해 주었다. 내가 MMA 경기를 하고 싶다는 말을 꺼냈을 때는 "오오, 한 번 해봐. 넌 잘할 거야."라고 진심으로 응원해 주었다.

우리는 그의 집에 가기 전에 '트레더 조'에 들러서 식료품들을 사가지고 와 함께 요리를 했고, 모찌와 록시를 데리고 부근에 있는 여러 도그 파크에 갔다. 두 녀석은 공원에서 실컷 놀고 돌아오면 바닥에 누워 기절한 듯 곯아떨어졌다. 그러면 우리는 '동굴'이라고 이름 지은, 그의 작은 방으로 가서 단 둘이 침대에 누워 이야기를 나누었다. 록 밴드부터 영화에 이르기까지 할 이야기가 많았다. 유머 코드도 비슷해서 몇 시간을 함께 킥킥거릴 때도 있었다. 각자 살아온 이야기도 솔직히 나누었다. 그는 자신의 아들에 대해, 나는 아빠를 잃은 슬픔에 대해 이야기했다. 그는 5년 전까지 헤로인 중독에 걸렸다가 지금은 완전히 회복되었다고 말했다. 나는 아테네 올림픽에서 진 후 정신적 고통에 시달린 이야기를 털어놓았다. 그와 함께 있으면 어쩐지 나 자신이 이해받는 기분이 들었다.

어느 날 아침 나는 DPCG 옆에서 깼고, 내가 사랑에 빠진 그 갈색 눈을 들여다보며 이대로 계속 있고 싶었다. 나는 바에 전화해서 아프다고 둘러댔다. 글래드스톤스에서는 주말에 병가를 낼 때 병원 진단서를 증거로 떼어 와야 했다. 내가 진단서 없이 돌아왔을 때 진단서를 떼어 오기 전까지는 다시 출근할 수 없다는 통보를 받았다. 나는 다시 놀아가지 않았다.

나는 지난 일 년 동안 어떻게 살아야 할지를 고민하며 날 행복하게 해줄 무언가를 찾아 헤맸다. 그리고 마침내 그것을 찾았다. DPCG와 함께 보내는 하루하루가 큰 행복이었다. 나는 그 행복에 집중했고, 내 행복과 무관한 다른 것들은 무시했다.

# 쉽게 깨지는 관계는 가치가 없다

운동선수로서 가치 있고 중요한 커리어를 만들어갈 때 코치는 그 선수에게 많은 관심을 기울일 것이다.

그러나 나에게 필요한 코치는 계산기를 두드리지 않고 나를 진심으로 걱정하고 신경 쓰는 사람이다. 많은 선수들이 실력이 출중한 코치를 찾지만 자기 선수를 한 인간으로서 대우하고 배려하는 코치는 드물다. 선수에게 관심이 없고 그저 통계만 따지는 사람이 선수의 인생에 영향을 미칠 결정을 내린다면 그 결정은 대개 안 좋은 결정일 확률이 높다.

코치와 오랜 관계를 맺은 선수는 그 코치를 선뜻 떠나지 못한다. 껄끄러운 대화를 피하고 싶어서 혹은 관계가 나빠질까 봐 두려워서다. 그러나 미래를 위해 최선의 결정을 내렸을 때 코치가 그 결정을 존중하지 않는다면 그 관계는 생각만큼 의미 있는 관계가 아닐 수 있다. 가치 있는 관계라면 그 과정을 무사히 넘길 것이다.

나는 다시 유도를 하기로 마음먹었다. 이번에는 내 방식대로 훈련할 계획이었다. 나는 모두에게 일 년만 휴식기를 가지고 싶다고 말했고, 그 일 년이 지나갔다. 어차피 다시 유도를 할 생각이었기 때문에 글래드스톤스에서 일자리를 잃는다고 해도 상관이 없었다. 유도 선수로 활동하면서 받는 지원금으로 MMA 데뷔를 위한 훈련도 하고 싶었다.

나는 4개월 동안 여행을 하며 각국의 트레이닝 센터에서 훈련할 생각이었다. 그런데 일본에서 선수들을 위해 훈련 설비가 갖춰진 기숙사에 지내는 동안 퍼뜩 이런 생각이 들었다. '다시 비참한 생활의 시작이구나. 다음 올림픽까지 3년 동안 또 비참하게 살아야 한다니.' 나는 올림픽에서 딴 동메달을 떠올렸다. 내 예상과 달리 동메달이 내게 준 행복감은 오래가지 않았다. 이제 금메달을 따면 훨씬 더 행복해질 거라는 생각은 들지 않았다. 나는 더 이상 비참해지고 싶지 않았다. 그래서 일본 여행을 중단하고 집으로 돌아왔다.

나는 집에 돌아와 MMA에서든 유도에서든 어떤 선수도 시도하지 않았을 독특한 훈련 스케줄을 짰다. 어쨌든 지금의 나는 변화가 필요했기 때문이다. 그 훈련은 2주 주기로 반복되었다. 그렇지만 틀에 얽매이기보다 언제든 프로그램에 변화를 주도록 했다. 14일 동안 유도 훈련 8회, 권투 훈련 4회, 격투 훈련 4회, 근력 및 체력 강화 훈련 2회, 와일드카드 훈련 2회를 한다고 했을 때, 모래 언덕 달리기에서 서핑하기까지 모든 운동이 포함될 수 있었다. 어느 날 유도를 하고 싶지 않으면 다른 것을 할 수 있었다. 서핑이 하고 싶으면 서핑을 할 수 있었다. 주어진 횟수만 채우면 유도를 8일 연속으로 하든 하루 걸러서 한 번씩 하든 상관이 없었다. 내 생애 처음으로 어떤 식으로 훈련할지를 나 스스로 정했다.

일 년을 쉰 후에 나는 달라졌다. 그 일 년 동안 오로지 나 자신만을 생각하며 시간을 보냈다. 어떻게 살아야 할지를 고민하며 내린 결론은 내 인생을 위해 내가 스스로 선택해야 한다는 것이었다. 늘 현명한 선택을 내릴 수는 없겠지만 그래도 나 스스로 선택을 할 필요가 있었다. 다시는 예전의 방식으로 돌아가고 싶지 않았다.

2010년 5월, 나는 성인 전국 대회에 참가하기 위해 머틀 비치로 날아갔다. 올림픽 이후 처음으로 큰 대회에 참가하는 것이지만 당연히 이길 거라고 생각했다. 모두가 나의 컴백을 환영하는 분위기였다. 다들 내가 이 대회를 시작으로 2012 올림픽에 도전할 것이라고 믿었다.

리틀 지미와 나는 워밍업실에 있는 매트 위에 나란히 섰다. 그는 내가 열여섯 살 때부터 나를 코치해 주었다. 나는 그를 늘 스포츠 영웅으로서, 올림픽팀 동료로서, 나의 코치로서 존경해 왔다. 이제 스물세 살이 된 나는 지미가 MMA를 위해 날 코치해 주었으면 하고 바랐다.

그래서 그에게 MMA로 전향하려는 내 계획을 털어놓았다. 그는 말없이 들었다. 나는 미리 연습한 대로 그에게 내 생각을 말하기 시작했다.

"유도 선수 출신이 MMA 챔피언이 돼서 유도의 우수성을 입증하면 USA 유도에도 득이 될 거예요. 유도에 대한 사람들의 관심도 더 높아질 거구요."

지미는 눈을 가늘게 뜨며 고개를 끄덕였다. 말이 빨라졌지만 내 목소리가, 그와 더불어 내 자존심이, 흔들리지 않게 하려고 애를 썼다. 나는 그에게 보스턴으로 돌아가고 싶지 않다고 말했다. 그리고 내가 짠 훈련 스케줄을 따르고 싶다고 했다.

"유도를 계속 하고 싶지만 MMA도 하고 싶어요."

내가 말을 마쳤을 때 나를 보는 지미의 얼굴은 화가 난 것처럼 보이기도 했고 금방이라도 히스테리성 웃음을 터뜨릴 것처럼 보이기도 했다. "무슨 대답이 듣고 싶어? 네결정을 지지한다고? 그 말도 안 되는 계획을 내가 돕겠다고? 글쎄. 넌 네 재능을 낭비하고 있어. 유도가 싫으면 하지 마. 모두의 시간을 낭비하게 하지 말고. 유도에 100퍼센트 헌신할 수 없으면 지원금 받기는 어려울 거다. 그건 내가 확실히 해두지."

"그럼 행운이 있길 바란다." 그는 거들먹거리는 목소리로 덧붙였다. "그거라도 필요할 거다. 잘 될 리가 없으니까." 그러고는 등을 돌려 자리를 떠났다. 지미는 나를 아무것도 아닌 존재처럼 무시했다.

나는 그의 뒷모습을 바라보며 망연자실했다. 머릿속에서 분노가 끓어올랐지만 애써 추스르며 다짐했다. '그 말을 한 걸 후회하게 해주겠어. 날 놓친 걸 후회하게 될 거야.'

나는 지미를 떠날 준비가 되어 있었지만 유도는 아니었다. 아직은 아니었다. 5월에 튀니지 그랜드 프릭스에 참가하기 위해 튀니지로 날아갔다. 첫 번째 시합에서 한판승을 거뒀지만 두 번째 시합에서 지고 말았다. 집에 돌아와서 브라질 대회에 참가하기로 마음먹었다. 그래서 비자 신청을 하기 위해 브라질 영사관에 들러 내 여권을 맡겼다. 그러나 차를 몰고 돌아가는 길에 나 스스로 대회에 참가하고 싶은 마음이 없다는 걸 확인했다. 나는 집에 도착했을 때 여행을 취소하기로 결심했다.

리틀 지미와의 관계가 끝난 것처럼, 유도와 나의 관계도 그렇게 끝이 났다.

# 누군가는
# 세계 최고가 돼야 해.
# 그럼 너는 왜 안 되는데?

"누군가는 세계 최고가 돼야 해. 그럼 너는 왜 안 되는데?"

엄마는 날마다 그런 질문을 나에게 던졌다.

"왜 넌 안 되는데? 진지하게 묻는 거야. 넌 왜 안 되는데? 누군가는 최고가 돼야 해. 누군가는 올림픽 메달을 받게 돼 있어. 그 누군가가 네가 되면 왜 안 되는데?"

엄마의 질문은 수사적이지 않았다. 엄마는 세계 최고가 되기 위해 무엇이 필요한지를 알았다. 엄마는 세계 유도 챔피언이었다. 세계 최고가 되기란 쉽지 않은 도전이지만 최선을 다해 노력할 의지만 있다면 도달할 수 없는 목표는 아니다. 엄마는 내가 언제나 최고가 될 수 있다는 가능성을 믿도록 가르쳐 주었다.

"와우, 론다. 네가 MMA에서 뛰면 거기 여자들 다 죽었어." 매니가 설레발쳤다. 우리는 격투 훈련 도중에 매트에 앉아 잠시 쉬고 있었다.

체육관 사람 모두가 내 실력을 인정해 주었다. 나는 여자 선수뿐 아니라 체육관에 있는 남자 선수들도 모두 이겼다. 매니가 한 말은 내가 몇 년 전 지나 카라노와 줄리 켓지의 시합을 보며 나 혼자 생각했던 것이었다. 그러나 주위 사람들에게 그런 내 생각을 납득시키기란 댐을 부쉬 여는 것만큼이나 어려운 일이었다.

"나도 그렇게 생각해." 마치 듣고 보니 그런 것 같다는 듯이 나는 무심코 대답했다. "다 이길 수 있을 것 같아."

"당연하지." 매니가 맞장구쳤다.

나는 주위에 서 있는 다른 선수들에게도 물었다. 그들의 생각도 같았다. MMA에서 나를 상대로 이길 수 있는 여자 선수는 없어 보였다.

이번에는 다른 질문을 했다. "내가 진출하는 건 어떻게 생각해? 성공할 수 있을까?"

모두의 대답은 부정적이었다. 진출할 수는 있지만 성공할 보장은 없다는 것이 그들의 생각이었다. 여자들의 시합은 흥행성이 떨어지기 때문이었다. MMA 여자 선수로 존경 받고 성공할 수 있는 가능성은 낮았다.

"어째서 MMA 선수가 되겠다는 거야?" 매니가 나에게 물었다. "넌 이미 세계 최고잖아. 여기서 다시 그걸 증명한다고 해서 너한테 득이 될 건 별로 없어."

그 말은 맞았지만, 한편으로는 틀렸다. 나는 이미 내가 세계 최고라는 사실을 알았고, MMA의 판도가 달라지지 않는 이상 내가 거기서 최고가 되더라도 그 타이틀로 생계를 꾸리기 힘들 것이라는 사실 또한 알았다. 하지만 나는 내가 MMA의 판도를 바꿀 수 있다고 자신했고, 매니는 그 점에 대해 회의적이었다.

"누군가는 할 수 있는 일이야. 그럼 내가 하면 되지. 이 세상에서 나보다 더 자격이 있는 사람이 누가 있어, 응?"

매니가 어깨를 으쓱했다.

다음 단계는 시합할 수 있는 기회를 얻는 것이었다. 그러기 위해서는 매니저가 필요했다. 나는 하야스탄에 있는 수석 코치 고커 치비크얀에게 매니저를 소개해 달라고 부탁했고, 그는 하야스탄에서 작은 사무실을 빌리고 선수 몇 명을 뽑고 있는 다린 하비를 추천해 주었다. 다린은 부유한 가정에서 태어나 취미로 무술을 하고 스포츠 매니지먼트 일을 막 시작한 40대 남자였다. 그는 자신이 전 UFC 헤비급 챔피언 바스 루텐과 같은 선수들의 성공을 도왔다고 말했다. 나는 다린에게 내 매니저를 할 수 있는지를 물었고, 그는 하겠다고 대답했다.

모든 것이 순조롭게 진행되었지만, 한 가지 내가 해야 할 일이 남아 있었다. 나는 아직 엄마에게 말하지 않았다. 용기가 나지 않아서 몇 주가 지나도록 아무 말도 하지 못했다. 하지만 이번에는 기필코 말해야 했다. 엄마의 응원을 받고 싶었다. 엄마에게서 더 이상 도망치고 싶지 않았고 엄마가 원치 않는 일을 하고 싶지도 않았다. 그동안 엄마와의 관계를 회복하려고 애썼던 만큼 엄마와 다시 멀어지고 싶지 않았다.

며칠 후 나는 결단을 내렸다.

엄마는 거실 소파에 앉아 있었다. 나는 엄마와 약 2m 떨어진 주방 근처에 서 있었다. 정확히는 소파에서 최대한 멀리 떨어진, 식탁과 오븐 사이였다. 그런데 엄마의 심기가 안 좋아서 얼른 자리를 피해야 할 경우를 고려한다면 나와 현관 사이에 엄마가 있다는 사실은 큰 패착이었다.

몇 초 동안 우리는 말없이 서로 마주보았다. 나는 시선을 피했다. 엄마는 내가 무슨 말을 할지 몰랐지만 들으나 마나 한심한 소리일 거라고 짐작했다. 나는 엄마가 먼저 서먹서먹한 분위기를 깨 줬으면 하고 바랐지만 엄마는 호락호락하지 않았다.

"엄마……." 나는 말을 잇지 못했다.

"안 돼." 엄마가 말했다.

"아직 아무 말도 안 했어요."

"안 들어도 뻔해. 내가 듣기 싫어할 얘기겠지."

'어떻게 알았지?'

나는 숨을 크게 내쉬었다.

"듣기 싫어할 얘기라는 거 알아요. 하지만 내가 미래에 뭘 할 생각인지는 궁금하잖아요. 이제 드디어 하고 싶은 일이 생겼어요. 엄마는 싫어하겠지만…… MMA에 진출하고 싶어요. 일 년 동안 해보고 안 되면 해안 경비대에 지원하거나 대학에 가거나 엄마가 하라는 대로 할게요. 하지만 난 잘할 수 있을 것 같아……. 잘 안되면 그땐 엄마 말이 맞은 거 인정하고 책임감 있는 어른이 될게요. 약속해요. 일 년 만 기다려 줘요, 응?"

엄마는 아무 말도 하지 않았다. 소파에서 꼼짝하지 않았다. 화가 난 얼굴은 아니었지만 표정을 읽을 수 없었다.

"말 같은 소릴 해." 엄마는 강조하듯 말을 되풀이했다. "말 같은 소릴 해."

엄마는 소리를 지를 때보다 냉정하게 말할 때 더 무서웠다.

"하도 어이가 없어서 말이 안 나오네."

"하지만, 엄마, 그건 내 꿈이에요." 내가 말했다. "난--"

엄마가 내 말을 잘랐다. "올림픽에 나간다고 얼마나 고생했어. 나도 너한테 할 만큼 했어. 8년 동안 뒷바라지하느라 우리 가족이 희생한 걸 생각해 봐. 이제 너도 어른이 됐으니까 직업을 구해서 독립할 생각을 해. 지금은 'MMA 선수가 되고 싶어요.'라고 말할 때가 아니야. 서른 살 된 자식이 꿈이 있다고 부모 집에 얹혀살며 밥이나 축내는 꼴 난 못 봐. 나도 꿈이 있어. 은퇴해서 내 걱정만 하며 살 거야. 이제 난 늙었어. 사지 멀쩡한 자식들 뒷바라지는 안할 거야. 넌 대학에 가고 일 구해서 독립해. 허황된 꿈일랑 꾸지 말고."

엄마는 말을 멈추고 숨을 돌렸다. 내가 해명하려고 입을 열었지만 엄마는 틈을 주지 않았다.

"어째서 허황된 꿈인지 알아? MMA에 여자가 발붙일 기회는 없어. 남자 선수들은 프로로 뛰며 생계를 벌 수 있지만 다들 UFC에 있어. UFC에서 활동하는 여자 선수는 거의 없고 앞으로도 여자 선수를 고용하지 않을 거야."

"엄마한테 재정 지원을 바라는 게 아니에요. 그냥 날 응원해 줬으면 해서야."

"픽이나. 응원 같은 거 없어도 어차피 하고 싶은 대로 할 거잖아. 내 생각 따위 아무래도 좋다는 식이었잖아."

나는 2주 동안 엄마와 말하지 않았다. 엄마는 나에게 몇 번 연락을 시도했지만 나는 전화를 피했다.

엄마에게서 온 음성 메시지는 이랬다.

"론다, 엄마야. 일부러 안 받는 거 알아. 지금쯤 내가 마음을 바꿔서 너의 꿈을 지지한다고 말할 줄 알았으면 그건 오산이야. 어쨌든 연락 줘."

엄마의 생각이 바뀌기를 기다리는 것은 별 효과가 없었다. 그래서 내가 헛된 꿈을 꾸고 있는 게 아니라는 점을 엄마에게 보여 주기 위해 다린과 근력 및 체력 강화 트레이너 레오 프린쿠와 함께 저녁 식사하는 자리에 엄마를 초대했다.

우리는 '엔터프라이즈 피시 컴퍼니'라고 하는 레스토랑에서 만났다. 다린과 레오 그리고 나는 테이블에 앉아 엄마가 오기를 기다렸다.

"만나 뵙게 되어 영광입니다." 엄마가 도착했을 때 다린이 인사했다. "론다한테서 얘기 많이 들었습니다."

"그랬겠죠."

다린은 "걱정 마. 이건 워밍업에 불과해."라고 말하는 것처럼 나에게 미소를 지어 보였다. 나는 그에게 "우리 엄마를 몰라서 그래요."라고 말하는 표정을 지었다.

"론다는 스타가 될 재목입니다." 다린이 곧장 본론으로 들어갔다. 엄마는 눈을 굴렸다.

"저를 믿지 않으시죠?" 그가 물었다.

"전 회의적이에요." 엄마가 단호하게 대답했다.

웨이트리스가 주문을 받으러 오자 테이블 위에서 오가던 대화는 중단되었다. 엄마가 메뉴판을 보는 동안 나는 테이블 맞은편에 앉아 있는 레오에게 애원하는 표정을 지어 보였다.

"론다는 재능이 뛰어난 선수입니다." 웨이트리스가 나가자마자 레오가 말을 꺼냈다. "많은 선수들을 지도했지만 이렇게 훌륭한 선수는 처음입니다. 그래서 저희가 론다에게 거는 기대가 참 큽니다. 론다는 잠재력이 있어요. 최고가 되려면 무엇이 필요한지도 잘 압니다. 저도 세계 프로 레슬링 챔피언이었어요."

"그래요?" 엄마는 레오를 다시 보기 시작했다.

"네. 1994년에요. 루마니아 선수를 상대로 싸웠습니다."

엄마가 고개를 끄덕였다.

"론다는 아직 정상에 오르지도 못했어요." 레오가 끼어들었다. "아직 나이도 어리고 이제 막 전성기에 접어들었어요. 두고 보세요. 세계 최고가 될 겁니다."

"글쎄요." 엄마가 말했다. "그렇더라도 그 다음은요? MMA 여자 선수들에 대한 수요가 있나요?"

레오가 대답을 주저했다. 다린이 다시 나섰다.

"아직 높지는 않지만 저희가 바꾸겠습니다. 론다는 스타성이 있어요. 몇 번 경기를 하고 나면 유명해지는 건 시간 문제예요. 전 확신합니다. 예감이 아주 좋아요. 론다는 에너지가 넘치는 선수예요.”

“저는 통계학자라서 에너지보다는 사실과 데이터를 근거로 판단합니다. 제가 회의적인 이유를 잘 아실 거라 믿어요.” 엄마가 말했다.

“물론입니다.” 다린이 동조한다는 듯이 고개를 끄덕였다.

웨이트리스가 식사를 가져왔다. 엄마는 다린에게 관련 자격증과 경력, 관리하는 선수들에 대해 꼬치꼬치 물었다.

다린의 대답은 엄마를 만족시키지 못했다. 그가 횡설수설하는 동안 엄마는 오만한 얼굴로 그를 바라보았다. 다린은 몇몇 리얼리티 TV 스타들과 유명 인사들의 이름을 들먹였다. 그는 빠르게 가라앉고 있었다.

“하지만 그 사람들이 선수는 아니잖아요.” 엄마가 지적했다.

“아, 네, 그렇죠.”

“그럼 제가 왜 회의적인지 이해하시나요?” 엄마가 다시 물었다.

“네.” 다린이 더듬거리며 대답했다. “하지만 저희에게도 계획이 있습니다. 물론 하룻밤 사이에 모든 게 바뀔 수는 없지만, 론다가 제대로 지원을 받기만 하면 앞으로 4년 안에……”

다린은 말을 멈추고 엄마를 보았다. 어쩐지 엄마가 지원하겠다고 나서 주길 바라는 것 같았다. 엄마는 경멸과 불신이 뒤섞인 표정으로 다린을 쳐다보았다.

“잠깐만요. 그러니까 저희보고 경제적 지원을 해달라는 말씀이세요?” 엄마가 어이없는 웃음을 흘리며 물었다.

“나 혼자 할 수 있어요.” 내가 끼어들었다.

“저는 현재 론다에게 아낌없는 지원을 하고 있습니다.” 다린이 말했다.

“그러세요?” 엄마가 거들먹거리며 말을 받았다.

나는 테이블 아래로 기어들어가 이 식당에서 되도록 멀리 달아나고 싶었다.

“저는 선수로서 론다의 자질을 의심하는 게 아니에요.” 엄마가 말했다. “MMA 여자 선수에 대한 수요가 낮은 상황에서 론다가 스타가 되어 많은 돈을 벌 수 있다는 게 과연 가능한지 저로선 의문이에요.”

다린은 침묵했다.

"이제 제가 왜 회의적인지 아시겠어요?"

다린이 고개를 끄덕였다.

"그쪽은 론다를 지원하고 얻는 게 뭐죠?" 엄마가 다린에게 물었다.

"저는 단지 론다가 성공하는 걸 보고 싶습니다." 그가 말했다.

"계약은 했어요?"

"네. 하지만 론다가 저와 일하고 싶은 마음이 없을 땐 언제든 물러날 의사가 있습니다."

엄마가 눈을 가늘게 떴다.

"론다와 전 비즈니스로 만난 사이가 아니에요. 전 론다를 가족같이 생각하고 있습니다." 다린이 강조했다.

"비즈니스는 늘 비즈니스죠." 엄마가 말하고 나에게 고개를 돌렸다. "가족같이 생각하는 사람은 가족 말고는 없어요. 론다. 정말 이게 하고 싶다면 해. 하지만 내 도움은 바라지 마. 일 년 시간을 줄게. 딱 일 년이야."

기쁨이 밀려왔다. 나는 머릿속에서 환희의 춤을 추었다. 그 정도의 승낙도 감지덕지했다. 마지못해 하는 승낙이었지만 그 정도면 충분했다.

식사를 마쳤을 때 다린이 나서서 결제를 했다.

"음, 레오, 만나서 반가웠어요." 엄마가 말했다.

"일 년이야." 엄마는 나에게 힘주어 말했다.

그러고는 다린을 한 번 보고 아무 말 없이 자리를 떠났다.

엄마는 그날 밤 늦게 나에게 전화를 했다.

"엄마, 무슨 일이에요?"

"일 년이야." 엄마는 본론부터 말했다. "그리고 그 다린이란 남자, 난 못 미더워."

'이제 정말 시작이야.' 나는 생각했다.

이것은 나의 꿈이었고, 엄마는 비록 의심을 거두지 않았지만 내가 그 꿈을 달성할 수 있는 기회를 주었다. 나는 그것만으로도 만족스러웠다.

내가 하는 말을 아직 믿어 주지 않았기 때문에 나는 내 말을 입증해 보여야 했다. 나는 엄마의 생각이 틀렸다는 걸 입증해 보이겠다고 엄마와 약속했다.

# 코치를 찾는 것은
# 남자친구를 찾는 것과 같다

코치를 찾는 것은 남자친구를 찾는 것과 비슷하다. 때때로 멋진 남자를 발견하지만 나랑은 맞지 않는 남자일 수 있다. 내 코치로 적임자를 찾았을 때 머릿속에서 조명이 켜진다. 어떤 느낌도 오지 않는다면 그 코치는 당신을 위한 적임자는 아니다.

코치가 잠재력이 있는 선수를 찾는 것처럼. 선수는 잠재력이 있는 코치를 찾아야 한다. 선수와 코치는 오랜 시간을 들여 관계를 맺는 사이다.

코치를 자주 바꾸기보다 몇몇의 코치와 계속해서 깊은 신뢰를 주고받는 것이 훨씬 더 바람직하다고 나는 믿는다. 시간이 흐르면서 선수와 코치 사이에 소통이 더 원활해지면서 친밀한 관계로 발전할 수 있다. 코칭은 커뮤니케이션에 관한 것이다. 유용한 정보가 한 사람에게서 다른 사람에게 빠르게 전달되는 기능을 한다. 두 사람 사이에서 이러한 관계를 기대할 수 있다면 그 둘의 미래는 매우 밝다.

MMA로 전향했을 때 지구상의 누구와 붙어도 이길 자신이 있었다. 하지만 타격은 다른 문제였다. 내가 지금껏 갈고 닦은 기술로는 충분하지 않았다. 또 다른 기술을 익힐 필요가 있었다. 나는 MMA에 최적화된 선수가 되기 위해 타격 기술을 습득해야 했고, 그에 맞는 코치를 찾아야 했다. 몇몇 체육관을 다녀 봤지만 딱히 느낌이 오는 코치를 발견하지 못했다.

나를 한 단계 더 높은 수준으로 이끌어줄 유도 코치를 찾고 있을 때 엄마가 했던 말이 떠올랐다. "최고의 코치는 없지만 널 위한 최고의 코치는 있어."

2010년 초에 하야스탄에서 함께 훈련하던 몇몇 선수들은 에드먼드 타베르디안이 운영하는 글렌데일 파이팅 클럽(GFC)에서도 훈련하고 있었다. 에드먼드는 같은 일을 하는 대다수 트레이너들보다 더 어렸다. 서른 살도 안 되는 나이였지만 벌써 자신의 체육관을 운영하고 있었고, 열여섯 살 때부터 선수들을 코치했다. 하야스탄에서 나와 같이 훈련하는 선수들은 타격 코치로서 에드먼드를 좋게 평가했다. 그래서 나는 그의 체육관에 가 보았다.

처음 GFC에 갔을 때, 그곳은 아르메니아어로 말하는 남자들로 가득했다. 내가 안으로 걸어 들어오자 그들은 일제히 고개를 돌려 내가 마치 외계 행성에서 온 생명체처럼 나를 쳐다보았다. 나는 그들이 하는 말을 이해할 수 없었지만 무슨 생각을 하는지 알 것 같았다. '저 여자 누구야? 여기서 뭐하는 거지?' 그들은 에드먼드가 "여자를 코치한 적이 없고," "앞으로도 여자를 코치하지 않을" 것이라는 사실을 알았다.

어쨌든 매니가 에드먼드에게 나를 소개했다. 아니 그랬을 거라고 추측했다. 매니와 에드먼드가 나눈 대화는 이랬다. "[아르메니아어로 블라블라], 론다. [다시 아르메니아어로 블라블라]."

에드먼드는 한 번도 내 쪽으로 고개를 돌리지 않았다.

클럽에는 늘 열 명에서 열다섯 명 정도의 선수들이 있었다. 그들은 헤비백을 치거나 드릴을 하거나 자전거를 타거나 에드먼드와 링에서 미트 훈련과 스파링을 했다. 그리고 타격에 관해서라면 아무 것도 모르는 금발 여자인 내가 있었다. 매니는 훈련하기 시작했고, 나는 자전거 바퀴 돌아가는 소리와 탁탁 미트 치는 소리, 스피커에서 흘러나오는 아르메니아 음악을 들으며 거기에 서 있었다. 아무도 내게 말을 걸지 않았다. 아르메니아어로든 영어로든.

나는 글러브를 끼고 샌드백을 치기 시작했다. 치는 폼이 엉터리라는 걸 나도 알았다. 하지만 아무도 내게 와서 교정해 주지 않았다. 나는 내가 바보 같이 느껴졌다. 나는 바보 같아 보였다. 하지만 아랑곳하지 않고 꿋꿋이 훈련했다. 에드먼드는 링 안에서 매니를 지도하고 있었다. 에드먼드는 선수들을 지도할 때 아르메니아어로 말했지만 나는 그 어느 코치보다 그의 말을 더 잘 이해할 수 있었다. 에드먼드가 매니를 교정해 줄 때마다 나는 그것을 보고 나 스스로를 교정했다.

다음 날 나는 GFC에 갔다. 다음 날에도. 그 다음 날에도. GFC는 이제 내 일상의 일부가 되었다.

내가 체육관에 도착한 시각은 늘 오전 8시 30분에서 9시 사이였다. 그때마다 문은 닫혀 있었다. 나는 열쇠가 없었다.

그래서 매니에게 전화했다. 매니는 로만에게 전화하라고 했다. 로만은 에드먼드에게 전화해 보라며 그의 전화번호를 알려 주었다. "문이 닫혔는데 누구 오는 사람 없어요?" 에드먼드가 전화를 받았을 때 내가 물었다.

"세바크가 가요." 에드먼드는 짜증 섞인 말투로 대답했다.

나는 체육관으로 이어진 뒷문 근처에서 가방에 걸터앉아 기다렸다. 세바크의 차가 GFC 주차장에 섰다. 나는 일어나서 껑충껑충 뛰었다.

"안녕하세요." 세바크가 문을 여는 동안 내가 유쾌한 목소리로 인사했다.

세바크가 날 위해 문을 열어놓았다. 스물한 살인 그는 나보다 두 살 어렸지만, 열네 살 때부터 에드먼드의 지도를 받고 2년 전부터 GFC에서 코치로 일하고 있었다. 세바크도 에드먼드처럼 나를 냉대했지만 적어도 나를 없는 사람 취급하지는 않았다.

세바크는 조명을 켜고 데스크 뒤에 앉았다. 체육관은 티끌 하나 없이 깨끗했다. 에드먼드가 거의 강박증에 가까울 정도로 청결에 집착했기 때문이다. 나는 열린 문 안으로 걸어 들어왔다. 오른쪽에 링이 있었고 그 뒤편에 무하마드 알리와 에드먼드가 대결하는 모습의 커다란 벽화가 그려져 있는데 빨간 글씨로 커다랗게 '불가능은 없다'라는 문구가 박혀 있었다.

나는 두 손에 붕대를 감다가 내 손놀림이 너무 어설퍼서 고개를 저었다. 그래도 할 수 있는 한 최선을 다해 붕대를 감은 뒤 자리에서 일어나 샌드백을 쳤다. 선수들이 한두 명씩 들어오면서 체육관 안은 어느새 활기를 띠기 시작했다.

에드먼드는 오전 10시에서 11시 사이에 나타났다. 그는 세바크에게 아르메니아어로 뭐라고 말했고, 이어서 첫 번째로 훈련할 누군가의 이름을 외친 뒤 링 안으로 뛰어 들어갔다.

첫 번째 훈련 세션이 끝나면 에드먼드는 링 밖으로 나와 무언가를 가지러 가방이 놓인 곳으로 걸어갔다. 나는 그를 따라갔다.

"에드먼드, 미트 좀 잡아줄 수 있어요?" 지금껏 그 말을 수십 번도 넘게 했다.

"안 돼요, 바빠요." 에드먼드는 내 얼굴을 쳐다보지도 않았다.

"드릴 훈련 좀 도와줄 수 있어요? 이틀 전의 그 풋워크를 나도 해보고 싶은데."

"샌드백이나 쳐요." 에드먼드는 나를 무시하듯 손을 내저으며 말했다.

나는 거대한 샌드백으로 가서 그것을 치기 시작했다. 내가 바보 같이 느껴졌다. 근처에 있던 남자 두 명이 비웃는 소리를 듣고 목덜미가 화끈거렸다. 나는 내 폼이 얼마나 우스꽝스럽게 보일지 잘 알았다. 나는 샌드백을 더 세게 쳤고 계속해서 쳤다. 나는 에드먼드가 하라는 대로 하고 있었고, 그가 그 점을 알아주었으면 하고 바랐다. 더불어 내 자세를 교정해 주었으면 했다. 하지만 그 두 가지 바람은 이루어지지 않았다.

에드먼드는 다음 선수를 코치하러 링으로 돌아갔다. 아트 호바니스얀이라고 하는 이름의 프로 복서였다. 나는 훈련을 멈추고 링 안이 잘 보이도록 타이어들 중 하나에 올라섰다.

에드먼드와 그 선수는 링 안에서 움직이기 시작했다. 탁. 탁. 탁. 아트가 미트를 치는 소리가 체육관에 울려 퍼졌다. 탁. 탁. 에드먼드가 왼쪽으로 움직였다. 아트는 다시 또 다른 타격을 가했다. 탁. 탁. 탁. 에드먼드는 고개를 까닥이고 이리저리 몸을 움직였다. 아트가 다시 간격을 좁히며 몰아붙이자 에드먼드가 그의 동작을 중단시켰다. 그러고는 아르마니어로 속사포 같이 말하기 시작했고, 아트는 듣는 내내 이해했다는 듯이 고개를 끄덕였다. 에드먼드는 쉴 새 없이 말을 하며 주먹을 허공에 몇 번 날렸다. 아트가 아르메니아어로 답하자 에드먼드는 "틀렸어."라고 말하는 것처럼 고개를 저었다. 그리고 다시 그 동작을 보여 주었고, 아트가 아르메니아어로 다시 뭐라고 답하자 이번에는 에드먼드가 고개를 끄덕였다. 둘은 다시 훈련에 들어갔다. 탁. 탁. 탁. 미트를 치는 펀치 소리가 전보다 더 크게 들렸다. 아트는 다시 미트를 쳤다. 탁. 탁.

"Shot lava!" 에드먼드가 소리쳤다. 아마도 "그래, 그래, 그거야."라는 뜻인 것 같았다.

나는 샌드백을 칠 때 참고하려고 눈여겨 본 동작들을 떠올리며 허공에 스윙을 몇 번 날렸다.

어느새 나는 보디랭귀지를 더 잘 이해하게 되었다. 에드먼드는 나를 개인적으로 코치하지 않았지만 영어로 말하는 어떤 타격 코치가 나를 코치했을 때보다 그가 다른 선수들을 코치하는 모습을 관찰했을 때 배우는 것이 더 많았다. 나는 다시 그의 훈련 세션에 관심을 집중했다. 그리고 눈을 가늘게 뜬 채 에드먼드에게 시선을 고정했다. 내가 그렇게 집중해서 보고 있으면 그도 마음을 바꿔서 날 코치해 주지 않을까 하는 기대를 아예 하지 않은 것은 아니었다.

그렇게 3개월이 흘렀다. 나는 날마다 갔고 에드먼드는 나를 공짜로 들어가게 해 주었다. 무일푼이어서 더 의욕이 넘쳤다. 다른 누구보다 더 열심히 해야 한다고 나는 다짐했다. 새벽에 밸리에 있는 알베르토 크레인 체육관에 가서 훈련을 하고 글렌데일로 떠나기 전에 스파링을 했다. 훈련을 조금 일찍 마치고 GFC로 향했다.

그래도 내가 여전히 체육관에 제일 먼저 도착했다. 나는 어김없이 에드먼드에게 전화해서 누가 문을 열러 오는지를 물었다.

에드먼드는 아침마다 전화를 하는 통에 내가 성가셨는지 아예 열쇠를 나에게 맡겼다. 그는 나를 코치하지 않았지만 나는 그의 열쇠가 있었다. 에드먼드를 성가시게 하면 내가 원하는 것을 얻을 수 있을지 모른다는 생각이 문득 들었다. 그래서 나는 그가 두 손을 들 때까지 그를 성가시게 하기로 마음먹었다.

나는 에드먼드가 나빼고 모든 사람을 코치하는 장면을 지켜보았고, 계속해서 날 위해 미트를 잡아 줄 수 있는지를 물었다. 나는 날마다 부탁을 했고 에드먼드는 그때마다 안 된다고 잘라 말했다.

2010년 7월 16일 아침에 나는 체육관 문을 열었다. 4개월 동안 에드먼드의 체육관을 다녔지만, 에드먼드는 여전히 나를 없는 사람처럼 대했다. 선수들이 하나둘 나타나면서 체육관 안은 활기를 띠었다. 내가 안내 데스크 뒤에 앉아 두 손을 붕대로 감고 있을 때 에드먼드가 아트와 함께 걸어 들어왔다. 아트는 그날 늦게 열리는 시합을 위해 체중 감량을 하고 있었다. 아트는 아무 말 없이 일립티컬 머신에 올라타서 땀을 내기 시작했다.

"에드먼드, 오늘 미트 좀 잡아줄 수 있어요?" 내가 물었다.

에드먼드는 나를 쳐다보지도 않고 말했다. "안 돼. 셔츠가 땀에 젖거든." 그리고 계속 걸어갔다.

나는 입을 다물지 못했다. 순식간에 분노가 치밀었다. '뭐? 셔츠가 땀에 젖어서 안 돼? 난 매일 네 눈에 한 번 들겠다고 이렇게 발버둥 치는데. 네 시간을 구걸하려고 다른 체육관에서 여기까지 매일같이 오는 나는 뭔데? 어차피 여긴 체육관이야. 그리고 넌 그 염병할 셔츠를 갈아입으면 될 거 아냐.' 비록 이런 생각을 입 밖으로 꺼내지 않았지만 내 안의 미치광이가 고개를 들었다. "엿 같네!" 나는 체육관 한복판에서 소리쳤다. 순간 사방이 조용해졌다.

에드먼드가 믿을 수 없는 얼굴로 뒤를 돌아보았다. "앞으로 내 체육관에서 나한테 열 내지 말아요."

나는 약이 바짝 올라 가방을 챙겨서 체육관 밖으로 나갔다. 눈물이 나오는 걸 애써 삼켰다.

열심히 노력했지만 결국 에드먼드의 마음을 얻지 못했다. 나는 두 손을 들었다. 날 환영하지 않는 곳에서 훈련하는 것도 지쳤다. 이제부터 나 스스로 훈련하는 방법을 고민해 봐야 했다.

나는 차를 몰았다. 그런데 1.5km쯤 달렸을 때 체육관에 내 글러브를 놓고 온 게 생각났다. 지금은 새 걸 살 형편이 안 되었다. '젠장!'

그때 휴대전화 벨이 울렸다. 에드먼드였다. 나는 잠시 망설이다가 전화를 받았다.

"여보세요?"

"론다. 에드먼드예요. 다시 와 줬으면 하는데. 둑에 가서 얘기 좀 할래요?"

나는 불법 유턴을 해서 체육관으로 돌아갔다. 무슨 말을 하려는지 전혀 감이 안 왔지만 적어도 내 글러브는 챙길 수 있었다.

그러다 아차 싶었다. 에드먼드가 내 차 상태를 보면 어떤 반응을 보일지 걱정이 됐기 때문이다. 공기 청정제 광고를 보면 차 안에 쓰레기를 가득 집어넣고 그 차를 햇빛 아래에 몇 시간 방치해둔 다음 제품의 효과를 입증하기 위해 눈가리개를 한 사람들을 데려온다. 내 차가 딱 그 차였다. 차 안 공기가 신선할 리 없었다. 땀에 젖은 운동복들이 세탁 바구니 안에 넘쳐났고, 아, 개 냄새는 또 어떤가. 더구나 일 년 넘게 세차를 하지 않았다. 제대로 작동하는 창은 겨우 하나뿐이었고 에어컨은 고장이 났다. 밸리의 계절은 한여름이었으며, 그날 글렌데일의 온도는 38도에 육박했다.

나는 걱정하며 주차장에 차를 세웠다. 에드먼드가 걸어오다가 내 차를 흘끗 본 순간 눈살을 살짝 찌푸리며 싫은 내색을 했다. 그는 잠깐 망설이더니 손잡이를 잡고 문을 휙 열었다. 어쨌든 아무것도 건드리지 않고 차 안으로 들어왔는데 의자에 앉은 모양새가 마치 의자 위에 붕 떠 있는 것 같았다.

"곧장 가서 왼쪽으로 꺾어요." 에드먼드가 마지못해 말했다.

나는 고개를 끄덕였다. 그리고 체육관에서 하지 못했던 말을 그에게 했다.

"그때 나는 아트에게 집중하고 있었어요." 에드먼드가 특유의 굵은 아르메니아어 억양으로 해명하기 시작했다. "한창 체중 감량 중이라 옆에서 돕고 싶었지 땀을 내고 싶진 않았어. 그래서 별 뜻 없이 한 말이에요."

에드먼드는 아트가 아픈 와중에도 끼니를 물로 때워야 했고 그런데도 체중이 예상보다 더 나갔다고 했다. 아트는 몇 그램 더 줄이려고 일부러 체육관에 왔었다. 누가 땀을 낼 거라면, 자신이 아닌 아트여야 한다고 그는 말했다. 그리고 그날 내내 아트의 체중에 신경 쓸 생각이었고 갈아입을 옷도 가져오지 않았다고 했다.

"기분 나쁘라고 한 말은 아니었어요." 에드먼드가 말했다.

에드먼드는 진심으로 사과하고 있었다. 그렇다고 그동안 나를 무시한 것에 대해 미안하다는 말은 아니었다. 사실 그것은 사과가 아니었다. 내가 떠나지 않으면 좋겠다는 말을 한 것도 아니었다. 나를 코치하지 않을 권리가 자신에게 있다는 점을 은연중에 알리고 있는 것이기도 했다.

우리는 강둑에 차를 댔다. 에드먼드는 차 밖으로 걸어 나갔다. 내가 앞을 똑바로 쳐다보고 있는 동안 그가 몇 걸음 걷다가 오던 길로 되돌아와서 반쯤 내려진 조수석 차창으로 몸을 숙였다.

"가지 마요, 알겠죠?" 그가 말했다. "다시 올 거니까 먼저 가면 안 돼요, 알겠죠?"

에드먼드는 내가 차를 몰고 떠나 버릴까 봐 가길 주저하고 있었다. 나는 웃음이 났다. "여기서 기다릴게요."

몇 분 후에 에드먼드가 돌아와 차에 탔다. "론다, 훈련하는 거 봤어요." 에드먼드가 입을 열었다. "꽤 열심이던데요."

나는 고개를 끄덕였다.

"우리가 함께 한 적은 없고." 그가 말을 계속했다.

"네." 나는 빈정대는 말이 내 입 밖으로 불쑥 튀어나오지 않게 하려고 입단속을 했다.

"앞으로 좀 더 시간을 내 볼 테니 같이 해보죠." 그가 말했다.

"네?" '나한테 시간을 낸 적이 없으니 "좀 더"라고 해도 얼마 안 되는 거 아니에요?' 라는 말이 튀어나올 뻔했지만 목이 메어 간신히 나온 말은 그 한 마디였다.

"미트를 잡아 줄게요." 그가 말했다.

"그러면 전 좋죠." 내가 대답했다.

"시합이 언제예요?" 에드먼드가 물었다.

"다음 달에 아마추어 데뷔전이 있어요."

"좋아. 그럼 같이 준비해 보죠."

우리는 체육관으로 돌아갔다. 도착하자마자 에드먼드는 재빨리 문을 열어 밖으로 뛰쳐나갔다. 어서 빨리 내 강아지 털들로 뒤덮인 차에서 멀리 벗어나고 싶은 눈치였다.

"그럼, 월요일에 보죠." 에드먼드가 말했다.

"네, 월요일에 봐요."

운전하는 동안 내 얼굴에서 웃음이 떠나지 않았다. 집까지 반쯤 갔을 때에야 글러브를 안 가져왔다는 사실을 깨달았다. 하지만 어차피 월요일에 갈 거니까 상관이 없었다.

월요일 아침 나는 체육관으로 운전하는 내내 웃음을 참을 수 없었다. 설레고 흥분되었다. 오늘은 바로 그날이었다.

나는 일찍 도착했다. 세바크는 아직이었다. 나는 체육관 안에 혼자 있었다. 한 시간 후쯤에 에드먼드가 문을 열고 들어왔다.

"헤이, 에드먼드. 오늘 미트 잡아 준다고 했죠." 그것은 질문이 아니었다.

"네, 네." 그가 말했다. "좀 있다가요."

에드먼드의 훈련 세션은 한 시간이 넘기도 했고 1라운드에서 끝나기도 했다(프로 복싱에서 한 라운드는 3분이다). 시간은 에드먼드의 기분에 따라 혹은 그가 선수에게 갖는 호감의 정도에 따라 달랐다. 나는 그가 누구누구와 먼저 훈련할 계획인지 알지 못했고, 또 신경 쓰지 않았다. 어차피 날 위해 미트를 잡아 줄 때까지 체육관을 떠나지 않을 생각이었다.

나는 내 차례가 오기를 기다리며 워밍업을 하고 제자리 뛰기를 하며 근육을 유연하게 만들었다. 에드먼드가 "론다, 들어와요."라고 말하자마자 링 안으로 곧장 뛰어갈 수 있게 말이다. 그때 그가 나의 이름을 불렀다.

나는 링에 들어가자마자 침착해 보이려고 애썼다. 내가 누구보다 진지하며 높은 집중력을 발휘하고 있다는 점을 보여 주고 싶었다. 나는 한 마디도 하지 않았다. 코치들은 자신들이 하는 말을 말없이 들어주는 걸 좋아 한다는 사실을 빅 짐에게서 배웠기 때문이다.

그는 몇 분 동안 기본적인 발놀림을 훈련시켰다. 그런 다음 나에게 왼쪽 잽을 날려 보라고 말했다.

나는 하나를 날렸다. 마음을 편안하게 하려고 했다. 근육이 뻣뻣하면 효과적인 펀치를 가할 수 없기 때문이다. 그런데 나는 긴장하고 있었기 때문에 너무 뻣뻣했고 내 잽은 형편없었다. 그는 몇 번 더 잽을 날리게 했다. 이번에는 좀 더 긴장을 풀고 잽을 날렸다. 그러자 에드먼드가 "좋아. 그거야."라고 말했다.

우리는 20분 정도 링에 있었다.

몇 년 후, 에드먼드는 한 인터뷰에서 내가 소리 지른 그날 아침이 하나의 전환점이 되었다고 말했다. 내가 무언가를 말할 용기가 있다는 걸 알았고, 또 내가 얼마나 절실히 훈련하고 싶어 하는지를 느낄 수 있었다고 했다. 그 순간 그는 나를 코치할 가치가 있다고 판단했다. 그 순간 나는 드디어 나의 코치를 발견했다.

# 시험 당할 때가 온다

시합에 졌다. 친구를 잃었다. 아버지를 잃었다. 그러나 최악의 상황에서도 패를 돌릴 수 있다. 최악의 상황에서도 컴백할 수 있다. 돈을 다 잃어도, 커리어를 잃어도 두렵지 않다. 왜냐하면 나는 내 차에서 살 수 있고 다시 일어설 수 있다는 걸 알기 때문이다. 최악의 상황을 극복하고 나면 더 이상 미지의 것을 두려워할 필요가 없다. 두려움을 모르게 된다.

나의 MMA 커리어는 순조롭게 출발하고 있었지만 내가 선수 생활로 돈을 벌 수 있을 때까지는 직업을 몇 개 더 구해야 했다. 언니 마리아가 고등학교 친구에게 전화를 해서 내가 24시 피트니스에 야간 근무를 할 수 있게 해주었다. 그 일은 끔찍했지만 분노가 치밀 때마다 혼다 뒷좌석에서 웅크리고 누워 있는 나 자신을 상상했다.

몇 주 후에는 로스앤젤레스 웨스트사이드에 있는 한 클럽에서 유도를 가르치는 일을 구했다. 그리고 동물 재활 클리닉에서 수의사 보조원으로도 일했다. 파트 타임으로 하는 일이었지만 그 일로 생활비가 어느 정도 해결되었다. 나는 DPCG와 사랑에 빠졌기 때문에 그가 나와 있는 한 세상에서 문제될 건 아무것도 없었다.

우리는 그렇게 오랫동안 거품 속에서 살았다. 그 거품이 터지기 전까지 계속.

일 년을 함께 보내던 어느 날 격투 훈련을 막 마쳤을 때 DPCG가 나에게 전화를 했다.

"좀 와줘." 그가 애원했다.

내가 그의 집에 도착했을 때 그는 침대에 몸을 웅크린 채 앉아 있었다. 록시도 방

한 구석에 몸을 웅크리고 있었는데 그날따라 유난히 겁을 먹은 것처럼 보였다. 나는 거실 문 옆에 지갑을 내려놓았다.

"나 많이 마셨어." 그가 말했다.

나는 그 말이 무슨 의미인지 몰랐다. "그렇다고 세상이 끝나진 않아. 오늘 진탕 마셔서 하루를 허비했지만 또 내일이 있잖아. 혹시 오늘 무슨 일 있었어?"

그는 내가 도착하기 전에 이미 1L가 넘는 맥주를 마셨고 우리가 침대에서 마시던 여섯 팩짜리 맥주를 꺼냈다. '오늘 다 마시려나 보네. 무슨 일이 있었는지는 내일 물어봐야겠어.'

몇 시간이 흘렀다. 그는 여기가 아닌 다른 장소에 가 있는 것 같았다. 동공이 확대되어 눈동자가 더 검게 보였다. 내가 아무리 흔들어도 나에게 초점을 맞추지 못했다.

"난 여행을 했어." 그가 말했다. 목소리에 생기가 없었다.

"왜 그래?"

바텐더 일을 하면서 술에 취한 사람들을 많이 보았지만 그의 모습은 좀 달랐다. 나는 겁을 먹기 시작했다.

"난 여행을 했어." 그가 다시 중얼거렸다.

"나한테 말해 봐. 나 여기있어." 그러나 그는 다른 어딘가에 있었다. 그는 계속해서 허공을 쳐다보았고 이어서 자리에서 일어나 나가려고 했다.

"안 돼, 못 가." 나는 목소리를 높이지 않았지만 문을 가로막고 섰다.

그는 나를 바라보며 마치 앞에서 걸리적거리는 의자를 치우려는 것처럼 나를 밀어내려고 했다. 나는 그의 가슴에 두 손을 얹고 그를 침대 쪽으로 밀었다. 그는 다시 일어나려고 했다. 나는 다시 그를 밀었고 이번에는 그의 머리가 벽에 부딪쳤다. 가슴이 철렁 내려앉았다. 내가 그를 다치게 한 것 같아서였다. 그러나 그는 머리를 흔들며 멍한 얼굴로 다시 일어났다. 이번에는 힘을 빼고 다시 그를 밀었다. 그는 나에게 화를 내지 않았다. 몇 초 동안 우두커니 앉아 있다가 뭐가 생각난 듯 다시 일어나려고 할 뿐이었다. 우리는 십여 차례 한 몸이 되어 이상한 춤을 추고 있었다. 그가 일어서려고 할 때마다 내 근육은 경직되었고, 다음 라운드를 준비해야 했다. 매번 내 심장은 더 깊숙이 가라앉았다. 그는 침대에서 내 손이 닿지 않는 곳까지 뒤로 물러났다. 그리고 다시 몸을 일으켰다.

나는 주방으로 뛰어가 조리대에서 그의 열쇠를 집어 찬장에 숨긴 다음 다시 방으로 뛰어 들어갔다.

나는 그의 옆에 앉아 지치고 슬픈 기분을 느꼈다. 잠시 후에 그는 욕실로 갈 것처럼 일어나 현관으로 빠르게 몸을 돌렸다.

나는 다시 그를 저지했고 몇 시간 동안 그곳의 유일한 출구인 현관을 지키며 앉았다.

"미안해." 그가 마침내 말했다. "미안해. 우리 눕자. 그냥 눕자."

피로감이 밀려왔다. 새벽 세 시가 다 되었고 그가 밖에 못 나가도록 지키느라 몇 시간이 지났다. 우리는 침묵 속에서 침대로 갔다. 내가 그의 눈을 들여다보았을 때 그는 다시 현실로 돌아온 것처럼 보였다. 드디어 정신이 든 것 같았다. 우리는 나란히 침대에 누웠고, 그가 타투가 새겨진 팔로 나를 안았다. 나는 서서히 안심이 되어 마침내 깊은 잠에 빠졌다.

아침에 깼을 때 나는 혼자였다. 내 지갑 속 내용물들이 침실 바닥에 흩어져 있었다. DPCG는 내 차를 몰고 떠났다.

그에게 전화를 걸었지만 그는 받지 않았다.

다급해진 나는 생각나는 모두에게 전화를 걸었다. 그의 친구 마이크에게 전화를 걸었다. 그의 친구 루크에게 전화를 걸었다. 그의 친구 잭에게 전화를 걸었다. 그의 엄마에게 전화를 걸었다. 우리 엄마에게 전화를 걸었다. 모두가 똑같은 소리를 했다. 차가 도난당했다고 신고하라는 것이었다. 그러면 그들은 그 차를 찾을 것이고 그도 찾게 될 것이라고.

나는 가슴이 아팠고 떨리는 손으로 911을 눌렀다. 직원은 날 안심시키기는커녕 더 겁을 주었다.

"도난 차량으로 신고할 경우 저항하거나 할 때 경찰이 총을 쏠 수 있습니다. 그런 일이 일어나도 괜찮으시겠어요?"

"안 돼요!" 나는 간담이 서늘해졌다. "내 애인한테 절대 안 돼요!"

조금 후 경찰 두 명이 찾아 왔다. 한쪽은 다른 쪽보다 키가 머리 하나 정도만큼 더 컸다. 나는 그들을 안으로 들어오게 했다. 그들은 친절했다. 키 큰 경찰은 애써 미소를 지어 보였고, 그의 파트너는 수첩을 꺼내 손에 펼쳐 들었다. 내가 그들에게 사연을 이야기하자 그들은 다 안다는 듯 한 표정을 지었다. 아마 전에도 이런 사연을 몇 번 들은 모양이었다.

"정말 쏠 거예요?" 내가 물었다.

내 말에 그들은 당황스러워 했다.

"그럴 리가요." 키가 작은 쪽이 대답했다. "모텔들 주위를 돌며 주차장에 신고된 차량이 있는지 계속 찾아보겠습니다. 곧 애인을 찾을 수 있을 거예요."

그의 파트너는 동정 어린 표정으로 나를 보았다.

"그리고 여기로 연락하시면 됩니다." 그가 나에게 명함을 건넸다. 그런 다음 그들은 수색에 나서기 위해 현관 밖으로 나갔다.

나는 거실 바닥에 주저앉아 벽에 몸을 기댔다. 꼼짝할 수가 없었다. 록시가 다가와 내 발치에 누웠다.

"지금 난 뭐하는 거지?" 나는 나 자신에게 큰소리로 물었다.

뭘 해야 할지 몰랐다. 전화기를 계속 확인하며 벨이 울리기만을 기다렸다. 그때 벨이 울렸다. 그러나 그의 엄마였다. 오며가며 몇 번 만나긴 했지만 서로 가까운 사이는 아니었다.

"정확히 무슨 일이 있었던 거야?" 그의 엄마가 물었다.

나는 전날 밤의 일을 이야기했다.

"걔가 중독자인 거 몰랐니? 어떻게 술을 마시게 해?" 그의 엄마가 비난조로 물었다. "어떻게 그래?"

"전…… 전 헤로인 중독으로만 알았지 술은 문제없는 줄 알았어요." 나는 말을 더듬었다.

"문제가 왜 없어, 다 관련이 있지. 이런 얘기 듣고 싶지 않겠지만 네 잘못도 커. 마시게 그냥 뒀잖니."

"걔한테 전화 오면 알려 줘." 그녀는 그렇게 말하고 전화를 끊었다. 15분 후에 그녀에게서 다시 전화가 왔다. 나는 즉시 음성 메시지로 연결했다.

한 시간이 지났다. 현관에서 인기척이 났다. 나는 벌떡 일어났다. 록시가 미친 듯이 짖어대기 시작했다. 문이 열렸다. 그의 엄마였다.

"전화 없었어?" 그녀가 물었다. 목소리는 아까보다 진정이 된 것처럼 보였다.

나는 고개를 끄덕였다.

"이래서 중독자랑 사귀면 안 돼." 그녀가 말했다.

그녀는 전화기를 꺼내 어딘가로 연락했다. 나는 주방에 앉아서 충격을 가라앉히려고 애썼다. 그녀는 그의 침실로 들어가 옷가지를 가방에 던져 넣기 시작했다. 그때 그녀의 휴대전화 벨이 울렸다. 우리 둘 다 촉각을 곤두세웠다.

"아니야." 그녀는 액정에 표시된 발신자 이름을 보며 말했다.

늦은 저녁이 되었을 때 DPCG는 제 발로 돌아왔다. 그제야 안도감이 들었다. 꼴은 엉망이지만 그나마 어디 다친 데는 없어 보였다. 그는 침대에 누워 울기 시작했다.

"미안해." 그는 목멘 소리로 간신히 말했다. 그가 우는 모습은 처음이었다. 그는 헤로인을 구하기 위해 내 차를 몰고 시내로 갔다고 고백했다. 그런데 구할 수 있었던 것은 크랙(코카인의 하나로 순도가 매우 높다 – 옮긴이)뿐이었다. 그래서 그는 아침 내내 크랙을 들이마셨고 또 그 몸으로 운전하며 돌아다녔다고 했다. 그는 무너져 내렸다. 축 늘어져서 내 눈을 똑바로 쳐다보지도 못했다.

나는 이 상황이 너무 혼란스러워서 어떻게 해야 할지 몰랐다. 그러나 그의 엄마는 일사천리로 상황을 정리하기 시작했다. 전에도 이런 일을 몇 번 겪었기 때문일 것이다.

"차에 타. 재활 센터로 가게." 그녀가 강경하게 말했다.

그는 천천히 일어났지만 그녀의 말에 반박하지 않았다. 그녀는 그를 자신의 고급 승용차로 데리고 갔다. 나는 그 뒤를 따랐고 록시가 내 뒤를 바짝 따랐다. DPCG가 차에 타자 내가 그 옆에 앉는 동시에 록시가 그의 발치에 누웠다. 여기서 재활 센터까지는 차로 45분 거리였고, 가는 내내 우리는 조용했다.

"미안해." 그가 차에서 내리며 말했다.

나는 그에게 다 잘될 거라는 식의 미소를 지어 보이고 싶었지만 애를 써도 입 꼬리가 올라가지 않았다.

DPCG는 떨리는 손으로 신청서에 서명했다.

"미안해." 그가 다시 내게 사과했다. "정말 미안해."

나는 그의 엄마와 차로 돌아갔다. 내 차를 찾으러 그의 집에 다시 들러야 했다. 그녀의 얼굴은 지친 기색이 역력했고 걱정스러워 보였다. 차는 고속도로에 진입했다.

"술을 마시게 하다니 믿을 수가 없어." 그녀가 다시 말했다. 나는 아무 말도 하지 못했다.

"어떻게 중독자한테 술을 마시게 해?" 그녀는 내 쪽을 보지도 않았다. 그러고는 몇 km를 달리는 내내 조용했다.

"너랑 만난다고 할 때 다시 이렇게 될 줄 알았지만 설마 또 여기 올 줄은 몰랐어." 이번에는 혼잣말을 하고 있었다. 운전대를 너무 세게 잡고 있어서 손가락이 하얗게 변해 있었다. 나는 록시를 내려다보았다. 록시는 뒷좌석 바닥에서 꼼짝없이 누워 있었다.

차는 계속 도로를 달렸다.

"헤어져." 그의 엄마가 침묵을 깨고 말했다. "둘은 도움 안 돼, 서로. 이런 짓이나 하는 사람하고 사귀지 마."

그녀는 운전하는 내내 감정을 주체하지 못하고 폭발했다. 그러면서도 도로에서 눈을 떼지 않았다. 나는 한 마디도 하지 않았다. 그녀는 그의 집 앞에 나를 내려 주고 아무 말없이 떠났다. 나는 록시와 단 둘이 남겨졌다. 나를 올려다보는 록시는 겁을 먹었고 외로움을 느끼고 있는 것 같았다. 나도 정확히 그런 기분이었다. 나는 몸을 숙여 록시의 목덜미를 살살 긁어 주었다.

"자, 가자." 록시는 나를 따라 내 차로 갔다. 나는 뒷문을 열어 지갑을 바닥에 던지고 록시를 태우려고 했다. 그런데 록시가 갑자기 발버둥 치더니 내 손에서 벗어나 달아나기 시작했다. 나는 문을 쾅 닫고 록시를 따라 한 블록을 반쯤 달린 후에야 간신히 목줄을 잡았다. 록시를 끌고 차까지 걸어가 문을 열려는데, 문이 잠겨 있었다. 어이가 없어서 웃음이 났다. 끔찍한 일이 아직 더 남아 있을 줄 꿈에도 상상하지 못했다. 나는 AAA(미국 자동차 협회 – 옮긴이)에 전화한 후 도로 경계석에 앉아 기다렸다. 록시가 한시도 가만히 있지를 않아서 목줄을 세게 잡아당겨야 했다.

"록시, 가만히 좀 있어." 내가 단호하게 말했다.

그때 낯선 남자가 길을 건너서 나에게 다가왔다.

"누가 당신을 그런 식으로 잡아당기면 기분이 어떨 것 같아요?" 그가 나에게 훈계 조로 물었다.

"젠장, 오늘 나한테 무슨 일이 있었는지 당신이 알기나 해? 어디서 훈계야!" 내가 그렇게 쏘아붙이자, 남자는 별 미친 여자 다 보겠다는 듯이 쳐다보며 자리를 피했다.

한 시간이 넘게 기다린 후에야 AAA가 도착했다.

그들이 도착했을 때는 모찌를 탁견소에서 데려오기에 너무 늦은 시각이었다. 이틀 밤을 탁견소에 맡겼으니 그 비용을 어떻게 감당해야 할지 몰라 막막했다. 집에 도착했을 때 방 안은 얼음장 같았다. 생활비가 빠듯해서 난방비만이라도 아껴야 했기 때문이다.

어두운 방 안에서 나는 침대 위로 얼른 올라갔다. 시트는 없었다. (그것마저 살 돈이 없었다.) 그리고 슬리핑 백 안으로 들어갔다. 그 안은 너무 추웠다. 록시도 추운지 내 침대로 올라와 나를 따라 슬리핑 백 안으로 들어왔다. 우리는 밤새 서로를 안으며 위로와 온기를 나누었다. 내 눈에서 눈물이 왈칵 쏟아졌다.

DPCG가 재활 센터에서 내게 보낸 장문의 편지는 사과와 사랑 고백으로 가득했다. 나는 시트 없는 침대에 그의 개와 나란히 누워 편지를 읽었다. 그리고 이런 생각을 하며 눈물을 흘렸다. '그는 날 사랑해. 그거면 됐어.'

나는 그가 몹시 그리웠다. 지난 몇 달간 우리는 날마다 함께였다. 내가 MMA를 향한 꿈을 위해 열심히 훈련하는 동안 나를 진심으로 믿어 주고 응원해 준 사람은 오직 그뿐이었다. 나는 그와 다시 함께 하고 싶었다.

그가 재활 센터에 입원한 지 약 2주가 지났을 때 나는 그를 면회하러 갔다. 그는 처음 이곳에 왔을 때보다 훨씬 더 좋아 보였다. 눈빛도 예전으로 돌아왔다. 우리는 면회실에 있는 작은 소파에 앉아 손을 잡았다. 그는 나를 정원으로 데리고 가기도 했다. 그는 이곳에서 나와 있는 것이 어색한 듯했지만 한편으로 내가 와서 무척 기뻐 보였다. 한 시간이 그렇게 지나고 이제 떠날 시간이 되었다. 문 밖으로 향하는데 아직 그와 이별할 준비가 안 되어 있다는 걸 깨달았다. 그와 헤어지고 싶지 않았다.

몇 시간 후에 나는 노스 토런스에 있는 24시 피트니스 주차장에 차를 댔다. 차 안에 앉아 기운을 내보았다. 지금이 정신적으로 힘든 상태이기도 했지만 이 일이 몹시 하기 싫은 이유도 있었다. 이 일은 내가 하고 있는 일들 중에서 가장 짜증나고 보람 없는 일이었다. 나는 눈을 감았다.

'두고 봐.' 나는 나 자신에게 말했다. 기운을 차려야 할 때마다 나 스스로 나 자신을 격려했다. '나는 엄청나게 성공할 거고 책도 쓸 거야. 내 이야기를 책으로 쓸 거야. 세상의 모든 자서전은 다 똑같아. 주인공은 힘든 시기를 겪어. 화나고 불쾌한 일을 당해. 하지만 몇 페이지만 더 넘기면 모든 게 다 해결되고 해피엔딩으로 끝나.'

나는 숨을 깊게 내쉬며 차 문을 열고 나가 체육관 안으로 걸어갔다. 데스크 뒤에 앉아 몇 시간을 보내는 동안 졸릴 때면 머리를 뒤로 당겨 보기도 했다.

"뒈져 버려." 내가 반쯤 졸고 있을 때 아일린이 나에게 모욕적인 말을 퍼부었다.

"어?" 나는 정신을 차리려고 머리를 흔들었다.

"뒈져 버려."

나는 최대한 서비스 정신을 발휘해 미소를 지어 보였다.

'내가 불쾌한 일을 당하는 부분은 바로 여기서야.' 나는 속으로 생각했다. '그리고 너.' 나는 아일린에게 관심을 돌렸다. '넌 내 악당들 중 한 명이야.'

내가 가장 상대하기 싫은 사람이 아일린이었다. 그녀는 알코올 중독자에 차에서 살고 있었다. 늘 술 냄새를 풍겼고 더러운 금발 머리는 빗이라고는 한 번도 빗어 본 적이 없는 것 같았다. 눈 아래는 처졌고 뾰루지가 턱 선을 뒤덮었다. 나를 노려보는 그녀의 얼굴은 삼십대 중반이라는 나이가 무색하게 오십은 되어 보였다.

이제 한 시간 정도만 버티면 퇴근이었다. 새벽 다섯 시마다 에어컨에서 강한 바람이 나와 온몸이 오들오들 떨렸다. 어서 빨리 근무가 끝나기만을 기다렸다.

매주 아일린은 나에게 저주를 퍼부었다. 손가락 끝을, 그것도 손가락과 손톱이 만나는 부분을, 스캐너에 대고 두드려대니 지문이 인식될 리 없었다. 툭. 툭. 툭. 그녀는 화가 나서 손톱을 세게 두드려댔다.

아일린은 나를 노려보며 소리 질렀다. "안 되잖아! 왜 못 들어가게 하는 거야!"

그녀는 늘 내게 싸움을 걸었다. 나에게 멍청하다고 소리를 질러대는 통에 스캐너에 손바닥을 대라고 친절하게 설명해 주었지만 그날만큼은 진절머리가 났다.

그녀는 스캐너에 대고 손가락을 신경질적으로 두드려댔다. 그러다 어찌하여 운 좋게 기계가 지문을 인식했다.

"세팅 완료되셨습니다." 나는 거북할 정도로 유쾌하게 말했다. "즐거운 시간 보내세요."

아일린은 씩씩거리며 안으로 들어갔다.

시계가 새벽 5시 59분에서 6시로 바뀌자마자 나는 내 열쇠를 집어서 차가운 11월의 공기를 뚫고 내 차로 향했다.

"젠장!" 연료의 잔량이 없었다. 나는 당황했다. 어쨌든 나는 늘 당황했다. 하지만 잔량이 거의 바닥 난 것은 내가 전략적으로 노린 것이었다. 로스앤젤레스에서 가장 싼 가스를 살 수 있는 주유소는 24시 피트니스 근처 405번 고속도로 입구 바로 옆에 있었다. 나는 절묘하게 타이밍을 맞춰서 교대 근무를 마칠 무렵 연료가 거의 바닥나게 했다. '괜찮을 거야.' 여기서 주유소까지는 짧은 거리였다.

그러나 ARCO 주유소까지 가는 내내 긴장을 놓을 수 없었다. 마지막 남은 연료까지 알뜰히 써서 내 혼다가 목적지까지 무사히 도착할 수 있기를 간절히 빌었다.

가스를 주입하며 서 있는 동안 너무 피곤하고 추워서 손이 떨렸다.

쥐꼬리만한 월급이 모조리 연료비로 들어가자 속이 쓰렸다. 밤새 일하고 단 1페니도 못 건지다니. 기운이 없어서 주유소 주차장에 차를 대고 눕고 싶었다. '조금만 더 견디자.' 나는 나 자신에게 말했다. '20분 안에 도착할 거야.' 월요일마다 근력 및 체력 강화 훈련이 있었기 때문에 몇 시간 후에 체육관에 가야 했다. 그러나 6시 30분쯤 집에 도착하면 훈련하러 가기 전에 세 시간 정도 잘 수 있었다. 나는 차에 타서 난방을 세게 틀었다.

고속도로에 진입하는 동안 집에 빨리 가야겠다는 생각뿐이었다. 그런데 차가 계속 막혔다. 도로에 차량 행렬이 끊이지 않았다. 오늘이 휴일 주말이라는 사실을 깜박한 것이다. 다들 심각한 교통 체증을 피하려고 일요일이 아닌 월요일 새벽에 로스앤젤레스 행 고속도로를 달리고 있었다.

도로는 정체를 빚었다. 차는 난방이 되어 있었다. 몸은 노곤했다. 차 안은 편안했다. 쾅!

얼굴이 운전대에 부딪혔을 때 정신을 차렸다. 눈을 떴다. 나는 의식을 잃지 않았다. 정신이 번쩍 들었다.

내 차가 은색 도요타 솔라라를 들이받았다.

나는 길 한쪽에 차를 댔다. 얼굴을 만졌을 때 손에 피가 묻었다. 히스테리를 일으키기 일보 직전이었다. 숨이 가빠졌다. 눈에서 뜨거운 눈물이 솟구쳤다. 아무것도 생각할 수 없었다. 뭘 해야 할지 몰랐다. 나는 엄마에게 전화를 했다.

"여기 고속도로인데 방금 사고가 났어요. 어디에 전화해요? 911이요?"

엄마가 힘주어 911이라고 말했다.

차들이 내 옆을 거북이걸음으로 지나갔고, 차 안에 있던 사람들이 나를 노려보았다. 차들은 심하게 찌그러지지 않았지만 어쨌든 보험 처리가 될 것이다. 나는 다시 돈 걱정을 해야 했다. 보험료가 올라서 방값을 낼 돈이 부족할까 봐 걱정이 되었다.

도요타에 탔던 여자가 다가와 나를 보더니 하얗게 질린 얼굴로 계속해서 물었다. "괜찮아요?"

그 사이에 응급 의료원이 왔다. 그는 내 얼굴을 들여다보며 말했다. "코가 부러졌고 가벼운 뇌진탕을 일으킨 것 같아요. 세상에. 어서 집에 가세요." 더 의학적인 용어를 사용했을지도 모르지만 어쨌든 그것이 요지였다.

나는 운전 중에 졸다가 앞차를 들이받은 충격으로 운전대에 코를 박았다. 코는 충격을 이탈했다. 이제 내 코는 약간 기형이다. 링 안에서 얼굴을 가격당할 때 코가 부러진 이유가 그 때문이기도 했다. 누가 내 코를 밑에서 본다면 확실히 삐뚤어진 걸 볼 수 있을 것이다.

현장이 정리된 후 교통 경찰이 우리에게 가도 좋다고 말했다. 응급 의료원은 떠났다. 교통 경찰은 떠났다. 도요타 솔라라 운전자는 떠났다. 하지만 나는 아직 떠나지 못했다. 나는 무엇을 기다리고 있는 걸까. 다만 기다리고 있었다. 눈을 감았다가 뜨면 내가 여기가 아닌 다른 곳에 있기를 바랐다. 내 침대에서 깨어나 오랜만에 처음으로 안식을 찾기를. 내 몸과 마음이 평온해지기를 바랐다. 야구 방망이로 두드려 맞은 것 같은 면상이 아니기를 바랐다.

나는 흠씬 두들겨 맞아 부서질 대로 부서진 느낌이었다. 얼굴이 아팠다. 충돌의 여파가 계속되었다. 나 자신이 낭떠러지에 불안하게 서 있는 것 같았다. 모든 것이 산산조각이 나 버린 것 같았다.

나는 주인공이 몸을 숙이고 있는 힘껏 소리를 지르는 대목을 상상하고 싶었다. 일종의 영혼 정화 의식과 같았다. "덤빌 테면 덤벼!" 그때 태양이 지평선 위로 떠오르고, 그 순간 자연의 아름다움과 의미를 발견한다. 어쩌면 새가 하나의 의미심장한 신호로 머리 위를 날아다닐지도 모르겠다. 그러면 언젠가 다 잘될 거라고 스스로에게 다짐을 할 것이다. 하지만 그런 일은 일어나지 않았다.

대신 나는 무거운 몸을 들썩이며 흐느꼈다. 짠 눈물과 금속성 맛이 나는 피가 목구멍에 고였다. 백미러로 본 내 얼굴은 응고된 핏덩어리와 끈적거리는 콧물로 범벅이 되어 있었고 눈물이 흐르면서 곳곳에 줄무늬를 만들고 있었다. 얼굴을 닦을 기운조차 없었다.

"너무 지쳤어." 나는 큰소리로 말했다. 피가 얼굴을 타고 흘렀다. 차들이 계속해서 내 옆을 지나갔고, 나는 곧 그들을 떠났다.

떨리는 손으로 다시 엄마에게 전화를 했다.

"여보세요……" 엄마 목소리가 들리자 목이 메었다. 엄마가 혼란스러워하는 와중에 나는 가쁜 숨을 몰아쉬었고 나도 모르게 입 밖에 터져 나온 말은 이랬다. "내 책에서 내가 제일 싫어하는 페이지야."

나는 시험당하고 있었다. 이 또한 지나가리라는 걸 알았지만 이 순간에 나는 내가 실패자처럼 느껴졌다.

# 챔피언은
# 항상 더 많이 노력한다

케이지에 오를 때면 나는 늘 이긴다는 절대적 확신에 차 있다. 단지 내가 남들보다 뛰어난 파이터라서가 아니다. 단지 내가 승리에 목말라서만은 아니다. 어느 누구도 나와 비교할 수 없을 만큼 열심히 훈련해서다. 그 때문에 나는 그들과 다르다.

자라면서 엄마에게 귀에 못이 박히도록 들었던 말은 '챔피언은 어느 누구보다 더 열심히 훈련한다'는 것이었다. 도장에 가기 싫다고 투덜대거나 아침 조깅 시간에 알람을 꺼 버리고 자면 엄마는 지나가듯이 말했다. "[그 시기의 내 라이벌]은 지금 훈련하고 있을걸."

엄마는 훈련 후에도 남아서 드릴 훈련을 하게 했다. 다른 엄마들은 엄마처럼 안 그런다고 말하면 엄마는 내 말에 이렇게 반박했다. "챔피언은 항상 더 많은 걸 해."

나는 기진맥진해져서 애원했다. "엄마, 벌써 15분이나 지났어요. 다른 애들은 다 갔다구요. 이만 하면 됐잖아요."

엄마는 짧게 답했다. "챔피언은 이만 하면 됐다고 하는 사람보다 더 많이 해."

화요일은 한 주 중에서 가장 힘든 날이었다.

나는 토요일과 일요일마다 24시 피트니스에서 야간 근무를 했다. 그래서 월요일 아침마다 컨디션에 따라 몇 시간을 더 자러 집에 가거나 아니면 레오와 체력 및 근력 강화 훈련을 하러 곧장 체육관에 갔다. 레오의 체육관은 셔먼오크스에 있었다. 24시 피트니스와 내 집에서 로스앤젤레스를 완전히 가로질러야 도착할 수 있었다. 웨이트 트레이닝과 서킷 트레이닝을 마치면 샤워를 했다. (샤워실에는 공짜로 쓸 수 있는 헤어 컨디셔너가 있었다!) 그런 다음 우리가 레슬링 훈련을 하러 가기 전에 레오는 그의 집에서 내가 소파에 누워 몇 시간 눈을 붙이게 해 주었다. 그 시간만큼은 여기저기 다니지 않고 조용히 쉴 수 있어서 그저 좋았다. 시간이 다 되었을 때 우리는 레슬링 훈련을 하러 SK 골든 보이즈로 향했다. 레슬링 챔피언인 마틴 버베리안도 훈련했다는 그 체육관은 차고에 임시로 만든 가건물이었다. 그러나 시설이 문제가 안 될 정도로 수준 높은 선수들과 대련할 수 있었다. 나는 그곳의 모든 남자 선수들에게 맞섰고, 설령 내가 못 이기더라도 나 스스로 만족할 만큼은 해냈다. 차고는 애초에 레슬링 훈련이 아니라 차를 주차하기 위한 목적으로 지어졌기 때문에 환기도 안 되고 숨 막히게 더웠다. 또 습하고 땀 냄새가 났다. 추가로 만든 욕실에서 샤워를 하고 나와도 질식할 것 같은 더위 때문에 또 다시 땀이 났다. 레오의 집에 저녁 8시가 넘어서야 돌아왔고, 나는 다시 한 시간을 운전해 DPCG의 집에 갔다. 거기서 매일 밤을 보냈다. 그는 일을 하지 않기 때문에 나대신 모찌를 봐 주고 있었다. 나는 연이은 밤샘 근무와 두 차례의 훈련으로 완전히 지쳐서 침대에 쓰러지자마자 곯아떨어졌다.

화요일마다 DPCG와 나는 아침 7시 30분에 일어나서 산타 모니카 비즈니스 센터에 있는 커피빈까지 차를 몰고 갔다. 줄을 서서 기다리는 동안 그의 팔에 안겨 있을 때면 기분이 좋았다.

그 후 나는 훈련하러 글렌데일까지 모찌를 데리고 갔다. 노스 405번 고속도로에서 134번으로 갈아탈 때 반대편 차선과 달리 한산하면 그렇게 기쁠 수 없었다. 하지만 에어컨은 여전히 고장 나 있고 차창은 하나만 작동되었다. 차 뒷좌석에는 세탁물 바구니가 두 개 있었는데 하나에는 깨끗한 옷들이, 다른 하나에는 더러운 옷들이 담겨 있었다. 모찌는 더러운 옷들을 꺼내서 그 위에 뒹굴기를 좋아했다. 더러운 옷가지와 땀, 개의 침 냄새는 가히 압도적이었다. 신종 슈퍼 병원균이 차 뒷좌석에서 번식 중일 것만 같은 강한 확신마저 들었다. 모찌의 몸에 난 두드러기가 그 증거였다.

나는 아침 9시쯤 GFC에 세바크보다 먼저 도착해 문을 열었다. 모찌는 문가 콘크리트 바닥에 얌전히 있어야 했지만 내 말을 안 듣고 기어코 링으로 올라가 한쪽 구석에 자리를 잡고 앉았다. 나는 에드먼드가 올 때까지 준비 운동을 했다. 그는 안으로 들어오자마자 링 위에 있는 개를 보고 싫은 내색을 했지만 몇 달 후에야 나에게 다가와 개를 데려오지 않았으면 한다고 정중히 부탁했다.

"오늘은 뭐 해요?" 나는 에드먼드에게 물었다.

나는 에드먼드가 시키는 것은 뭐든 했다.

샌드백이나 작은 스피드백, 거대한 헤비백, 더블엔드백 치기. 섀도 복싱. 줄넘기. 타이어 위에서 뛰기. 메디신 볼(운동용으로 던지고 받는 무겁고 큰 공 – 옮긴이) 훈련. 드릴 훈련. 밧줄 아래로 기어가기. 민첩성 훈련. 종류는 수백 가지나 되었다.

훈련 내내 에드먼드가 하라는 대로만 했다. 그가 날 깜박 잊고 딴 데 있다가 돌아와서 그만하라고 할 때까지 했고 그가 의도한 시간을 한참이나 넘겨서까지 했다. 절대 훈련 강도를 낮추지 않았다. 그러면 에드먼드는 나에게 다른 걸 시켰다.

나는 매일 세 시간을 GFC에서 보냈다. 에드먼드는 가끔 기분이 좋을 때 날 위해 미트를 잡아 주었지만, 그래봐야 20분도 안 되었다. 하지만 나는 그 시간의 단 1초도 허투루 흘려보내지 않았다.

그가 내 이름을 부르자마자 나는 거의 자동으로 링 위로 뛰어올랐다. 그는 내게 레프트 잽을 해보라고 했다. 잽은 빠르고 날카로운 강타이다. 한 방에 상대를 녹아웃시킬 만큼 강력한 펀치는 아니다. 몇 달 동안 모든 세션은 잽, 잽, 잽이었다. 가끔은 더블 잽이었다. 한동안 에드먼드가 나에게 시킨 것은 그게 다였다.

나는 에드먼드와 함께 잽을 날리는 법과 잽을 막는 법을 훈련했다. 에드먼드는 수천 번 넘게 내게 펀치를 날렸고 어떻게 막아야 하는지를 보여 주었다. 내가 피곤해 보일 때는 나를 더 세게 쳤다. 너무 심하게 칠 때는 숨을 쉴 수가 없었다. 내가 무릎을 꿇고 숨을 가다듬으려는데 그가 한 손으로 나를 잡아 일으켰다.

"무릎 꿇지 마." 그가 말했다. "무릎 꿇으면 더 칠 거야. 맞고 안 맞고는 네 선택이 아니야. 네가 선택할 수 있는 건 단 하나야. 일어나서 맞는 것. 아니면 무릎 꿇린 상태로 맞게 될 거야." 그 뒤 다시는 무릎을 꿇지 않았다.

그는 계속해서 펀치를 날렸다. 나는 두 손을 내렸다. '내 얼굴을 쳐 봐. 펀치를 맞아

볼 테니.'

에드먼드는 내 눈을 쳐다본 후 내 몸에다 잽을 날렸다. 나는 몸을 숙이지 않으려고 애썼다.

"내가 멍청인 줄 알아." 에드먼드가 말했다. "머리를 내밀면 머리를 칠거라고 생각한 거야? 천만에. 난 네 몸통을 칠거야."

그때 알았다. 상대는 내가 원하는 대로 절대 움직여 주지 않는다는 걸. 내가 원하는 대로 그들이 움직이도록 만들어야 했다.

훈련을 마치면 밖으로 후다닥 뛰어 나와 수의사 보조로 일하는 동물 재활 클리닉으로 향했다. 세 시간치 땀으로 범벅이 된 몸을 차에 싣고 다시 로스앤젤레스를 가로질러 달렸다. 해는 가장 높이 떠 있었고 내 차는 찜통 같았다. 모찌는 어김없이 뒷좌석에 자리를 잡고 앉았다. 집으로 향하는 45분 동안 인디 댄스 음악을 크게 틀어놓고 노래를 흥얼대며 리듬을 탔다.

우선 집에 들러서 샤워실로 직행했다. 수압이 너무 낮아서 물이 쫄쫄 흘렀다. 클리닉까지는 차로 15분 거리였고, DPCG의 집은 그곳에서 길을 따라 조금 내려가면 있었다. 나는 모찌를 맡기러 그의 집에 잠깐 들렀다.

"말썽 부리지 마." 나는 다른 사람들의 개를 돌보러 가기 전에 모찌에게 말했다. 그리고 DPCG에게 진한 키스를 했다. 내가 뒤돌아 현관 밖으로 서둘러 나갈 때 그가 내 엉덩이를 찰싹 때렸다.

그 후 몇 시간 동안 개들을 수중 트레드밀이 설치된 물속으로 데리고 들어가거나 밖으로 데리고 나오는 일을 하고, 수의사가 물리 치료를 하거나 침을 놓을 때 옆에서 개가 못 움직이도록 잡아 주는 일을 했다. 그러는 동안 다친 동물들이 회복되고 나이 든 동물들이 나빠지는 모습을 지켜보았다. 개들과 마음의 거리를 유지하려고 해도 잘 안 되었다. 고객들과는 다음 진료 날을 예약하며 이야기를 나누다가 어느새 내가 MMA에 진출하기 위해 어떤 훈련을 하고 있는지에 대한 이야기로 흘러갔다. 사람들이 하도 경기가 언제냐고 물어 보는 통에 내 상사들은 나에게 근무 시간에 개 말고 다른 이야기는 하지 말라고 주의를 주었다.

늦은 오후가 되어서야 나는 늦은 점심을 먹으러 DPCG의 집으로 운전했다. 그는 나를 위해 동네 쿠바 음식점 베르사유에서 구입한, 내가 가장 좋아하는 소스를 넣어 구운 닭고기와 채소를 준비하고 나를 기다렸다. 나는 음식을 흡입하듯이 먹었다. 그러면 다시 일하러 가기 전에 둘만의 시간을 단 몇 분이라도 즐길 수 있었다. 남들이라면 하루 일과를 마쳐야 할 시간이었지만, 나의 하루는 아직 끝나지 않았다.

퇴근 시간대라 차량이 붐비는 도로에 30분을 갇혔다가 간신히 로스앤젤레스 웨스트사이드에 도착하면 성인반에서 유도를 가르쳤다. 유도 동작들을 시범으로 보일 때면 이 스포츠가 이상하게도 멀게만 느껴졌다. 수업이 끝나면 남아서 브라질리언 주짓수 수업을 계속했다. DPCG의 집에 돌아가면, 그는 참치와 마요네즈, 파마산 치즈, 발사믹 식초가 들어간 참치 샐러드를 만들어 주었고 우리는 그것을 구운 빵이나 토르티야 칩과 함께 먹었다.

침대에 눕기 전에 땀에 젖은 옷을 벗고 샤워를 했다. 내 몸은 눈에 띄게 날씬해졌고 근육은 단단해졌다. 피부는 푸른 멍과 매트에 닿으면서 생긴 화끈거림, 개의 발톱에 긁힌 자국투성이었다. 따가운 느낌은 이제 당연하기만 했다. 따갑지 않다가 따가워지는 그런 것이 아니었다. 내가 금발인 것처럼 나는 따가웠다.

나는 샤워실로 들어가 물을 맞으며 섰다. 그러다가 복싱 자세를 취하고 물줄기에 펀치를 가하며 가상으로 복싱을 했다.

샤워를 마친 후에는 몸을 닦은 뒤 그대로 침대에 쓰러졌다.

따끔거림과 땀, 악취 나는 차, 젖은 머리로 점철되던 시절이었다. 그렇지만 그런 것쯤은 괜찮았다. 늘 정신없이 살았지만 성공하기 위해서는 이런 시기를 거쳐야 한다는 사실을 알았다. 지구상의 어느 누구보다 더 많이 훈련할 필요가 있었다. 더 똑똑해지고 더 강해지고 더 오래 버틸 수 있어야 했다. 다른 사람들이 체육관에 가 볼까 하고 생각할 때 나는 이미 체육관에 있어야 했다. 다른 사람들이 이만하면 됐다고 생각할 때 나는 그 이상을 해야 했고, 또 그 이상을 해야 했다. 나는 날마다 그렇게 하루를 보냈고, 날마다 내 목표에 더 가까워지고 있었다.

밤이면 이 이상 하는 것은 불가능하다는 절대적 확신에 차서 곤히 잠들었다.

# 첫 번째 시합

사람들은 내게 시합을 위해 어떤 전략을 짜는지 묻는다. 그다지 치밀하게 짜지는 않는다. 처음에 어떤 식으로 공격할지를 정하고 그 다음부터는 상대의 반응에 따라 즉흥적으로 결정한다. 그래서 다양한 시나리오를 구상한다. 내게 돌진하면 앞으로 메칠 것이고 내게서 달아나면 뒤로 메칠 것이다.

스스로 유연해져야 한다. 모든 가능성을 고려해서 준비해야 한다. 단, 첫 번째로 어떤 공격을 할지에 대해서는 미리 계획을 세운다. 첫 번째 공격이 모든 반응을 야기하기 때문이다.

예전에는 아무도 나를 코치하려고 하지 않았고 이제는 아무도 나와 싸우려고 하지 않았다.

MMA를 위한 커리어를 쌓는 과정에서 가장 힘든 부분은 나와 시합할 상대 선수를 찾는 것이었다. 다린에게서 날을 잡았다는 전화가 오면 꼭 며칠 후에 다시 전화가 왔다. 상대 선수의 코치가 말하기를, 자기 선수가 아직 준비가 되지 않았다거나 내가 시합 상대로 적절하지 않은 것 같다는 것이다.

처음 몇 번은 실망하고 말았는데 다섯 번이나 그런 통보를 받자 화가 났다. 그 선수들은 자기들 나름대로 파이터가 되고 싶어 했는지 몰라도 이길 승산이 없는 싸움을 하려고 들지 않았다. 아무도 나를 상대로 싸우려고 하지 않는 것 같았다.

나는 좌절감에 빠져 샌드백을 격렬하게 치고 또 쳤다.

싸우고 싶었다.

이기고 싶었다.

결판내고 싶었다.

그것은 시간 문제였다. 그 시간이 왔을 때 나는 이미 준비가 돼 있을 것이다. 그들은 언젠가 나와 싸우지 않을 수 없을 것이며, 나는 내 실력이 더 향상될 시간을 벌어준 걸 후회하게 만들어 줄 것이다.

그 후 다린에게서 시합이 하나 잡혔다는 연락을 받았다.

"근데 150파운드(68kg)로만 시합할 수 있대."

그때 내 체중은 약 145파운드(65.7kg)였다. "그러겠다고 해요." 내가 말했다.

시합까지 2주가 남았다. 시합이 가까워질수록 흥분이 커졌지만 이번에도 실망하게 될까 봐 기대감을 부풀리기가 두려웠다.

시합 전날에 에드먼드가 날 위해 미트를 잡아 주었다. 그는 평소에 날 열성적으로 코치해 주지 않았지만 이번에는 날 위해 선뜻 돕겠다고 나섰다.

"더 좋아졌어." 에드먼드가 말했다.

나는 고개를 끄덕였다.

"준비됐어?" 그가 물었다.

"말해 뭐해요." 나는 미트를 치며 대답했다.

그는 내 말 뜻을 이해하지 못한 듯 나를 쳐다보았다. 그의 영어 실력은 나를 코치하면서 눈에 띄게 향상되었지만, 내 타격 실력만큼이나 아직 가야 할 길이 멀었다.

"타격하려고 하지 마." 에드먼드가 조언했다. "유도를 해. 이기려면 유도 기술을 써."

내 몸속에서 아드레날린이 분출했다.

"내가 이길 거라고 생각해요?" 내가 물었다. 나는 내가 이길 줄 이미 알고 있었지만 에드먼드가 나를 믿어 준다면 자신감이 배가 될 것 같았다.

"여자랑 싸우는 거? 뭐가 어렵다고." 에드먼드는 어깨를 으쓱하며 말했다.

에드먼드는 시합 날 코너맨이 되어 달라는 내 부탁에 선뜻 대답하지 않았다. 다린은 자신이 연락해서 직접 부탁해 보겠다고 했다.

다린과 나는 2010년 8월 6일 늦은 아침에 로스앤젤레스를 떠났다. 옥스나드까지 차로 한 시간을 달렸다. 에드먼드는 결국 내 부탁을 들어 주었지만 우리와 동행하지 않고 따로 오겠다고 말했다.

차 안에서 다린이 계속 말을 걸었지만 나는 시합 전에 조용히 있는 편을 선호했다. 모든 정신을 오로지 시합에 쏟으며 마음의 준비를 하고 싶어서였다.

우리는 시합이 열리는 체육관 주차장에 차를 댔다. 그곳은 옥스나드에 임시로 만들어진 체육관이었다. 아마추어 경기라 체중 측정은 시합 당일에 이뤄졌다. 우리는 절차를 마치고 서서 대기했다. 상대 팀은 아직 도착하지 않았다.

'기다리자.' 나는 마음을 편히 가지려고 했다.

그때 헤이든 무노즈가 체육관 안으로 걸어왔다. 아마추어 경기에서 체중 측정에는 별다른 절차가 없었다. 체중계에 올라가기만 하면 되었다. 그녀가 먼저 올라갔다.

"154파운드(69.8kg)." 관계자가 말했다.

체급을 넘어선 무게였다. 모두의 시선이 나에게 향했다.'이제 내 선택에 달렸다. 나는 시합을 감행할 수도 있고 아니면 거부해서 그녀의 자격을 박탈당하게 할 수 있었다. 그녀가 실망할 줄 알았는데 의외로 안도하는 눈빛이었다. 그러나 그 안도감은 오래가지 못할 것이다.

"할게요." 내가 말했다.

내 생애에 무언가를 위해 이렇게 열심히 준비한 적은 없었다. 나는 탈의실에서 옷을 갈아입고 워밍업실로 걸어갔다. 바닥 일부에 매트가 펼쳐져 있었고 그 위에서 몇 명의 선수들이 준비 운동과 스트레칭 그리고 가벼운 스파링을 하고 있었다. 나는 바닥에 누워서 눈을 감았다. 사람들이 하나둘 들어오기 시작했다. 그들 대다수가 선수들의 친구들 혹은 가족들이었다. 코너맨이 되어 주겠다고 약속한 고커가 와 주었다. 그러나 에드먼드는 어디에도 보이지 않았다. 하야스탄에서 온 몇몇 남자 선수들이 서성거렸다. 나는 기분이 우쭐해졌다. 엄마와 제니퍼, 나의 오랜 코치인 블링키도 와 주었다. 엄마는 나를 응원해 주었지만 내가 시합 당일에 어떤지 누구보다 잘 알았기에 나와 일정한 거리를 유지했다. 에드먼드는 여전히 거기에 없었다. 안 올지도 모른다는 사실을 받아들이기로 했다. 안 와도 상관없었다. 상대가 아무리 나보다 무거워도 난 충분히 이길 수 있었다. 그런데 시합이 있기 한 시간 전 에드먼드가 나타났다.

나는 이루 말할 수 없이 기뻤다. 에드먼드가 나를 선수로서 중요하게 여기고 있다는 의미였기 때문이다. 나를 위해 미트 잡기를 꺼렸고 열성적으로 코치해 주지 않았지만, 그는 나에게서 무언가를 보았으며 그렇기 때문에 시간을 내서 여기에 온 것이다.

"워밍업은?" 그가 물었다.

나는 어깨를 으쓱했다. 워밍업은 필요 없었다. 내 이름이 호명되면 바로 나갈 준비가 되어 있었다.

그는 워밍업실 구석으로 나를 데려가서 내 손에 붕대를 감긴 다음 나에게 여러 잽을 날리게 했다.

내 안에서 에너지가 넘쳐났다. 흥분되면서도 침착함을 유지했다.

"긴장 풀어." 에드먼드가 말했다.

나는 더 많은 것을 하고 싶었다.

"상대는 킥복싱 선수야." 에드먼드가 말했다. "곧장 널 치려고 할 거야. 그때 재빨리 다리를 잡고 쓰러뜨려. 유도 기술을 써. 다른 것 말고 유도만."

나는 고개를 끄덕였다.

"무노즈, 로지. 앞으로." 주최측 관계자가 외쳤다.

나는 케이지 안으로 걸어 들어갔다. 스위치가 탁 켜진 느낌이었다. 그와 동시에 철제 울타리 밖 세상은 사라졌다. 나의 눈은 적수의 움직임을 좇았다.

나는 발을 쿵쿵거리고 펄쩍펄쩍 뛴 다음 두 어깨를 손으로 찰싹 때렸다. 심판이 헤이든을 보았다.

"준비됐어요?" 그가 물었다. 그녀가 고개를 끄덕였다. 이번에는 내 쪽을 보았다.

"준비됐어요?" 그가 다시 물었다. 나는 고개를 끄덕였다.

시작.

우리는 서로에게 달려들었다. 그녀가 발을 들어 나를 찼다. 나는 그녀의 다리를 잡고 그녀를 내동댕이쳤다. 그와 동시에 그 위를 덮쳐서 팔을 잡았다. 그녀는 빠져나가려고 안간힘을 썼지만 속수무책이었다. 내가 그녀의 팔을 잡고 몸을 뒤집었다. 그녀는 바닥을 두드렸다. 시합은 23초 만에 종료되었다.

심판이 종료를 선언하자마자 케이지 밖의 세계가 내 앞에 나타났다. 더 환하게 밝아진 세계였다. 관중은 환호하고 소리를 지르고 휘파람을 부르며 나를 응원하고 있었다. 나는 허공에 주먹을 들어 보이고 케이지 주위를 돌며 승리감을 만끽했다.

나는 전에 경험해 보지 못한 기쁨을 느꼈다. 그것은 단순한 승리감이 아니었다. 그 기쁨은 더 깊은 곳에서 왔다. 이것은 단지 시작에 불과하다는 인식에서 비롯된 기쁨이었다.

집으로 가는 길에 나는 차 안에서 매트와 김의 '늦장 부리지 마(Don't Slow Down)'를 틀어대며 흥얼거렸다.

다음 두 번의 시합은 '터프앤너프'라고 하는, 꽤 체계적으로 운영되는 아마추어 쇼의 일부로 진행되었다. 경기장은 라스베이거스 스트립에서 약 1.6km 떨어진 올리언스 호텔이었다. 이 시합들은 일종의 번외 경기였기 때문에 홍보 전단지에 내 이름은 눈을 씻고 찾아 봐도 없었다. 나는 그것을 보며 다짐했다. '반드시 내 이름을 올릴 거야.' 두 시합 모두 1분도 안 되어 끝났다.

3승 무패를 기록한 지 5개월 후 나는 프로로 전향하기로 결심했다. 아마추어 경력을 뒤로 하고 세계 챔피언이 되는 목표를 향해 한 걸음 더 다가서고 있었다.

그날 밤 케이지에 처음 들어간 순간부터 이제껏 달성해 온 모든 것을 내가 이미 예상하고 있었는지를 사람들은 자주 묻는다. 내가 망설임 없이 그렇다고 대답하면 그들은 놀란 반응을 보인다. 케이지에 처음 들어간 순간부터 내게 일어난 모든 일은 내가 첫 공격에 대한 전략을 짤 때 이미 내 마음속에서 그리던 것이었다.

# 세상에
# 완벽한 상황은 없다

우리는 완벽을 꿈꾼다. 완벽한 직업. 완벽한 파트너. 완벽한 적수. 혹은 지금보다 더 좋은 날, 더 좋은 장소, 더 좋은 기회가 있을 거라고 기대하며 현재의 순간을 완벽한 순간으로 만들려는 부질없는 노력을 계속한다.

내가 진 적이 없는 이유는 시합을 위한 모든 조건이 완벽히 갖춰졌기 때문이 아니다. 어떤 상황이 닥쳐도 여전히 이길 수 있기 때문이다.

나는 프로로 전향했지만 아마추어 시합에서 따낸 기록이 사라진 것 말고 내 삶이 딱히 바뀐 것은 없었다. 나는 여전히 세 개의 일을 했다. 크레이그리스트(온라인 벼룩시장 - 옮긴이)에서 찾은 허름한 집에서 여전히 살았다. (그래도 이제 금방이라도 허물어질 것 같은 집의 방 하나를 세놓고 있었다.) 그리고 시합은 여전히 무산될 때가 많았다.

다린은 내 프로 데뷔전으로 에디안 고메즈라는 이름의 선수와 시합을 잡았다. 그리고 거래의 일부로 그녀의 비행기 값을 지불하기로 했다. (낮은 레벨의 프로 시합에서 이것이 상례는 아니다.) 시합은 2011년 3월 27일 타자나 부근의 한 컨트리클럽에서 열릴 예정이었다. 시합에 나가는 것만으로도 각 선수에게 400달러가 지급되고, 승자에게는 그 액수의 두 배가 지급되었다.

나는 그녀가 치른 경기들에 관한 정보와 영상을 찾았다. 6승 1패의 기록을 보유했고 상대를 거의 완승으로 꺾었다. '적어도 취소하진 않겠군.' 나는 생각했다.

시합이 매번 무산되었어도 에드먼드와 더 정기적으로 훈련했다. 훈련은 특정 상대를 염두에 두지 않고 실력을 쌓는 쪽에 집중했다.

"누구와 싸우느냐는 중요하지 않아." 에드먼드가 말했다. "선수가 하루 만에 급하게 정해져도 상관없어. 어차피 넌 이길 거니까."

나는 동의하며 고개를 끄덕였다.

시합이 있는 주에야 취소될지 모른다는 불안감을 겨우 씻을 수 있었다. 이제 더는 기다릴 수 없었다.

"입장할 때 무슨 노래로 할까?" 다린이 시합이 있기 며칠 전에 물었다.

"더 익스플로이티드(The Exploited)의 '섹스 앤 바이올런스(Sex and Violence)'요." 내가 대답했다. '섹스'와 '폭력'이라는 단어가 반복적으로 되풀이되는 노래였다.

시합 이틀 전, 나는 내 방에 누워서 어떻게 싸울지를 머릿속으로 구상하고 있었다. 바로 그때 거실에서 소란스러운 소리가 들렸다. 모찌가 같이 놀던 룸메이트 개와 어느새 으르렁거리며 싸우기 시작했다.

약 27kg짜리 핏불인 폭찹이 바닥에 누워 있었고, 약 36kg으로 무게가 늘어난 모찌가 그의 목을 물고 있었다. 저러다 폭찹이 죽을 것 같았다. 나는 본능적으로 모찌의 늑골을 가볍게 발로 찼다. 모찌가 뒤로 나자빠지자 폭찹이 몸을 마구 흔들었다. 아직 전투 모드에서 벗어나지 못한 핏불은 나를 두 번 물었다. 발에 한 번, 정강이에 한 번. 날카로운 이빨이 내 피부를 뚫고 근육에까지 파고들었다.

내 몸이 고통을 느낄 찰나에 이 부상이 시합에 영향을 미칠지도 모른다는 걱정이 더 먼저 들었다.

나는 거실 바닥에 주저앉아 양말을 벗었다. 발바닥의 오목한 부분에 구멍이 깊게 파였다. 살점이 떨어져 달랑거렸다. 눈 깜짝할 사이에 피가 구멍을 가득 메우더니 카펫에 쏟아졌다. 혼란스러운 와중에 바닥에 툭 떨어졌던 휴대전화를 집어 다린에게 전화를 걸었다. 병원에 가야 했지만 아무도 이 사실을 몰라야 했다.

다린이 의사를 찾는 동안 나는 거실에서 간신히 일어났다. 발이 눈에 띄게 붓기 시작했다. 나는 카펫에 핏자국을 남기며 한발로 껑충거려 주방으로 갔다. 얼음은 없고 얼린 야채만 있었다. 나는 다시 껑충거리며 욕실 안으로 들어가 쓰고 남은 야채를 얼린 그 포장지를 발에 감싼 후에 붕대를 감았다.

거실에서 휴대전화 벨이 울렸다. 전화를 받으려고 다시 한 발로 껑충거리며 거실로 가는데 언 완두콩과 당근이 뛰는 족족 열린 포장지 밖으로 튀어 나왔다.

"받아 적어." 다린이 말했다.

그의 친구 중에 한 명이 비벌리 힐스에서 성형외과를 운영하는데 내 상처를 비공개로 봐주겠다고 했다.

나는 DPCG에게 전화했다. "지금 와줄 수 있어?"

"금방 갈게." 내가 상황을 설명하기도 전에 그가 대답했다.

나는 주방으로 다시 갔다. 타일에 떨어진 피를 닦기가 더 쉽기 때문이었다.

15분 후에 DPCG가 집안으로 뛰어오는 소리가 들렸다.

"어딨어 지금?" 그가 외쳤다.

"핏자국과 당근을 따라와!" 내가 외쳤다.

그는 주방으로 달려와 걱정스러운 얼굴로 나를 보았다. 그러고는 아무 말도 하지 않고 나를 안아 자신의 차로 데려갔다.

나는 계기판에 내 발을 올려놓고 붕대로 새어나오는 피를 쳐다보았다. 내가 DPCG의 손을 꽉 쥐고 있어서 그는 한쪽 손으로 운전을 했다. 눈물이 두 뺨을 타고 흘렀다.

"괜찮을 거야." 그가 날 안심시키려고 했다.

고급 스파를 연상케 하는 대기실 안은 보톡스 시술과 가슴 수술을 하러 온 부유한 여성들로 가득했다. 그들은 의아한 얼굴로 나를 바라보았지만, 접수처 직원은 나를 보고도 전혀 동요하지 않았다.

DPCG가 나를 수술실로 데려갔다. 의사는 피에 흠뻑 젖은 붕대와 흐물거리는 채소를 내려다보았다.

"일단 좀 벗길게요." 그가 말했다.

그리고 붕대를 풀기 시작했다. "생각보다 심하네요. 꿰매야겠군요."

나는 흐느끼기 시작했다. 시합에 못 나갈까 봐 걱정이 앞섰다.

'안 돼. 이렇게 무너질 수 없어.' 나는 생각했다.

나는 눈물을 닦으며 의사를 바라보았다. "한 가지만 물을게요. 이 상태로 시합에 나가면 더 나빠지나요?"

그가 조금 놀란 얼굴로 선뜻 대답하지 못했다. "음, 아니요. 그러니까 제 말은 꿰맨 자리가 벌어질 거고 그래서 낫는 데 더 시간이 걸리겠지만 더 나빠지진 않을 거예요."

나는 안도의 한숨을 내쉬었다. "좋아요. 그럼 꿰매주세요."

의사는 나를 바라보았다. 내게서 어떤 인상을 받아야 하는 건지 아니면 단단히 주의를 주어야 하는 건지 몰라 망설이는 얼굴이었다. 그가 천천히 말했다. "꿰매줄 수는 있지만 1라운드에서 터질 거예요. 사방에 피를 흘릴 거고 금방 들통 날 거예요."

"괜찮아요. 그보다 빨리 이기면 돼요." 내가 대답했다.

그는 비상약품 통을 꺼내 바늘을 들었다.

"밖에서 꿰맬까요? 안에서 꿰매면 흉터는 심해지지 않는데 밖에서 꿰매면 더 튼튼해요."

"흉터는 상관없어요. 더 튼튼하게 해주세요." 내가 대답했다.

의사는 내 발의 오목한 부분에 세 바늘을, 그 위에 여섯 바늘을 꿰맸다.

"이 정도면 튼튼하게 잘 됐어요. 대신 빨리 이겨야 할 거예요."

"그럴게요." 내가 약속했다.

DPCG는 나를 차까지 데리고 갔다.

다음 날 아침, 발은 더 심하게 욱신거렸다. 밤새 얼음 찜질을 하고 의사가 처방해 준 애드빌(항염증제 – 옮긴이)과 항생제를 먹었지만 붓기는 더 심해졌다. 그렇지만 시합에서 질 거라는 의심은 들지 않았다. 문제는 체중 측정과 건강 검진을 무사히 통과하는 것이었다. 발을 꿰맨 사실이 밝혀지면 시합을 치르지 못할 게 뻔했기 때문이다.

체중 측정을 위해 건물로 들어가는 동안 절뚝거리지 않으려고 안간힘을 썼다.

건강 검진은 다분히 형식적이었다.

"한 발로 뛰어 봐요." 그가 요구했다.

나는 오른발로 뛰었다.

"다른 발도요."

나는 내 왼발에 몸을 싣고 껑충 뛰면서 아무렇지 않은 얼굴을 하려고 애썼다. 발바닥에서 불룩한 바늘땀이 느껴졌다.

"됐습니다." 의사가 말했다.

다음은 체중을 잴 차례였다.

그때 선수 위원회 대표가 나에게 폭탄을 떨어뜨렸다.

"반바지와 속옷 말고 모두 벗으세요. 셔츠, 신발, 양말 모두 안 됩니다."

양말도? 맥박이 빠르게 뛰기 시작했다.

내 심장보다 더 빨리 뛰는 것은 내 마음이었다.

그때 한 가지 생각이 떠올랐다.

체중 감량에 성공해서 아무 문제없다면 반바지와 속옷만 입고 체중을 잴 수 있다. 그러나 아슬아슬하다면 옷을 다 벗고 체중을 잴 수 있다. 그럴 때 나체쇼가 벌어지는 사태를 막기 위해 자기 팀 사람들이 타월로 몸을 가려 줄 것이다.

"물을 너무 많이 마신 것 같아요." 나는 주위 사람들이 다 듣도록 큰소리로 말했다.

"과체중일까 봐 걱정돼요. 벗고 잴게요." 나는 다린에게 말했다.

"뭐?" 다린은 나를 정신 나간 사람처럼 보았다. "그럴 필요 있어? 저쪽도 과체중이야. 안 그래도 돼." 내 상대는 이미 과체중이었고, 그것을 일부러 숨기지 않았다. 반면 나는 145파운드(65.7kg)를 만들기 위해 굶은 상태였다.

"벗을래요." 나는 불쑥 말했다.

내가 옷을 벗는 동안 팀 사람들이 타월을 가지러 부랴부랴 나갔다. 모두가 영문을 몰라 어리둥절한 얼굴이었다. 팀 사람들이 펼친 타월로 내 몸을 가린 채 양말을 벗고 체중계에 오르는 동안 아무도 나를 주목하지 않았다. 내 체중은 67kg으로, 상대보다 2kg 정도 더 가벼웠다. 다들 내가 갑자기 옷을 벗은 이유가 무엇인지 궁금해 하는 사이에 나는 아직 붓기가 빠지지 않은 발을 누가 알아채기 전에 얼른 양말부터 신었다. 속옷을 입으며 내가 모든 과정을 무사히 통과했다는 사실에 안도했다.

시합이 있기 전날 밤에 나는 바늘땀을 가리려고 내 발에 발목 보호대를 착용했다. 발의 통증이 너무 심해서 워밍업 이외에 아무것도 할 수 없었다.

"빨리 해치우는 게 좋아." 에드먼드가 말했다.

"알아요." 내가 대답했다.

"넌 미쳤어." 그가 말했다.

나는 그저 미소를 지었다. 그의 말이 맞을 것이다.

고메스가 케이지 안으로 들어가는 동안 힙합 비트가 경기장 안을 쾅쾅 울려댔다. 그녀는 비트에 맞춰 케이지 안에서 춤을 추었다.

'나랑 붙은 후에도 계속 출 수 있는지 보자.' 나는 생각했다.

'섹스 앤 바이올런스'의 드럼 소리가 스피커에서 터져 나왔다. 나는 곧장 케이지 안으로 들어왔고, 발의 통증은 갑자기 나와 무관한 것이 되었다.

심판이 손뼉을 치는 동시에 벨이 울렸다.

나는 잽과 레프트 훅을 날리며 그녀를 파고들었다. 앞으로 메치려고 시도했지만 그녀가 안간힘을 쓰며 버텼다. 나는 본능적으로 방향을 바꿨고 안뒤축후리기 기술로 왼발을 걸어 뒤로 메쳤다. 내 발의 꿰맨 자리가 그녀의 뒤꿈치와 부딪치면서 통증이 확 타올랐다. 나는 그 신호를 무시했다. 그녀가 나자빠지자 그녀의 몸을 덮치는 동시에 얼굴을 몇 차례 가격했다. 그 타격은 상처를 입히려는 목적보다 반응을 유도하려는 목적이 더 컸다. 그녀가 옆으로 몸을 돌렸다. 절호의 기회였다! 나는 내가 좋아하는 팔가로누워꺾기 암바를 걸었고, 그녀는 바닥을 두드렸다. 벨이 울렸다. 모든 경기는 25초 만에 종료되었다.

나는 머리 위로 두 손을 들었다. 나는 이겼다. 아주 짧은 순간 벌어진 일이 나 스스로도 놀라웠다.

프로 데뷔전에서 승리한 기쁨은 내 고통 감각기관의 아우성으로 인해 반감되었다. 내 발이 엄청난 통증을 앓고 있다는 내용의 신호를 내 뇌에서 보내오고 있었다.

1전 1승 무패였다. 나는 참을성이 없었다. 시합에서 이기고 일주일 만에 나는 손톱깎이를 들어 바늘땀들을 잘랐다. 의사의 말 대로였다. 흉터는 눈에 띄게 심해서 징그러워 보일 정도였다.

다린이 전화해서 샤메인 트위트라고 하는 선수와 캘거리에서 시합하게 될 거라고 말했다. 그녀는 150파운드(68kg)로만 시합을 한다고 했지만, 나는 이것저것 따질 형편이 아니었다. 우리는 캐나다행 비행기 표를 예약했다. 그런데 시작부터 꼬였다. 에드먼드는 내게서 시합 날짜를 듣고 눈살을 살짝 찌푸렸다. 그날이 출산 예정일이었기 때문이다. 시합이 있기 2주 전에는 제니퍼와 함께 라이트 에이드(미국의 약국 및 잡화점 체인 – 옮긴이)에 있었는데, 다린에게서 전화가 왔다.

"스트라이크포스에서 시합을 하자고 연락이 왔어."

스트라이크포스는 여자부가 있는 미국 유수의 MMA 단체다. 그쪽에서는 내가 사라 디알레리오와 싸우기를 원했다. 지나 카라노가 2년의 공백을 깨고 복귀전을 치르기로 되어 있었는데, 의료 문제로 무산되었기 때문이다.

마이너 리그에서 메이저 리그로 진출할 기회였다. 스트라이크포스는 선수들에게 훨씬 더 많은 액수의 돈을 지불했다. 스트라이크포스와 계약만 하면 세 개의 일을 당장에 그만둘 수 있고, 시합만 하더라도 생계를 유지할 수 있었다.

하늘이 열리고 천사들이 내려와 날 위해 노래를 부르는 느낌이었다. 내 얼굴에 커다란 미소가 번졌다. 나는 기뻐서 꺄악 소리를 지르며 펄쩍펄쩍 뛰어 기쁨의 춤을 추었다.

"왜 그래?" 제니퍼가 속삭였다.

"그런데 문제는, 시합이 6월 18일이야." 다린이 말했다.

나는 멈칫했다.

"전날 밤에 캐나다 시합이 있잖아요." 내가 말했다.

"걱정 마. 취소하면 돼."

나는 제니퍼를 와락 껴안았다. 그녀가 내 포옹을 받아 주는 편은 아니었지만 아무래도 좋았다.

"젠, 나 스트라이크포스와 계약하게 됐어." 내가 말했다.

"잘됐다." 제니퍼는 '그게 뭔지 모르지만 어쨌든 축하해'라는 식으로 기뻐해 주었다.

나는 내 쇼핑 바구니에 이것저것 손에 잡히는 대로 넣기 시작했다. 전동 칫솔. 값비싼 미백 치약. 아이라이너. 매니큐어. 매니큐어를 어떻게 칠하는지도 몰랐지만 상관없었다. 부드럽고 질 좋은 화장지도 집었다. 이제 나도 몇 가지 사치품을 살 여유가 생길 것이다.

우리는 결제를 하고 주차장으로 걸어갔다. 그때 다린에게서 다시 전화가 왔다.

"나쁜 소식이야. 취소는 절대 안 된대."

심장이 철렁 내려앉았다. 순식간에 기분이 침울해졌다. 제니퍼와 함께 차에 탄 뒤 주차장에서 빠져나가기 위해 뒤를 돌아보았을 때 뒷좌석에 놓인 하얀색 라이트 에이드 쇼핑백이 눈에 들어왔다. "젠장, 쓸데없이 많이 샀어."

다음 날까지도 침울한 기분을 떨칠 수 없었다. 그때 에드먼드가 나를 옆으로 불러 세웠다.

"론다, 침착해. 스트라이크포스는 널 원했어. 어쨌든 넌 이 시합에서 이겨. 장담하는데 그들은 널 다시 원할 거야. 그러니까 초조해할 필요 없어. 스트라이크포스에서 너 말고 다른 누굴 뽑겠어. 한두 번 더 시합하면 그들도 네가 최고라는 걸 알 거야. 그리고 분명 연락이 올 거야. 장담해. 이 시합이 끝나고 스트라이크포스와 계약하게 될 테니까."

다음 2주 동안 나는 단 하나의 목표를 위해 훈련했다. 그것은 바로 샤마린 트위트가 대가를 톡톡히 치르게 하는 것이었다.

나는 다린과 에드먼드와 함께 6월 16일에 캘거리행 첫 비행기를 탈 예정이었다. 그런데 하루 전에 에드먼드에게서 전화가 왔다. 그의 아내가 진통 중이라는 것이다.

"그래도 갈 거야. 하지만 비행 시간을 바꿔야 할 것 같아. 거기서 봐."

"축하해요." 나는 그에게 말했다.

"고마워."

다음 날 새벽에 다린이 나를 태우러 와 주었고, 우리는 공항으로 향했다. 공항에서 줄을 서서 기다리는 동안 나는 시계를 보았다.

"엄청 빨리 왔네요." 물론 나는 늘 늦지 않게 비행기를 탔다.

"음, 캐나다에 간다 해도 어쨌든 국제선을 타야 하니까." 다린이 말했다.

앞에 서 있던 사람들이 움직이기 시작했다. 그 순간 내 몸의 모든 근육이 얼어붙었다.

"캐나다에 갈 때도 여권이 필요해요?" 내가 조용히 물었다.

다린이 나에게 고개를 돌렸다.

"뭐?"

"캐나다에 갈 때도 여권이 필요하냐구요."

"당연하지. 왜? 집에 놔두고 왔어?"

나는 내 여권을 어디에다 두었는지를 곰곰이 생각했다.

'마지막으로 언제 여권을 썼더라?'

그리고 무엇이 생각난 순간 내 얼굴은 하얗게 질렸다.

"브라질 영사관에 있어요." 내가 말했다. 나는 끝내 참가하지 않은 브라질 대회에 앞서 비자를 신청하려고 거기에 내 여권을 맡겼었다. 나는 머리를 쥐어짰다. 그게 일 년 전이었나?

우리는 줄밖으로 나왔다. 다린은 시계를 보았다. 아직 브라질 영사관 문이 열릴 시각이 아니었다. 다린은 어디에다 전화를 걸었다. 나는 옆에서 어찌할 바를 모르고 서 있었다.

"브라질 영사관에 가면 누가 미리 기다리고 있다가 문을 열어 줄 거야." 다린이 말했다. 그는 또한 시합 주최 측에 연락했다. 그쪽에서는 내가 도착하자마자 호텔에서 바로 체중을 잴 수 있게 해주겠다고 했다. 그러고는 다음 비행기 표를 예약한 다음 서둘러 차를 타고 영사관으로 향했다. 45분 후에 도착했을 때 직원 한 명이 우리를 기다리고 있었다. 그는 나에게 내 여권을 건넸다.

"타이밍 한 번 좋네요." 그가 말했다. "저희는 일 년 동안만 여권을 보관합니다. 이번 주에 댁으로 발송할 참이었어요. 조금만 늦었으면 우편함에 있었을지도 모르겠네요."

나는 그 타이밍이 조금 더 좋았을 수도 있었다고 생각했다.

어쨌든 여권을 손에 쥐고 다린과 함께 공항으로 돌아갔다. 비행기를 제때 타기만 하면 늦지는 않을 것이다.

보안 검색대 줄에 서 있는데 뒤에서 익숙한 목소리가 들렸다. "헤이. 다들 여기있었네."

에드먼드였다. 아들의 출산을 기뻐하며 밤을 샜는지 무척 피곤해 보이는 얼굴이었다.

30분 후, 우리 셋은 이코노미석에 나란히 앉았다. 내가 가운데에 앉았고, 에드먼드는 자리에 앉자마자 기절한 듯 잠이 들었다. 그의 땀구멍에서 알코올 냄새가 풍겼다.

다음 날 우리는 경기가 열리는 카지노에 도착했다. 카지노 뒤편에는 크랩스(주사위

두 개로 하는 도박의 일종 – 옮긴이) 테이블이 놓여 있었다. 워밍업실 바닥에 깔린 매트는 너무 더러워서 에드먼드는 검은 때를 닦아 내기 위해 타월을 찾아야 했다. 그런데도 격투 훈련 후 우리 몸에 흙이 묻어 있었다.

"빨리 해치워. 여긴 너무 더러워. 빨리 끝내고 나가자." 에드먼드가 말했다.

나는 49초 만에 암바승을 거둬 2전 2승 무패를 기록했다. 그녀가 자기 코너로 돌아갈 때 내가 등에 대고 소리쳤다.

"그러니까 내가 스트라이크포스에 가게 놔뒀어야지. 멍청한 년!"

가장 빠른 시간 안에 승리한 것은 아니었지만, 나는 그 경기로 가장 큰 액수의 상금을 받았다. 그 금액은 1,000달러였다.

경기를 마치고 우리는 호텔로 돌아갔다. 나는 샤워가 절실히 필요했다. 샤워 후에 옷을 입었을 때 에드먼드가 문을 노크했다. 내가 문을 열자 에드먼드가 내 방으로 이어진 작은 홀로 들어왔다.

"할 말이 있어." 에드먼드가 말했다.

"뭔데요?" 내가 물었다.

"스트라이크포스에서 연락이 왔어. 계약하고 싶대."

"세상에!" 나는 소리쳤다. 기쁨을 주체하지 못하고 펄쩍펄쩍 뛰며 행복의 춤을 추었다.

"그렇게 될 거라고 했잖아." 그가 말했다.

에드먼드는 내 차림새를 훑어보았다. 나는 청바지와 후드티를 입고 있었다. 반면 그는 완벽하게 다림질된 셔츠와 세련된 디자인의 구두, 값비싼 청바지에 구찌 벨트까지 상당히 신경 쓴 차림새였다.

"그리고 이제 많은 카메라 앞에 설 거고 많은 사람이 널 지켜볼 거야." 그가 말을 계속했다. "그러니까 달라질 필요가 있어."

그는 나의 복장을 지적하고 있었다.

"그런 헐렁한 옷은 그만 입으면 안 돼? 네가 파이터고 옷에 별로 신경 안 쓰는 건 알지만 가끔은 시합을 잊어 보는 게 어때. 싸우지 않을 때까지 굳이 파이터 이미지를 고수할 필요는 없잖아. 상황이 달라졌으니까 이제 그런 것도 생각해 보면 좋겠어. 여동생처럼 생각해서 하는 말이니까 기분 나쁘게 듣지 않았으면 해. 널 위해 최선이 뭔지를 생각하고 하는 말이야. 넌 그럴 가치가 있는 사람이니까."

나는 흥분도 되고 우쭐해지기도 했지만 무엇보다 배가 고팠다.

"알았어요, 에드먼드. 그렇게 할게요. 앞으로 난 완벽하게 싸울 거고 완벽하게 입을 거고 또 뭐든 하라는 대로 할 거지만 우리 저녁 먹고 시작하면 안 돼요?"

내 인생은 극적으로 바뀔 것이다. 이제 모든 일을 그만두고 파이터로서 온전히 훈련에만 전념할 수 있을 것이다. MMA 선수가 되겠다는 내 꿈에 회의적이었던 사람들에게 그들의 생각이 틀렸음을 입증해 보일 것이다. 그리고 고장 난 차창과 에어컨을 수리할 돈도 벌 것이다. 게다가 더 좋은 곳으로 이사할 수 있는 여유도 생길지 모른다.

개에게 물린 상처와 사라진 여권, 더러운 카지노 등, 이런 것들이 없었다면 더 순조롭게 경기를 치를 수 있었을 것이다. 그러나 그러한 장애들은 인생에서 만나는 여러 장애처럼 나 스스로 극복해야 하는 것들이었다. 그 과정에서 나는 어떤 장애도 극복할 수 있다는 사실을 알았다. 더불어 내가 내 꿈이 이루어지길 얼마나 간절히 원하는지, 그 꿈을 이루기 위해 얼마나 많은 장애를 극복해야 하는지 깨달았다. 그러한 경험을 하면서 성공하려는 의지를 더 불태우게 되었다. 프로 데뷔전을 치르는 과정이 내 계획처럼 완벽하지 않았지만 결국 모든 것은 완벽하게 끝났다. 다만 나에게 필요한 것은 어떤 상황이 오든 완벽한 결말로 마무리 지을 수 있는 능력이었다.

# 하기 쉬운 일이었다면
# 모두가 했을 것이다

사람들은 늘 성공 비결을 찾는다. 하지만 비결 같은 것은 없다. 성공은 노력의 결과다. 대충하거나 요령을 부리는 일 없이 몇 년간 매일같이 각오를 다지며 열심히 노력한 결과다. 미켈란젤로는 말했다. "사람들은 내가 내 작품을 완성하기 위해 얼마나 열심히 노력했는지 알면 내 작품이 그렇게 훌륭해 보이지 않을 것이다."

성공하기 위해 무엇이 필요한지 이해하는 것은 어렵지 않지만 알아도 실천하기는 쉽지 않다.

DPCG와 나는 몇 번 헤어졌다. 그가 내 차를 훔친 날이 최악의 날이었지만 그는 여전히 중독을 이겨내려고 애를 쓰고 있었다. 그러나 우리가 헤어져도 우리는 곧 다시 만날 운명처럼 느껴졌다.

두 번째 헤어지고 며칠 후 신호등 앞에 정지했을 때 백미러로 그의 모습이 보였다. 그는 어깨를 으쓱하며 고개를 저었다. 마치 "여기서 우리가 만날 확률이 얼마나 될까?"라고 말하는 것 같았다. 우리는 도로변에 차를 대고 서로를 보며 웃었다. 그리고 서로를 얼마나 그리워했는지를 깨달으며 키스를 했고 눈물을 흘렸다. 우리는 다시 만났다.

그러나 우리 사이는 달라졌다. 나는 변하고 있었다. 바로 그 때문에 우리는 결국 헤어졌다. MMA 자체가 이유는 아니었다. 내가 더 많은 것을 원하게 되었기 때문이다.

나는 날마다 더 많은 것을 달성했고 더 많은 동기를 부여받았다. 세계를 제패하겠다는 내 목표에 점점 더 가까워지고 있었다.

　그는 나와 같은 투지가 없었다. 비록 모두가 내 꿈에 대해 의심을 품을 때 DPCG는 나를 믿어 주고 내 꿈을 지지해 주었지만, 그 또한 나를 완전히 믿지는 못했다.

　어느 날 밤 하야스탄에서 늦게까지 훈련을 했다.

　"어디 있었어?" 내가 현관 안으로 들어왔을 때 그가 무심하게 물었다.

　"훈련." 내가 대답했다. 몸이 피곤하고 쓰라려서 샤워하고 얼른 침대에 눕고만 싶었다. 그러나 먼저 그에게 몸을 숙여 키스했다. 그가 뒤로 물러났다.

　"이건 남자 향수 냄새인데." 그가 말했다. 완전한 비난조는 아니었다.

　"무슨 말 하는 거야?"

　"아니야. 아무것도." 그는 고개를 저으며 사과하듯 미소 지었다.

　"같이 훈련하는 아르메니아 남자들은 훈련 후에 향수를 뿌려. 또 헤어질 때 포옹을 해." 내가 방어하듯 말했다.

　"포옹을 한다……." 그가 눈살을 약간 찌푸렸다.

　"다들 내 친구들이야. 오래 전부터 안 친구들. 그리고 아르메니아 사람들이야. 아르메니아 사람들은 원래 다정해. 어떻게 모두한테 싫다고 말하고 도망쳐."

　"그래, 그렇네." 그가 말했다.

　"이해해 줘서 고마워. 난 이제 샤워할게."

　내가 옷을 벗기 시삭하사 DPCG가 뒤에서 내 허리에 팔을 둘렀다. 그가 내 목에 얼굴을 비비자 나는 몸을 뒤로 숙였다. 그때 갑자기 그가 몸을 뺐다.

　"이거 키스 마크야?" 그가 물었다. 이번에는 비난조에 가까웠다.

　"뭐, 뭐가?" 나는 말을 더듬었고 이내 거울을 들여다보았다.

　"대련하다가 상대가 내 목을 졸랐어." 내가 내 목을 손으로 가리키며 말을 이었다. "여기 그리고 여기도 하나 있어."

　"꼭 키스 마크 같아." 그가 말했다.

　"아니라니까. 언제 몸이 성할 날이 있어. 늘 멍에다 상처를 달고 사는데. 그래도 모르고 지나갈 때가 많아. 훈련하다보면 자연스럽게 생기는 것들이야. 옛날부터 그랬는 걸 뭐."

그러나 그는 파이터가 아니었기 때문에 내 말을 다 이해하지 못했다. 그는 나를 지지하고 싶어 했지만 내가 더 강한 의욕을 다질수록 우리 관계가 더 위태로워지는 느낌을 받았다. 그는 아직 좋아하는 일을 찾지 못했다. 열정을 바칠 무언가를 발견하지 못했다. 그는 그런 자신의 상황을 받아들이고 있었지만 나는 내 가치를 더 높이는 데 혈안이 되어 있었다.

우리가 만났을 때 그는 나에게 완벽한 사람이었다. 우리는 더 바랄 게 없을 정도로 서로에게 만족했다. 그러나 이제 내가 변했다.

내가 프로 데뷔전에 나간 직후에 우리는 영원히 헤어졌다. 2년을 함께 하는 동안 정말 많은 것을 겪었다. 그는 내가 가장 소중히 생각하는 사람들 중 한 명이었다. 그러나 이번에 헤어질 때는 달랐다. 우리 둘 다 담담하게 이별을 받아들였기 때문이다. 아무런 원망도 없었다. 나는 병적으로 울지 않았다. 언성을 높이며 싸우지도 않았다. 우리는 서로에게 잘 가라고 인사했다. 그리고 잠이 들 때까지 조용히 대화를 나누며 눈물을 흘렸다.

그는 나보다 먼저 깼고 내가 깨기 전에 떠났다. 문짝에 매직펜으로 쓴 메시지가 남겨 있었다. '사랑해. 잊지 마. 넌 나의 심장이야.'

나는 그것을 지우지 않았다.

# 타인에게
# 당신 위에서 군림할 권한을
# 주지 말라

유도를 하는 사람들은 단과 급에 대해, 무슨 단의 검은 띠인지에 대해 신경을 쓴다. 나는 그런 것에 연연해하지 않는다. 계급은 사람들이 모여 "누구누구는 무슨 지위를 주고 누구누구는……" 이라고 말하면서 성립되는 것이다. 우리가 그들에게 우리가 대단하다고 말할 수 있는 권한을 준다면 우리가 형편없다고 말할 수 있는 권한도 동시에 주는 셈이 된다. 우리가 사람들이 우리에 대해 어떻게 생각하는지를 신경 쓰기 시작하면, 우리는 우리 자신에 대한 통제력을 잃게 된다.

그렇기 때문에 나는 시합을 할 때 관중의 호감을 사는 일 따위에 신경 쓰지 않는다. 그래서 나에 대한 평을 쓴 기사들을 읽지 않는다. 내 인생에서 가장 뜻깊은 순간들 중 하나는 타인의 인정과 내 행복이 서로 무관하다는 점을 깨달았을 때다.

첫 번째 스트라이크포스 시합은 2011년 8월 12일로 잡혔고, 내 상대는 사라 디알레리오였다. 그 시합에 앞서 처음으로 캠프에서 훈련을 했다. 링에 오를 때 정신적·육체적으로 최적의 조건을 갖출 수 있도록 훈련 스케줄을 짜고 그에 맞추어 훈련에 전념했다. 여전히 실력 향상에 중점을 두었지만, 특별히 디알레리오를 겨냥하여 준비하기 시작했다.

나는 4주에 걸친 트레이닝 캠프를 위해 모든 일을 그만두었다. 비록 최고의 스파링 파트너를 투입시킬 만한 경제적 여유는 없었지만, 시합에 초점을 맞춘 고강도 훈련은 이번이 처음이었다.

시합이 있기 며칠 전인 월요일에 다린의 전화를 받았다.

"쇼타임에서 전화가 왔었어." 그가 말했다. 스트라이크포스는 그 유선 텔레비전 방송망과 전국적인 방송 계약을 맺었다. "워크아웃 음악 문제로."

"같은 걸로 할게요. '섹스 앤 바이올런스.'" 내가 말했다.

"그 노래를 문제 삼고 있어." 다린이 말했다.

"네? 뭣 때문에요? 섹스 아니면 바이올런스? 노래는 그게 다예요. '섹스 앤 바이올런스, 섹스 앤 바이올런스'만 줄기차게 불러대요."

"둘 다 문제래."

나는 헛웃음이 났다. "하지만 그들이 대중에게 파는 게 그 두 가지 아닌가요? 사람들이 여자들 시합을 보는 이유가 뭔데요. 섹스 어필과 폭력이죠."

"나도 몰라." 다린이 짜증 섞인 목소리로 대꾸했다. "다른 노래를 선곡해 보는 게 어때?"

"알았어요. 그럼 '레이지 어게인스트 더 머신(Rage Against the Machine)' 노래 중 아무 거나 골라 볼게요." 내가 대답했다.

시합이 있기 이틀 전 우리는 라스베이거스로 떠났다. 나는 다린의 차에 탔다. 에드먼드와 GFC 사람들 몇몇이 동행할 예정이었다. 우리는 체육관에 들러서 그들을 태우고 함께 사막을 가로질러 갔다. 비행기를 타고 갈 수도 있었지만 나는 차로 가는 걸 선호했다.

시합 장소인 팜스에 도착해서 수속을 밟으며 나는 나 스스로 한 단계 도약한 듯한 느낌을 받았다. 모든 절차가 순조롭게 이루어졌다. 더 전문적인 분위기가 느껴졌다. 주최 측은 내가 누구이고 내가 언제 어디에 있어야 하는지를 잘 알고 있었다. 게다가 경기장은 더 컸다. 경기에 출전하는 선수들의 기량도 더 뛰어났다.

제대로 된 개인 워밍업실도 갖추어져 있었다. 물건들을 보관하고 트레이너들과 함께 몸을 풀 수 있는 공간이었다. 관계자들은 내가 언제 대기하고 있고 어디로 가야 하는지를 안내해 주었다. 덕분에 시합을 앞두고 편안한 마음을 유지할 수 있었다.

나는 '레이지 어게인스트 더 머신'의 음악에 맞춰 등장했다. 하지만 그 음악이 적격
이라는 느낌은 들지 않았다.

나는 케이지 안으로 걸어 들어갔다. 심판은 우리를 각자의 코너로 보낸 다음 우리
에게 '시작'을 알렸다. 나는 잽을 날리며 간격을 좁혔다. 디알레리오는 스트레이트 라
이트를 시도했지만 적중하지 못했다. 나는 오직 유도 선수만이 아는 완력을 사용했
다. 내가 좋아하는 유도 메치기 기술 중 하나인 '안오금 띄우기'로 상대를 껴안아 끌어
올리면서 돌려 넘어뜨리기 위해서였다. 나는 그 기술을 시도하기 위해 본능적으로 점
프했지만 상대가 도복을 입지 않아서 계속 움켜잡을 수가 없었다. 그래서 암바로 전
략을 바꿔 그녀를 넘어뜨리는 동시에 팔을 돌려 잡았다.

"탭! 탭! 탭!" 그녀가 바닥에 떨어지면서 외치기 시작했고, 얼굴이 바닥에 부딪치지
않도록 한 팔을 내밀었다.

그녀는 손이 자유롭지 못해 손으로 쳐서 탭을 할 수 없었고, 바닥에 떨어지면서 몸
의 무게가 온전히 팔꿈치에 실리는 동시에 관절에 강한 타격을 입었다. 나는 그녀의
팔이 다칠까 봐 바닥에 떨어지면서 내 다리를 벌렸지만 이내 암바 자세를 취했다. 그
녀는 두 손이 나한테 결박당해서 여전히 탭을 할 수 없었다.

"탭 했어요." 내가 심판에게 말했다.

심판은 중단을 선언했다.

"안 했어요! 안 했다고!" 그녀가 심판에게 외쳤다.

시합은 25초 만에 끝났다.

나는 벌떡 일어나서 두 손을 허공에 들었다. 그녀는 판정에 불복하며 코너로 돌아
갔다. 관중이 야유를 보냈다.

나는 그녀가 있는 쪽을 바라보았다.

"다시 싸우고 싶어? 그럼 다시 붙자." 내가 관중 앞에서 소리쳤다.

하지만 시합이 종료되고 나면 다시 시작할 수 없었다. 심판이 우리를 링 중앙으로
불렀다.

"승자는 서브미션 승을 따낸 '라우디(싸움꾼)' 론다 로우지입니다!" 아나운서가 선

언하자 심판이 내 손을 들었다. 야유 소리가 더 커졌다. 시합 후의 인터뷰에서 그녀는 비명을 질렀다는 걸 인정했다. 규칙에 따라 그것은 '구두 탭아웃'으로 인정되었다.

시합 후에 나는 디알레리오와 느슨한 포옹을 했다.

"저 사람들 말은 듣지 마." 그녀가 내 귀에 대고 말했다.

나는 그녀의 마음이 고마웠지만 승리의 기쁨은 이미 반감되었다. 관중석에서 터져 나오는 야유 소리 때문은 아니었다. 선수 생활을 시작하면서 지금까지 전 세계적으로 갖은 야유를 받아 왔다. 그보다는 사람들이 내 승리에 대해 의문을 품고 있어서 기분이 썩 좋지 않았다. 앞으로는 케이지 안에서 그 누구의 의심도 받고 싶지 않았다.

"분명 탭했어." 경기장 밖으로 퇴장할 때 내가 에드먼드에게 말했다.

"그래. 탭했어." 에드먼드가 말했다. "이 염병할 경기장 안 사람들 모두가 알걸. 아니라고 우기는 사람들은 뭐지."

"다음부턴 안 봐 줘. 팔을 부러뜨려 놓을 거야." 내가 이를 갈았다.

경기장을 떠나기 전 나는 수표를 지급받았다. 금액은 8,000달러였다. 그러나 내게는 100만 달러나 다름없이 귀했다.

"이제 정산할 수 있게 됐어." 내가 에드먼드에게 말했다. 통상 시합 후 받은 금액의 10%를 헤드코치에게 주기로 되어 있었다.

"론다, 넌 훨씬 더 많이 받을 자격이 있어." 에드먼드가 말했다. "너 같은 파이터는 100만 달러는 받아야 돼."

"정말 그렇게 생각해?"

"당연하지."

"하지만 100만 달러를 벌 때까지 안 주고 기다릴 순 없어."

"나도 그래. 하지만 진심으로 하는 말인데 그 수표는 도로 넣어둬. 10%는 다음에 받을게."

내 눈이 커졌다.

"진심이야?"

"물론이야. 전부 네 돈이야. 난 안 받을게. 지금은 생계를 해결해야 하잖아. 생계를 위해 싸우는 게 어떤 건지 난 잘 알아. 나도 그래봤으니까. 그래도 계속 네 길을 걸었으면 좋겠어. 이제 곧 100만 달러를……"

나는 에드먼드를 껴안았다.

이제 나는 상위 랭킹에 올랐고, 자연스럽게 챔피언 자리를 노리고 있었다.

그러던 어느 날 미샤 테이트가 자신의 트위터에 나에 대해 언급했다.

한 팬이 미샤에게 나와 시합할 의향이 있는지를 물었다. 그녀는 이렇게 반응을 보였다. "당연하죠! 안 될 게 뭐 있어요!" (미샤에게, "두 번째 문장에서 적절한 구두점은 물음표여야 한단다.")

나는 미샤 테이트에 대해 들어 본 적이 없었다. 그래서 누구인지 알 겸 그녀의 페이지를 클릭했다. 알고 보니 그녀는 스트라이크포스에서 여자 부문 135파운드 챔피언이었다! 나는 135파운드로 체중을 감량할 생각이 있었고 공개적으로 135파운드(벤텀급)와 145파운드(페더급) 챔피언 타이틀을 동시에 거머쥘 계획임을 밝혔다. 135파운드 챔피언이 나와 싸울 의사를 비쳤으니 지금이 행동에 나설 때라는 생각이 들었다. 나와 벤텀급 챔피언 사이에는 두 명의 선수가 있었다. 다음 시합에서 나와 상대할 선수는 줄리아 버드와 135파운드에서 랭킹 2위인 사라 카우프만이었다. 그 둘을 무너뜨리는 건 역시나 시간 문제였다.

계체량 측정 때 나타난 버드는 꽤 커 보였다. 그러나 나보다 얼마나 크든 전혀 상관이 없었다. 나는 지난 번 시합에서 내 서브미션 승이 문제된 것 때문에 여전히 화가 나 있었다. 이번에 단단히 본때를 보여 줄 생각이었다.

이번에는 '레이지 어게인스트 더 머신'의 다른 음악에 맞춰 등장했는데 역시나 어딘가 마음에 들지 않았다.

심판이 "시작!"을 선언하자마자 나는 간격을 좁히기 위해 잽을 날렸고 그녀의 등을 케이지로 밀었다. 우리는 계속 클린치했다. 그녀의 몸은 로션을 지나치게 발라 미끄러웠다. 그녀를 앞으로 메치려고 시도했지만 몸이 너무 미끄러워서 결국 전략을 바꿔 그녀를 뒤로 넘어뜨렸다.

그녀를 바닥에 눕힌 다음 펀치를 가했고 내가 좋아하는 암바를 걸기 위해 유리한 방향으로 그녀의 몸을 돌렸다. 그녀의 손아귀에서 벗어나 팔을 움켜잡고 똑바로 잡아당기자마자 그녀가 상체를 들어 올리는 브리지 기술로 몸을 홱 뒤집어 내 공격에서 벗어나려고 했다. 우리는 둘 다 엎드린 상태였고, 몸을 돌리는 과정에서 내 암바에 걸린 그녀의 팔꿈치 관절이 꺾인 듯했다. 그러나 나는 지난번과 같은 실수를 반복하고 싶지 않았다. 그래서 그녀의 몸을 다시 뒤집어서 심판이 그녀의 부상을 확인할 수 있도록 했다. 나는 그녀의 팔꿈치를 돌려서 관절이 꺾일 때까지 뒤로 젖혔다. 그녀는 계속 버티려고 했지만 몇 초 후에 항복했다. 아나운서는 심하게 탈구된 그 팔꿈치의 모습을 플라멩코 추는 무용수의 무릎에 비유했다.

시합은 39초 만에 종료되었다.

유도 선수들은 시합에서 승리한 후에 최선을 다해 싸운 상대를 존중해서 겸손한 태도를 보여야 한다는 가르침을 받는다. 특히 상대가 시합 중에 부상을 당했을 때 기뻐하는 것은 예의가 아니라고 배운다. 나도 기쁜 내색을 하지 않으려고 애썼다. 하지만 그녀가 일어나는 모습을 보았을 때는 내 얼굴에 미소가 퍼졌고 승리감에 도취되었다. 그러나 나의 밤은 아직 완성되지 않았다.

시합이 끝난 후 쇼타임 방송 진행자가 나에게 다가와 135파운드 시합에 대한 계획을 물었다.

나는 에드먼드를 흘끗 보았다. 내 코너맨은 나의 계획에 대해 알았다.

나는 카메라를 곧장 응시했다. 이 순간이 올 것이라고 이미 짐작했었다.

"사라 카우프만이 다음 차례라면 스트라이크포스, 제가 먼저 상대하게 해 주세요. 전 정말 미샤 테이트와의 타이틀 매치를 원해요. 그 전에 미샤가 질까봐 겁나요. 사라 카우프만을 제가 먼저 상대하고 미샤 테이트를 상대하게 해 주세요. 멋진 쇼로 보답할게요."

전국 중계방송에서 여자 선수들의 이름이 지명되는 것은 MMA 역사상 처음이었다. 여느 MMA 여자 선수도 그런 공개석상에서 라이벌의 이름을 부른 적이 없었다. 그것은 간청이자 하나의 쇼였다. 나 스스로 엔터테이너가 되기 위한 첫 시도였다.

무대 뒤에서 스트라이크포스 매치 메이커 션 쉘비가 다가와 말했다.

"카우프만과의 시합은 다음으로 미루고 당장 미샤와의 시합이 있어요."

"좋아요." 내가 대답했다.

나는 흥분했다. 미샤는 아니었다. 그녀는 나와 싸우고 싶어 하지 않았고, 그 점에 대해 션 쉘비와 논쟁을 벌였지만 이미 결정이 난 뒤였다.

나는 미샤 테이트에 대해 많이 알지 못했다. 다만 그녀가 챔피언이라서 싸우고 싶었다. 나와 그녀의 외모가 꽤 준수하다고 생각하는 사람들이 있다는 사실을 알았다. 그 점이 시합에 대한 사람들의 관심을 끌어올릴 수 있다고 생각했다. 또한 이 시합이 흥행이 될 것이며 내가 그녀를 이길 것이라는 사실도 알았다.

이 시합은 다만 시합 그 자체로서 중요한 것만이 아니라 쇼에 관한 것이기도 했다. 뛰어난 기량과 열정은 그 쇼의 필수적인 요소이지만 그것만으로 사람들의 관심을 계속 붙들 수는 없을 것이다. 사람들은 파이터를 보지만 캐릭터를 기억한다. 그들을 계속 흥분하게 해야 한다. 그들이 강한 흥미를 느끼게 해야 한다. 그들의 마음을 사로잡아야 한다.

2주 후에 나와 미샤는 'MMA 아워'라는 팟캐스트에 공동 출연해서 나의 타이틀 도전권에 대한 논쟁을 벌일 예정이었다.

나는 영리하고 두뇌 회전이 빠른 엄마와 언니들 사이에서 자랐다. 어렸을 때는 언니들과 '구두 스파링'을 했다. 상대의 말에 신속히 대응하지 못하면 지는 싸움이었다. 언니 제니퍼는 어떤 반박에도 빠르게 응수하는 재주로 상대를 주저앉게 만들었다. 언니 마리아는 별의별 것을 다 기억했다. 유치원에서 먹은 점심 메뉴부터 5년 전 읽은 잡지 기사까지 세세하게 기억했다. 다섯 가지 예를 속사포처럼 쏟아낸 다음 "너도 구체적인 예를 대봐."라고 말하며 상대의 허를 찔렀다. 엄마는 목소리를 높이지 않고 톤만 바꾸는 것만으로도 상대의 등골을 서늘하게 만드는 능력이 있었다. 우리 집에서는 "응, 그렇긴 하지만" 따위의 말을 할 시간이 없었다. 그 말을 하는 사이에 상대는 벌써 나를 지나 10계단을 올라갔을 것이고, 결국 나는 패배를 인정할 수밖에 없을 것이다. 나는 유도를 시작하기 훨씬 전부터 이 구두 스파링을 훈련해 왔다.

미샤는 이미 여러 인터뷰를 통해 케이지 안에서의 내 능력을 얼마나 과소평가하고 있는지를 보여 주었다. 그뿐 아니라 케이지 밖에서도 나를 과소평가하고 있는 것이 분명해 보였다.

나는 그녀의 어떤 잠재적 논리도 깨부술 각오가 되어 있었다. 그녀가 아직 생각하지 못한 논리마저 깨부술 각오가 되어 있었다. 나와 싸우지 않을 수 없도록 그녀를 코너로 몰아세울 각오가 되어 있었다. 케이지 안과 밖에서 내가 그녀보다 얼마나 더 우월한지를 보여줄 각오가 되어 있었다.

나는 시합을 앞두었을 때 내가 하는 대로 했다. 그것은 바로 철저한 훈련이었다.

팟캐스트 출연을 며칠 앞두었을 때 나는 깨어 있는 동안 시합을 위한 훈련과 방송을 위한 훈련에 매진했다. 시합을 위한 훈련을 하는 틈틈이 혹은 침대에 눕기 전에 미샤에 관한 기사를 읽었다. 그녀의 소셜 미디어를 뒤졌다. 그녀의 인터뷰를 보았다. 미샤가 강조한 점과 나를 상대로 주장한 점, 앞으로 주장할 여지가 있는 점 등을 죽 써내려갔다. 그리고 친구의 컴퓨터로 타이핑을 했다. 훈련하는 동안에도 시간이 날 때마다 내 의견이 담긴 커닝 쪽지를 꺼냈다. 체육관 사람에게 그것을 건네며 이렇게 부탁하기도 했다.

"그중에 하나를 골라서 말해 봐. 내가 반박할게."

나는 그녀가 주장하는 쟁점들에 대해 반론을 펴고 문제를 제기하는 훈련을 했다. 내가 어떤 주장을 펼치든 결국에는 내가 이기게 되어 있었다. 마침내 나는 그녀보다 그녀의 입장을 더 잘 주장할 수 있는 단계에까지 이르렀다.

나는 에드먼드의 성화에 못 이겨 방송 출연을 위해 입을 새 옷을 구입하기 위해 서드 스트리트 프롬나드에 갔다. 추수감사절 즈음이었고, 그 쇼핑 거리는 이미 크리스마스 장식으로 분위기를 한껏 내고 있었다.

'올해엔 가족들한테 크리스마스 선물 사줄 형편은 되겠어.' 나는 생각했다. 나는 시간 가는 줄 모르고 아이쇼핑을 했다. 그때 휴대전화 벨이 울렸다. 아드레날린이 분출했다. 나는 말로써 그녀를 격파할 준비가 되어 있었다.

방송이 시작되자마자 미샤가 먼저 공격했다. "론다가 암바를 걸 때 누가 위에서 얼굴을 짓이겨 놓는다면요? 론다는 탭할까요? 경기가 중단될까요? 우리는 모릅니다. 한 번도 본 적이 없으니까요. 론다가 나와 붙으려는 생각은 아주 어리석은 생각이에요. 내가 그렇게 만들어 줄 거니까요. 무참하게 패할 테니까요."

그녀의 논리는 이랬다. 내가 승승장구한 까닭은 케이지 안에서 1분 이상을 싸운 적이 없어서 내 실력이 바닥을 드러낼 기회가 없었기 때문이라는 것이다. 내가 보기에 그녀는 지푸라기를 잡고 있었다.

나는 미샤의 논리를 반박하기보다 시합의 흥행을 강조하는 쪽을 택했다. 나는 돈에 대해 이야기했다. 흥미에 대해 이야기했다. 쇼에 대해 이야기했다. 단지 나와 미샤에 관한 이야기만이 아니었다. 사람들이 MMA 여자 경기는 볼 만한 게 없다고 말할 때 내가 마음 속으로 구상한 모든 것에 관한 이야기였다.

미샤는 나에 대해서만 말하기를 원했다. 나는 그녀가 내 쪽으로 날리는 모든 잽을 재빨리 피하며 강력한 펀치로 응수했다.

넌 파이터로서 더 겸손해져야 해, 그녀가 말했다.

당당한 선수는 그만큼 잘 팔린다는 거야, 내가 지적했다.

그 말이 틀렸다는 건 내가 입증할 수 있어, 그녀가 말했다.

나는 빠르게 성공 가도를 달리는 다른 선수들의 이름을 댔다.

넌 자기만 생각하는 인간이야, 그녀가 말했다.

나는 미샤에게 프로 스포츠의 의미를 강조했다. 만약 이상적인 스포츠맨 정신을 추구하고 싶다면 개런티를 포기하고 올림픽에 나가야 할 것이라고 했다.

"거기에 나가도 넌 나한테 못 이길 텐데 어쩌지?" 그녀가 물었다.

"그건 내가 기꺼이 감수할 문제야. 너도 그 정도는 감수하겠지?"

"기꺼이." 미샤가 대답했다.

사람들의 관심은 기하급수적으로 늘어났다. 우리의 시합에 관한 기사들이 넘쳐났다. 팬들은 서로 편을 갈라 싸우고 있었다. 스트라이크포스 여자부 시합이 이렇게 큰 흥미를 불러일으킨 적은 처음이었다. 나는 모든 인터뷰 요청을 수락했다. 훈련 세션 사이에 인터뷰 일정을 억지로 끼워 넣었고 아침 일찍 혹은 밤늦게 걸려오는 기자들의 전화를 받았다.

다음 주말에 나는 월드 MMA 어워즈에 참가하기 위해 라스베이거스로 차를 몰았다. 거기서 내가 아는 몇몇 선수들과 파티를 즐기고 팜스에서 열리는 UFC 시합을 관람했다. 나와 내 일행은 케이지에서 몇 줄 뒤에 앉아서 술을 마시며 '라스베이거스에서 일어난 일은 라스베이거스에 묻어라'라는 문구를 주문처럼 되뇌었다. 그때 MMA의 가장 강력한 거물들인 프랭크와 로렌조 퍼티타 형제와 데이나 화이트가 경기장 안으로 걸어 들어왔다. 퍼티타 형제는 최고의 MMA 단체인 UFC 모회사인 주파의 지분을 81% 소유하고 있었다. 데이나 화이트는 UFC 대표였다. 주파는 MMA 2위 단체인 스트라이크포스를 인수했다.

마치 누군가가 소몰이 막대로 나를 쿡 찌른 것처럼 짜릿했다. 나는 자세를 고쳐 앉아 환하게 미소를 지어 보였다. 내 안에서는 열렬히 소리를 지르고 있었다. "여자부도 만들어 줘요."

그들이 우리 옆을 지나가고 있었다. 그때 데이나가 걸음을 멈추고 자신을 소개했다.

"론다 로우지군요." 그가 말했다.

나는 입을 다물지 못했다.

"안녕하세요." 내가 말했다.

"만나서 반가워요."

그때 근처 어딘가에서 누군가가 그를 불렀고 그는 자리를 옮겼다.

이틀 후 팜스에 있는 주차장을 빠져나오는데 라디오에서 조안 제트의 음악이 들렸다.

"내 명성 따위는 관심 없어……." 그 가사가 내 심금을 울렸다.

드디어 내 마음에 드는 워크아웃 음악을 발견한 순간이었다.

# 이기는 것은 습관이다

아리스토텔레스는 말했다. "우리가 반복적으로 행하는 것이 우리 자신이다. 탁월함은 행동이 아니라 습관인 것이다." 이기는 것은 습관이고, 지는 것도 습관이다.

시합이나 오디션에 참가할 때마다 '이번에 안 되면 다음에 다시 도전하면 돼.' 라는 생각으로 임하는 사람이 있다. 미리부터 그런 변명을 만드는 습관이 생기면 "다음에" 중요한 시합이나 오디션에 참가할 때에도 그런 마음가짐을 떨쳐내지 못할 것이다.

혹은 기필코 이기겠다는 집념을 불태우는 사람이 있다. '이번에도 최고의 성적을 올릴 거야. 내가 여기 온 목적은 이기기 위해서야. 재미 삼아 나와 상대하는 거면 당장 꺼지는 게 좋아.'

이기는 것은 습관이다. 이 말은 날마다 최고가 되려고 노력하며 최고가 될 것이라는 점을 스스로 믿어 의심치 않는다는 의미다.

타이틀전을 향한 준비가 막바지에 다다랐다. 트레이닝 캠프의 훈련 강도는 더 높아졌다. 체중 감량은 큰 도전이 되었다. 시합을 향한 관심이 더욱 증폭되었다. 긴장은 고조되었다. 그러나 나는 매일 아침 단 하나의 목표를 가지고 깨어났다. 그것은 바로 '미샤 테이트에게서 챔피언 벨트를 빼앗는 것'이었다.

당장에라도 미샤를 꺾을 수 있었지만, 이기는 것으로는 성이 차지 않았다. 나한테 완패를 당해서 얼굴을 못 들게 만들어 주고 싶었다. 내가 지구상에서 가장 뛰어난 여자 선수임을 인정하지 않을 수 없게 하고 싶었다. 나를 자기와 동급으로 취급한 것에 대해 사과하게 하고 싶었다.

이번 트레이닝 캠프는 어느 모로 보나 완벽했다. 2012년 3월 3일 오하이오 콜럼버스에서 열리는 시합을 앞두고 6주 동안은 강행군의 연속이었다. 에드먼드는 이번에 처음으로 스파링 파트너를 외부에서도 고용했다.

다린은 체육관 옆에 임시로 아파트를 빌려 주어 내가 로스앤젤레스를 가로지르며 왔다 갔다 하는 수고를 덜어 주었다. 유도 선수 시절에 계체량 통과를 위해 음식은 커녕 물도 입에 대지 않아 정신적인 피로가 극에 달했었다. 이번에는 저칼로리 식단을 짜서 정상적인 방법으로 살을 빼고 싶었다. 135파운드를 만들기 위해서는 하루 한 끼를 유지했다. 저녁까지 일절 입에 대지 않았고 하루를 마감하는 시각에 약속을 지킨 나 자신에게 주는 선물로 음식을 먹었다.

벌써 2년 넘게 극단적인 체중 감량을 하지 않았기 때문에 이번에는 어렵지 않게 체중을 감량할 수 있었다. 캠프 첫째 주에 이미 목표 체중에 도달했지만 체력이 약해졌다. 예전에도 끼니를 거른 채 고강도의 훈련을 했지만 이토록 많은 횟수의 스파링을 한 적은 없었다.

게다가 소셜 미디어 활동을 마치 풀타임 직업인 것처럼 열심히 했다.

캠프에서 훈련을 마치고 집으로 돌아오면 지치고 기운이 없었지만, 세계 최고가 되기 위해 늘 생기가 넘칠 수는 없었다. 시합을 며칠 앞둔 화요일에 나는 에드먼드, 다린과 함께 오하이오행 비행기를 탔다. 베개가 편치 않아서 결국 에드먼드의 어깨에 머리를 기대고 비행 내내 잠을 잤다.

오하이오에 이륙한 후 우리가 묵을 호텔로 향했다. 다음 날 아침 눈을 떴을 때 목이 아프고 열이 났다. 에드먼드가 체온계로 재보니 체온이 38.4℃였다. 그래서 이틀을 침대에 계속 누워서 지냈다.

금요일에 계체량 측정을 위해 경기장에 갔다. 나는 무난하게 계체량을 통과했다. 측정이 끝난 후에 나와 미샤는 서로 마주보며 대결 구도를 연출했다. 우리 얼굴은 불과 몇 cm 밖에 떨어져 있지 않았다. 미샤가 몸을 앞으로 숙여 내 얼굴에 이마를 들이

댔다. 나는 내 머리로 그녀의 이마를 힘껏 밀어냈다. 시합 관계자들이 우리를 말리려고 달려왔다.

미샤는 몸을 떠는 것처럼 보였다. 그녀의 이마에 빨간 자국이 커다랗게 찍혔다.

'나한테 지는 것에 익숙해져야 할 거다.'

그 후 엄마를 만나 함께 저녁을 먹었다.

"컨디션은 어때?" 엄마가 걱정스러운 얼굴로 물었다.

"나아졌어요." 내가 말했지만, 엄마는 못 믿는 것 같았다.

나는 생선 소금구이와 샐러드를 먹었고, 다 먹은 후에 엄마와 함께 내 방으로 돌아가 침대에 누웠다.

"어째서 내가 이길 거라고 생각해요?"

나는 시합을 앞두고 엄마 앞에서 어린 아이로 돌아갔다.

"누구보다 이기고 싶어 하니까."

"네."

"넌 한평생을 싸웠어. 넌 엘리트 체육인이야. 고등학교 때 레슬링을 좀 한 것 가지고 너와 비교가 돼? 넌 고난도의 시합을 수백 번도 넘게 했어."

"더요, 더요." 나는 엄마를 졸랐다.

"넌 아프거나 부상을 당해도 이길 거라는 걸 잘 알아. 그리고 더 영리하기까지 하지."

"당연하죠."

엄마가 커피를 한 잔 준비하는 동안 나는 시합이 끝날 때까지 휴대전화를 끄기 전에 소셜 미디어에 글을 몇 개 올렸다.

"빌어먹을."

"왜?" 엄마가 물었다.

테이트는 내가 그녀의 머리를 들이받았다는 이유로 나를 체육위원회에 제소해 벌금을 물게 할 것이라는 글을 소셜 미디어에 올렸다.

"이겨야 할 이유가 하나 더 늘었네." 엄마가 말했다.

"그년을 때려눕혀서 번 돈으로 벌금 내게 생겼어요. 염병할 세금."

그때 노크 소리가 들렸다. 친구 마리나가 뉴욕에서 날아와 나에게 스파게티와 미트

볼을 전해 주었다. 나는 시합 전날 밤 정신없이 잠들었다.

다음 날 밤, 심판이 라커룸에 들러서 나에게 시합 규정에 대해 설명했고, 케이지 안에서 어떤 식으로 시작되고 진행되는지를 자세히 이야기했다.

"'시작' 하고 외치면 시작하세요." 그가 장광설을 늘어놓았다. "글러브 터치도 가능합니다, 원하시면……."

"네, 전 원하지 않아요." 내가 불쑥 끼어들었다.

"아, 네." 그가 허를 찔린 듯 당황하며 말했다.

나는 내 글러브의 파란색 테이프를 내려다보았다. 나는 블루 코너에 서게 될 것이다. 그곳은 케이지의 오른쪽이었다. 블루 코너는 도전자가 서는 자리다. 레드 코너는 챔피언을 위한 자리다. 바로 내가 간절히 원하는 자리였다.

내가 파란색 글러브를 끼는 것도 이번이 마지막이 될 것이다.

우리가 케이지 안에서 재회했을 때 미샤는 분명 예감했을 것이다. 내가 그녀의 팔을 부러뜨릴 거라는 사실을. 그러나 무슨 수를 써도 나를 막을 수는 없을 것이다.

파이터로서 미샤의 가장 큰 장점은 그녀가 환상적인 완패를 당할 수 있다는 점이었다.

나는 미샤가 좀 더 영리할 줄 알았다. 나와의 간격을 좁히지 않으려고 할 줄 알았는데 감정이 앞서다 보니 코너에서 곧장 달려와 고개를 숙이고 눈을 감고 나에게 미친듯이 주먹을 날려댔다. 나는 그녀와 들러붙었다. 그녀의 몸이 가속도가 붙자 방향을 바꿔 테이크 다운을 했다. 나는 그녀의 상체를 누르고 팔꿈치로 얼굴을 밀치면서 방향을 바꿔 일어났다. 그런 다음 그녀의 두 다리를 잡고 내 몸을 뒤로 돌려 그녀의 다리를 십자 모양으로 교차해서 그녀의 상체를 덮치는 동시에 두 팔을 꼼짝 못하게 누르며 팔꿈치로 그녀의 얼굴을 더 세게 밀었다.

그녀는 겁에 질려 어쩔 줄 몰라 하다가 내가 먼저 찾기도 전에 나에게 자기 팔을 내주었다. 나는 암바를 걸기 위해 한쪽 다리를 뻗었다. 그 순간 그녀가 암바에서 벗어나려고 몸부림을 쳤다. 나는 그녀의 얼굴을 주먹으로 가격했다. 나는 그 자세에서 몸을 굴려 일어났다. 그녀는 필사적으로 내 등에 매달렸고, 곧 둘 다 바닥에 고꾸라졌다.

그녀가 뒤에서 내 다리를 자기 다리로 감고 나를 옥죄려 들었다. 나는 그녀의 발을 잡고 벗어나려고 내 다리를 세게 당겼다. 그런데 반바지가 너무 짧다 보니 점점 위로 올라갔다. 나는 재빨리 일어나서 그녀를 번쩍 들어 올려 그녀의 머리를 바닥으로 힘껏 내리쳤다. 그녀가 다시 내 다리를 자기 다리로 감자 나는 서서히 무릎을 꿇으며 그 공격에서 벗어나 자리에서 일어났다. 그녀도 따라 일어나려고 했지만 내가 그녀의 얼굴에 스트레이트를 날리고 엉덩이를 발로 가격했다. 그녀는 일어서서 나를 잡고 케이지로 밀치려고 했다. 내가 방향을 바꿔 그녀를 케이지에 누르고 아름다운 발다리후리기(뒤로 메치기)를 걸기 위해 그녀의 넓적다리를 무릎으로 가격했다. 그녀를 메친 후에 좀 더 효과적인 기술을 쓰려고 내 머리로 몸을 지탱해 재주넘기를 했다. 그녀는 몸을 일으키려고 케이지를 잡았다(규칙 위반). 심판은 우리가 섰을 때 위반이라고 미샤에게 경고했고, 나는 그녀에게 잽과 크로스 펀치를 날렸다. 그녀는 발차기를 했지만 빗나갔고, 엉성한 펀치를 연달아 가했지만 내가 쉽게 막을 수 있었다. 나는 센 스트레이트 라이트를 가하고 더 센 힙 토스를 날렸다. 바닥에 내동댕이쳐진 그녀의 몸에 올라타기 위해 더 깊숙이 안으로 파고들었다. 그녀는 몸부림치며 몸을 돌렸고 그 순간 나에게 몸을 내주었다.

1라운드가 끝나가고 있었다. 서브미션이 TKO보다 더 빠를 거라는 판단이 들었다. 나는 고의적으로 내 체중을 오른쪽에 싣고 그녀의 왼쪽 얼굴에 연타를 날렸다. 그녀가 몸을 일으키게 하려는 유도 작전이었다. 미샤는 몸을 뒤로 돌려 왼손으로 바닥을 짚으며 일어나려고 움직였다. 정확히 내가 노린 자세였다! 나는 그녀의 팔을 감고 옥죄며 몸을 돌려 내 주특기인 암바를 걸었다.

암바에 걸리면 팔이 부러질 것이라고 많은 사람이 생각한다. 하지만 부러지지 않는다. 암바를 거는 목적은 팔에 상당한 압박을 가함으로써 관절을 꺾는 것이다. 관절이 꺾일 때 그 느낌은 생생하게 전해진다. 추수감사절용 칠면조 구이의 다리를 비틀어 뜯어내는 느낌이다. 뚜두둑, 하는 소리가 들리면서 으깨진다.

나는 그녀의 팔꿈치를 당기며 관절이 꺾이는 소리가 들릴 때까지 내 몸을 뒤로 힘껏 구부렸다. 그녀의 관절 인대가 내 다리 사이에서 툭 끊어졌다.

그녀는 벗어나려고 몸을 비틀었다.

관절이 뚜두둑 하는 소리가 났다. 그때 내 관심은 나 자신을 방어하고 그녀가 도망치지 않게 막는 것이었다. 나는 그녀의 손을 잡고 내 엉덩이 옆으로 밀어 그녀의 팔꿈치가 잘못된 방향으로 90도 이상 꺾이게 했다. 팔꿈치 근육은 뼈와 힘줄에서 이탈했다.

나는 그녀의 부상당한 팔을 단단히 잡고 다른 손으로 그녀의 얼굴에 펀치를 가하려고 상체를 일으켜 세웠다. 그러나 그녀는 팔꿈치가 완전히 탈구된 채 엄청난 고통과 두려움에 떨었다.

그녀는 탭아웃을 했다.

그 순간 그녀의 존재는 내게서 사라졌다.

나는 안도를 느끼며 형언할 수 없는 기쁨에 압도되었다.

내가 케이지 한가운데에 섰을 때 아나운서가 외쳤다. "신사숙녀 여러분, 1라운드 4분 27초 만에 서브미션 승으로 경기가 종료되었습니다. 무패의 신화를 계속 이어가며 스트라이크포스의 새로운 여자부 세계 벤텀급 챔피언으로 부상한 라우디 론다 로우지입니다!"

관중이 함성을 질렀다.

스트라이크포스 CEO 스캇 코커가 뒤에서 챔피언 벨트를 내 허리에 두르는 순간 나는 깜짝 놀랐다. 벨트를 까맣게 잊고 있었기 때문이다.

검은색 가죽 벨트는 앞이 거대한 금으로 덮여 있고 수십 개의 보석이 조명을 받아 희미하게 일렁였다. 그것은 내가 생각한 것보다 훨씬 더 무거웠다.

고요한 평화가 찾아왔다. 나는 드디어 내가 원하던 목표를 달성했다.

그때 마이크가 내 앞으로 내밀어졌다. 나는 무슨 말을 해야 할지 생각했다.

나는 코치들과 팀 사람들 그리고 가족들에게 고마움을 전했다. 나를 지금 이 순간에 이르도록 하기 위해 많은 애를 써 준 그들에게 진심으로 고마움을 느꼈다. 그리고 아빠를 생각했다. 관중석을 올려다보며 아빠의 국기가 휘날리고 있을 상상을 했다. 아빠는 내가 세계 최고가 될 것이라고 믿었다. 내가 고치를 뚫고 나와 화려한 날개를 펼친 모습을 아빠에게 보여 주고 싶었다.

"아빠, 어디에 계시든 저의 모습을 보고 계시겠죠. 우리 가족 모두 아빠를 그리워해요. 우리는 아빠를 사랑해요. 아빠에게 이 영광을 바칠게요. 절 자랑스러워 하셨으면 좋겠어요."

나는 약물 검사를 받기 위해 곧장 케이지 밖으로 인도되었다. 수많은 관계자들이 나를 둘러싸며 길을 안내하려고 했고, 그 와중에 텔레비전 방송국 사람들이 잔뜩 몰려들었다. 나는 걸음을 멈추고 엄마를 찾으려고 관중석을 두리번거렸다.

"어서 갑시다." 관계자 한 명이 재촉했다.

"엄마 좀 찾고요."

관중석에서 엄마가 활짝 웃으며 환호성을 지르고 있었다. "저기 있어요!" 내가 손가락으로 엄마를 가리키며 외쳤다.

"어서요." 그가 다시 재촉했다.

"만나게 두세요." 에드먼드가 그 보안 요원에게 말했다. 나를 둘러싼 무리, 즉, 코너맨, 보안 요원들, 관계자들, 카메라맨들, 행사 직원들은 일제히 방향을 바꿔 엄마가 서 있는 곳으로 향했다.

엄마가 나를 껴안았다. 나는 엄마의 몸에 기댔다. "여전히 네가 자랑스럽다." 엄마가 말했다.

시합 후에 엄마가 나에게 이런 말을 한 적은 처음이었다. 나는 세상을 다 가진 것 같은 승리감을 만끽했다.

# 두려워하지 말고 행동에 나서라

사람들은 내게 두려움을 느끼지 않느냐고 묻는다. 사실 많은 것이 두렵다. 다만 두려움이 나를 통제하게 두지 않을 뿐이다. 오히려 그 감정을 동기 부여가 되도록 이용한다. 나는 나를 두렵게 하는 것들에 정면으로 맞선다. 두려움은 단지 내가 느끼는 감정일 뿐이기 때문이다. 케이지 안에서 내가 직면하는 선수들은 나를 다치게 할 수 있다. 그러나 두려움은 실제로 나를 다치게 할 수 없다. 두려움 없이 행동하는 것은 무모해 보이지만, 두려움을 느끼며 행동하는 것은 용기이다.

몇 달 전 도그 파크 큐트 가이와 헤어진 후 스트라이크포스에서 승승장구하는 동안 한 남자와 데이트를 하기 시작했다. 그는 내가 유도를 가르치던 클럽 회원이었다. 외모도 괜찮고 직업도 있고 자기 집도 있었다. 헤로인에 의존하지도 않았다. 지루한 성격만 빼면 나쁘지 않았다. 물론 지루한 이웃이 후에 연쇄 살인범으로 밝혀졌다는 이야기는 흔하게 들어 왔지만 말이다.

나는 테이트와의 타이틀전이 있기 2주 전에 그의 집에 있었다. 그리고 출근하는 그에게 소셜 미디어에 글을 올리려고 하는데 컴퓨터를 써도 되냐고 물었다. 그는 그렇게 하라고 했다. 페이스북 사진을 다운로드해서 트위터에 올리려는 동안 '새 이름으로 저장하기' 화면이 뜨며 최근에 다운로드한 파일들이 작은 이미지로 떴다. 그중에 내 눈을 휘둥그렇게 한 것은 내 나체 사진들이었다. 나도 모르는 사이에 찍힌 내 사진들이었다. 내가 모바일 게임을 하거나 양치질을 하거나 다른 일상적인 일을 할 때 그가 몰래 찍은 것들이었다. (그렇다. 나는 알몸으로 양치질한다.)

차가운 분노가 등줄기를 타고 내려왔다. 그가 지난 몇 달간 찍은 사진들을 훑어보았다. 혹시 다른 사람들과 공유했을까? 어디에다 더 숨겨 놓지 않았을까? 또 휴대전화에 저장된 사진들은?

나는 그 사진들을 모조리 지웠다. 하드 드라이브도 지웠다. 그리고 그 '스내퍼스 맥크리피(Snappers McCreepy)'가 돌아오기만을 기다렸다. 나는 점점 더 큰 분노를 느끼며 그의 주방에서 석상처럼 서 있었다. 손가락 관절을 꺾고 이를 갈기 시작했다. 시간이 지날수록 더 화가 났다. 45분쯤 지났을 때 그가 현관 안으로 들어왔다.

그리고 내 얼굴을 본 순간 얼어붙었다. 내게 무슨 일이 있었냐고 물었지만 내가 아무 말도 안 하자 끝내 울기 시작했다.

나는 그의 따귀를 때렸다. 너무 세게 때려서 손이 아팠다.

"네가 찍은 사진 다 봤어. 미친 새끼!" 내가 소리를 질렀다.

"내가 설명할게." 그가 애원했다.

그러나 들을 말이 없었다. 내가 떠나려고 하자 그가 문을 막고 섰다.

"비켜. 다시는 내 앞에 나타나지 마. 널 만지는 것도 역겨워."

"가지 마." 그가 다시 애원했다.

"비켜." 내가 명령했다.

그는 꼼짝하지 않았다. 나는 그의 얼굴에 스트레이트 라이트를 가하고 이어서 레프트 훅을 날렸다. 그가 뒤로 비틀거리며 문에 부딪쳤다.

'젠장, 내 손. 시합 전에 다치면 안 되는데.' 나는 생각했다.

나는 오른손으로 그를 철썩 때렸다. 여전히 문에서 꼼짝하지 않았다. 나는 그의 목덜미를 잡고 그의 얼굴을 무릎으로 가격한 다음 그를 주방 바닥으로 내동댕이쳤다.

내가 현관 밖으로 나가 차로 달려갈 때 그가 뒤에서 따라 달려왔다.

"안 돼, 기다려! 내가 다 설명할게!" 그가 외쳤다.

"빌어먹을 변태 새끼!"

나는 내 차에 탔다. 그때 그가 조수석에 올라타 운전대를 잡고 말했다. "내 말을 제발 끝까지 들어 줘." 나는 차에서 내려 조수석으로 가서 그의 목덜미를 당겨 차 밖으로 끌어냈다. 그가 인도에서 몸부림치는 동안 나는 차를 타고 빠르게 사라졌다.

시합이 끝난 후에 나는 그동안 미뤘던 것들에 관심을 돌렸다. 그 변태를 어떻게 처리해야 할지가 가장 큰 고민이었다. 컴퓨터에 저장된 사진들은 모두 삭제했지만 어딘가에 더 있을 가능성이 높았다. 타이틀 매치에서 승리한 후에 스포트라이트가 내게 쏟아지고 있었다. 그런 상황에서 그가 내 사진들을 팔려고 할지 모른다는 생각을 하니 욕지기가 났다. 인터넷에 올릴까 봐 걱정이 되었다. 또 누가 내 사진을 찍으려고 할까 봐 걱정이 되었다.

그 무렵 스포츠 전문 방송 ESPN으로부터 「바디 이슈」의 모델이 되어 달라는 요청을 받았다. 매년 발행되는 그 잡지에는 유명 스포츠인들의 나체 사진이 실렸다. 내 나체 사진들이 유출될지도 모른다는 가정 하에 차라리 내가 원하는 방식으로 내 알몸을 찍어서 공개하는 편이 나을 것 같다는 생각을 했다.

팬보이(만화나 영화, 게임 등에 집착하는 남성팬 – 옮긴이) 블로거들은 마치 기자인 양 내가 「플레이보이」 같은 잡지에서 포즈를 취할 수 있는지를 즐겨 물었다. 내 대답은 늘 같았다. "고작 5달러에 내 은밀한 곳을 보겠다고? 그들이 억 만 달러를 준다고 해도 거절하겠어."

언젠가 나는 아이들을 낳을 계획이다. 내 아이들과 아이의 친구들이, 심지어 내 손자들이 '론다 로우지'를 검색해서 내 은밀한 곳이 노출된 사진들을 보게 할 수는 없다. 20년 후면 인터넷 버전도 그만큼 더 업그레이드되기 때문에 찾는 건 시간문제일 것이다. 즉, 나는 해변에서 비키니를 입을 때 노출되는 부위만 사진에서도 보이기를 바랐다.

촬영 날 아침에 나는 체중계에 올랐다. 체중은 143파운드(64.8kg)였다. 그러고는 체중계에서 내려와 옷장 문 뒤에 달린 전신 거울로 향했다. 단단한 근육질 몸매가 가능한 한 건강하고 탄탄해 보이기를 바랐다. 사진 촬영의 목적이 한계에 도전하는 인간의 육체적인 아름다움을 보여주기 위한 것이라고 생각했기 때문이다. 그래서 나 또한 그렇게 보이려고 노력했다. 그리고 거울을 보았을 때 나는 꽤 완벽한 예처럼 보였다.

　나는 캘리포니아 컬버 시티에 있는 스튜디오로 운전했다. 그곳은 내가 스트라이크
포스와 계약한 후 이사한 집에서 멀지 않았다.

　스튜디오는 컸고 환한 조명이 켜져 있으며 하얀 벽으로 둘러싸여 있었다. 친절해
보이지만 아마도 카페인에 중독된 것 같은 조연출자가 나를 맞았다. 그런 다음 헤어
와 메이크업 담당자들을 내게 소개해 주었다. 헤어 스타일리스트는 내 머리카락을 곱
슬거리도록 만든 뒤에 손가락을 이용해 좀 더 자연스러운 컬을 연출했다. 그러는 동
안에도 그는 나와 잡담을 멈추지 않았다.

　촬영 과정을 영상에 담는 카메라맨 한 명이 나에게 여러 질문을 했다.

　나는 속옷을 남기고 옷을 모두 벗었다. 그리고 ESPN 로고가 찍힌 두꺼운 하얀색
가운을 건네받았다. 나는 그 가운을 입은 채 속옷을 벗었다. 그런 다음 근육을 풀어
주려고 몸을 이리저리 움직였다. 맨발에 닿는 콘크리트 바닥은 매끄럽지만 차가웠다.

　어시스턴트 한 명이 내 양 손에 붕대가 연상되는 핑크색 천을 감았다. 물론 에드먼
드가 시합 전에 내 손에 감아 주었던 것과는 모양새가 달랐지만, 어쨌든 사진 작가들
이 연출하는 이미지에는 잘 맞을 것이다.

　촬영 시간이 되었을 때 촬영 감독이 나를 세트장으로 안내했다. 그곳에 칸막이가
설치되어 있었고, 벽과 바닥은 검은색에 카메라 불빛을 제외하면 커다란 핑크색 조명
두 개가 안을 비추고 있었다. 나는 눈을 가늘게 뜨고 환한 조명에 적응이 될 때까지
기다렸다.

　"좋아요. 이제 문을 닫죠." 누군가가 외쳤다.

　촬영 담당자들을 제외한 모두가 퇴장했다. 이제 그 방에 남은 사람은 다섯 명이었
다. 맨 뒤에 서 있는 카메라맨을 제외하면 모두 여자였다.

　'즐기며 하자구' 나는 나 자신에게 속삭였다.

　조금 긴장되어도 설레었다. 나는 내 피부 안에서 편안하고 내 몸에 대해 자신감을
느꼈다. ESPN과의 인터뷰에서 "마른 여자들은 옷을 입을 때 좋아 보이지만 탄탄한
여자들은 알몸일 때 좋아 보여요"라고 말한 대로 나는 그렇다고 믿었다.

　나는 심호흡을 하며 작은 방 안에 있는 사람들이 내 알몸을 보게 될 것이라는 사실
을 받아들였다. '해보는 거야.' 나는 긴장을 풀며 가운을 벗었다.

"준비됐나요?" 여자인 사진 작가가 나에게 물었다.

"음, 전 지금 완전히 알몸이에요. 여기서 더 어떻게 알몸이 되죠?" 내 말에 그녀가 웃었다.

뒤에서 핑크색 조명들이 강렬한 빛을 내뿜었다. 누군가가 기계를 작동해서 하얀색 반투명 연기가 모락모락 피어오르게 했다.

촬영은 약 한 시간 동안 계속되었다. 그 사이에 종종 휴식을 가졌고 그 틈을 이용해 헤어 스타일리스트가 내 머리카락을 여기저기 손보거나 메이크업 아티스트가 내 얼굴에 파우더를 덧발랐다.

사진 작가는 카메라 셔터를 누르는 동안 계속해서 나에게 지시를 주었다.

"좋아요, 이제 점프하세요."

"왼쪽으로 조금 돌아보세요."

"손을 조금 움직이세요."

"완벽해요. 완벽해요."

그 사진 작가는 촬영한 사진들을 컴퓨터 스크린을 통해 내게 직접 보여 주었다.

"와우, 멋져 보이네요." 나는 킥킥거렸다.

"훌륭해요." 그녀가 말했다.

"수영복을 입어서 노출되지 않는 부위는 노출하지 않겠다고 약속하신 거죠?" 내가 물었다.

방 안에 있는 사람들 모두가 약속했다. (물론 내가 말한 수영복을 비키니로 해석한 듯이 보이는 사진 한두 장이 있었다.)

그로부터 몇 달이 지난 7월의 어느 날, ESPN에서 잡지를 집으로 배송해 주었다. 그 당시 쇼타임 촬영진이 나와 사라 카우프만의 스트라이크포스 시합을 홍보하는 미니 다큐멘터리를 제작하기 위해 나를 따라다니며 내 일거수일투족을 카메라에 담고 있었다. 쇼타임 프로듀서들은 ESPN과 협의하여 촬영 날에 잡지가 도착하도록 했다.

나는 페이지를 넘기며 내 사진들을 찾는 나 자신을 상상했다. 그런데 표지 속 내가 수줍게 미소 짓고 있는 것이 아닌가. 나는 놀라서 할 말을 잃었다. 단지 표지 사진 때문이 아니라 나를 바라보는 내 모습 때문이었다. 사진 속 나는 무척 아름다워 보였다.

# 내가 원하는 현실은
# 내가 만든다

내가 세운 목표들에 대해 사람들은 늘 회의적인 반응을 보였지만, 그것은 어디까지나 그들이 수긍할 만한 이유를 내가 아직 그들에게 주지 못했기 때문이다. 그들은 내가 그 목표들을 이룰 수 있다는 사실을 알지 못했다.

///////////////////////////////////////////////////////////////////////////////////////

**2011년 1월 19일**

TMZ(미국 연예 매체) 카메라맨 : 언제쯤 UFC에서 여자 선수들을 볼 수 있을까요?

데이나 화이트 : 그럴 가능성은 없습니다. (웃으며) 없어요.

///////////////////////////////////////////////////////////////////////////////////////

캠프 밖 사람들은 알지 못하는 사실이었지만, 카우프만과의 시합을 앞두고 훈련하는 동안 내 팔꿈치에 문제가 생겼다. 어느 날 스파링을 하다가 왼쪽 팔꿈치 관절이 과신전(關節角)되었다. 나는 과거에 유도 시합에서 암바에 걸려도 끝까지 버티는 편이었고 팔꿈치가 수도 없이 탈구된 경험이 있었다. 관절에 무리가 가해지는 상황이 거듭되면서 양팔의 인대가 느슨해졌다.

'다시 끼우면 돼.' 라고 생각했지만 통증은 계속되었다.

'한 팔로도 거뜬히 이길 수 있어.' 나는 나 자신에게 말했다.

며칠 후에는 오른쪽 팔꿈치에 문제가 생겼다. 팔꿈치를 거의 움직일 수 없었다. 잽을 날릴 수도 없는 상황이었다.

'손을 못 써도 이겨야 해.' 나는 이를 악물었다.

사라 카우프만과의 시합은 2012년 8월 18일로 잡혔다. 그녀는 실력 있는 파이터였다. 내가 5승 무패를 기록한 시점에 그녀는 15승 1패를 기록했다. 내가 아니었다면 그녀는 미샤와 시합을 치렀을 것이고, 그 벨트를 차지했을지도 모른다.

나는 이번에도 뜨거운 승리욕을 불태웠다. 그러나 지난 시합에서는 챔피언 도전자로서 벨트를 차지하고야 말겠다는 결의를 다졌다면, 이번 시합에서는 필사적으로 벨트를 빼앗기지 말아야 했다.

팀 사람들은 내가 부상당했다는 사실을 알았기 때문에 경기장이 있는 샌디에이고로 향하는 내내 평소보다 어두워 보였다. 나는 이 상황을 가볍게 받아들이려고 했다. 압박감이 컸지만 그런 상황이 내 의지를 꺾지는 못했다. 나는 내 뇌에서 보내는 통증의 신호를 무시했다.

시합 날 밤에 나는 라커룸에서 에드먼드와 함께 몸을 풀었다. 보통은 케이지로 가기 전에 미트를 쳤지만, 이번에는 생략했다.

"이 선수는 발힘이 좋고 타격하는 법을 알아." 에드먼드가 말했다. "유도 기술을 써. 머리를 움직이면서 트리플 잽을 날려. 계속 들러붙어."

나는 붉은 글러브를 끼고 조안 제트의 음악이 스피커에서 쾅쾅 울려 퍼질 때 밖으로 나갔다. 그 순간 지구상에는 케이지 안에서 마주보고 서 있는 사라 카우프만과 나 이외에 아무도 존재하지 않았다.

나는 통증을 무시하며 트리플 잽으로 포문을 열었다. 그녀는 내 첫 번째 메치기 시도를 방어하기 위해 뒷걸음질 쳤다. 나는 방향을 돌려 다시 그녀를 움켜잡고 뒤에서 다리를 차서 넘어뜨렸다. 그리고 내가 원하는 반응을 유도해서 곧장 몸을 돌려 암바를 걸었다. 그녀는 팔을 내주지 않으려고 안간힘을 썼지만 결국 내 손으로 넘어 왔다.

54초 후, 그녀는 탭아웃을 했다.

관중은 열렬한 환호를 보냈다. 앞줄 한가운데에 데이나 화이트가 앉아 있었다.

그는 경기장의 분위기가 얼마나 뜨거운지를 목격했다. 팬들의 반응이 얼마나 열광적인지를 목격했다. 경기가 얼마나 치열했는지를 목격했다. 시청률도 간과하지 않았다. 676,000명에 이르는 사람들이 이 경기를 시청해 최고의 시청률을 기록했다. 나와 미샤 테이트의 시합을 본 431,000명에서 23% 증가한 수였다.

2012년 9월 8일 아침에 내 휴대전화 벨이 울렸다. 발신자는 익숙한 이름인, 데이나 화이트였다.

UFC 대표이자 얼굴인 그는 전에 나에게 한 번 연락한 적이 있었다. 쇼타임이 나와 미샤 테이트의 시합을 홍보하기 위한 영상을 제작했는데 확인해 보라는 말을 하기 위해서였다.

"헤이, 오늘 「선즈 오브 아나키」 (캘리포니아 바이크 갱단을 주제로 한 TV 드라마 – 옮긴이) 프리미어 쇼가 열려요!" 데이나가 말했다. 데이나의 말이 문자로 옮겨진다면 아마 대문자 일색에 각 문장 끝에 느낌표가 달렸을 것이다.

"꽤 크게 여나 보던데 같이 갈래요? 재밌을 거예요."

그의 열정은 나에게도 전염되었다. 내가 하고 싶은 대답은 '네, 갈게요!'였다. 하지만 그날 저녁 그와 만나기로 이미 약속이 되어 있었기 때문에 조금 더 적절한 대답을 할 필요가 있었다.

나는 내가 가진 옷들 중에 그나마 가장 좋은 옷을 입고 내 차에 탔다. 이제 차창을 수리할 수 있을 만큼은 벌었지만 냄새까지 제거할 수는 없었다. 그 냄새가 몸에 배지 않기만을 바랐다. 데이나의 호텔에 도착했을 때 주차원이 내 고물차로 다가왔다. 뒷좌석에는 더러운 세탁물이 가득했기 때문에 반쯤 내려진 창들을 통해 악취가 새어 나오고 있었다. 그의 표정이 약간 일그러졌다.

"그나마 나아진 거예요." 나는 말하고 싶었다.

대신 나는 그에게 20달러를 팁으로 주었다. 그것은 내가 줄 수 있는 가장 큰 액수였고, 그가 운전석에 앉을 때는 미안한 표정을 지어 보였다.

호텔에서 데이나의 운전사가 지금껏 들어 본 적 없는 '미스터 차우'라는 식당으로 나를 안내했다. 내 주머니 사정상 쉽게 들어가기 망설여질 정도로 고급 식당이었다. 또한 유명 인사들이 촬영 장소로 택하는 곳이기도 했다.

프로 MMA 데뷔 이후 1년 반이 지났다. 그리고 지금 나는 이곳에 앉아 UFC 대표와 와인을 마시고 있었다.

데이나는 내 쪽으로 상체를 기울이며 진지한 목소리로 말했다.

"제가 여기로 초대한 이유를 말씀 드려야겠군요. 1년 전에 이 레스토랑 밖에서 TMZ와 인터뷰를 했었죠. 그때 전 UFC에서 여자 선수를 볼 날은 없을 거라고 했어요. 그런데 당신에게 첫 번째 UFC 여자 선수가 되어 달라는 부탁을 드리려고 오늘밤 당신을 초대했어요."

나는 당장이라도 의자 위로 뛰어 올라 행복의 춤을 추고 싶은 걸 애써 참았다. 내 마음 속에서 색색의 종잇조각들이 날리고 악단의 음악이 울려 퍼지고 하늘에서 내려온 천사들이 합창했다. 나는 침착함을 잃지 않으려고 했다.

"와, 정말 좋은 소식이네요." 나는 차분하게 말했지만 얼굴에서 웃음을 감출 수 없었다.

데이나는 어떤 거창한 약속을 하지 않았다. 이번 여자 시합이 하나의 시험대가 될 것이고, 내 첫 시합의 성공 여부가 여자부의 미래를 결정지을 것이라고 그는 말했다.

"기회를 주셔서 대단히 감사해요. 후회 없는 결정이 되도록 해드릴게요."

너무 크게 웃는 바람에 안면 근육이 아팠다.

우리는 건배를 했고, 그 후 그의 친구들이 나타나자 함께 자리에서 일어났다. 우리는 프리미어 쇼에 참석하기 위해 기사가 딸린 SUV를 탔고 가는 내내 '레인지 어게인스트 더 머신'의 음악을 들었다. 나는 마치 세계 정상에 오른 듯한 기분을 느꼈다.

우리는 웨스트우드에 있는 폭스 극장에 도착했다. 바닥에 레드 카펫이 펼쳐져 있고, 한쪽에는 뒤가 하얀 배경으로 처리된 포토존이 있으며, 다른 쪽에는 유명 인사들을 찍기 위해 대기 중인 사진 기자들이 일렬로 서 있었다. 길 맞은편에는 금속으로 된 바리케이드가 설치되어 있고 그 너머에서 팬들이 진을 치고 있었다. 차들이 레드 카펫 앞에서 멈추자 유명 인사들이 차에서 내렸고, 그 순간 팬들이 환호를 보냈다. 내가 차에서 내렸을 때는 사람들이 일제히 내 이름을 소리쳐 부르기 시작했다. 'ESPN 매거진'이 주최하는 파티와 월드 MMA 어워즈 같은 행사에 참석해서 레드 카펫을 밟아본 적은 있지만 스포츠와 관련이 없는 행사에서 이런 환호를 받기는 처음이었다. 나는 사람들의 열띤 반응에 적잖이 놀랐다. 5분 후, 나는 데이나와 함께 포즈를 취한 데이어 혼자서 모든 카메라 세례를 받았고 팬들에게 손을 흔들어 보였다. 길 맞은편에 있는 사람들이 "론다! 론다!"라고 외치는 소리가 들렸다. 심지어 「선즈 오브 아나키」에 출연한 배우들보다 나에게 더 큰 환호를 보냈다. 그럴수록 나 스스로 더 겸손해져야 했지만, 속으로는 '잘하고 있어(사악한 악당처럼 손가락을 들어 보이며). 계속 외쳐. 그래야 나한테 유리해. 데이나 앞에서 더 큰소리로 외쳐.' 라고 말했다.

"즐거운 시간 보냅시다. 마음껏 즐기세요. 오늘 밤의 주인공은 론다 당신이에요." 데이나가 말했다.

행사가 끝난 후 뒤풀이는 글래드스톤스에서 열렸다. 나는 의사 진단서를 가지고 돌아가지 못한 이후 그 식당에 간 적이 없었다.

글래드스톤스에 도착하자 나는 흥분이 일기 시작했고, 한동안 거기에 서서 붉은색 폴로 셔츠를 입은 바텐더들이 사람들에게 술을 따르며 억지스럽게 미소 짓는 모습을 바라보았다.

'예전의 나도 저랬지. 하지만 이제 나는 UFC에 갈 거야.'

지금은 내 인생에서 가장 기쁜 순간들 중 하나였다. 좋은 일들이 일어나고 있었다. 그러나 최고의 순간은 아직 오지 않았음을 나는 알았다.

아무도 UFC가 여자부를 신설할 것이라고 믿지 않았다. 팬들도. 다른 선수들도. 미디어도. 엄마도. 심지어 UFC 대표마저.

사람들은 내게 그런 일이 일어날 리 없다고 했다. 내가 미쳤다고 했다.

그러나 우리가 우리 자신에게 갖는 믿음을 아무도 흔들 수 없다. 또 그렇게 두어서는 안 된다. 사람들은 우리에게 논리적이 되라고, 이성적이 되라고 한다. 그 꿈은 아무도 달성하지 못했으므로 앞으로도 달성할 수 없을 것이라고 한다. 우리는 그 변화를 이루어 내거나 꿈을 달성할 수 있는 사람이 세계 역사상 우리 자신뿐이라고 믿을 정도로 미치광이가 되어야 한다. 많은 사람이 우리를 의심할 것이고, 우리에게 우리가 할 수 없는 이유와 해서는 안 되는 이유에 대해 말할 것이다. 그 말을 받아들이느냐, 거부하느냐는 우리의 선택에 달렸다.

나는 나에게 불가능하다고 말했던 사람들의 말을 모두 무시했다. 이제 나는 UFC 역사상 최초의 UFC 여자 선수가 될 것이다.

# 최고의 선수들은
# 최고의 순간을 위해
# 인내할 줄 안다

시합 날 밤이 되면 나는 안달이 난다. 시합 시간이 임박해지면 내 안달은 하늘을 찌른다. 옥타곤에 이르면 자제심을 억누르려고 애를 쓴다. 내 몸의 모든 근육은 내가 상대를 격파하기 위해 단련한 모든 것을 풀어 놓기를 갈망한다. 가장 힘든 순간은 코너에서서 도전자를 응시하며 심판이 시작을 알리기를 기다릴 때이다. 나는 그 시간이 싫다. 단 몇 초 동안이라도 옥타곤에서 일어나는 일이 내 통제 밖에 있다는 사실을 받아들여야 하기 때문이다.

그러나 일단 시합이 시작되면 나는 참을성 있게 적절한 기회를 노린다. 서브미션을 서두르지 않는다. 효과적으로 상대를 제압하기 위한 시간을 가진다. 무언가가 일어나기를 기다리며 앉아 있는 것은 수동적인 인내다. 적극적인 인내는 무언가를 시작하기에 적절한 타이밍이 오기를 기다리는 것이다.

데이나는 나를 UFC 선수로 기용하겠다는 의사를 밝히면서 계약이 성사되면 기자 회견을 열어 여자부 신설 계획을 발표하고 나에게 UFC 챔피언 벨트를 줄 것이라고 말했다. 나는 벨트를 "준다"는 생각이 마음에 들지 않았다. 형식상 받기보다 정정당당하게 싸워서 획득하고 싶었다. 싸워서 이겼거나 방어에 성공했을 때가 아니면 그 벨트를 가질 자격이 없다고 나는 생각했다.

하지만 데이나는 완강했다.

"저희가 WEC(UFC에 흡수된 MMA 단체)에서 도미닉 크루즈와 조제 알도를 영입했을 때도 챔피언 벨트로 시작했습니다. 그것이 저희의 방식이지요. 저희는 뛰어난 챔피언을 기용하고 싶거든요."

"알겠어요." 나는 마지못해 동의했다. "그럼 기자 회견은 언제죠?"

"빠른 시일 내에요. 아직 조율 중입니다."

나는 그의 요구대로 기자 회견이 열리기 전까지 아무에게도 말하지 않겠다고 약속했다. 에드먼드에게는 말했지만 다른 누구에게도 말하지 않았다. 심지어 내 매니저인 다린에게도 말하지 않았다.

막후에서 UFC는 쇼타임과 협상 중이었다. UFC의 모회사인 주파는 스트라이크포스를 인수했다. 그러나 스트라이크포스는 쇼타임과 TV 방송을 계약했고, UFC 경기들은 유료 시청제로 폭스와의 계약을 통해 방영되었다.

UFC 사람들은 계약이 곧 성사될 것이라고 생각했다. 그러나 그 예감은 틀렸다.

미스터 차우에서 와인을 마신 지 2주가 지난 9월 말에 데이나가 UFC 152 경기가 열리는 토론토까지 나를 데리고 갔다. 그곳에서 기자 회견을 열 계획이었다. 나는 라스베이거스에서 그를 만났고, 그와 보디가드, 그의 친구 몇 명과 함께 UFC 전용기에 탔다.

전세 비행기에 타는 것은 처음이었다. 그것은 놀라운 경험이었다. 내가 뒤쪽을 흘깃 보기만 해도 승무원 한 명이 재빨리 다가와 무엇이 필요한지를 물었다. 가죽 의자에 몸을 기대고 앉았을 때 이것이 내 삶이라는 사실이 믿겨지지 않았다. 잠이 들기 시작했을 때는 누군가가 나에게 나를 위한 침대가 마련되어 있다고 말해 주었다.

15개월 전 배고프고 지친 상태에서 캐나다행 비행기에 올랐던 때가 생각났다. 그때 나는 이코노미석에서 다린과 취기가 아직 가시지 않은 에드먼드 사이에 끼어서 불편하게 잠을 청해야 했다. 그런데 이제 비행기 안에 마련된 그럴듯한 침대를 제공받기 시작했다. 마치 긴 잠을 자고 난 후에 내가 지구가 아닌 다른 멋진 행성에서 깨어난 기분이었다.

그러나 토론토에 도착했을 때 쇼타임과의 협상이 아직 마무리되지 않았다는 사실을 알았다. 실망감이 들었지만 그래도 하룻밤 푹 쉬면 괜찮아질 것 같았다.

10월 초에 미니애폴리스에서 UFC 경기가 열렸다. UFC는 그곳에서 나에게 챔피언 벨트를 줄 계획이었다. 그래서 다시 라스베이거스에서 데이나를 만났고 함께 UFC 전용기에 올랐다. 그러나 우리가 트윈 시티(미니애폴리스와 세인트폴)에 도착했을 때도 협상은 여전히 진행 중이었다.

나는 한 번 더 빈손으로 돌아갔지만 이번에는 사람들의 시선을 끌었다. 그들은 나에게 무슨 일이 있는지를 묻기 시작했다. MMA 팬들은 내가 왜 거기에 갔는지를 알고 싶어 했다. 미디어는 내가 데이나와 함께 곳곳을 여행하는 이유에 대해 알고 싶어 했다. 친구들은 내가 뭘 하는 것인지를 알고 싶어 했다. 나는 거짓말에 서툴렀다. 그래서 다들 내가 뭘 숨기고 있다는 걸 눈치 챈 듯했다. 게다가 나도 모르는 사이에 내가 데이나와 사귄다는 소문이 돌았다. 해명하고 싶은 마음이 간절했지만 어처구니없는 소문이라며 웃어넘길 수밖에 없었다.

실망감은 어느새 좌절감으로 바뀌었다. 나는 모든 것을 비밀에 부쳐야 했다. 모두에게 설명하고 싶었고 그 벨트를 들어 올려 "봐, 이게 그 이유야!" 라고 외치고 싶었다.

우리는 전용기를 타고 여행했고, 여전히 나는 계속 기다려야 했다.

아직 기자 회견은 열리지 않았지만, 이제 다린에게는 사실을 말해도 좋다는 허락을 받았다. 그리고 그 사실을 아는 또 한 사람은 다린이 UFC 계약 조건을 따져 봐야 한다는 이유로 내게 소개해 준 변호사였다. 다린은 UFC로 이적하더라도 그가 내 매니저여야 한다는 항목을 공식화하자고 했다. 그는 "세납을 위해 그것이 필요했어."

"내가 하는 일에 조금이라도 불만이 있으면 그땐 계약서를 찢어도 좋아." 그가 우리의 계약에 관해 말했다.

나는 12월 초에 뉴욕 북부로 날아갔다. 친구 마리나가 로스앤젤레스까지 차를 몰고 가야 하는데 둘이서 번갈아 운전을 하기로 했다. 나는 도중에 노스다코타에서 잠깐 멈추고 싶다고 말했다. 그래서 우리는 미드웨스트를 지나 시애틀로 향하는 여행을 계획했다. 태평양 연안을 따라 운전하기 전에 폭스에서 방영하는 UFC 경기를 볼 예정이었는데, 친구 네이트 디아즈가 출전했기 때문이다.

우리는 마리나의 2007 혼다 어코드에 탔다. 그것은 내 차와 같은 금색이었지만 더 좋은 냄새가 났다. 우리는 커피와 소고기 육포로 끼니를 때우고 AC/DC의 '선더스트럭(Thunderstruck)', 이브 식스의 '오픈 로드 송(Open Road Song)', M83의 '미드나잇 시티(Midnight City)', 레드 핫 칠리 페퍼스의 '유니버셜리 스피킹(Universally Speaking)', 퀸의 '보헤미안 랩소디(Bohemian Rhapsody)' 등을 들으며 광활한 도로를 달렸다.

노스다코타주 제임스타운에 도착했을 때는 저녁이었다. 이사를 간 이후에는 이곳을 다시 찾은 적이 없었다. 나는 마리나와 함께 한때 내 가족이 살았던 집으로 차를 몰았다. 하얀색 바탕에 테두리가 녹색인 그 집 앞뜰에는 '팝니다'라는 팻말이 세워져 있었다. 마리나를 데리고 뒤로 걸어갔을 때 뒷문이 잠기지 않은 걸 발견했다. 나는 거실 안으로 걸어가 소파가 있던 자리에 서서 내가 아빠의 마지막 모습을 보았던 때를 생각했다.

"아빠가 보고 싶어." 내가 마리나에게 말했다.

"좋아, 가자."

나는 밖으로 걸어 나가 엄마에게 전화를 걸었다. 엄마는 장례식장에 가서 묘지로 가는 길을 물어 보라고 했다. 그리고 미리 그쪽에 전화해서 부탁해 놓겠다고 했다. 우리가 장례식장에 도착했을 때 밖에서 한 남자가 나를 기다리며 서 있었다.

"제가 묘지까지 안내해 드리죠." 그가 말했다.

우리는 다시 차를 타고 그를 따라갔다. 나는 그 묘지에 딱 한 번 가 보았을 뿐이다. 그날은 아빠의 시신이 매장되던 날이었다. 차를 멈추었을 때 아빠의 무덤이 어디 있는지 물어 볼 필요가 없었다. 대번에 알 수 있었다. 아빠의 무덤에 묘비가 세워진 이후 다시 와본 적이 없어도 어디 있는지를 정확히 알 수 있었다.

나는 차에서 내렸다. 날은 어두웠고 스프링클러에서 떨어지는 물줄기가 머릿속에서 떠올랐다. 나는 아빠가 묻힌 곳으로 걸어가 그 앞에 섰다. 아빠와 나, 둘뿐이었다.

나는 차가운 땅에 무릎을 꿇고 앉아 한동안 아빠와 대화를 나누었다. 나는 아빠가 얼마나 그리운지를 말했다. 내가 하고 있는 여행에 대해 말했다. 내가 저지른 잘못들에 대해 용서를 빌었고 나를 올바른 곳으로 인도해 달라고 부탁했다. 나는 얼어붙은 잡초에 손바닥을 대고 울었다. 그리고 내가 좋아하는 반지—그것은 가운데에 터키석이 박힌 은반지였다—를 내 오른쪽 중지에서 빼 묘비 옆 흙속에 묻었다. 나는 좋은 사람이 되려고 노력하겠다고, 나를 딸로서 자랑스럽게 느낄 수 있도록 하겠다고 약속했다.

시간이 얼마나 흘렀는지 알 수 없었다. 나는 자리에서 일어나 꼭 다시 오겠다고 약속했다.

마리나가 차에서 나를 기다리고 있었다. 그녀도 몇 년 전에 아빠를 잃었다. 그녀는 이해한다는 눈빛으로 나를 바라보았고, 나는 내 베스트 프렌드가 나를 껴안았을 때 우리가 같은 고통을 공유하고 있음을 느꼈다.

올버니에서 출발해 중간에 노스다코타에서 멈추었는데도 50시간 안에 시애틀에 도착할 수 있었다. 우리는 12월 5일 시애틀에 도착했다. 기자 회견이 있기 전날 밤이었다. 다음 날 아침 UFC에서 전화가 왔다. 몇 시간 후 시합 전에 열리는 기자 회견에서 나에게 챔피언 벨트를 건넨다는 것이었다. 내가 당장 입을 옷이 없다고 하자 그들은 나에게 쇼핑을 하라고 제안하면서 옷값은 자기들이 지불하겠다고 말했다.

"그렇다면 '바니스'에 가야지." 나는 생각했다.

나는 드레스와 멋진 디자인의 구두를 샀고, 게다가 결국에는 입지 않은 빅 코트도 샀다.

내가 키아레나(시애틀에 있는 농구 및 아이스하키 경기장 - 옮긴이)에 있는 무대 뒤에 서 있는 동안 데이나가 말했다. "지금 이 자리에 챔피언을 모시겠습니다." 그것은 나에게 등장하라는 신호였다. 나를 둘러싼 촬영 기자들을 헤치며 그 무대로 이어진 계단을 올라갔다. 하이힐이 발가락을 압박하고 있어 행여 넘어질까 봐 노심초사하며 걸었다.

"이 자리에서 발표하겠습니다." 데이나가 말했다. "사상 최초의 UFC 여자 챔피언 론다 로우지입니다."

그는 나에게 챔피언 벨트를 건넸다. 그 커다란 벨트에는 금과 보석이 덮여 있었다. 생각보다 무거웠다. 그 벨트는 내 것이었다.

데이나는 약 석 달 후에 내가 리즈 카무치를 상대로 UFC 데뷔전을 치르게 될 것이며, 이 시합이 UFC 157의 메인 이벤트가 될 것이라고 발표했다. 이 발표는 아마 많은

UFC 팬들을 놀라게 했을 것이다.

　내가 호텔 방으로 돌아가 그 챔피언 벨트를 침대에 내려놓았을 때에 비로소 나에게 무슨 일이 생겼는지를 실감했다. 마음이 들떠서 쉽게 진정되지 않았지만, 그것도 잠시 동안 만이었다. 리즈 카무치와의 대결이 앞으로 석 달도 채 남지 않았다.

# 시합에는
# 늘 절호의 순간이 있다

모든 시합에는 승리를 위한 절호의 순간이 있다. 팔을 뻗어 상대를 꽉 움켜쥘 수 있는 기회가 초반에 올 수 있다. 상대가 아직 준비도 되기 전에 몸을 틀어 상대를 움켜잡고 테이크 다운을 하는 것이다. 혹은 그 기회가 시합 중반에 올지도 모른다. 상대가 잠깐 숨을 고르거나 생각을 모으려고 방심해 있는 단 1초의 순간을 노린다. 때때로 막판에 절호의 기회를 잡기도 한다. 그때는 전력을 다해 시도하는 때이다. 몸이 얼마나 지쳤든 간에 상대를 무너뜨릴 수 있는 방법을 찾아 성공으로 이어지게 해야 한다.

내가 무엇에 맞든 상관없다. 내가 지치든, 부상을 입든 상관없다. 나는 가장 이기고 싶어 하는 사람이다. 시합을 하다 죽는 한이 있더라도 이기고야 말 것이다. 기필코 승리하기 위해 마지막 남은 힘까지 끌어 모아 인간의 능력 안에서 할 수 있는 모든 것을 할 것이다.

그리고 시합이 끝날 때 승자는 내가 될 것이다.

나와 미샤의 매치업을 둘러싼 미디어의 관심은 나와 리즈 카무치의 매치업에 비하면 아무것도 아니었다. UFC에서 이보다 더 열띤 반응을 얻은 시합은 찾아볼 수 없을 정도였다. 또한 역사적으로도 중요한 시합이었다.

리즈 카무치는 8승 2패의 전적이 있는 파이터로, 내가 맞선 MMA 적수들 중에서 유일하게 나를 당황하게 만든 인물이었다. 우리는 시합 홍보를 위해 맞대결하는 포즈를 취하고 있었다. 시합이 있기 한 달 전에 선수들은 말 그대로 대결 자세를 취하며 서로의 눈을 뚫어지게 응시한다. 나는 상대의 두 눈을 노려보며 생각을 읽는다. 내 두 눈은 '내가 네 팔을 부러뜨려 놓을 거야. 넌 날 막지 못해.'라고 말하며 이글거리는 눈빛을 보낸다. 나는 그들이 내 눈을 통해 내 생각을 읽을 수 있길 원한다. 내가 카무치와 정면으로 마주보고 서서 강렬한 눈빛을 뿜어내고 있을 때 나를 똑바로 응시하던 그녀가 나에게 키스를 날렸다.

나는 전혀 예상치 못한 행동에 허를 찔린 듯 움찔했다.

사실 그 전부터 나는 카무치에 대해 큰 존경심을 품고 있었다. 나에 대해 공격적으로 얘기하는 선수는 많았지만 나와 시합을 하겠다고 나서는 선수는 많지 않았다. 카무치는 나와의 시합을 몹시 원했다. 나는 카무치가 강인한 선수임을 알았다. 그녀는 MMA 선수일 뿐 아니라 해병대에 입대해 중동에서 세 번 복무한 경험이 있었다. 내가 맞선 다른 선수들과는 확연히 달랐다. 그녀는 언제라도 총에 맞아 죽을지 모르는 이라크에 있었다. 그녀는 어떤 협박에도 굴하거나 위협을 느끼지 않을 것 같았다. 나는 그 순간 카무치를 상대로 훈련에 전력을 다하겠다는 각오를 다졌다.

2013년 2월 23일, 시합은 애너하임에 있는 혼다 센터에서 열렸다. 내 마음속 열망이 이루어지는 순간이 드디어 오고 있었다. 그러나 내가 이기지 못하면 내가 꿈꾼 모든 것이 물거품이 될 거라는 사실을 나는 잘 알았다.

시합 날 밤에 나는 라커룸 바닥에 누워 있었다. TV에서는 언더카드 시합이 방영되고 있었는데, 유라이어 페이버가 이반 멘지바를 등 뒤에서 네이크드 초크로 조르고 있었다.

나는 그 장면을 보며 생각했다. '늅지 마. 페이버가 계속 조르지 못하게 풀어. 서서 풀어. 손이 아니라 다리를 먼저 풀어.' 일부러 생각하려고 한 것은 아니었다. 심지어 생각을 입 밖에 내지도 않았다.

라커룸을 나서는 순간 세상은 배경으로 사라지는 것 같았다. 케이지에 들어가면 내 세계는 750 평방피트로 줄어든다.

우리는 1분도 안 되어서 시합에 들어갔다. 아드레날린이 솟구쳤다. 나는 평소답지 않게 서둘렀고 아직 준비가 되기 전에 메치기를 시도했다. 적절한 순간을 노리지 않고 무조건 달려들었다. 카무치는 내가 방심한 틈을 타서 순식간에 내 등에 올라탔다.

그 순간 나는 선택을 해야 했다. 몸을 돌리거나 설 수 있었다. 내가 몸을 돌릴 경우 우리 둘 다 바닥에 넘어질 것이고 그녀가 내 몸에 올라탈 것이다. 나는 빠르게 판단했다. 그녀에게 내 등을 내어 준 채 서 있는 편이 나을 것 같았다. 바닥에 누워 그녀 밑에 깔리면 그녀에게 유리해질 것이기 때문이었다. 그러나 서 있으면 그녀가 뒤에서 네이크드 초크로 나를 조르며 압박할 것이라는 사실 또한 알았다.

시합을 하는 동안 나는 상황을 관찰하고 분석하며 그 상황에 반응한다. 모든 것이 빠르게 진행되는 동안에도 나는 한 번에 수많은 정보를 처리하고 그 정보를 바탕으로 수많은 결정을 동시에 내린다. 나는 페이버에게 네이크드 초크를 당한 멘지바를 떠올렸다. 우선 케이지 벽에서 멀어질 필요가 있었다.

가장 쉬운 방법은 몸을 뒤로 기울이고 케이지로 그녀를 밀어내는 것이다. 반면, 뒤에서 얼굴을 압박당하는 동안 케이지 한가운데에서 넘어지지 않고 서 있기 위해서는 엄청난 정신력과 힘이 필요하다. 몸은 가장 쉬운 것을 택하고 싶어 한다. 내 몸은 나에게 바닥에 눕거나 케이지에 기대라고 말했다. 그러나 내 머리는 나에게 두 발로 서서 몸의 균형을 유지하며 그녀의 다리를 풀라고 말했다.

나는 턱을 숙여서 그녀가 내 목을 조를 가능성을 차단했다. 나는 그녀의 두 손과 두 발이 나에게 가하는 모든 압박에서 벗어나야 했다.

내가 다리를 풀려고 여전히 애쓰는 동안 그녀가 네이크드 초크에서 넥 크랭크로 전략을 바꿔 내 머리를 당기기 시작했다. 넥 크랭크는 상대의 목을 가동 범위 이상으로 당기는 기술이다. 맨손으로 상대의 목을 꺾을 때 가장 쉽게 쓸 수 있다.

유도에서는 넥 크랭크 기술을 쓰지 않는다. 나는 지금껏 한 번도 그 기술을 시도한 적이 없었다. 내 몸이 균형을 잃고 있었다. 그녀는 내 목을 곧장 위로 당겼고, 그 충격으로 내 몸이 뒤로 밀려났다.

그러나 나는 감정에 지배당하지 않았다. 전적으로 객관적인 관찰과 결정에 따라 움직였다.

퍽. 부비강(두개골 속 코 안쪽으로 이어진 구멍 — 옮긴이)에서 부서지는 소리가 났다. 내 얼굴이 파열되는 것 같았다.

어느새 내가 케이지로 가까이 가고 있었다.

내 몸과 그녀의 몸과 중력이 나를 뒤로 밀어내고 있었다. '안 돼. 앞으로 가야 해.' 나는 나 자신에게 상기시켰다. 나는 케이지 중앙을 향해 힘겹게 움직였다.

그녀의 두 팔이 내 마우스 가드 쪽으로 미끄러지기 시작했다.

카무치의 팔뚝이 내 입을 압박했다. 그녀의 공격은 거칠었다. 내 머리를 더 세게 당기자 내 입술이 억지로 벌어졌다. 내 윗니가 강하게 압박당하면서 턱뼈가 탈구된 것 같았다. 그녀는 내 윗니가 그녀의 팔뚝을 박고 있어도 상관하지 않았다. 지금이 절호의 기회였기 때문이다. 그녀는 내 얼굴을 더 세게 당겼다.

내 턱은 더 이상 버틸 수 없었다. 내 목은 가동 범위를 넘어 당겨지고 있었다. 나는 내 목이 반으로 부러지기 직전에 있었다.

'질 바에 차라리 죽거나 마비가 되겠어.' 나는 나 자신에게 말했다.

스포츠 브라가 돌아가기 시작했고, 관중석에 있는 1만 3천 명의 사람들과 TV로 보고 있는 시청자들 앞에서 내 가슴이 노출될 위기에 있었다.

그러나 내 머리는 우선순위를 정하고 있었다. '발, 발, 발. 균형을 유지하고 발을 풀어야 해.'

그녀가 내 머리를 왼쪽으로 당기고 있었다. 나는 그녀를 메쳐서 끌어내려야 했다. 나는 내 왼쪽으로 몸을 틀어 그녀의 발을 왼쪽으로 밀어서 풀었다. 그녀가 떨어지기 시작했고, 나는 찰나의 순간에 안도했다. '드디어 넘어뜨렸어. 이놈의 브라.' 내 유두가 밖으로 튀어 나오기 일보직전이었다. 그러나 카무치는 내가 브라를 바로잡으려는 줄 모르고 내 가슴을 발로 가격했다.

관중이 환호하는 소리가 들렸다. 카무치가 내 스타일을 구겨 놓아 나는 당황스러웠다. 그때 나는 내 스타일이 구겨진 것 때문에, 관중이 즐거워한 것 때문에 화가 났다. 분노가 일었다. 내 안에서 내 분노와 함께 커지는 결의를 느낄 수 있었다. 이 선수는 바닥에 등을 대고 누운 채 일어나지 않았다.

그녀가 누워서 나를 발로 찰 기회를 노리는 동안 나는 위험을 무릅쓰고 그녀의 얼굴에 몇 번의 펀치를 날렸다. 그녀는 오른손으로 힐훅(레그락)을 걸려고 했다. 그러나 나는 몸을 돌려 그녀의 공격을 피하는 동시에 곁누르기 동작을 취했다. 한쪽 팔로 그녀의 목을 감고 그녀의 얼굴에 반복적으로 펀치를 가했다. 그녀가 그녀의 얼굴을 보호하려고 손을 들었을 때 나는 그녀의 팔꿈치를 내 겨드랑이에 끼워서 제압했다. 그녀가 반응하는 방식은 내가 내 다리를 그녀의 상체 위로 돌려 그녀의 오른팔을 잡기에 더없이 완벽했다. 그녀는 그녀의 왼손으로 오른팔을 잡고 필사적으로 저항했다. 나는 그녀의 오른팔을 세게 당겼다. 그녀는 더 힘껏 저항했다.

5분에 걸친 1라운드가 거의 끝나가고 있었다. 벨이 울릴 때까지 몇 초밖에 남지 않았음을 직감했다. 나는 한쪽 다리를 풀고 자세를 고쳐 잡은 뒤 다시 암바를 시도했다. 그녀의 악력이 꺾이는 걸 느낄 수 있었다. 나는 더 세게 팔을 당겼다. 드디어 두 팔이 벌어졌다. 더 이상 내게서 벗어날 수 없었다. 나는 내 다리 사이에 끼워진 그녀의 팔을 잡고 내 몸을 뒤로 눕히며 꺾었다. 카무치는 더 이상 버틸 수 없음을 깨닫고 탭을 쳤다.

시합은 마지막 몇 초를 남겨두고 종료되었다.

나는 이제 공식적으로뿐 아니라 내 마음속에서도 UFC 역사상 최초의 여자 챔피언이었다.

시합 중에 나는 내 턱이 탈구되는 것 같았고 내 목이 부러질 수 있다는 걸 알았지만 탭할 생각을 하지 않았다. 포기하고 싶다는 생각은 내 머릿속에 들어 있지 않았다. 시합에 관한 한 나보다 더 이기고 싶어 하는 선수는 아무도 없을 것이다.

# 매 순간 집중해서
# 싸워라

상대가 당신을 제압하는 순간이 올 수 있다. 5분에 걸친 1라운드에서 4분 59초 동안 제압을 당하고 있더라도 문제가 되지 않는다. 남은 1초 동안 결전을 벌이면 된다. 우리는 다섯 라운드에서 이겨야 하는 것이 아니라 1,500초 동안 이겨야 하는 것이다.

찰나의 순간에 상대가 당신을 이길 수 있다는 사실을 직시해야 한다. 시합에서 이기겠다는 결의만으로는 부족하다. 상대를 훨씬 더 능가해야 하며 가장 작은 실수나 뜻대로 되지 않는 순간에 비통해 해야 한다. 그 점이 대단히 중요하다.

당신이 지나치게 많은 것에 신경 쓰며 감정적으로 예민해 할 때 사람들은 당신을 조롱할 것이다. 그러나 분명한 사실은 그 열정이 당신을 그들과 구별 짓게 한다는 것이다. 당신을 최고로 만드는 것은 바로 그 열정이다.

죽을 각오로 이겨야 한다. 죽는 한이 있더라도 이기겠다는 각오로 매 순간 당신이 가진 모든 것을 쏟아 부을 수 있다면 당신은 당신 자신과도 구별 지을 수 있다.

1라운드의 4분 49초 동안 이기더라도 마지막 남은 1초 동안 상대가 방어에 성공하고 벨이 울린다면 그 1초가 당신에게서 달아난 사실에 분개해야 한다.

그것은 단지 1라운드에서 이기는 문제가 아니다. 단순히 시합에서 이기는 문제가 아니다. 삶의 매 순간에 이기는 문제인 것이다.

시합이 끝나는 아침에 나는 늘 데이나를 만나 함께 브런치를 먹는다. 내가 UFC 157 경기에서 승리한 후 처음으로 함께 식사하는 자리에서, 데이나는 리얼리티 TV 쇼인 '디 얼티밋 파이터(The Ultimate Fighter)'의 여성 버전에 내 다음 상대와 함께 코치로 출연해 달라는 제의를 했다. 통상 TUF라고 불리는 디 얼티밋 파이터는 신인 육성 프로그램으로, 투표가 아닌 경쟁을 통해 탈락자가 결정되는 방식이다. 시즌별로 UFC 출전을 희망하는 선수들이 현 UFC 선수의 코치를 받게 되고, 코치 두 명이 각각 한 팀을 맡는다. 매 에피소드에 두 명씩 서바이벌 경기를 치르는데 진 사람은 탈락자가 된다. 그리고 최후의 승자는 UFC와 계약을 맺는다.

데이나가 제안한 그 프로그램의 목적은 처음부터 실력 있는 선수들로 구성된 여자부를 완성하는 것과 전도 유망한 선수들을 UFC 팬들에게 알릴 기회를 주는 것이었다.

나와 카무치에 이어 미샤 테이트와 캣 진가노가 UFC와 계약을 맺었다. 미샤와 캣은 6주 후에 시합을 치를 예정이었다. 시합의 승자는 다음 시합에서 나와 맞붙게 된다. 그리고 미샤와 캣 중 승자가 되는 사람이 TUF에서 또 다른 코치 역할을 맡게 된다.

캣은 TKO 승을 거두었다. (TKO는 선수가 실제로 실신하지 않았지만 경기를 계속 진행하기 불가능할 정도로 심한 부상이나 충격을 입어서 실신할 가능성이 높아 보인다고 판단할 때에 심판이 시합을 중단하고 승패를 결정짓는 것이다.)

내가 MMA에 진출하는 첫 번째 계기를 만들어 준 매니는 그 쇼의 초창기에 결승전 출전자였다. 그 결승전은 내가 소파에 앉아 처음부터 끝까지 집중해서 본 최초의 MMA 경기였다. 그 당시 나는 보스턴에서 살았는데 너무 흥분되고 초조해서 소파에 가만히 있질 못하고 불안하게 서성였던 기억이 난다. 비록 매니는 네이트 디아즈에게 졌지만 데이나가 매니의 기량을 높게 사서 매니에게도 UFC와 계약할 기회를 주었다. 나는 TUF가 선수의 커리어에 얼마나 큰 영향을 미칠 수 있는지를 보았고, 이 쇼가 여자부 발전의 촉매제가 될 수 있다는 점을 알았다.

나는 단지 내 이름을 알리는 것만으로 만족하지 않고 UFC 여자부 발전에 기여하고 싶었다. 내가 이 스포츠계를 떠난 후에도 계속 승승장구할 여자부를 만들고 싶었다.

나는 그 목표를 염두에 두고 에드먼드와 매니, 마리나 등을 어시스턴트 코치로 기용했다. 그리고 2013년 7월, 우리는 6주 동안 그 쇼를 촬영하기 위해 라스베이거스로 향했다. 출연료는 많지 않았다. 6주에 걸쳐 열세 편의 에피소드를 촬영하는 대가로 제시된 금액은 1,500달러였다. 나는 한 가지가 궁금했다. 내가 TUF에 출연하는 다른 남자 선수들과 같은 출연료를 받는가하는 것이었다. 그 부분을 확실히 하고 싶었다. 만약 그들보다 더 적게 받는다면 이를 문제 삼을 생각이었다. 그러나 같은 출연료를 받는 것이면 문제될 일은 없었다. 나는 남성이든 여성이든 동등한 대우를 받아야 한다고 생각했다.

촬영이 시작되기 3일 전, 나도 모르는 사이에 내 대리인은 합의된 출연료가 낮다는 결론을 내렸다. 그리고 UFC에 전화해서 이렇게 말했다. "회당 2만 달러의 출연료를 지불하지 않으면 론다는 출연하지 않을 겁니다."

데이나 화이트는 이런 종류의 게임을 좋아하지 않았다.

나는 아침부터 라스베이거스에서 한 달 반을 보내기 위한 준비로 바빴다. 데이나 화이트에게서 전화가 왔을 때, 나는 베니스 비치에서 최근에 빌린 집 차고로 UFC에서 선물해 준 신형 블랙 BMW X6 M을 몰고 있었다. ("우리 챔피언이 낡은 혼다를 몰고 다니는 건 용납할 수 없어요." 데이나는 그렇게 말했다.)

"헤이, 데이나, 무슨 일——"

"뭡니까?" 데이나가 소리쳤다. "뭡니까?"는 그가 화가 났을 때 대화를 시작하는 방식이었다. "뭐, 일주일에 2만 달러? 당신 제정신이야? 아무래도 제정신이 아닌 것 같군."

그가 무슨 말을 하는지 이해하려고 했다. 하지만 뭐가 뭔지 알 수가 없었다. 나는 당황스러웠다.

"당신 변호사가 전화했어. 일주일에 2만 달러를 주지 않으면 당신이 출연하지 않겠다는군!" 데이나가 신경질적으로 웃었다.

"워, 워, 워, 잠깐만요."

데이나는 화가 나서 내 말을 들으려고 하지 않았다.

"촬영이 3일 후라고. 당신 알아?"

"제가 변호사한테 했던 말은——" 이내 데이나가 내 말을 잘랐다.

"일주일에 2만 달러 받는 사람 있으면 어디 나와 보라고 해요."

"전 다만——" 내가 다시 끼어들려고 했다.

"일주일에 2만 달러를 주느니 그 망할 쇼에서 당신을 자르겠어. 일주일에 2만 달러라니 당장 자를 거야!"

"안 받고도 할 수 있어요. 다만 제가 궁금한 건 남자들도 같은 출연료를 받느냐는 거였어요. 제가 알고 싶은 건 그것뿐이에요."

"그런 걸 묻고 싶었다면 나하고 직접 얘기했어야지." 데이나가 말했다. "그런 얼간이를 상대하게 하다니."

"데이나, 죄송해요." 내가 사과했다.

"이게 뭡니까." 그는 여전히 화가 나 있었다.

"제가 다 설명 드릴게요. 제발 쇼에서 자르지 마세요."

"내가 뭘 할진 나도 몰라요." 데이나는 그렇게 말하고 전화를 끊었다.

배가 뒤틀렸다. 나는 불확실성을 좋아하지 않았다. 그것은 나를 불안하게 했다. 이내 불안은 분노로 바뀌었다. 어째서 내 변호사는 데이나에게 전화해서 내 허락도 없이 터무니없는 거액을 요구했을까? 도대체 이게 뭐냐고.

돈은 내 우선순위 밖에 있었다. 내가 누구보다 더 열심히 하고 더 잘한다면 자연스럽게 따라와 줄 것이라고 믿었기 때문이다.

데이나와의 대화에 좌절감을 느낀 나는 다린에게 전화했다. 다린은 내가 더 많은 돈을 벌 자격이 있으며 리얼리티 TV에 나오는 다른 스타들은 그것보다 더 많이 번다고 내게 말했다. 나는 그에게 상관없다고, 내가 리얼리티 TV 스타는 아니라고 대답했다.

그가 말하는 동안 나는 익숙한 배신감 같은 것을 느꼈다. 넉 달 전에, 그러니까 다린과 계약을 맺은 지 불과 이틀이 지났을 때 라스베이거스에 있는 한 식당에서 스트라이크포스 CEO 스캇 코커가 다린에게 나와 데이나에 관한 소문이 사실이냐고 물었다는 걸 나는 알았다. 다린은 웃으며 말했다. "이 세상에는 별의별 일이 다 있죠." 내 매니저가 그런 거짓 소문에 휩싸인 나를 보호해주기는커녕 웃음거리로 만든 사실이 토할 것 같았다. 내가 다린에게 그 이야기를 꺼냈을 때 그는 전후 맥락을 이해하지 못해서 생긴 오해라고 응수했다. 그는 날 방어하려고 했으며 내가 그의 의도를 잘못 이해한 것이라고 주장했다. '모든 게 정리되면 일이 어떻게 된 건지 말해 줄게.' 그는 나에게 그런 내용의 문자를 보냈다. 내가 느끼기에 그는 정당성 없는 말을 정당화하는 것 같았다. 우리는 그 점에 대해 다시 이야기하지 않았고, 그때부터 다린과 나의 관계는 예전 같지 않았다.

3일 후, 나는 모찌를 로스앤젤레스에 사는 친구에게 맡기고 그 쇼를 촬영하기 위해 라스베이거스로 향했다. 데이나와는 그날 이후 아직 얘기를 나누지 못했다.

내가 체육관에 도착했을 때 촬영진 중 한 사람이 말했다. "체육관 안을 여기저기 걸으세요. 주변을 둘러보는 장면을 찍을 거예요."

나는 체육관 안으로 걸어가 주변을 둘러보았다. 그 거대한 공간에는 MMA 선수가 훈련하기 위해 필요한 모든 것이 갖춰져 있었다. 방 한 가운데에는 실물 크기의 옥타곤이 놓여 있었다.

벽면에는 거대한 사진 두 장이 붙어 있었는데 나와 캣의 사진이었다. 그때 문이 열렸고 나는 캣이 걸어 들어올 줄 알았다. 그런데 미샤 테이트였다. 그녀는 미소 짓고 있었다. 나는 당황스러웠지만 웃어야 했다.

'캣이 어시스턴트 코치로 미샤를 데려왔어.' 나는 생각했다. '나랑 앙숙인 걸 알고 일부러. 어디 해보자는 거군.'

"이런 상황을 만들 줄 알았어." 내가 무심코 말했다.

나는 미샤를 좋아하지 않았지만, 시합의 흥행을 위해 나와 경쟁 관계가 되어 준 것에 대해 고마움을 느끼고 있었다. "다시 만나서 반가워."

"나도 반가워." 그녀가 말했다.

물리적인 거리상 우리가 가장 가까웠던 마지막 순간은 심판이 내 팔을 들어 승리를 선언했을 때였다.

"여기서 뭐해?" 내가 물었다.

"코치하러 왔어." 미샤가 대답했다.

"코치?" 내가 물었다.

"네가 여기서 하려는 것."

혼란스러웠다.

"캣을 도와서?" 내가 물었다.

"자세한 건 데이나가 설명하겠지만……" 미샤가 말을 흐리며 능청스럽게 웃었다.

마치 체육관 천장에서 조명 하나가 내 머리에 떨어진 것처럼 순식간에 무언가가 이해되었다. 데이나는 나에게 본보기로 벌을 주고 있었다. UFC 운영에 문제를 제기할 때 어떤 일이 일어나는지를 나에게 보여 주려는 것이었다. 그래서 나대신 내가 가장 싫어하는 선수를 코치 자리에 앉힌 것이었다.

암담했다. 내 코치팀이 이 쇼를 위해 들인 노력과 나를 위해 감수한 희생을 생각했다. 이 사실을 어떻게 말하지? 데이나는 어디 있어? 이런 식으로 날 배신하다니. 나는 분노를 느꼈다. 큰 상처를 입었다. 더 이상 감정을 숨길 수 없었다.

이들이 나를 낭떠러지로 밀어내고 있었다. 미샤 테이트는 내 얼굴에 펀치를 가할 수 있고, 내 실력을 비하할 수 있고, 내가 달성한 모든 것을 무시할 수 있었다. 그래도 나는 당황하지 않을 것이다. 하지만 나를 보고 히죽 웃으며 내 분노를 즐기는 모습은 나를 폭발하게 만들었다. 단순히 싫어하는 정도가 아니라 살면서 누굴 이렇게 혐오한 적이 없을 정도로 혐오스러웠다. 처음에는 홍보를 염두에 둔 경쟁 관계로 시작했지만, 정말로 그녀에게 적대감을 품게 되었다.

옥타곤 안에서 싸우는 것은 별개의 문제다. 그것은 비즈니스이기 때문이다. 그러나 옥타곤 밖에서 누구의 불행을 보며 기뻐하는 것은 전혀 다른 문제다. 내가 괴로워하는 모습을 보며 기뻐하고 만족하는 것은 정말이지 너무 심하지 않은가. 나는 케이지 안에서 나와 맞서는 어느 누구도 좋아하지 않는다. 그러나 그 상대가 무대 밖에서 완전히 난처한 상황에 처해 있을 때 나는 그녀를 보며 웃지 않을 것이다. 대신 이렇게 말할 것이다. "헤이, 진정해. 열을 좀 식혀 봐."

그것이 나와 미샤 테이트의 차이다.

나는 미샤가 들어왔던 문을 밀고 나갔다.

"데이나 어딨어요?" 나는 복도에 있는 모두에게 묻기 시작했다. 아무도 대답하지 않았다. 나의 당혹감을 미끼로 흥미를 끌 기회를 망치고 싶지 않았을 것이다. 나는 라커룸으로 걸어갔다.

데이나가 도착했을 때 나는 벌컥 화를 내고 있었다.

"내가 설명할게요." 그가 말했다.

며칠 전 캣 진가노가 무릎 부상을 입었다. 큰 수술을 받아야 해서 몇 달 동안 활동할 수 없는 상황이 되었다. 우리가 촬영을 시작하기로 한 그날 아침 캣은 수술실에 있었다. UFC는 미샤에게 전화했다. 미샤와 내가 각각 한 팀을 코치할 것이고, 시즌이 끝날 때 결승전을 치르게 될 것이다.

모두 오해예요. 데이나가 말했다.

나는 이 모든 장면을 촬영하고 있던 촬영진에게 고개를 돌렸다. 카메라맨이 미소 짓고 있었다.

'오해가 아니야. 이건 매복 습격이야.' 나는 생각했다.

나는 이 쇼가 UFC와 연계되어 있기 때문에 프로듀서들도 선수들을 존중해 줄 것이라고 순진하게 믿었다. UFC는 그 쇼에 돈을 댈 뿐이었고, 제작사 필그림은 여느 리얼리티 TV 쇼의 색깔을 이 쇼에 덧입히려고 했다. 그들은 목숨 바쳐 싸우는 세계 최고의 엘리트 선수로 나를 대우하지 않았다.

첫날부터 상황은 매끄럽지 않았다. 더구나 앞으로 더 나빠질 것이다.

우리는 정형화된 방식으로 팀 구성원들을 뽑았다. 이번 시즌에 팀당 네 명의 여자 선수와 네 명의 남자 선수가 선발되고, 시즌 끝에 치러지는 결승전에서 승리한 선수 두 명, 즉, 남자 선수 한 명과 여자 선수 한 명이 UFC와 계약하게 된다.

나는 다음 선수들을 선발했다. 셰이나 베이즐러, 제서민 듀크, 페기 모건, 제시카 라코지, 크리스 빌, 데이비 그랜트, 앤서니 구티에레즈, 마이클 우튼. 미샤는 다음 선수들을 선발했다. 줄리아나 페냐, 사라 모라스, 라켈 페닝턴, 록산느 모다페리, 코디 볼린저, 크리스 홀스워스, 조쉬 힐, 팀 고먼(은 부상을 입어서 루이스 피세트로 교체되었다.).

동전 던지기로 나는 첫 번째 매치업 선수들을 고르기로 되어 있었다. 나는 미샤팀의 줄리아나를 상대로 셰이나를 내세웠다. 셰이나는 가장 경험이 많은 MMA 여자 선수들 중 한 명이었고 비록 빛을 보지는 못했지만 MMA 개척자라고 할 만한 선수였다. 셰이나가 질 리 없었다.

그러나 셰이나는 2라운드에서 줄리아나에게 등을 내주고 네이크드 초크에 걸리는 바람에 지고 말았다. 셰이나는 이번 라운드에서 질 거라고 생각하는 것 같았다. 그 순간 뭘 해야 할지에 대해 집중하고 있는 것이 아니라 다음 라운드에서 뭘 할지에 대해 집중하고 있는 것처럼 보였다. 결국, 제압당한 것이다.

그 패배는 셰이나와 우리 팀원 모두에게 엄청난 충격이었다. 나는 그로 인해 우리 팀의 사기가 떨어질까 봐 걱정이 되었다. 임시 아파트로 돌아가는 길에 그 시합에 대해 생각했다. 그날 저녁에도 생각했다. 다음 날 아침 체육관에 가는 길에도 생각했다. 미샤가—그녀의 친구라고 했던—셰이나의 꿈이 산산조각 났는데도 얼마나 기뻐할지에 대해 생각했다. 코치로서 나는 우리 팀의 사기를 높여야 했다.

그들에게 해줄 수 있는 말이 무엇인지를 생각했을 때, 엄마가 나에게 했던 말이 떠올랐다. "시합하는 동안 금메달을 움켜쥘 수 있는 순간은 늘 있어. 그것을 실제로 움켜쥘 수 있는 사람은 매 순간 집중해서 싸우는 사람이야."

엄마의 말이 내 머릿속에서 메아리쳤다. 나는 팀원들을 불렀다.

"시합을 하다 보면 고전을 면치 못할 때가 있어요." 나는 말을 시작했다. "선두를 지키는 사람들의 비결은 별다른 게 아니에요. 시합에서 유리할 때는 실력을 십분 발휘하기 쉬워요. 하지만 엄청나게 불리한 상황에서나 육체적으로 엄청난 고통을 겪는 상황에서 시합에 집중할 수 있는 선수가 진짜 실력자예요."

"……매 순간 집중해서 싸우는 것이 중요해요." 내가 말을 마쳤을 무렵 모두의 얼굴에서 결연함이 엿보였다. 그들의 두 눈에서 강인한 승부욕이 불타올랐다. 우리는 그 즉시 훈련에 들어갔다. 모두가 놀라운 집중력을 발휘했다. 팀의 사기가 높아졌을 뿐 아니라 다들 진지해 보였다. 아무도 농담을 하거나 웃지 않았다. 예전보다 두 배 더 열심히 훈련에 매진했다.

나는 그들에게 들려주고 싶은 말을 열심히 생각했다. 그들은 내 말에 크게 호응해주었다. 몇몇은 마음에 드는 문구를 문신으로 새기기도 했다. 만약 시청자들이 그 문구를 보았다면 기겁했을 것이다. 그래서 화면에는 부옇게 처리되었다.

다음 대진은 미샤가 정했다. 그녀는 크리스 홀스워스를 상대로 우리 팀에서 크리스 빌을 골랐다. 크리스 빌의 손은 첫 시합 때 부러졌다. 미샤는 그의 부상을 이용하길 원했다고 공개적으로 인정했다.

그리고 시합 직전에 문제가 터졌다. 크리스 빌이 라커룸에서 몸을 풀고 있을 때 데이나가 나타났다. 그는 잔뜩 화가 나 있었다. 왜냐하면 한 시합 프로모터에게서 전화를 받았는데 크리스가 자신과 아직 계약 중에 있다는 것이었다. 크리스는 아직 케이지에 있지 않았는데도 자신을 방어해야 하는 상황에 놓이게 되었다.

우리가 촬영할 당시에 우리를 제외한 아무도 쇼에 누가 출연하는지 알지 못했다. 크리스가 쇼에 출연한다는 사실을 어떻게 알았을까? 크리스가 자기 인생에서 가장 큰 시합을 치르는 바로 그 순간에 전화가 올 확률은 얼마나 될까? 이런 일로 누가 가장 큰 이익을 보게 될까? 모든 요소가 맞물려 내 팀원에게 가장 부정적으로 작용할 확률은 얼마나 될까? 통계학자인 엄마는 늘 말한다. "정말 말 같지도 않은 일들이 연달아 일어난다면 그건 우연의 일치가 아닐지도 몰라."

촬영한 지 몇 주가 지나지 않아 프로듀서들은 격투기보다 여자들끼리의 싸움에 더 흥미를 느끼는 것이 분명해 보였다. 미샤는 내 옆을 지나갈 때마다 나를 조롱하거나 나에게 키스를 날렸다. 내 코치들에 대해 비난하는 말을 일삼았고 유치한 장난을 했다. 프로듀서들에게는 좋은 먹잇감이었다.

"밖으로 끌고 가서 엉덩이를 걷어차." 언젠가 엄마는 내게 말했다.

상황은 점점 더 통제 불능으로 치달았고, 모두가 그 점을 알았다. 데이나는 나와 미샤를 불러서 서로 자중할 것을 요구했다. 그러나 미샤는 계속해서 나에게 키스를 날렸고 내 팀원들과 문제를 일으킬 기회를 노렸다. 특히 에드먼드를 공격했다. 에드먼드는 우리의 타격 코치로서 그 팀에 절대적으로 필요했다. 미샤와 그녀의 트롤 남자 친구가 고의로 에드먼드를 자극했다. 에드먼드를 쇼에서 퇴출시키려고 싸움을 부추겼다. 나는 문제가 커지는 사태를 피하려고 팀원들을 자제시켰지만 엿 먹으라는 손가락질을 계속했다.

아직 7월이었지만 12월 28일이 오기를 손꼽아 기다렸다. 그날이 오면 케이지 안에서 내 모든 힘을 쏟아 부어 미샤를 완패시킬 것이다. 그때까지 나 자신을 자제할 수 있기를 바랐다.

그 쇼에서 나의 유일한 목표는 유망한 선수들로 이뤄진 내 팀에 내가 할 수 있는 한 모든 도움과 조언을 주는 것이었다. 이 스포츠계에서 성공하는 것이 얼마나 힘든 일인지, 훈련하는 동안 생계를 유지하기 위해 얼마나 많은 일을 병행해야 하는지를 나는 잘 알았다. 이 프로그램을 통해 UFC에 출전하는 기회를 얻게 된다면 커리어에 큰 도움이 될 것이라는 사실도 알았다. 그들에게는 그 기회가 간절히 필요했다. 나는 그들에게 내가 줄 수 있는 모든 것을 주고 싶었다. 결과적으로 내가 "성질 더러운 년"으로 화면에 비쳐진다 해도 감수해야 할 일이었다.

나는 오래 전에 이렇게 결론 내렸다. 나는 내가 말하고 싶은 대로 말할 것이고, 사람들은 그들이 받아들이고 싶은 대로 받아들일 것이다. 나는 다른 사람들이 무슨 생각 하는지 신경 쓰며 한 순간도 낭비하지 않을 것이다.

# 두려워하지 말고
# 당신 자신을 당황시켜라

"나에게 일어날 수 있는 최악의 상황은 무엇일까? 최악의 결과는 무엇일까?" 내가 시합할 때 일어날 수 있는 최악의 상황은 내가 죽거나 영원히 불구가 되는 일일 것이다. 경기장 밖에서라면, 일어날 수 있는 최악의 상황은 내가 일을 엉망으로 만들거나 얼간이처럼 구는 것이다. 죽는 것에 비하면 그 강도는 훨씬 낮다. 시합은 그야말로 모든 것을 내거는 싸움이고 오히려 나를 두려움에서부터 멀리 떼어놓는다.

나는 내가 언제까지 계속 MMA 선수로 남을 것이라고 생각하지 않는다. 그리고 나는 내 예상보다 더 빨리 내 목표를 달성하고 있었다. 이제 내 미래를 생각할 때였다. 나는 지금의 성공을 발판 삼아 한 단계 더 도약하고 싶었다. 지나 카라노가 MMA 선수 생활을 하다 영화계에 몸담기 시작한 것처럼 말이다. 불가능한 도전 같았지만, 나는 두렵지 않았다. 그 전에 먼저 에드먼드와 상의하고 싶었다.

어느 날 아침 GFC에서 훈련을 하다 잠깐 쉬는 동안 링 가장자리에서 에드먼드 옆에 앉았다. 그때 나는 에드먼드에게 내가 할리우드 스타가 될 수 있다고 생각하는 한 에이전트와 최근에 만난 적이 있다고 말했다. 그리고 내가 영화에 출연하는 것에 대해 어떻게 생각하는지를 물었다. 이제 에드먼드가 어떤 대답을 할지 어느 정도 예측이 가능했지만 이번에는 아니었다.

트레이너의 유일한 목적은 선수가 시합에서 이길 만반의 준비를 갖추도록 하는 것이다. 코치들은 "집중력을 방해하는" 것들을 환영하지 않는다. 에드먼드는 잠시 침묵하며 내가 했던 말의 의미를 생각했다.

"정말 하고 싶어서야? 연기에 대한 열정이 있다거나, 그런 거야?" 에드먼드가 물었다. "아니면 영화에 출연해서 더 유명해지고 싶은 거야?"

"연기가 정말 하고 싶고, 또 정말 잘하고 싶어. 난 배우가 되고 싶어."

에드먼드는 다시 말을 멈추었다.

"수박을 한꺼번에 두 개나 들 순 없어." 그가 말했다. 그러고는 나에게 보여주려는 듯 두 손을 내밀었다. "그건 어려워."

나는 그 비유에 미소 짓지 않을 수 없었다. 아르메니아 사람들은 수박을 아주 좋아하기 때문이다.

"하지만 네 일은 나보다 네가 더 잘 알 거야." 그가 말을 계속했다. "다른 코치들은 '안 돼. 시합에 집중해.' 라고 말할 거야. 하지만 정말 영화에 대해 진지하게 생각하고 있고 둘 다 병행할 수 있다면 둘 다 해. 하지만 이건 기억해. 네가 영화에 출연할 수 있는 건 다 시합 때문이라는 걸."

에드먼드는 내가 알고 있는 사실을 큰소리로 말했다. 내가 UFC 챔피언이 아니었더라도 할리우드가 나에게 관심을 보였을 것이라는 망상을 나는 품지 않았다. 만약 내가 시합에서 졌다면, 나는 금발의 배우 지망생들로 가득한 도시에서 또 다른 금발의 배우 지망생에 불과했을 것이다.

"한 가지만 말할게." 에드먼드가 말했다. "여긴 체육관이야. 여기서 영화 얘기는 안 했으면 좋겠어. 트레이닝 캠프에 들어가면 오로지 시합에만 집중해야 해. 밖에서는 하고 싶은 대로 해. 하지만 여기서 우리가 해야 하는 것은 훈련뿐이야. 그럼, 이제 일어나 볼까."

나는 벌떡 일어났다. 그리고 그 무엇보다 시합에 가장 큰 열의를 가지고 있다는 점을 입증해 보이고자 했다.

나는 TUF에 출연하기 전부터 배우의 커리어를 쌓기 위한 준비를 시작했었다. 윌리엄 모리스 인데버(William Morris Endeavor) 에이전시의 엔터테인먼트 에이전트 브래드 슬레이터와 계약했고 프로듀서들과 스튜디오 간부들, 캐스팅 디렉터들과 몇 번 만

남을 가졌다. 연기 코치도 두었다. 「허큘리스」의 아탈란타 역으로 내가 물망에 올랐다는 좋은 소식도 들렸다. 나는 그 역을 따기 위해 열심히 물밑 작업을 했지만 결국 캐스팅되지 않았을 때는 실망이 컸다. 그 상실감이 나를 계속 괴롭혔다. TUF에서 힘든 시간을 보낼 때 나는 생각했다. '젠장, 「허큘리스」 찍고 싶다.'

그때 브래드가 나에게 전화해서 실베스터 스탤론이 나를 만나고 싶어 한다고 말했다. 나는 할리우드에서 무명이었고 그는 록키와 람보이며 「익스펜더블」의 바니였다.

나는 스탤론, 그의 제작 파트너 케빈 킹과 함께 점심을 먹으러 갔다. 그들은 「익스펜더블 3」를 제작할 예정인데 나에게 배역을 맡기고 싶다고 했다.

나는 흥분이 되었다. 스탤론은 나에게 연기에 대해 어떻게 생각하는지를 물었고, 나는 연기를 더 잘하려고 열심히 노력하고 있다고 말했다.

"배우는 훌륭한 거짓말쟁이가 돼야 한다고 늘 생각했어요." 내가 말을 계속했다. "하지만 거짓말쟁이가 된다기보다 저를 어떤 상황에 놓고 그 상황에서 가장 적절한 것을 할 때 좋은 연기가 나오지 않을까 해요."

"가장 훌륭한 배우가 대스타가 되는 건 아니에요." 스탤론이 말했다. "훌륭한 배우는 어떤 상황에 놓인 어떤 인물이든 연기할 수 있지만, 평론가들의 찬사를 받는다고 해서 대중이 열광해 주진 않아요. 대중은 알 파치노 같은 스타에게 열광하죠. 스타는 어떤 역을 맡든 본연의 아우라가 있죠. 알 파치노는 다른 사람을 연기하지 않아요. 경찰일 때도 알 파치노고 변호사일 때도 알 파치노고 갱스터일 때도 알 파치노고 맹인 퇴역 장교일 때도 알 파치노예요. 그는 늘 자기 자신을 연기하죠. 대중은 캐릭터와 사랑에 빠져요. 스타가 되기 위해선 캐릭터가 필요해요. 대중을 열광하게 만드는 것이죠. 중요한 건 그거예요. 긴장을 풀고 당신 자신이 되는 거예요. 어떤 역을 맡든 당신 자신이 돼야 해요."

"곧 다시 만납시다." 스탤론은 점심 식사를 끝낸 후 이렇게 말했다.

라스베이거스에서 TUF 촬영을 마치고 돌아왔을 때 내 기분은 거기에 있었을 때보다 더 우울했다. TUF가 방영되면 내가 성격 파탄자로 비쳐질 것이 분명했기 때문이다. 고삐를 당겨야 했다. 그 쇼가 방영될 무렵 어떤 역이든 따내서 촬영에 들어갈 필요가 있었다. 그렇지 않으면 할리우드가 나를 영영 원하지 않을지도 몰랐다.

그때 스탤론이 두 번째 만남을 원했다. 이번에는 우리 둘 만이었다. 나는 그를 그의 사무실 맞은편에 있는 작은 식당이자 피자 가게인 '로니즈 다이너'에서 만났다. 어두운 색의 나무 테이블들이 있고 벽면에는 유명 인사들의 흑백 사진들이 붙어 있었다. 격식을 차리지 않은 만남이었지만 이번에는 좀 더 사무적인 느낌이 났다. 스탤론이 나에게 그 배역에 내가 적격이라고 생각하는 이유를 이야기하기 시작했는데, 이런 일을 오랫동안 해온 것처럼 능숙해 보였다. 나도 이런 일에 익숙한 것처럼 행동했다. 세일즈맨의 자세로 내가 왜 그 배역에 적격인지를 이야기했다. 그것은 강한 여성 캐릭터이고 싸우는 장면도 있었다. 무엇보다 나는 그의 작품을 대단히 좋아했다. 우리는 서로의 생각에 동의했고, 대화는 좋은 방향으로 흘러갔다. 자리에서 일어났을 때 스탤론은 내 차가 주차된 곳까지 함께 걸어가 주었다.

"징크스 깰 수 있겠어요?" 그가 나에게 물었다. 운동 선수가 연기를 하면 경력에 치명타를 입는다는 징크스를 말하고 있었다.

"네, 물론이에요. 약속해요. 후회 없는 결정이 되도록 해드릴게요." 데이나가 나에게 UFC 영입 제안을 했을 때 내가 했던 말을 떠올리며 나는 말했다.

"좋아요. 그럼, 같이 합시다." 스탤론은 그렇게 말하며 나와 악수를 했다.

나는 환하게 미소 지었다. 나는 그를 껴안고 싶었다. 행복의 춤을 추고 싶었다. 하지만 그런 충동을 자제하며 내가 얼마나 그 역을 간절히 원했는지를 깨닫는 것으로 만족했다.

다음 주에 다시 그 식당에서 스탤론을 만났다. 그는 막 식사를 끝내고 있었다. 우리는 그의 사무실로 함께 걸어갔다. 날은 더웠고 나는 티셔츠 드레스를 입고 있었다.

"팔 사이즈가 대단한데요." 그가 말했다.

나는 잠시 긴장했다. 그 말은 고등학교 때 나를 늘 기죽이던 말이었기 때문이다. 그러나 나는 더 이상 고등학생이 아니었다. 나는 그 점을 상기했다. 나를 놀린 사람들은 모두 얼간이들이라는 걸 깨달은 지금 나는 내가 얼마나 멋진 사람인지를 알고 있었다.

스탤론은 여전히 나의 이두박근을 보고 있었다.

"와우, 멋져요." 그는 감탄했다.

사무실에서 우리는 대본을 읽었다. 스탤론은 대본에 몇 번 수정을 가할 것이기 때문에 아직 완성된 대본이 아니라고 했다. 우리는 대본을 읽은 후에 연기에 대한 이야기를 나누었다.

"첫 테이크(카메라를 중단하지 않고 한 번에 찍는 장면 – 옮긴이)에서 과감하게 힘을 줘요." 그가 말했다. "그래야 우스꽝스러운 느낌이 안 나요. 점점 힘을 빼는 게 반대보다 더 쉽거든요."

"연기는 놀이에요." 그가 덧붙였다. "즐기면 되는 거예요. 그런데 다들 너무 진지하게 생각하죠. 두려워하지 말고 당신 자신을 당황시켜 보세요."

나는 8월 초에 촬영을 시작하기 위해 불가리아로 날아갔다. 의상 담당자가 나에게 내가 입을 옷들을 보여 주었다. 그런데 전에 내가 봤던 옷들과 조금 달라 보였다.

"네, 맞아요." 그 의상 담당자가 말했다. "스탤론이 당신 팔이 너무 멋져서 팔을 부각시킬 수 있게 소매를 자르라고 했어요."

나는 두 뺨이 붉어지는 것을 느꼈다. 하지만 당혹감은 아니었다. 그 반응은 자부심에서 비롯된 것이었다.

# 성공은
# 가장 좋은 복수다

나쁜 일이 일어날 때 처음에는 화가 나지만 그 다음에는 강한 결의를 다지게 된다.

살면서 가장 큰 불행을 만날 때가 있다. 직장에서 해고를 당하거나 사랑하던 사람이 바람을 피웠거나 심한 재정적 손해를 보았을 때 우리는 수치심과 분노, 상실감 등을 느낄 수 있다. 한 단계 더 나아가 우리는 거기서 어떤 교훈을 얻을 수 있고 모험을 감행할 수 있고 진로를 바꿀 수 있다. 아무도 우리를 그런 상황에 다시 빠트리지 않도록 크게 성공할 수 있다.

엄마의 오랜 유도 코치는 직설적으로 이런 말을 했다. '이기는 사람은 은메달리스트고 복수하는 사람은 금메달리스트다.'

앙심은 올바르게 활용된다면 강력한 자극제가 될 수 있다.

나는 불가리아에서 『익스펜더블 3』을 촬영하며 8주를 보냈다. 세트장에서 펀치를 날리고 대본에 적힌 대로 막말을 해대고 계단을 뛰어 오르고 공포탄으로 채워진 총을 쐈다. 그리고 해리슨 포드에게 완전히 반했다. 그를 세트장에서 보았을 때 나는 입을 다물 수 없었다. "오, 맙소사. 한 솔로야. 침착하자. 침착하자." 하지만 나는 침착해지지 못했다.

전문 복서 빅터 오티스도 이 영화에 출연 중이었고, 그의 코치는 소피아에서 우리가 훈련할 만한 체육관을 하나 찾았다. 그런데 왠지 마피아가 자금 세탁 용도로 운영하는 곳이 아닌가 하는 의심이 들었다. 왜냐하면 최신식 장비가 갖춰진 최신식 체육관이었지만 사람이 거의 없었기 때문이다.

레슬링은 불가리아에서 인기 있는 스포츠라 격투 훈련 상대를 어렵지 않게 몇 명구할 수 있었지만 내가 에드먼드와 하던 수준의 훈련을 기대할 수는 없었다. 어느 날주연인 제이슨 스타뎀이 내가 훈련하는 모습을 보러 와도 되는지 물었다. 나는 헤비백을 치는 것부터 시작했지만, 훈련하기 전에 내 손에 붕대를 감아 주고 내가 실수할때 지적해 주는 에드먼드가 없어서 우울했다.

그렇지만 스타뎀이 와 줘서 기뻤다. 내가 백을 치는 동안 그와 대화하는 것만으로도 나 자신이 멋지게 느껴졌고, GFC에서 훈련하는 것 같은 익숙한 편안함을 느꼈다. 그렇게 에드먼드도 그렇게 옆에 서서 내가 백을 치는 모습을 지켜보았다.

그때 나와 함께 훈련하던 불가리아인 레슬러들 몇 명이 체육관에 왔다.

"론다, 한판 붙을까?" 그들 중 한 명이 나에게 말했다. 내가 스타뎀 앞에서 거친 승부사처럼 보일 기회였다. 나는 스타뎀을 보며 윙크했다.

나는 그 레슬러와 함께 바닥을 쓸었다. 일본 무술과 재주넘기, 곡예 등 내가 생각할수 있는 모든 동작을 과시하듯 부렸고, 내 상대는 내 공격에 멋지게 응수했다. 스타뎀은 감탄스러워했다.

"진짜 통쾌한데요. 이렇게 기막힌 액션은 처음 봐요." 그가 말했다.

나는 에드먼드가 그리웠다. 실은 에드먼드도 불가리아에 와서 나와 함께 훈련하기로 되어 있었다. 그런데 아르메니아의 전설적인 복서이고 세계 프로 복싱 3대 기구 통합 챔피언인 빅 다치니안이 에드먼드에게 다가오는 시합을 위해 훈련을 도와 달라고부탁했다. 그 캠프가 시작되는 날은 촬영 날과 정확히 일치했다.

나는 그에게 매일 전화했다.

"훈련했어?" 그가 물었다.

"응." 나는 그에게 내가 했던 훈련을 죽 나열했다.

나는 레슬링, 격투, 계단 오르기, 산 오르기, 일립티컬 머신 타기, 수영하기, 섀도우 박스(가상의 상대를 만들어 놓고 혼자서 하는 권투 연습 – 옮긴이)를 했지만, 체육관에서 했을 때처럼은 하지 못했다. 대부분의 시간을 혼자서 훈련해야 했기 때문이다. 게다가 하루에 세트장에서 보내는 시간이 거의 열여섯 시간이었고, 내 일정은 날마다 달랐다.

경사진 지붕을 달려 헬리콥터에 타야 하는 장면을 새벽 다섯 시에 촬영하기로 되어 있었다. 나는 촬영장에 도착하기 전에 훈련을 하고 싶어서 새벽 네 시에 깼다. 호텔 체육관은 새벽 여덟 시에 열리기 때문에 호텔 계단을 달리는 방법밖에 없었다. 층계는 열한 개였고, 나는 여덟 번을 오르내렸다. 그리고 얼른 방으로 돌아가 샤워를 했다. 그런 다음 나는 길이가 약 46m에 45°로 기울어진 지붕 위를 전력 질주해야 했고 아마도 서른 번을 달렸던 것 같다. 촬영을 마쳤을 때는 오후였다. 나는 차에 타서 내 운전기사 알렉스에게 체육관으로 운전해 달라고 말했다. 거기서 몇 명의 남자들과 레슬링을 하기로 되어 있었다.

나는 불가리아에 있는 동안 단 한 순간도 미샤 테이트를 잊은 적이 없었다.

「익스펜더블 3」 촬영을 마친 후 나는 애틀랜타로 날아가 열흘 동안 「분노의 질주: 더 세븐」의 한 장면을 촬영했다. 그리고 바로 로스앤젤레스로 돌아왔다. 미샤와의 시합이 있기 47일 전이었고, 나는 곧장 트레이닝 캠프에 들어갔다.

미샤와의 2차전을 준비하는 동안 내 훈련은 내가 어떤 상황에 처해도 능히 대처할 수 있는 방향으로 초점이 맞추어졌다. 케이지 안에서 미샤의 공격이나 반격에 맞서기 위한 준비라기보다는 오랜 공백기를 가진 후에 감정을 조절하고 시합의 감을 다시 잡을 수 있도록 준비하는 목적이 더 컸다.

에드먼드는 내가 내 분노를 하나의 수단으로 이용하도록 나를 몰아붙이는 데 선수였다. 훈련하는 동안 고의로 나를 무시하고 내 감정을 자극하는 말을 해서 내가 그 감정을 억눌러야 하는 상황에 놓이게 만들었다.

그는 내가 발차기하는 것을 허용하지 않는다. 발차기는 내가 싸우는 방식이 아니다. 하지만 나는 훈련 도중에 좌절감이나 분노를 느낄 때 종종 발차기를 한다.

"하지 마." 에드먼드가 어느 날 말했다. "네가 발차기하는 건 화가 났다는 뜻이겠지."

그의 말이 맞았다.

시합을 앞두고 에드먼드는 미치광이 스파링 파트너들을 투입해서 나에게 미친 훅과 천박한 펀치를 날리게 했다. 그리고 내 인내심을 테스트하려고 한 라운드의 시간을 길게 끌었다.

그는 내가 스파링하기 전에 고의로 내 감정을 상하게 하려고 무언가를 했다. 나를 무시하거나 나한테 딱딱거리면 나는 영문을 알 수가 없어서 화가 났다.

캠프에서 훈련하던 어느 날 나는 그에게 지금 미트를 잡아줄 수 있는지 물었다. 그가 날 위해 미트를 잡아주기까지 많은 시간이 걸렸지만, 여전히 그 요청은 쉽지 않았다. 마치 하나의 의식 절차 같았다.

"아니." 그가 나에게 말했다. "가서 샌드백 쳐."

내가 샌드백을 치는 동안 그가 뒤에서 다가와 내 어깨 너머를 보았다.

"왜 그렇게 하는 거야?" 그는 물었고, 금세 다른 곳으로 가 버렸다.

그날 그가 했던 말은 그것이 전부였다. 나는 당혹감과 분노 사이를 오가며 다음 몇 시간을 보냈다.

나는 나 자신에게 물었다. '뭐가 잘못이지? 뭐가 문제지? 내가 그렇게 형편없나? 형편없어진 이유를 듣고 싶은 건가?' 나는 이미 감정적이 되었다. 왜냐하면 나는 늘 캠프에 있을 때 감정적이 되기 때문이다. 나는 울기 시작했다. 훈련 내내 그는 나를 주시하고 있었다. 그때 나는 깨달았다. 내가 지금 그를 내 머릿속으로 들어오게 하고 있다는 것을. 그는 내 머릿속으로 들어오길 원했고 나를 감정적으로 만들길 원했다. 그 이유는 내가 시합에서 감정적이 되더라도 내가 나 자신을 통제할 수 있도록 하기 위해서였다.

그런데 캠프에서 통제되지 않는 일이 한 가지 있었다. UFC 157을 위한 캠프를 연 직후에 안 사실인데, 내 트레이닝 파트너들이 보수를 받지 못하고 있다는 것이었다.

그것은 심각한 문제였다. 스파링 파트너들이 보수를 받지 못한다면 어느 날 갑자기 훈련장에 나타나지 않을 수도 있기 때문이다. 그렇다면 내가 불가리아에서 그랬던 것처럼 훈련 상대 없이 혼자서 해야 하는 사태가 벌어질 것이다.

어느 날 오후, 에드먼드와 나는 링 가장자리에 앉아 있었다. 내가 손에서 붕대를 풀 때 그가 말했다. "론다, 매니저는 일을 깔끔하게 잘 처리하는 매니저가 좋은 매니저야."

에드먼드가 선을 넘지 않으려고 조심스럽게 말하고 있다는 사실을 나는 알았다. 그의 말이 옳았다.

"나도 알아." 나는 한숨을 쉬었다. "시합 끝나고 내가 얘기할게."

미샤와의 시합 날 나는 호텔 방 침대에 누워서 쉬고 있다가 객실에서 사람들이 언쟁을 벌이는 소리를 들었다. 나는 몸을 돌려 억지로 잠을 청해 보았지만 화가 났다. 시합 전에 이런 불상사가 일어나는 것을 나는 좋아하지 않았다. 시합이 끝나면 모든 문제를 정리할 생각이었다.

나는 불과 몇 시간 후에 있을 시합에 대해 생각했다. 미샤와의 첫 시합을 생각했다. TUF에 대해 생각했다. 호텔 객실에서 방금 일어난 일에 대해 생각했다.

누군가가 대가를 지불해야 할 것이다. 그리고 그 사람은 몇 시간 후 케이지 안에서 내 맞은편에 서 있을 것이다.

분노가 나를 위한 동기 부여제가 되고 있었다. 그러나 분노가 내 판단을 흐리게 할 정도로 나를 잠식하게 할 수는 없었다. 화가 날 때는 문제를 해결하거나 상황에 대처하려 할 때 현명한 답을 찾지 못할 것이다. 누군가와의 관계에서 화가 난다면 침착하게 조리 있는 말을 하지 못할 것이다. 화가 나더라도 그 화에 잠식당하지 않도록 해야 한다. 긴장을 풀고 침착해야 한다. 문제를 더 효과적으로 해결하기 위해 논리적으로 그리고 이성적으로 생각할 수 있어야 한다. 시합을 할 때도 마찬가지다.

# 박자를 따라가라

경기는 악보를 읽는 것처럼 박자를 따라가는 것이다. 시합에서 쉽게 지치는 이유는 체력이 나빠서라기보다 박자를 놓치기 때문이다. 아주 짧은 순간도 결코 무시할 수 없다. 그 짧은 순간들이 시합에서 차이를 만든다. 상대에게 여전히 압박을 가하는 동안 내 몸은 쉬고 있는 순간들이 있다. 그런데도 시합 내내 전력을 다할 수 있다.

예를 들어 내가 상대를 케이지로 밀어붙일 때 나는 내 근육을 사용하지 않는다. 내가 발을 앞으로 숙이고 내 어깨를 움직여서 내 모든 체중을 상대에게 가한다. 나는 내 근육이 쉬는 동안에도 중력을 이용해 상대를 압박한다.

언제 폭발하고 언제 쉬는지를 아는 것이 승리하기 위한 유일한 방법이다.

시간이 늘 모든 것을 치유하지는 않는다. 가끔은 화를 낼 더 많은 시간을 줄 뿐이다. 나는 TUF 촬영이 끝나는 날부터 거의 여섯 달을 시합이 시작되기만을 손꼽아 기다렸다. 나와 미샤의 2차전은 UFC 168의 공동 메인 이벤트였다.

미샤는 케이티 페리의 '아이 어브 더 타이거(Eye of the Tiger)'의 음악에 맞춰 경기장에 등장했다. 시합 날 밤이면 나는 호텔 방을 나서는 순간부터 내 '게임 페이스'를 유지하지만 그 음악을 들은 그날 밤은 내 눈을 굴릴 수밖에 없었다.

몇 분 후, 나는 조안 제트의 음악에 맞춰 부츠를 신은 두 발로 케이지를 향해 쿵쿵거리며 걸었다. 누군가를 이토록 무너뜨리고 싶은 적은 없었다. 누군가의 팔을 이토록 부러뜨리고 싶은 적은 없었다. 나는 케이지 안 내 맞은편에 있는 그녀를 노려보았다. 차갑고 계산된 분노 이외에 아무것도 느끼지 않았다.

"글러브 터치하고 시작합시다." 심판이 경기 전에 능숙하게 떠벌렸다.

나는 손을 들지 않고 뒤로 물러났다.

심판은 시작을 외쳤다. 나는 시합의 매 순간을 장악할 것이다. 단지 이기는 문제만이 아니었다. 나는 그녀에게 고통을 주고 싶었다. 내가 그녀보다 얼마나 우월한지를 보여주고 싶었다. 두 번 다시는 케이지 안에서 나와 맞설 생각을 하지 못하게 하고 싶었다. 나는 마지막 승부를 위해 돌진하지 않을 것이다. 시합의 매 순간 그녀를 인정사정없이 물고 뜯을 것이다.

우리는 케이지 한가운데에서 만나 타격을 주고받았다. 나는 모든 힘을 내 타격에 쏟아 부었다. 그녀의 타격은 계속 적중하지 못했다. 내가 그녀를 테이크 다운으로 끌어내렸지만 그녀가 다시 일어났다. 나는 그녀를 케이지로 밀어내며 무릎으로 그녀를 가격하기 시작했다. 나는 다른 벽면으로 다시 그녀를 거칠게 밀쳤다. 그녀는 나를 떼어내려고 했고, 그 와중에 나는 MMA 역사상 처음으로 발차기를 했다.

그녀도 나를 차려고 발을 들었지만 내가 그녀의 다리를 잡고 위로 당겨 그녀를 주저앉게 했다. 내가 그녀에게 파고들어 펀치를 가했고 그녀는 두 다리로 나를 막으려고 했다. 그녀가 두 다리로 내 얼굴을 조르려고 트라이앵글 초크를 시도하는 찰나에 내가 그녀를 들어 올려 몸을 틀며 바닥으로 끌어내렸다. 내 암바 공격에 저항하며 그녀가 팔을 풀려고 했을 때 내가 안면 펀치를 가하고 팔꿈치로 그녀의 머리를 밀쳤다. 그와 동시에 나는 내 두 다리로 트라이앵글 초크를 걸었고, 그녀는 내 조르기에서 풀려나려고 안간힘을 썼다.

미샤가 두 발을 바닥에 디디며 상체를 밀어 올렸다. 우리 둘은 다시 선 자세로 맞붙었다. 미샤의 코에서 피가 났다. 우리는 다시 케이지 한가운데에서 펀치를 주고받았다. 신물이 난 나는 그녀를 뒤로 메쳐 바닥에 떨어뜨렸다. 미샤가 몸을 일으키며 내 위로 올라타려고 했고, 나는 내 두 다리로 그녀를 밀쳐냈다. 그녀가 내 쪽으로 몸을 구부렸지만 내가 그녀를 다리로 조이면서 몸을 굴렸고 방향을 틀어서 상체를 든 다음 그녀의 얼굴에 펀치를 날렸다. 그녀가 몸을 일으켜 내 다리 사이로 파고들었을 때 나는 빠르게 공격을 전환해서 그녀를 내 엉덩이 위로 메쳤다. 나는 몇 초 동안 바닥에서 격투를 했고 다시 일어났다. 그녀가 나를 메치려고 다리를 걸었지만 나는 쉽게 방어했다. 나는 그녀를 케이지 벽으로 밀쳤다. 그때 딱딱딱딱, 1라운드 종료 10초 전임을 알리는 나무 클래퍼 소리가 났다. 내가 몇 번의 안면 펀치를 가했을 때 1라운드 종료를 알리는 경적 소리가 울렸다.

나는 1라운드에서 명백하게 이겼다. 내가 완전히 통제하지 않았던 순간은 단 한 순간도 없었다. 미샤는 피를 흘리며 그녀의 코너로 돌아갔다.

에드먼드가 스툴과 물병을 가지고 왔다. 나는 처음으로 내 스툴에 앉았다. 땀을 거의 흘리지 않았고 물은 한 모금 마셨다.

"잘하고 있어. 이렇게만 하면 돼." 에드먼드가 말했다.

나는 고개를 끄덕였다.

"아, 그리고 론다." 그가 케이지 밖으로 나가기 위해 스툴을 집으며 말했다. "발차기는 하지 마."

2라운드의 시작은 크고 새로운 경험이었다. 왜냐하면 지금껏 한 번도 MMA 시합에서 2라운드까지 간 적이 없었기 때문이다. 나는 케이지 맞은편에서 2라운드까지 간 것을 만족해하는 미샤를 보았다. 그녀의 얼굴에서 만족감이 새어 나오고 있었다. 기뻐하는 모습에 화가 났다. 그녀는 히죽거리며 2라운드로 왔다. 다음 라운드에서는 절대 웃지 못하게 만들어 주겠다고 나는 각오했다. 그녀의 얼굴에서 웃음기를 지워 버릴 것이다.

나는 시작부터 그녀를 바닥에 내던졌고 그녀는 뒤집힌 바다거북처럼 능을 대고 누워 내가 다가오지 못하도록 발길질을 해댔다. '오, 타격전을 하고 싶어?' 나는 생각했다. "염병할 년." 나는 내 MMA 커리어에서 마지막 발차기를 그녀의 얼굴에 날렸다.

그녀는 일어났고, 나는 그녀를 세게 메쳐서 내리꽂았다. 유도에서는 한판승이었을 테이크 다운이었다. 나는 그녀가 일어날 기회를 주었다. 승부는 아직 끝나지 않았다. 몇 초 후 나는 그녀를 케이지로 밀어냈다. 그녀는 나를 상대로 아무것도 하지 못했다. 나는 계속해서 타격을 가했고 그녀를 케이지 벽에서 떼어놓으며 기습적으로 그녀의 허리를 잡아 던졌다. 나는 내 왼팔을 그녀의 두 팔에 두르고 그녀가 두 손을 맞잡지 못하도록 어깨를 이용해 압박했다. 오른손으로 그녀의 얼굴을 계속 가격했다. 그녀가 등을 구부리며 두 다리를 들어서 내 목을 감았다. 그녀는 사력을 다해 내 목을 조르며 팔을 풀고 그 과정에서 내 몸을 굴려서 뒤집으려고 했다. 그러나 내가 방향을 틀어 그녀를 반듯이 눕게 하고 그녀의 몸으로 올라갔다. 내가 그녀의 몸에 앉아 얼굴에 계속 펀치를 가하는 동안 내 밑에 깔린 그녀가 내 몸을 튕겨내려고 격렬하게 꿈틀댔다. 퍽. 퍽. 퍽. 퍽. 내 안에 쌓였던 모든 분노가 터져 나오고 있었다. 나는 그녀에게 암바를 걸었지만 완벽하지 않았다. 그녀는 팔을 풀어냈다. 하지만 내게서 도망칠 수 없었다. 나는 트라이앵글 초크 기술을 써서 내 두 다리로 그녀의 얼굴을 압박하며 그녀의 늑골을 세게 쳤다. 경기 종료를 알리는 경적 소리가 날 때까지 나는 계속 펀치를 가했다. 우리가 각자의 코너로 돌아갔을 때 그녀의 얼굴은 붓고 피가 났다.

미샤는 2라운드를 버텼지만 얼굴에 미소가 사라졌다. 나는 또 다른 5분 동안 그녀를 제압했다. 에드먼드와 헤너 그레이시가 링 안으로 걸어 들어왔다. 에드먼드는 나를 스툴에 앉히고 물병을 주었다. 헤너는 내 목덜미에 냉찜질을 해주었다.

2라운드에서 3라운드로 향하면서 내 감정에 변화가 생겼다. 2라운드를 시작할 때 자신감은 있었지만 낯선 영역에 들어가는 기분이었다면 2라운드가 끝난 시점에서는 안정감을 느꼈다. 100라운드까지도 갈 수 있을 것 같았다. 처음 두 라운드에서 나는 미샤를 압도적으로 이겼다. 그리고 내 몸은 지치지 않았다. 시합이 5라운드까지 간다 하더라도 나는 높은 강도와 집중력으로 끝까지 밀고 나갈 자신이 있었다.

'끝까지 해보는 거야.' 나는 나 자신에게 말했다.

그러나 5라운드까지 갈 필요도 없었다.

미샤는 많이 지쳐 보였다. 나는 계속 공세를 퍼부었다. 지금쯤 자신에게 무엇이 편한 길인지를 생각하고 있을 것이다.

"안으로 파고들면 머리를 누르고 스윙을 날려." 에드먼드가 말했다. "들러붙어서 곧장 테이크 다운을 해."

나는 그의 지시를 되새기면서 미샤의 다음 동작들을 예상하며 나 스스로 계획을 세웠다.

우리는 3라운드를 위해 섰다. 그녀의 얼굴은 두들겨 맞아서 퉁퉁 부어 있었다.

나는 앞으로 달려들며 스트레이트 1-2를 날렸다(잽 다음에 크로스 혹은 부상을 가할 수 있는 더 강력한 펀치). 그녀는 선 채로 녹아웃했다. 고꾸라지지 않았지만 뒤로 비틀거렸다. 나는 또 다른 잽을 날리며 더 깊이 파고들었다. 그녀의 몸이 흐느적거렸다.

나는 케이지 벽으로 그녀를 밀어서 가두었다. 가쁜 숨을 쌕쌕거렸다. 마치 숨을 내쉴 때마다 그녀의 몸이 오므라드는 것 같았다.

그녀는 거기에 없었다. 그녀는 두 발로 선 채 넋이 나가 있었다. 3라운드에서 자신에게 무슨 일이 일어나고 있는지 알지 못했다. 그녀는 무너졌고, 이제 끝장을 낼 시간이었다. 나는 그녀를 바닥으로 끌어내려서 서브미션 승으로 경기를 끝내고자 했다. 나는 그녀를 메쳐서 바닥에 던졌다. 3라운드에서 1분이 지나지 않아 나는 그녀의 몸을 홱 뒤집어 왼팔을 잡았다. 그녀에게는 저항할 힘이 남아 있지 않았다. 나는 그녀의 팔을 잡은 채 한 쪽 다리를 그녀의 가슴에, 다른 쪽 다리를 그녀의 목 뒤로 가져간 다음 몸을 뒤로 젖혀 내 엉덩이를 휘었다. 그녀는 자신이 어디 있는지 정확히 알지 못했다. 그녀는 무슨 일이 일어나고 있는지 정확히 알지 못했다. 그러나 자신이 암바에 걸렸고 항복할 시간이라는 사실은 알았다.

한 번 팔이 부러져서 크게 고생한 사람은 빠르게 탭하는 법을 안다.

어떤 사람들은 그래도 3라운드까지 갔으니 미샤가 꽤 선전한 것이 아니냐고 말한다. 그러나 나는 일부러 시합을 오래 끈 것이고, 그 이유는 미샤에게 단단히 앙갚음을 하기 위해서였다. 나는 그녀를 철저하게 무너뜨려서 영혼까지 파괴했을 때 암바를 걸었다.

미샤는 완패를 당했고 기진맥진했다. 살면서 이렇게 기뻤던 순간은 없었다. 우리 사이에 불미스러운 일들이 오가고 그녀가 TUF에서 나를 자극한 후에 미샤는 자리에서 일어나 나에게 팔을 뻗었다. 나는 그 동작이 사람들 앞에서 체면 세우기 위한 수작에 불과하다고 생각했다. 사과를 받기 전에 손을 잡는다면 그녀가 모욕했던 내 주변 사람들에 대한 예의가 아닐 것이다. 나는 잠시 그 파란 글러브를 노려보았다.

'쇼하자고 악수할 순 없어.' 나는 생각했다. 그것은 스포츠맨십의 문제가 아니었다. 그것은 원칙의 문제였다.

나는 그녀를 외면하고 승리의 기쁨을 만끽했다. 야유 소리가 쏟아졌을 때 나는 나에게 소중한 사람들을 향해 걸어갔다. 나는 내 가족들과 포옹했다.

이번 시합을 며칠 앞두고 UFC는 나에게 약 두 달 후에 또 다른 시합을 제의했다. 내가 미샤를 이길 것이라고 이미 단정하고 있었다. 그리하여 나는 UFC 역사상 가장 빠르게 타이틀을 방어하는 챔피언이 될 것이다.

나는 그 제안에 동의했다.

# 완벽한 적수를
# 염두에 두고
# 준비하라

적수가 실수할 것이라는 희망을 품지 말라. 완벽한 준비를 했을 것이라고 가정하라. 계체량을 통과할 것이고 지쳐 하지 않을 것이고 신속하고 적절한 반응을 내릴 것이다. 방심하지 않을 것이고 언제든 당신의 실수를 이용할 준비가 되어 있을 것이다.

내 모든 적수들은 우리가 맞설 때 내가 실수를 저질러서 반전을 노릴 기회가 생길 것이라고 예상한다. 반면, 나는 세상에서 존재하는 가장 완벽한 버전의 적수가 나와 맞서게 될 것이라고 가정한다. 상대는 단 한 번의 실수도 하지 않을 것이기 때문에 그녀를 덫에 걸리게 해서 내가 노리는 반응을 정확히 유도해야 한다고 나는 생각한다.

그러나 나는 절대 어떤 적수도 내가 예상하는 모습을 조금이라도 능가하도록 허용하지 않는다. 그래서 시합은 늘 나의 압도적인 승리로 끝난다.

영화, 돈, 명성, 인정. 이 모든 것은 내가 챔피언이기 때문에 따라오는 것들이다. 나는 그 모든 것을 한순간에 잃을 수 있다. 그래서 나는 늘 더 열심히 훈련한다. 매 시합에서 훨씬 더 강한 근성을 발휘하고 나 자신에게 더 큰 도전을 한다. 그래서 나는 사라 맥맨과의 시합 제의를 받아들였다. 카무치와의 시합과 테이트와의 시합 사이에 열 달 동안의 공백기가 있었다. 그 긴 공백기가 내게 타격이 되었다. 움직임이 약간 느려진 것 같고 타이밍이 반 박자 늦어지고 케이지가 조금 낯설게 느껴지기도 했다. 물론 미샤 테이트를 격파하기 위해 완벽할 필요는 없었지만 나 스스로 완벽을 기하고 싶었다.

시합을 보는 사람들은 선수가 시합에서 승리하기 위해 어떤 노력을 해 왔는지를 정확히 모른다. 나의 경우 6주에 걸친 집중 훈련을 한다. 모든 준비가 완성되었을 때 결전의 날을 맞는다. 관중과 시청자들이 보는 그 순간은 내가 6주에 걸친 캠프에서 단련한 내 육체와 정신이 최고조에 이르는 피날레이다.

미샤와의 시합이 끝나고 다음 날에 나는 마리나에게 시합 전에 객실에서 있었던 소동에 대해 물었다. 마리나는 본 대로 이야기했다. 다린이 객실에 와서 캠프 사람과 격한 말다툼을 했다는 것이다. 나는 더 이상 참을 수 없었다. 며칠 후, 나는 다린에게 문자를 보냈다. '할 얘기가 많아요.' 다린은 여행을 갔다는 답장을 보냈다. 에드먼드는 나에게 그 문제를 자신이 처리하겠다고 말했다. 그래서 나는 정말 중요한 것에 다시 내 관심을 돌렸다.

맥맨과의 시합을 불과 몇 주 앞두었기 때문에 우리는 곧장 캠프를 열었다. 나는 캠프를 사랑했다. UFC 168을 앞두고 훈련하는 동안 최고의 캠프에 대한 열망이 있었는데 이제 그 열망을 실현할 수 있었다.

캠프는 카운트다운이다. 내 적수를 위한 종말 시계이다. 그 캠프 첫날부터 아나운서가 "챔피언은 여전히 라우디 론다 로우지입니다."를 선언할 때까지 내 삶의 매 순간은 시합에 초점이 맞춰져 있다. 나는 내 훈련 프로그램과 식단을 철저히 따른다.

내 적수가 누구이든 상관없이 나는 늘 정확히 같은 방식으로 훈련한다. 내가 최선을 다하면 시합 날 밤에 케이지 안에서 누구와 맞서는지는 중요하지 않다.

## 1주째

1주째부터 나는 시합에서 이길 수 있는 모든 방법을 상상하기 시작한다. 그리고 결전의 날이 올 무렵에는 내가 머릿속으로 구상한 수천 가지의 방법들을 이미 실행에 옮긴 뒤다.

캠프 첫 주에 내 몸은 가장 무겁다. 나는 근육의 형태로 체중을 늘리려고 한다. 역기를 들거나 벤치프레스를 하지는 않는다. 대신 캠프 첫 주 동안 1파운드 혹은 2파운드의 역기를 들고 섀도우 박스를 한다. 내 몸은 매우 잘 단련되고 그 주가 끝나갈 때면 근육도 붙는다.

한 주의 훈련 프로그램이 끝나는 월요일 저녁마다 나는 수영을 한다. 그럴 때면 늘 어린 시절이 떠오른다. 어린이 수영 교실을 다니던 그때 아빠는 나에게 꼭 세계 챔피언이 될 것이라고 응원해 주었다. 수영장 안에서 나는 조용히 나 자신을 생각하고 뭉친 어깨 근육을 풀어 주어 유연하게 만든다.

1주째에는 식단을 엄격하게 따르지 않는다. 여전히 건강식을 먹지만 음식을 많이 먹는 편이다. 특히 아침마다 챙겨먹는 음식이 있다.

## 아침식사 메뉴(마이크 돌체의 추천 메뉴)

귀리 시리얼 2테이블스푼

치아시드 2테이블스푼

햄프시드 2테이블스푼

블루베리 1/2컵

딸기 4개 (잘게 썰 것)

건포도 1/4컵

아몬드 버터 1테이블스푼

아가베 시럽 1테이블스푼

계피 (맛을 내기 위해)

물 한 컵을 끓이고 귀리 시리얼과 블루베리, 딸기, 건포도를 넣고 섞는다. 그 다음 치아시드와 햄프시드, 계피를 넣고 섞는다. 아가베 시럽과 아몬드 버터를 추가한다. (너무 걸쭉하다 싶으면 물을 조금 더 넣는다.)

나는 캠프에 있을 때 아가베 대신 스테비아를 사용하거나 아몬드 버터를 빼기도 한다.

캠프에 있지 않을 때에도 나는 매일 아침 이 음식을 챙겨먹는다. 이제 내 일상에서 없어선 안 되는 일부가 되었다. 어쩌다 재료가 하나라도 떨어지면 정확히 그 맛이 나지 않는다. 그럴 땐 내 우주가 흔들리는 기분마저 든다.

첫째 주에는 특히 아르메니아식 바비큐도 즐겨 먹는다. 기본적으로 쇠고기, 치킨, 쌀, 채소가 들어가는데, 고기가 주재료이다. 진하고 푸짐하며 건강식이다. 그리고 보르쉬가 있다. 그것은 양배추와 비트를 넣고 끓인 수프로, 천사의 목욕물이 연상되는 맛이다.

이번에는 집 근처에서 훈련할 생각이었다. 너무 오래 집하고 떨어져 지내서 되도록 집을 떠나고 싶지 않았다. 그러나 때때로 환경을 바꿀 필요가 있다는 생각은 들었다. 카무치와의 시합을 앞두고 조용한 빅베어 레이크에서 훈련을 했었다. 환경을 바꾸면 마음가짐의 전환이 쉬워진다. 집 소파에 앉아서 갑자기 "이제 캠프를 시작하자."라고 각오를 다지기는 어렵다.

그러나 내가 어디에 있든 캠프의 첫째 주를 보내며 내 몸과 마음은 더 강하고 활기 있게 단련되었다.


## 2주째

2주째부터 본격적인 식단 조절에 들어갔다. 테이트와의 시합을 마친 후 나는 체중을 조질하기 위한 너 좋은 방법을 찾을 필요성을 느꼈다. 10년이 지나고 보니 끼니를 줄이는 방식이 좋지 않다는 결론에 도달했다. 건강에 몹시 해로울 뿐 아니라 효과적이지도 않았다. 나는 UFC에서 영양사로 활동하며 많은 선수들의 체중 감량을 도운 마이크 돌체에게 손을 뻗었다. 그리고 확실한 도움을 받았다. 체중 감량에 들어갈 때마다 늘 기운이 없었는데, 이번에는 달랐다. (돌체는 주로 선수들을 위한 식단을 짜지만 일반인들에게도 도움이 되는 식단이 많다. 그가 쓴 몇 권의 『돌체 다이어트』는 꽤 추천할 만한 요리책이다.) UFC 168을 한 달 앞두고 나는 돌체를 내 영양사로 기용했고, 그때부터 줄곧 캠프가 열릴 때마다 그가 내 식단을 전담했다.

2주째부터 돌체는 나에게 매주 새로운 식사를 준비해 주었다. 그러나 언제든 변경이 가능했다. 매일 아침 내가 체중을 재서 그 결과를 문자로 보내면 그는 내게 '오늘은 조금 다르게 바꿔 볼게요.' 혹은 '잘하고 있어요.' 라는 답장을 보내주었다. 체중을 더 감량할 필요가 있다거나 어떤 영양소가 부족하다고 판단할 때 그는 무엇을 더하거나 빼는 등 탄력적으로 식단에 변화를 가했다.

돌체와 일하기 시작하면서 나와 음식의 관계가 바뀌었다. 더 이상 무엇을 먹어야 좋을지 고민하지 않았다. 내가 먹는 음식에 대해 의심을 품지 않았다. 또한 음식을 먹고 난 후에 포만감을 느끼기 시작했다. 처음에는 그 느낌이 낯설었고 심지어 죄책감마저 들었다. 시간이 조금 지난 뒤에야 포만감을 느끼는 것을 자연스럽게 받아들이게 되었다. 그 전까지만 해도 포만감과 죄책감은 나에게 동의어나 다름없었다. 더 이상 포만감을 느끼는 것 때문에 괴로워하는 일을 그만두었다.

대화는 돌체와의 관계에서 중요한 요소다. 나는 내 몸이 음식에 어떻게 반응하는지와 내가 어떻게 느끼는지에 대해 돌체에게 계속 이야기했고, 그는 내 말을 참고해서 식단을 변경했다. 저녁에는 칠리와 스크램블 같은 것들이 포함되었다. 만약 내가 "너무 많이 먹어서 배가 불러요." 라고 말하면 그는 나에게 자기 전에 간식을 먹지 말라고 조언해 주었다. 그밖에 틈틈이 과일이나 견과류, 치아시드를 넣은 요거트 등을 먹었다. 나는 거의 요리를 하지 않았지만, 내 룸메이트인 마리나가 내가 요리할 때 돕거나 재료 등을 미리 썰어서 지퍼락에 보관해 두었기 때문에 편하게 무언가를 해 먹을 수 있었다.

나는 에드먼드와 권투를 했다. 내 오랜 트레이닝 파트너인 저스틴 플로레스와 유도를 하거나 마틴 버베리안과 레슬링을 하거나 히론과 헤너 그레이시 형제와 브라질리언 주짓수를 하며 격투 훈련을 했다. 파트너들은 저마다 다르다. 나는 열한 살에 유도를 할 때부터 저스틴을 알았다. 저스틴은 어린 시절에 나를 잠깐 돌봐주기도 했는데 내 위에 앉아서 방귀를 뀌곤 했다. 마틴은 SK 골든 보이즈에서 레슬링 코치를 했고 세 번 올림픽에 출전한 경험이 있으며 세계 레슬링 챔피언이다. 그는 조용하고 침착하다. 히론과 헤너 형제는 외향적이고 재미있다. 그들은 나와 매우 다른 경기 스타일을 펼친다. 나는 그들과 생각을 나누는 것이 좋다. 그것은 다양한 성격과 스타일이 모여 서로 균형을 이루어 나가는 과정의 일환이다.

　내 상대의 주특기가 무엇이냐에 따라 에드먼드는 외부에서 스파링 파트너들을 영입하기도 한다. 만약 타격가와 겨루게 된다면 복싱이나 킥복싱 챔피언을 기용할 것이다.

　그는 다른 코치들에게 전화를 걸어서 "혹시 이 정도의 체중과 실력을 보유한 선수를 소개해 줄 수 있어?"라고 묻기 시작한다.

　그러나 내 도전자가 격투가라면 나를 남자들과 대련하게 한다. 예를 들어 맥맨의 경우 올림픽 레슬링 은메달리스트였기 때문에 나는 수도 없이 많은 격투와 레슬링을 했다. 게다가 적수의 취약점이 무엇인지를 분석하고 그것을 이용할 수 있을 정도로 그 부분에 관한 한 뛰어난 기량을 보유해야 한다.

　나는 월요일부터 금요일까지 하루에 두 번 훈련했다. 오전 아홉 시에 집에서 출발해 열 시에 훈련을 시작한다. 한 시간 반 후에 샤워를 하고 잠을 잔다. 훈련과 샤워, 수면의 반복이다. 나는 에드먼드가 반드시 해야 한다고 생각하는 것은 무엇이든 한다. 훈련 일정은 주로 에드먼드에게 맡기고, 나는 그가 하라는 대로 하는 편이다. 토요일에는 MMA 스파링만 한다. 일요일에는 쉰다. 캠프 밖에서는 매일 훈련하지만 캠프 안에서는 일요일에 쉰다. 저녁 여덟 시쯤 되면 지친 몸을 이끌고 집에 돌아온다. 음식을 만들어 먹고 모찌와 시간을 보낸 다음 잠자기 전에 잠깐 책을 읽는다.

　성공하기 위해서는 나 자신을 가혹하게 몰아붙여야 한다고 나는 생각했었다. 그러나 잘못된 생각이라는 사실을 이제 깨달았다. 전설적인 복서 마이크 타이슨은 '행복한 선수가 위험한 선수'라고 말했다. 그의 말이 옳다. 나는 예전보다 더 행복하고, 그래서 디 위험힌 선수이다.

## 3주째

3주째에는 훈련에 가속도가 붙기 시작한다. 나는 훈련 틈틈이 잠을 자는 것을 좋아한다. 보통은 캠프가 열리면 근처에 임시 아파트를 구하는데 이번에는 근처에 있는 호텔 방을 하나 잡아서 일주일에 3일을 거기서 보냈다. 훈련하는 동안에는 주로 거기서 잠을 잤고 모든 일과를 마치고 밤이 되면 내 침대에서 잠을 자기 위해 집으로 돌아갔다. 캠프에 있는 동안에는 간간이 미디어에 노출될 뿐 외부 세계로부터 나 자신을 완전히 차단시켰다. 가족들과 친구들을 만날 에너지가 없었다. 하지만 나는 모든 희생을 기꺼이 감수하기로 했다. 심호흡을 크게 하며 내가 할 수 있는 한 최선을 다하는 것에 집중했다. 당장은 고되고 지치더라도 힘든 과정을 거쳐 온 나 자신을 자랑스럽게 생각했다. 날마다 밤이 되면 침대에 지쳐 쓰러지면서도 하루의 훈련을 잘 마무리했다는 사실이 만족스러웠고 그 보상으로 주어진 휴식 시간이 달콤하게 느껴졌다.

캠프가 열리는 동안에는 에드먼드가 내 사장이었다. 시합을 준비하는 과정에서 내가 하기 싫은 일을 하게 만드는 것이 코치의 임무였다. 나는 그의 지시에 이의를 제기하지 않았다. 만약에 내가 "그런 방식은 싫어." 혹은 "그렇게는 안 할 거야." 라는 식의 태도를 보인다면 결국 시스템은 제대로 작동하지 못할 것이다.

이 시기에 우리는 내 적수를 상대로 전략을 짠다. 먼저 그녀의 성향을 파악한 다음 그녀가 나에게 어떤 식으로 접근할지, 내가 어떤 식으로 그녀를 제압할지를 예측한다. 그녀의 힘과 약점을 분석하고 그 약점을 활용하기 위한 방법들을 찾는다. 관건은 내가 그녀를 완전히 통제하고 그녀가 나에게 완전히 제압당하는 것처럼 느껴지는 상황을 만드는 것이다.

3주째가 되어 나는 체육관에 있는 모든 사람을 리버샷—무릎이나 주먹으로 간에 충격을 주는 타격—으로 쓰러뜨리기 시작했다. 리버샷은 상대의 몸에 극심한 고통을 가해 일시적으로 몸을 무력하게 하는, 위험한 기술이다. 훌륭한 리버샷 한 방이면 완승을 거둘 수 있다.

2주째와 3주째를 지나 4주째에 이르면 고강도의 훈련이 시작된다.

## 4주째

4주째는 고강도 훈련의 연속이다. 트레이닝 캠프에서 훈련의 절정에 이르는 주이다. 나는 하루에 많은 것을 한다. 백을 더 많이 치고, 미트를 더 많이 치고, 스파링을 더 많이 한다. 대련을 가장 오랜 시간 동안 한다. 스파링은 실전에 가장 가까운 훈련이기 때문에 특히 중요하다. 미트 훈련은 전략적인 부분에 초점이 맞춰져 있다. 그러나 스파링을 하는 동안 실전처럼 싸울 수 있다. 챔피언 타이틀전은 모두 다섯 라운드로 이뤄져 있으며 한 라운드 당 시간은 5분이다. 에드먼드는 여섯 라운드 동안 시합을 하게 했다. 그래서 내가 옥타곤에서 5라운드까지 간다 해도 쉽게 지치지 않을 자신이 있었다.

4주째에는 내 상대의 시합 영상을 보며 스타일과 패턴 등을 분석하고 어떤 기회를 노릴지에 대해 구상하며 전략을 더욱 구체화한다.

훈련이 끝나는 밤이면 내 몸은 녹초가 되었다. 훈련하지 않는 동안에는 매트나 바닥이나 침대든 누울 공간만 있으면 벌러덩 누웠다. 기진맥진한 날에는 '젠장' 하고 입에서 욕설이 튀어 나왔다. 에드먼드는 나를 정신적으로 극단으로 밀어붙였다.

## 5주째

5주째에 접어들면 피로감이 극에 달한다. 게다가 가장 초조해진다. 시합까지 한 달은 넘게 남은 것 같았는데 벌써 2주밖에 남지 않은 것이다. 2주가 남은 시점에서 나는 가장 감정적이 된다. 거의 모든 일 때문에 울고, 어느 때보다도 더 많이 운다.

고강도의 훈련을 마친 후라 내 몸은 몹시 지친 상태이지만, 곧 스피드 훈련에 들어간다.

5주째는 스피드 훈련을 하는 주다. 라운드의 시간은 짧아진다. 속도감 있고 폭발력 있게 훈련하는 것이 목표다. 이 시기가 되면 내 몸은 매우 가벼워진다. 우리는 스파링 횟수를 줄이고 훈련 시간을 짧게 잡는다. 한 주 내내 몸을 빠르게 놀려야 한다.

그 주가 끝나가는 시점에는 많은 "놀이"를 한다. 에드먼드는 내 눈이 빠르게 움직이도록 하기 위해 '공 던지면 잡기' 같은 게임을 고안한다. 또한 풀 누들(폴리에틸렌 폼으로 만들어진 막대 모양 튜브 – 옮긴이)을 반으로 잘라 그것들을 휘두르거나 타월로 내 얼굴을 치려고 할 때 재빨리 피하는 게임도 한다. 이때 에드먼드의 창의력이 마음껏 발휘된다. 그 주에 에드먼드는 나를 즐겁게 만들려고 노력한다. 게다가 밝은 색이 기분을 좋게 하니까 밝은 색 옷을 입으라고 제안하기도 한다. 처음 며칠은 감정이 북받쳐서 울기도 하지만 며칠만 지나면 사실 5주째 되는 날들이 가장 즐겁다.

시합 날이 임박하면서 나를 사로잡던 초조한 감정에 질려 버린다. 이제 초조함은 사라지고 내가 단련하며 갖춘 모든 것을 쏟아 부을 순간이 오기만을 기다린다. 어서 빨리 옥타곤에 오르고 싶어 안달이 난다.


## 6주째

캠프의 마지막 주로, 카운트다운이 시작된다. 시합은 늘 토요일에 열린다.

월요일 밤에 나는 모든 짐을 싼다. 늘 필요하다고 생각하는 것보다 더 많은 걸 집어넣지만 꼭 한두 개씩 빠지는 것들이 있다.

화요일 아침에 우리는 체육관에서 만나 함께 출발한다. 시합이 라스베이거스에서 열린다면 차를 타고 간다. 우리는 체육관에서 만나 늦은 아침에 캠핑카를 타고 출발했다. 나와 에드먼드 이외에 마틴과 마리나, 저스틴 그리고 몇몇 체육관 사람들이 탑승했다. 나는 비행기보다 차로 가는 걸 좋아한다. 그러나 시합을 위해 갈 때는 운전을 하지 않는다. 내가 조수석에 앉아 있는 동안 다른 누군가가 대신 운전을 한다.

시합을 며칠 앞두었을 때 나는 일부러 내 몸을 무겁게 만든다. 시합까지 일주일을 남겨둔 시점에서는 많은 양의 소금과 약 7.5L의 물을 마시기 시작한다. 물을 과다하게 마시면 과다하게 배출된다. 소금을 끊은 후에도 과다한 배출에 익숙해진 몸은 며칠 더 과다하게 배출한다. 몸은 퉁퉁 붓게 된다. 아침에 라스베이거스로 출발할 때 내 체중은 146파운드이다. 라스베이거스에 도착할 무렵에는 대개 5파운드 더 나간다. 차 안에서 물을 끊임없이 마시기 때문이다. 그래서 한 도로가 끝나는 지점에서 나는 늘 징징거린다. "마려워. 마려워. 마려워."

우리는 라스베이거스로 가는 내내 차안에서 음악을 들었고, 라스베이거스에 다다랐을 때 내 도착을 알리는 서곡으로 조안 제트의 '배드 레퓨테이션'을 쾅쾅 틀어댔다.

제일 먼저 들른 곳은 UFC 사무실이다. 포스터에 사인을 하는 등 내가 해야 할 일들을 차례로 한 다음 돌체를 만나 내 체중을 확인한다. 그 다음 호텔로 가서 체크인을 한다. 돌체가 준비한 음식을 먹어 잠시 긴장을 푼다. 그 다음 땀을 내서 체중을 줄이기 위해 저녁에 운동을 한다. 그 뒤 돌체가 먹으라는 대로 먹고 침대로 간다.

수요일에는 인터뷰를 한다. 경기가 시작되기 직전 경기장 안의 큰 화면에서 선수들이 인터뷰하는 바로 그 장면을 촬영한다. 나는 이 인터뷰를 정말 싫어하는데, 그 이유는 내가 하고 싶은 말 대신 그들이 듣고 싶어 하는 말을 해주길 원하기 때문이다. 나는 그 점이 마음에 들지 않는다.

그 후에는 벌써 다음 시합을 위한 포스터 촬영을 위해 챔피언 벨트를 들고 포즈를 취한다. 이미 내가 이길 것이라고 다들 예상하는 분위기다. 다음 시합을 위한 홍보 사진까지 모두 찍고 나서야 외부 일정이 끝난다.

수요일은 내가 음식을 먹는 마지막 날이다. 돌체는 나를 위해 샐러드와 치아시드, 채소 볶음, 달걀 오믈렛, 과일 그리고 트레일 믹스 바(설탕에 절인 각종 견과류나 베리류를 바 형태로 만든 것 - 옮긴이)로 구성된 식사를 준비한다. 그날 나는 그것 이외에 아무것도 입에 대지 않는다.

목요일은 기자 회견이 있는 날이다. 기자 회견 이외에도 개인 인터뷰를 하며 몇 시간을 보낸다. 인터뷰까지 마치면 다음 날 있는 계체량 측정까지 온전히 혼자만의 시간을 보낼 수 있다. 나는 이 시간에 체중 감량에 내 모든 에너지를 쏟는다. 135파운드에서 조금이라도 더 나갔다가는 계체량에 실패할 수 있기 때문이다.

나는 땀을 내기 위해 다시 훈련한다. 내가 본격적으로 체중 감량에 들어가는 때이다. 시합을 며칠 앞둔 시점부터 내 체중은 대개 이런 식으로 줄어든다. 화요일에 내 체중은 151파운드이다. 수요일에 벌써 148파운드가 되고 목요일에는 본격적인 체중 감량에 들어가기도 전에 146파운드로 줄어들어있다. 욕조에 몸을 담그고 나면 체중은 138파운드가 된다.

목요일 아침부터는 물을 단숨에 들이켜기를 중단하고 홀짝홀짝 마시기 시작한다. 오후부터는 물을 아예 입에 대지 않는다. 그런데 많은 사람이 너무 일찍부터 물을 끊는 실수를 저지른다. 그래서 한 주 내내 물을 마시지 않고 버틴다. 나는 마지막 24시간 동안에만 물을 끊는다. 목요일 저녁에 체중을 확인한 다음 운동을 하고 다시 확인한다. 자기 전에 땀을 내기 위해 욕조에 몸을 담근다. 목요일 밤에는 대개 허기와 탈수 증세에 시달리며 잠을 설친다.

금요일 아침에 일어났을 때 내 체중은 138파운드에서 137파운드 사이를 오간다. 계체량 측정 전에 마지막 2파운드를 빼기 위해 목욕을 한 다음 135파운드임을 확인한다. 나는 더 이상 유도 선수 시절에 체중 감량을 하면서 겪었던 스트레스를 더 이상 느낄 필요가 없었다.

금요일은 계체량 측정을 하고 상대 선수와 대결하는 포즈를 취하는 날이다. 내가 모든 준비를 갖춘 시점이다. 계체량 측정을 하는 공개된 자리에서 선수들은 지나치게 강해 보이는 척하거나 혹은 섹시해 보이려고 야한 옷이나 비키니 차림으로 나타난다. 나는 주목을 끌려고 야단스럽게 구는 그런 선수들을 단번에 제압할 자신이 있다. 사람들 앞에서 소란을 일으킬 작정이라면 진짜 소란이 무엇인지를 내가 톡톡히 보여 줄 것이다. 나는 나 스스로 그 소란을 통제할 수 있는 사람이길 원했다.

체중 측정을 마치면 플래시 세례 속에서 서로 대결 포즈를 취하며 눈빛 교환을 한다. 나는 맥맨의 두 눈을 살벌하게 노려보며 생각했다. '나는 내일 널 파괴할 거야.'

사진 촬영까지 마쳤을 때 에드먼드는 사라진다. 내가 가족과 만날 시간을 주기 위해서다. 무대 뒤에서 엄마가, 그리고 대개 언니 마리나와 형부, 조카들, 가끔은 언니 제니퍼나 줄리아가 나를 기다리고 있다. 그리고 보안 요원이 우리를 출입이 통제된 복도를 지나 내 방으로 안내한다. 나는 물을 벌컥 들이키며 수분을 다시 공급하고 돌체가 나를 위해 준비한 음식을 먹는다.

엄마와 침대에 누우면 엄마는 내일 밤 내가 이길 수밖에 없는 모든 이유를 나에게 들려 준다. 그것은 내가 어렸을 때부터 시합 전날 밤에 우리가 해 왔던 의식이다. 엄마는 잠잘 때 동화를 들려주는 것처럼 내가 세계 최고일 수밖에 없는 모든 이유에 대해 들려준다.

금요일 밤에 나는 늦게까지 깨어 있다. 침대에서 눈을 감고 누워 있는 동안 내가 준비가 되어 있고 최상의 컨디션이라는 사실을 나는 안다. 지금 이 순간에 이르기까지 내가 들인 모든 노력을 생각한다. 비단 캠프에서뿐만이 아니라 지금의 나를 있게 한 며칠을, 몇 주를, 몇 달을, 몇 년을 생각한다. 나는 마지막으로 눈을 떠서 어둠을 응시하며 내가 아무리 최악의 컨디션이라고 해도 아무도 날 이길 수 없다는 걸 안다.

서서히 잠이 들고 이내 깊은 잠 속으로 빠져든다.

# 어느 누구도 나를
# 뒷걸음질 치게 할 수 없다

가끔씩 상대에게 압도당할 때 우리는 우리 자신도 모르게 뒤로 밀려난다. 체육관에서 내가 에드먼드와 타격 훈련을 하고 있을 때 그가 훈련을 중단했다.

"네가 전력을 다해서 유도를 할 때 누가 널 뒤로 밀려나게 할 수 있어?" 그가 나에게 물었다.

"절대 없어."

"네가 유도에 전력을 쏟고 있는데 누가 한 번이라도 널 뒷걸음질 치게 할 수 있어?" 에드먼드가 집요하게 물었다.

"아니."

"그런데 왜 나와 타격할 때는 내가 널 뒷걸음질 치게 놔두는 거야? 앞으로 두 번 다시 단 한 발짝도 뒤로 물러나지 마."

에드먼드의 말이 옳았다. 나는 나도 모르게 뒤로 밀려나고 있었다. 선수는 밀려나서는 안 된다. 그가 내 약점을 지적했을 때 나는 그것을 바로 고쳤다. 아무도 나를 뒷걸음질 치게 만들 권리는 없다. 비록 상대가 나보다 육체적으로 더 강하더라도 나는 뒤로 밀려나지 않을 만큼 충분히 영리하다.

나는 그날 이후 한 번도 뒤로 밀려난 적이 없었다.

2014년 2월 22일 UFC 170에서 시합이 시작되고 1분이 지났을 때, 나는 사라 맥맨의 팔을 잡고 그녀의 옆구리에 니킥을 가해 간에 충격을 주었다. 그녀는 갑자기 주저앉아 무방비 상태가 되었다. 그 순간 나는 시합이 끝났음을 직감했다. 심판이 우리 사이로 달려와 TKO 승을 선언했다. 암바를 걸지 않고 이긴 것은 이번이 처음이었다. 에드먼드를 곁눈으로 보았을 때 그 어느 때보다 크게 기뻐하고 있었다.

경기장을 나서며 나는 기쁨을 주체하지 못했다. 나는 맥맨에게 잊을 수 없는 충격패를 주었고, 이제 내 일상으로 돌아가 사랑하는 사람과 데이트를 즐길 수 있었다.

나는 늘 한 가지 원칙을 지키며 연애를 했다. 연애를 할 때는 공과 사를 구분하자는 주의였다. 그도 그럴 것이 하루 종일 체육관에서 남자들과 섞여 지내다 보면 그들이 여자들에 대해 어떻게 말하는지를 알 수 있다.

내가 "놈"과 데이트하기 시작한 것은 UFC와 계약하기 전이었다. 처음에 우리는 단지 친구 사이였다. 놈과 사귀게 된 결정적인 이유는 둘 사이에 육체적인 화학 반응이 작용해서라기보다 물리적인 거리가 가까웠기 때문이다. 그는 우리 집 근처에 살았다.

"데이트할래?" 그가 물었다.

"네가 새벽 여섯 시에 우리 집에 들러서 날 태우고 같이 스킴보드(서핑보드보다 작은 형태의 보드 – 옮긴이)하러 간다면."

그는 나와 데이트할 기회를 만들기 위해 해 뜨기 전에 일어났다. 그런 점에서는 도그 파크 큐트 가이와 달랐다. DPCG가 내 차를 훔쳐서 헤로인을 구하러 다닌 사실을 고려하면 두 사람의 차이는 좋은 신호인 것 같았다.

놈은 나를 웃게 만들었다. 나를 "원더 우먼"이라고 불렀다. 해변에서 스킴보드를 타던 어느 날부터 웃긴 농담을 하나씩 던지기 시작했다. 무심코 던지는 말들에 나는 그만 배꼽이 빠졌고, 그것이 시작이 되었다.

그 시기에 나는 인생의 큰 전환점을 맞았다. UFC와 계약했다. 좀 더 나은 집으로 이사했다. 첫 영화를 찍었다. 나는 열심히 커리어를 쌓기 위해 앞만 보며 달렸다. 그런 와중에 놈과 보내는 시간은 내 숨통을 틔워 주었다.

놈은 로스앤젤레스에 가족이 없었기 때문에 부활절에 놈을 데리고 엄마 집에 갔다.

"어때?" 그 후 나는 내 가족에게 물었다.

"음, 망나니 같아." 제니퍼가 말했다.

"글쎄다." 엄마가 말했다. "뭐 그럭저럭. 약간 자만심에 차보이긴 하지만."

"그러니까 괜찮다는 말이에요?" 엄마의 생각을 읽기가 어려웠다.

엄마는 입술을 오므렸다.

"음, 문제는 네가 처음에 돼먹지 못한 놈이랑 사귀었다는 거야. 솔직히 네가 고릴라를 데려와도 우리는 '오, 그래요. 잘 왔어요. 만나서 반가워요. 바나나 좀 줄까요?'라고 말할 판이야."

놈은 우리 가족에게서 좋은 점수를 받지 못했다.

내가 불가리아에서 돌아와 미샤와의 시합을 앞두고 훈련하고 있을 때 놈은 나에게 내가 운이 참 좋다고 말했다. 남자부보다 여자부에서 성공하기가 훨씬 더 쉽다는 것이었다. 시합 직전에는 우리 관계를 다시 생각해 봐야겠다는 말을 흘렸다.

내가 시합에서 이긴 후에는 자신이 큰 실수를 저질렀다면서 다시 자신을 받아들여 달라고 애원했다.

맥맨과의 시합이 있기 몇 주 전에는 이렇게 말했다. "난 아직 헌신할 준비가 안 됐어." 3주 후, 시합을 불과 며칠 앞둔 발렌타인데이에는 우리 집 현관 앞에 나타나서 미안하다고 사과하며 외국으로 휴가를 떠나자고 제안했다. 나는 해외로 떠나는 것이 내키지 않았다. 하지만 시합이 끝난 후에 그와 함께 열대 우림으로 여행을 떠났다.

여행에서 돌아와 내가 그의 주방에 서 있을 때 그가 작은 상자를 내게 내밀었다. 다이아몬드 펜던트가 있는 화이트 골드 목걸이가 안에 들어 있었다. 펜던트 뒷면에는 "원더 우먼"이라고 새겨져 있었다. 나는 크게 감동을 받았다.

"이제 우린 진짜 연인이 된 거야." 그가 말했다.

나도 그러기를 원했다.

"잃어버리지 마. 비싸게 주고 산거니까." 그가 목걸이를 가리키며 말했다.

그는 나와 함께 있고 싶다고 했다. 그러나 내가 아닌 다른 모습이기를 원했다. 내가 설거지를 하고 그의 옷을 세탁하고 아침에 청소를 하길 원했다. 외모에 더 신경을 쓰고 메이크업을 하고 손톱을 관리하길 원했다. 그가 원하는 모습으로 나를 바꾸려고 했다. 그와 있으면 나 자신이 가정적이지 못하고 여성스럽지 못한 것처럼 느껴졌다.

나도 레드카펫을 밟을 때는 커버 모델 못지않게 꾸밀 수 있었다. 메이크업 아티스트와 헤어 디자이너, 스타일리스트가 마치 자동차 경주 대회 나스카의 피트 크루(감독, 매니저, 타임키퍼, 정비사 등의 요원으로 구성됨 – 옮긴이)처럼 나에게 달라붙어 온갖 공을 들인다. 잠시 후에 거울 앞에 선 내 모습에 두 눈이 휘둥그레진다. '와, 정말 나야?'

그러나 평소에는 코치들이나 트레이닝 파트너들과 잽, 드릴, 레슬링 등을 훈련하다 보면 몸이 욱신거리기 일쑤였고, 온몸이 멍과 상처투성이라 헐렁한 옷을 입는 게 더 편했다. 훈련을 더 심하게 한 날에는 샤워를 하고 나서도 땀이 계속 났다. 훈련을 마치고 차에 타면 이런 생각이 절로 들었다. '제길, 영락없는 예티(눈 사나이라고 불리는 동물로, 티베트나 히말라야에 산다고 전해짐 – 옮긴이)네.' 내 모습은 내가 봐도 심했다.

영화배우이자 UFC 챔피언으로 이름을 알리면서 내가 얼마나 저력이 강한 사람인지를 얘기하는 사람이 많아졌다. 어쩌면 놈은 내 자아가 너무 부풀어지지 않게 제어 작용을 하는 존재인지도 몰랐다. 하지만 그는 한 번도 나를 아름답다고 해 준 적이 없었다. 절대 나를 칭찬하지 않았다.

"돈 들일 만하네." 어느 날 밤 그는 가슴 확대 수술을 받은 것으로 의심되는 한 UFC 여자 선수에 대해 이렇게 말했다.

나는 실망감을 숨기려고 애썼다. 그는 단 한 번도 내 몸을 칭찬한 적이 없었다. 다른 여자 가슴에 추파를 던지다니, 자존심에 상처를 입었다. 이 모욕감은 당장 딕 이티비티를 떠올리게 했다. '그 말은 딕이 잘 하던 말이었지.'

그때처럼 나는 내 기분을 우울하게 만드는 사람 곁을 떠나지 않는 것에 대해 스스로 정당화하려고 했다. 하지만 그는 차가워졌다. 둘 만이 있는 데서도 나와 키스하지 않았다. 내 머리카락을 귀 뒤로 넘겨주지 않았다. 내 친구들과 어울리는 자리를 싫어했다.

그러던 어느 날 체육관 샤워실에 목걸이를 나도 모르게 두고 나왔다. 훈련하다가 그 사실을 깨닫고 부리나케 샤워실로 달려갔지만 이미 누가 가져가 버리고 없었다. 나는 놈에게 아무 말도 할 수 없었다. 목걸이를 잃어버려서 가슴이 아팠고 그가 준 선물을 잃어 버렸다는 말을 어떻게 해야 할지 몰랐다.

어느 날 놈이 나에게 왜 목걸이를 하지 않느냐고 물었다. 나는 울기 시작했다.

"실은 잃어 버렸어." 내가 말했다. "어떻게 해야 할지 몰라서 계속 찾고 있었어."

"다시 비싼 거 사 주나 봐." 그가 말했다.

나는 그때 아빠를 떠올렸다. 아빠는 엄마에게 약혼 반지를 선물했다. 엄마가 그 반지를 잃어 버렸을 때 당황하며 아빠에게 그 사실을 말했다. 아빠는 오히려 기뻐했다.

"괜찮아. 어쨌든 당신은 더 좋은 반지를 낄 자격이 있으니까."

아빠는 엄마에게 더 좋은 반지를 선물했다.

나는 놈이 아빠 같은 사람이 아니라는 사실을 알았다.

나는 이미 내 자존심에 상처를 입히고 나를 자기 마음대로 바꾸려고 드는 사람을 만난 적이 있었다. 그런데 이번에도 나를 같은 식으로 대하는 사람을 만나고 있었다. 나는 당장에 그와 헤어지고 싶었지만 우리 둘 다 다가오는 시합이 있었다. 시합을 앞둔 선수의 기분을 망치게 할 수는 없었다.

그는 시합에서 졌고, 나는 알렉시스 데이비스와의 시합을 2주 앞두고 있었다. 그리고 우리 관계는 나쁠 대로 나빠져서 결국 서로 헤어졌다. 내가 한창 훈련에 집중해야 할 때였고 감정적으로 가장 예민해질 때였다.

아빠는 선수가 아니었지만 엄마가 세계 선수권 대회를 앞두고 훈련 중일 때 청혼하러 갔다가 그 점을 깨달았다. 아빠는 뉴욕으로 날아가 엄마에게 결혼해 달라고 했다.

"끝나고 얘기하자. 지금은 훈련에 집중해야 해." 엄마는 말했다.

내가 알렉시스 데이비스와의 시합을 준비하고 있을 때 나는 다른 생각을 할 여유가 없이 바빴다. 그런 생각을 하자 내 안에서 감정이 폭발했다. 놈은 나를 존중하지 않았지만, 나는 스스로 자존심을 지킬 필요가 있었다.

"너 알아? 지금 난 세 번째 시합이야. 시합 직전에 네가 날 얼마나 열 받게 했는지 알아? 한 번 속지 두 번 속으면 내가 바보지. 세 번 속으면 내가 얼간이야. 내가 얼간이처럼 보여? 이제 너랑은 끝이야."

나는 그와 헤어져도 슬프지 않았다. 그리고 "놈"이 얼마나 평범한 수준의 인간인지를 깨달았다. 평범한 외모와 평범한 두뇌에 평범한 선수였다. 특별히 뛰어난 부분이 없었다. 남자친구로서는 아주 별 볼일 없었다는 사실을 제외하면 말이다.

나는 울지 않았다. 우리가 싸우거나 시합 전에 그가 나를 화나게 할 때마다 그리고 우리가 헤어질 때마다 나는 울었다. 그러나 이제 단 한 방울의 눈물도 흘리지 않았다.

오히려 내가 예전과 같은 실수를 저지른 것에 대해 화가 났다. 이제 두 번 다시 나를 의기소침하게 만드는 사람은 만나지 않을 것이다.

그는 어김없이 이번에도 문자를 보내 왔다. '내가 실수했어.' 나는 우리의 관계를 곰곰이 생각하며 이런 답장을 보냈다. '그래. 나도.' 우리는 그 후 다시 얘기하지 않았다.

나는 이 개자식 때문에 불쾌한 기분에 사로잡혀서 시간을 낭비하지 않을 것이다. 시합이 얼마 남지 않았다. 그가 시합 전에 나를 열 받게 할 때마다 분노의 대가를 치른 쪽은 늘 내 상대 선수였다.

나는 내 차로 걸어가며 생각했다. '이 상황이 시합의 예고편 같은 거면 살인이라도 나겠어.'

알렉시스 데이비스와의 시합까지는 2주밖에 남지 않았고, 나는 그 시합이 어서 오기를 학수고대했다.

# 정답은 없다는 것이
# 정답이다

사람들은 늘 내게 묻는다. "누가 당신의 암바를 대적할 방법을 찾으면 어쩌죠?"

그렇더라도 나는 그 방법을 대적할 방법을 알고 있다. 내가 보인 반응에 상대가 다른 반응을 보인다면 그 반응에 또 다른 반응으로 맞설 것이다. 상황에 따라 내가 보일 수 있는 반응은 수도 없이 많다. 나는 그 방법들을 모두 익혔다. 그렇기 때문에 나는 상대의 예상보다 훨씬 더 빨리 상대를 제압할 수 있다.

내가 같은 동작을 반복해서 구사한다고 비판하는 사람들이 있다. 하지만 나와 시합하는 상대들이 과연 내 암바들을 분석하고 연구하지 않았을 것 같은가? 그들은 내 암바를 피하기 위해 지금까지와는 전혀 다른 방식으로 반응했고, 나는 그 방식에 대해 전혀 다른 방식으로 반응했다. 정답이 있을 수 없다.

상대가 어떻게 반응하느냐에 따라 내가 보이는 반응은 저마다 다르다. 내가 걸었던 모든 암바는 전혀 같지 않다. 겉으로 같아 보인다고 해서 내가 같은 방식을 취한 것은 아니다.

같은 결과에 이르는 데에도 100,000가지가 넘는 방법이 있다.


맥맨과의 시합 후에 나는 「앙투라지」에 캐스팅되었다. 촬영은 신나는 경험이었지만 한편으로는 시합이 그리웠다. 무릎 때문에 수술을 받아야 했지만 회복하는 데 몇 달이 걸리기 때문에 그 전에 한 번 더 시합을 하고 싶었다.

2014년 7월 4일 주말에 라스베이거스에서 열리는 UFC 175에서 나와 알렉시스 데이비스의 시합이 예정되었다. 프로 데뷔 이후 열 번째 경기였다. 데이비스가 내 강력한 상대가 될 것이라는 말이 있었다. 내가 유도와 복싱에 주력하는 것과 비슷하게 데이비스가 브라질리언 주짓수 검은 띠 보유자에 무에타이 타격으로 유명한데다 한 번도 서브미션 패를 당한 적이 없기 때문이었다. 우리 둘 사이에서 스타일의 유사점을 찾으려는 사람들은 이 지구상에서 내 스타일에 필적할 만한 선수는 아무도 없다는 사실을 이해하지 못하고 있었다.

MMA에 진출한 이후 지금까지 에드먼드가 늘 강조했던 점은 스타일이 시합을 좌우한다는 것이었다. 두 선수의 스타일이 잘 어울린다면 서로에게서 최고의 기량을 이끌어낼 수 있고 결과적으로 파워 넘치고 흥미진진한 시합을 만들어낼 수 있다. 반면 스타일이 서로 부조화를 이룬다면, 예를 들어 한쪽의 스타일이 압도적으로 우세하다면 아무리 실력이 대등하더라도 결국에는 한쪽으로 기울어지는 시합이 될 수밖에 없다.

내 상대가 누구이든, 실력이나 스타일이 어느 수준이든 상관없이 나는 내 모든 시합이 한쪽으로 기울어지는 시합처럼 보이길 원했다.

나는 MMA에 진출하기로 했을 때 어느 누구도 능가할 수 없는 격투 스타일을 창조하고 싶었다. 유도나 복싱을 잘하는 것만으로는 부족했다. 허점을 찾을 수 없을 만큼 완벽한 격투 스타일을 완성하고자 했다. 나는 그런 스타일을 창조하기 위해 몇 년의 세월을 보냈다. 앞으로도 더 완벽한 스타일로 만드는 데 공을 들일 것이다. 그러나 나는 데이비스와 맞선 순간 옥타곤에서 어느 누구도 나에게 대적할 수 없다는 사실을 깨달았다.

시합을 준비하는 동안 데이비스는 내 암바에 대한 질문을 거듭 받았다. "제 앞에선 무용지물이 될 거예요." 데이비스는 대답했다. "날마다 암바 방어 훈련을 해요…… 암바는 전혀 문제가 안 돼요. 검은 띠 유단자들이 수천 번도 넘게 저한테 암바를 걸어요. 그리고 전 암바에 걸린 횟수보다 방어한 횟수가 훨씬 많아요."

그런데 그들이 간과하는 점은 내가 단 한 번도 시합에서 같은 전략을 구사한 적이 없다는 것이다. 그런 점에서 내 시합 영상을 보며 패턴을 분석하는 것은 소용없는 일이었다.

데이비스는 그녀 자신이 타격가인 만큼 내가 테이크 다운을 서두를 것이라고 예상 했을 것이다. 그러나 나는 그녀에게 펀치를 계속 날려 그녀를 현혹했다. 내 펀치는 그 녀가 방심한 틈을 타서 테이크 다운을 시도하기 위한 작전의 일부였다.

나는 처음부터 공격하는 체했고, 그녀는 반응했다. 나는 두 번 잽을 날렸다. 그녀는 내 쪽으로 다가오며 나를 치려고 했지만 완전히 균형을 잃었다. 베개를 던졌어도 그 녀의 펀치보다는 강했을 것이다.

나는 스트레이트 1-2(잽 다음에 크로스 혹은 부상을 가할 수 있는 더 강력한 펀치) 를 날리고 다시 잽을 날렸다. 그녀와 나 사이의 거리를 계속 확인했다. 그녀가 내 펀 치에 맞을 때 어느 위치에 있는지를 나는 정확히 파악했다.

이번에는 잽을 날린 데 이어 오버핸드 라이트를 날렸다.

녹아웃 펀치를 가하면 손가락 관절이 마치 땅을 치는 것과 같은 충격을 입는다. 내 가 데이비스의 얼굴에 펀치를 가했을 때 딱 그랬다. 그녀를 너무 세게 쳐서 손이 부러 졌다.

퍽. 그런 소리가 났다.

내가 오버핸드 라이트를 날렸을 때 그녀가 녹아웃되었다는 사실을 나는 알았다. 그 녀는 기절한 상태였다. 그때 내가 뒤로 물러날 수 있었지만 맥맨과의 시합 후에 나에 게 쏟아진 야유 소리가 여전히 귓가에서 메아리쳤다. 내가 맥맨을 이겼을 때 팬들은 심판이 너무 빨리 경기를 중단했다면서 판정을 문제 삼았다. 이번에 심판은 경기를 중단하지 않았다. 시합은 여전히 계속되었다.

나는 데이비스와 들러붙어 니킥을 가한 다음 그녀를 바닥에 넘어뜨렸다. 나는 그녀 의 얼굴에 대고 속사포처럼 쉴 새 없이 펀치를 가했다.

하나, 둘, 셋, 넷, 다섯, 여섯, 일곱, 여덟, 아홉.

심판이 달려들었다. 데이비스는 자신이 어디에 있는지조차 몰랐다.

시합은 16초 만에 종료되었다. UFC 역사상 두 번째로 빨리 끝난 타이틀전이었다.

알렉시스 데이비스가 내 암바를 대적할 만한 어떤 방법을 찾았는지는 나도 모른다. 하지만 그녀는 나를 막을 만한 어떤 방법도 찾지 못했다는 사실은 분명했다.

# 나는
# 거기에 있었다

어떤 교훈은 직접 경험해 보지 않고는 깨달을 수 없다.

데이비스와의 시합 후에 나는 한꺼번에 두 차례에 걸친 수술을 받았다. 무릎 수술에 이어 부러진 오른손에 핀을 삽입했다. 7개월 후 무릎은 예전보다 더 좋아졌다. 나는 거친 레프트 훅을 개발하며 또 다른 시합을 준비했다.

나는 캣 진가노와 대결하기 위해 거의 2년을 준비했다.

원래 예정되었던 캣과의 시합은 그녀가 무릎 부상을 입는 바람에 무산되었지만, 나는 언젠가 우리가 맞설 날이 올 것이라는 사실을 알았다.

캣이 무릎 수술에서 회복하는 동안 그녀의 남편이 그녀와 어린 아들을 남겨두고 자살했다. 그녀가 얼마나 힘든 시기를 보내고 있는지를 나는 잘 알았다. 그러나 데이나는 캣이 타이틀 샷을 받아야 한다고 믿었다. 물론 그녀는 가장 강력한 챔피언 도전자였다. 1년 반의 시간이 흐른 후, 캣은 2014년 9월 말에 옥타곤에 복귀했다. 컴백전에서 승리한 후 나와의 시합이 UFC 182를 위한 공동 메인 이벤트로 추진되었다. 새해에 우리는 대결하게 될 것이다. 그런데 캣이 등 부상을 입는 바람에 시합 일정이 발표된 지 일주일 후에 그녀의 캠프에서 일정을 연기할 수 있는지를 물었다. UFC는 우리의 시합을 2015년 2월 27일로 연기했다. 그래서 나는 내 고향 로스앤젤레스에 있는 스테이플스 센터에서 시합을 하게 되었다.

캣이 일정 연기를 요청한 후에 데니아는 나에게 캣이 부상에서 회복되지 못할 경우를 대비해 또 다른 선수가 조용히 준비 중에 있다고 말했다. 나에게 중요한 것은 시합이지 상대가 아니었다. 그러나 이번에는 달랐다. 캣은 나와 마찬가지로 왼손잡이 선수이다. 그러나 다른 선수는 오른손잡이였다.

캣은 부상에서 회복되었다.

시합 날 밤 라커룸에서 나는 에드먼드와 함께 몸을 풀었다.

"이번은 역사적인 시합이야." 그가 그런 말을 한 것은 처음이었다. 내가 스트라이크포스 타이틀전에서 미샤와 싸웠을 때나 UFC 여자부 데뷔전에서 카무치와 싸웠을 때도 그런 말을 한 적이 없었다. 하지만 그의 말이 옳았다. 그날 밤은 무언가 다르게 느껴졌다.

몇 분 후 나는 부츠와 후드티 차림으로 결의에 찬 얼굴을 하고 복도를 쿵쿵거리며 걸어갔다. 케이지 안에서 나는 맞은편에 선 진가노를 노려보며 왔다 갔다 하는 그녀의 움직임을 눈으로 좇았다. 심판이 케이지 한가운데에서 우리를 불렀다.

우리는 글러브를 터치했다.

시합이 시작되었다.

진가노는 경기가 시작되는 동시에 플라잉 니킥을 시도하며 달려들었다. 나는 왼쪽으로 몸을 기울였다. 그녀는 적중하지 못했다. 나를 잡고 메치려는 순간 나는 뒤로 재주넘기를 해서 그녀를 혼란시켰다. 내 몸이 바닥에 닿자마자 캣의 몸을 뒤집어 위로 올라타려고 시도했다. 그녀는 내게서 벗어나려고 몸을 돌리며 네 발로 기는 모양새로 엎드렸다. 나는 그녀의 왼쪽 팔꿈치를 계속 움켜쥐며 그녀의 등에 올라타려고 한쪽 다리를 그녀의 등 위로 올렸다. 그녀의 팔꿈치를 잡은 내 악력이 약해지고 있었다. 나는 적절한 타이밍에 그녀의 팔꿈치를 풀고 대신 그녀의 다른 손을 내 겨드랑이에 끼웠다. 암바를 걸기에 좋은 조건이었다. 나는 내 왼쪽으로 몸을 돌려 다른 쪽 다리를 그녀의 목 주위에 걸었다. 나는 그녀의 팔을 겨드랑이로 누르며 내 엉덩이를 휘었다. 그녀가 탭을 쳤다.

케이지 안에 있을 때 내가 시간에 대해 느끼는 감각은 완전히 달라진다. 내가 너무 많은 정보를 처리하고 있어서 나를 둘러싼 세계가 느려진 것처럼 느껴진다. 다른 한

편으로는 내 시냅스들이 엄청난 운동량으로 일하고 내 근육들이 엄청나게 빨리 움직여서 세계가 초고속으로 빨라진 것 같이 느껴진다. 매 순간이 그 자체로 독립적이다.

시합은 14초 만에 종료되었다.

UFC 역사상 가장 빠른 서브미션 승이었고 UFC 타이틀전 역사상 가장 빠른 승리였다.

나는 승리감에 벌떡 뛰어올랐다. 캣은 매트에서 계속 주저앉아 있었다.

내 생애 처음으로 바닥에 주저앉아 있는 누군가를 보았다. 나는 그녀의 얼굴에 어린 좌절감을 엿볼 수 있었다. 그것은 내가 올림픽 경기에서 졌을 때 "내 가슴에서 심장이 끄집어내져 짓밟히는" 것과 같은 고통이었다.

나는 처음으로 무릎을 꿇고 내 적수와 포옹했다.

나는 동질감을 느꼈다. 무릎 부상. 사랑하는 사람의 자살. 열심히 노력하면 모든 문제가 해결되고 고통도 사라질 것이라는 믿음. 그리고 패배.

나도 그녀와 같은 감정을 느끼던 때가 있었다. 패배감에 사로잡혀 망연자실하면서도 나에게 주어진 현실이 도저히 믿어지지 않았다.

그녀에게 신경이 쓰이는 것이 이상했다. 나는 그동안 시합에서 진 선수를 숱하게 봤지만 무참히 패배한 모습을 보면서도 '어차피 나한테도 똑같이 하려 했을 텐데 뭐.' 이렇게 생각하고 말 뿐 기분이 안 좋거나 한 적은 없었다.

나는 순탄치 않게 태어난 순간부터 한 가지 진실을 알고 있었던 것 같다. 결국 챔피언 벨트는 캣에게 그다지 큰 의미가 되지 못할 것이다. 올림픽 금메달이 나에게 그런 것처럼. 돌이켜 보면 삶에서 가장 끔찍한 순간들이 나를 최고의 순간들로 이끌어 주었다. 상실. 비통. 부상. 불행한 순간들은 내가 지금의 내가 있는 곳으로 오기까지 필요한 동력이었다. 캣에게도 그 진실이 통하기를 나는 기도했다.

# 제일 힘든 일은
# 떠날 때를 정하는 것

"지금 떠나다니 말도 안 돼. 이 선수하고 한 번 붙어보지도 못하고?" 사람들은 늘 이렇게 말하며 "한 번 데!'를 외칠 것이다." 그런 선수는 늘 존재한다. 내가 은퇴를 원한다고 하면 사람들은 내가 시합을 두려워하는 겁쟁이가 되었다고 생각할 것이다. 그렇게 생각하지 않을 리가 없다.

하지만 나는 이 사실을 받아들이고 언제 떠나야 할지를 결정하기 위해 애써야 할 것이다.

캣을 꺾은 뒤에 나는 백스테이지에서 기자 회견을 하는 동안 모두가 나의 다음 행보를 궁금해 했다. 나는 오랫동안 챔피언 자리를 유지했고 케이지 안에서 날 꺾을 수 있는 상대는 더 이상 없을 것이라는 사실을 알았다. 어떤 선수도 내 눈을 바라볼 때 그 맞은편에서 스스로 느끼는 공포와 똑같은 종류의 공포를 내게서 보지 못할 것이다. 어떤 선수도 내게 두려움을 주지 못할 것이다.
　하지만 내가 두려워하는 단 한 가지는 은퇴다.
　승리감은 중독적이다. 그것이 주는 기쁨은 극단의 기쁨이다. 거기엔 중독성의 위험이 있다. 경기 때마다 위험은 더 커진다. 챔피언 벨트를 지켜낼 때마다 더 많은 양의 도취감이 투여된다. 그러나 승리는 계속 지속될 것이다.
　언젠가 경기를 그만두고 MMA에서 은퇴한다면, 그래서 더는 그런 승리감을 맛볼 수 없게 된다면, 그때는 변해 버린 상황에 어떻게 대처해야 할까?

엄마는 사람이란 젊을 때면 롤러코스터를 좋아하지만 나이가 들면 회전목마가 더 좋아 보이기 시작하는 법이라고 늘 말한다. 나도 시간이 지나면 격렬하고 짜릿한 승리 대신 덜 위험하고 느긋하게 즐길 수 있는 승리에 만족하게 될지도 모른다. 그리고 어느 순간 스릴 넘치는 놀이 기구를 즐기기에는 너무 나이가 들어 있을 것이다.

그 이후에 대해서 나는 생각한다. 걱정도 많이 한다. 2008년 올림픽 이후와 같은 한심한 상황을 또 만들게 될까봐 두렵다. 나는 내가 그때 했던 모든 실수를 되짚어 보고 있다. 다시는 그런 실수를 하지 않기 위해서다. 그때 내게는 플랜 B라는 것이 없었다. 그래서 나는 지금 여러 가능성을 열어 두려고 한다. 예를 들면 연기가 있겠고…… 이미 제의도 받았다. 이제는 플랜 B뿐 아니라 플랜 C와 플랜 D까지 생각한다.

은퇴를 하고도 완전히 떠나지 못하게 될까 봐 그것도 걱정스럽다. 나는 언제나 파이터로 남겠지만, 은퇴를 하고 미련이 남아서 다시 돌아오는 그런 유형의 인간은 절대 되고 싶지 않다. 은퇴를 했으면 그걸로 시발, 끝이어야 한다.

내 인생은 내가 생각했던 것보다 훨씬 더 엄청나게 바뀌었다. 나는 MMA 선수가 되려고 애쓰는 동안 거의 빈털터리로 지냈다. 주차비 때문에 월세 낼 돈이 부족해질까봐 걱정했고, 주유해야 하는데 돈이 없어서 세 번째 일터까지 전전긍긍하며 가야 했다. 마침내 스트라이크포스에 이어서 사상 최초로 UFC에 진출했을 때 나는 나 자신만이 아닌 그 이상의 것을 생각하기 시작했다. 비로소 나는 내가 원하는 직업을 스스로 만들어냈고, 나도 모르는 사이에 나뿐만 아니라 다른 여성들을 위한 무언가를 만들어냈다.

처음 MMA에 발을 내디뎠을 때만 해도 세상을 바꾸려는 생각은 없었다. 단지 내 삶을 바꾸려 했다. 하지만 내 삶이 바뀌자 그것만으로는 부족하다는 사실을 깨달았다. 세상을 바꿔야 했다.

챔피언이 되자 더 큰 무언가를 느끼기 시작했다. 내 인생에서 나를 만족시키는 것이 무엇이고, 나를 지탱해 주는 것이 무엇인지를 생각해야 했다. 챔피언 타이틀을 차지하는 것보다 나만의 유산을 남기는 것이 더 의미 있는 일이었다.

나는 최초의 UFC 챔피언인 호이스 그레이시를 생각했다. 내가 처음으로 스테이플스 센터에 갔던 때는 폭스에서 중계되는 UFC 경기를 보기 위해서였다. 그는 경기장으로 걸어 들어와 앞줄에 앉았다. 자신이 이룩해 놓은 것을 둘러보던 그의 얼굴에서 느껴진 것은 어떤 만족감이었다. 내가 원하는 것이 그것이었다.

격투기는 실로 큰 타격을 준다. 신체적으로 큰 타격을 주고, 정신적으로도 큰 타격을 준다. 언젠가 내 벨트를 포기할 수 있는 날이 올 것이다. 다른 두 선수가 그 벨트를 놓고 싸우는 날이 오길 고대한다. 그 둘을 내가 꺾을 수 있고 벨트를 되찾을 수 있다는 사실을 알지라도, 이제는 그들이 그 벨트와 챔피언이라는 타이틀을, 그리고 그것이 의미하는 모든 것을 차지할 차례가 되었음을 나는 받아들일 것이다. 그날이 오면 모든 것이 내 손에서 넘어갈 것이다. 여자부는 계속해서 활기를 띠며 돌아갈 것이다. 그렇게 되면 나는 호이스 그레이시 같이 되기를 원한다. 나도 내 다음 세대의 파이터들을 만족스럽게 바라볼 것이다. 앞줄에 앉아서 모두에게 내 자식들을 소개하는, 그런 사람이 되고 싶다.

그날은 언젠가 올 것이다. 하지만 아직은 아니다. 여자부 MMA는 아직 날 떠나보낼 준비가 되어 있지 않은 것 같다. 나도 아직 준비가 되지 않았다.

지금 나는 여전히 치고 박는 삶을 계속 살아가고 있다.

# 이기는 것

시합은 끝났다.

　나는 심판이 말 그대로 나를 툭툭 치고, 흔들고, 잡아서 내가 이겼다는 사실을 일깨워 줄 때까지 멈추지 않는다.

　내 상대는 의식이 있든 없든 축 늘어져 있다. 나는 느낄 수 있다. 몸 안의 모든 근육이 패배를 인정하고 있다. 그녀가 나를 이길 수 있다고 믿었으리라고 나는 생각하지 않는다. 적어도 희망은 했겠지만. 그녀의 몸은 온몸을 찌르는 듯한 고통과 어떻게 해서 이토록 단숨에 상황이 불리하게 돌아가 버린 것인지를 이해하기 위한 발버둥밖에 남아 있지 않다.

　나는 눈을 깜빡인다. 항상 그렇듯 눈을 깜빡인다.

　그 경험은 수면 아래에서부터 떠오른 듯한 느낌과는 다르지만 관중들의 환호 소리는 그런 느낌을 준다. 어두운 방에서 밖으로 나온 듯한 느낌과도 다르지만 경기장의 불빛이 그런 느낌을 준다.

　그 경험은 마치 눈가리개를 쓰고 귀마개를 끼고 있다가 어느 순간 모든 것이 보이고 들리게 된 듯한 느낌과 같다. 최고로 자극적인 경험이다.

　안도감이 밀려온다. 그 다음은 환희. 한 번에 다 소화하기가 힘들 정도다.

　나는 긴장에서 해방되어 더할 나위 없는 행복감을 만끽하고 우레와 같은 관중들의 함성을 들으며 내 얼굴을 비추는 눈부신 스포트라이트를 느낀다. 내 몸의 모든 근육에서—조금 전까지만 해도 적과의 육탄전에서 곧바로 반응할 준비가 되어 있었던 근육에서—힘이 풀리기 시작한다. 꾹 눌러두었던 모든 감정이 한 번에 터져 나오고, 내 머릿속으로 너무나 많은 생각들이 들어찬다.

이 상태에서 회복하기란, 현실로 돌아오기란 쉽지 않다.

이 순간은 오롯이 나의 순간이어야 한다. 나의 순간이다. 하지만 내가 어떻게 지금 이 순간에 와 있는지 나도 잘 모른다. 내가 가장 어리둥절해지는 순간이다.

내 앞으로 마이크가 불쑥 내밀어지면 나는 입을 열어 말을 한다. 이런 분위기에서는 소통이 어렵다. 나는 질문을 듣는다. 나는 내 입술이 말을 하게끔 놔두고 무슨 말을 했는지는 후에야 깨닫는다. 나는 내 상대에게 예의를 차리고 관중들에게 감사의 말을 전하며 간간이 쇼맨십을 보이고 연극조의 표현을 섞는다. 어떻게 내 입에서 그런 말들이 나오는지 나도 모른다. 두서도 없이 뒤죽박죽이다.

케이지 밖으로 걸어 나와 가족들과 포옹한 뒤 비밀의 통로를 지나는 동안에도 승리감은 쉽게 가라앉지 않는다. 무언가를 달성했고, 성취했다는 느낌이다. 안심이 된다.

무엇보다도 나는 세계 역사상 내가 몸담은 부문에서 가장 뛰어난 인물이다. 그 점은 더는 반박할 수 없는 사실이 되었다.

# 감사의 말

엄마에게, 내게 해 준 모든 것들과 내게 가르쳐 준 모든 것들에 대해 그리고 이 책에 당신의 훌륭한 잔소리들에 대해 쓸 수 있게 허락해 준 것에 대해 고마움을 전합니다. 제니퍼에게, 언제나 진실된 사람으로 남아 주어서, 줄리아, 언제나 줄리아다워 줘서 고마워. 데니스에게, 우리를 이끌어주고 이 일을 잘 끝낼 수 있단 확신을 주어서 고마워요. 에릭에게, 나에게 격려를 아끼지 않고 이 혼란스러운 상황 속에서 나를 지켜봐 줘서 고마워요. 에바와 에밀리아 그리고 케일럼에게, 당신들은 미래입니다. 에드먼드에게, 당신은 나의 가족이자 멘토, 파트너, 스승, 친구입니다. 데이나 화이트와 로렌조 퍼티타 그리고 프랭크 퍼티타에게, 위험을 감수해 준 것에 대해 감사합니다. 그리고 나의 에이전트, 윌리엄 모리스 엔데버의 브랜드 슬레이터에게 나를 언제나 믿어줘서 감사해요. 내게 현실을 일깨워주는 마리나, 포근함을 주는 재서민, 내게 드래곤볼의 베지터 같은 존재인 셰이나에게도 고마움을 전합니다. 제시카 리콜건, 당신은 하늘이 보내 준 사람이에요. 나의 팀 저스틴 플로레스, 마틴 버베리안, 매니 감부리안, 진 르벨, 히론 그레이시, 헤너 그레이시에게, (말 그대로 그리고 비유적으로도)늘 내 코너에 있어 줘서 감사해요. 마이크 돌체와 에릭 윌리엄스에게도 고마움을 전해요.

나의 유도 코치였던 토니 모지카와 블링키 엘리잘드, 트레이스 니시야마, 빅 짐 페드로, 이스라엘 헤르난데즈와 MMA 초창기 시절 나의 코치였던 레오 프린쿠와 고커 치비크얀에게도 감사드립니다.

스파링 파트너들 그리고 GFC, 하야스탄, SK 골든 보이즈, 론스데일 박싱과 그레이시 아카데미 사람들, 릴리 맥널티와 그 가족들, 진정한 친구인 웨 첼 파커, 나의 치유자인 다이애나 린든, 고마워요. 토머스 냅 박사님, 제이크 플로레스 박사님, WME

의 에릭 말론에게도 고마움을 전합니다. 훌륭한 편집자 알렉시스 가가글리아노와 발행인 주디스 리건 그리고 리건 아츠의 모든 팀원들, 또한 여기에 미처 이름을 언급하지 못한 모두에게 감사를 전합니다.

　팬 여러분 고맙습니다. 여러분이 최고로 멋져요.

　끝으로 성공하고야 말겠다는 오기를 갖게 해 준 엿 같은 놈들에게도 감사를.

UFC 영원한 여제

# 론다 로우지

**1판 1쇄 발행**   2016년 11월 30일

저    자 | Ronda Rousey
번    역 | 이지선
발 행 인 | 김길수
발 행 처 | (주)영진닷컴
주    소 | (우)08505 서울시 금천구 가산디지털2로 123
         월드메르디앙벤처센터2차 10층 1016호
등    록 | 2007. 4. 27. 제16-4189

©2016. (주)영진닷컴
ISBN | 978-89-314-5489-5

도서문의처 | http://www.youngjin.com

YoungJin.com **Y.**
영진닷컴